호텔용어사전
The Dictionary of Hotel

레저산업진흥연구소 편

白山出版社

책을 펴내면서

21세기 관광산업 발전에 기여하고자 관동대학교 관광경영학과를 졸업한 동문들이 학문연구를 위해 "레저산업진흥연구소"를 발족하게 되었습니다. 이 연구소를 발족하면서 호텔분야에 대한 올바르고 체계적인 용어집이나 사전의 필요성을 느껴 연구소에 소속돼 있는 연구원들이 힘을 모아 호텔에 근무하는 종업원, 호텔관련학과 학생들, 호텔에 관심있는 일반인들에게 호텔에 대한 올바른 이해를 돕기 위하여 미흡하나마 용어사전을 집필하게 되었습니다.

오늘날 호텔산업부문은 객실, 식음료, 기타 부대시설로 운영되고 있으며, 특이하고 독특한 표현과 설명을 요하는 술어가 많이 있으며, 본 용어사전의 구성을 살펴보면 다음과 같습니다.

첫째, 호텔용어는 알파벳 순서에 의하여 배열하였습니다.

둘째, 호텔용어의 쓰임에 따라 세분화하려고 노력하였습니다.

즉 <宿>은 숙박시설 및 숙박 일반,

<客>은 프론트 및 하우스키핑,

<植>은 식물,

<食>은 레스토랑 및 조리,

<飮>은 음료,

<會>는 호텔회계,

<카>는 카지노,

<宴>은 연회장,

<電>은 호텔 컴퓨터에 쓰이는 용어입니다.

셋째, 호텔용어의 유사어는 괄호 안에 삽입하여 표기하였습니다.

넷째, 호텔용어의 약어는 대문자로 표기하였습니다.

끝으로 이 호텔용어사전이 출간되기까지 노력을 아끼지 않으신 레저산업진흥연구소 연구원 여러분들과 어려운 상황에서도 출판을 허락해주신 백산출판사의 진욱상 사장님 그리고 직원 여러분들에게 깊은 감사를 드립니다.

1998년 1월

연구원 일동

목 차

A-1 Sauce 〈食〉〔에이 원 소스〕

토마토, 식초, 설탕, 소금, 사과, 오일(Oil), 향초, 터매릭(Turmeric : 상환뿌리, 커리(Curry)가루용), 양파, 생강 등을 재료로 만들어진 소스로서 스테이크, 바베큐, 닭요리에 사용되는 소스이다.

A Card 〈會〉〔에이 카드〕

현금지급보고서의 카드이며 제1캐쉬어(First Cashier)가 마감시 그에 따른 교체장을 마감시 현금수령액과 납입금을 보고하고 기록을 일치시키는 프론트 오피스(Front Office)의 포스팅 기계(Posting Machines)와 함께 사용하는 양식이다.

A Jax 〈客〉〔에이 잭스〕

연마 광택제로서 세면대, 욕조 그리고 파이프 및 금속류를 닦는 분말세제로 마른걸레에 묻혀서 사용한다.

A La 〈食〉〔아 라 : Ah Lah〕

-풍의, -식의, -을 곁들인, 가지고의 의미이다.

A La Bourgeoise 〈食〉〔아 라 부케띠에르〕

크게 자른 야채를 곁들인 일반적인 가족형 요리.

A La Broche 〈食〉〔아 라 부로서 : A La Brosh〕

꼬챙이에 음식을 꿰어 만드는 요리.

A La Carte 〈食〉〔아 라 까르뜨 : 一品料理〕

① 메뉴상의 명칭으로 고객의 주문에 의해 제공되는 일품요리를 말하며, "Table D'hote"와 상반되는 요리로서 이것은 계절과 조리기술에 따른 변수가 있어 메뉴의 변화가 많은 요리이다. 아 라 까르뜨는 1792년 프랑스에 많은 외국정부 고위관리자가 오랜 기간 모여서 회담하는 가운데 매일 같은 메뉴에 싫증을 느껴 생긴 요리라고 한다.
② 메뉴상 용어로 일품요리라 하며 식당에서 정식요리(Table D'hote)와 다르게 매 코스마다 주종의 요리를 준비하여 고객이 원하는 코스만 선택하여 먹을 수 있는 식당의 표준차림표.

A La Creme 〈食〉〔아 라 크림〕

크림과 식초, 레몬즙을 3:1의 비율로 만들어 소금, 후추를 가미한 드레싱.

A La Goldenrod 〈食〉〔아 라 골든로드〕

딱딱하게 삶은 달걀 흰자를 거칠게 쪼개어 크림소스(Creme Sauce)
에 집어넣고 토스트 위에 올린 다음 딱딱하게 삶아 갈은 노른자를
곁들인 것.

A La Holstein 〈食〉〔아 라 홀스타인〕

튀긴 송아지고기 커틀렛(Cutlet)을 튀긴 달걀과 함께 토마토 소스
(Tomato Sauce) 위에 올리고, 케이퍼(Caper : 향신료) 그리고 안초
비(Anchovy : 멸치젓)를 곁들인 것.

A La King 〈食〉〔아 라 킹〕

풋고추, 피망, 버섯 등을 주·부재료로 하여 White Cream이나 베샤
멜 소스(Bechamel Sauce)에 육류, 가금류 등을 요리하는데 대개가
셰리(Sherry)로 맛을 돋구며, 닭고기와 같이 조리하면 Chicken A
La King이라 한다.

A La Maison 〈宿〉〔아 라 메종〕

가옥의 특수한 형태.

A La Marengo 〈食〉〔아 라 마렝고〕

포도주, 토마토 그리고 버섯, 붉은색 및 녹색의 올리브(Olive) 조각
과 함께 갈색 소스(Espagnol Sauce)에 삶은 튀긴 닭고기.

A La Maryland 〈食〉〔아 라 메리랜드〕

대개가 토막을 내어 빵가루를 씌우고 많은 기름에서 튀긴 다음 크
림 소스(Cream Sauce), 바삭바삭한 베이컨(Bacon) 그리고 옥수수
튀김과 함께 차려낸 닭고기를 일컫는 용어이다.

A La Meyerbees 〈食〉〔아 라 메이어비어〕

잘게 쪼개어 콩팥과 함께 차려낸 달걀을 일컫는 용어. 일반적으로
콩팥을 튀기거나 구워서 갈색 소스(Espagnol Sauce)에 집어넣는다.

A La Mode 〈食〉〔아 라 모드 : 유행하는, 유행의, …양식의〕

각종 파이나 케이크 위에 아이스 크림을 얹어서 제공하는 후식, 혹
은 특수한 방식의 요리.

A La Newburg 〈食〉〔아 라 뉴버그〕

파프리카(Paprika : 단맛이 나는 고추의 일종)로 약간의 색을 내고
맛을 돋군 크림 소스(Cream Sauce) 또는 베샤멜 소스(Bechamel

Sauce)로 생선요리에 많이 사용하며 셰리 와인(Sherry Wine)으로
맛을 낸다.

A La Provencale Sauce 〈食〉〔아 라 프로방스 소스〕

프랑스 동남부 지방에 있던 옛날 왕국 이름을 딴 소스(Sauce)로서
마늘, 토마토, 양파를 기름에 볶아서 사용하며 데미 캐쉬어에 토마
토 소스를 약간 섞고 다진 파슬리를 첨가한다.

A La Reine 〈食〉〔아 라 레인느〕

러시아식.

A La Russe 〈食〉〔아 라 뤼스〕

러시아식으로 요리에 케비어(Cavier)를 사용한다.

A L'huile   ☞   Dressing

Abalone 〈食〉〔전복〕

전복과에 속하는 조개의 하나. 크고 타원형, 갈색 또는 푸른빛을 띤
자갈색. 날 전복은 생복, 말린 것은 전복, 찐 것은 숙복이다.

Abbreviation 〈食〉〔略語〕

① 종사원, 수납원, 주방과의 미리 약속된 메뉴의 약어.

② 통일된 방법으로 줄여서 간편하고 쉽게 알아볼 수 있도록 사용
   하는 약어이다.

ex) Steak → STK. Soup → SP.

Absinthe 〈飮〉〔압생트〕

쑥이나 여러 가지 향초의 엑기스를 사용하여 만든 중독성이 강한
도수 높은(58~68° Ale) 리큐르(Liqueur)로서 피로회복의 특효주이
다. 독특한 오팔(Opal)빛깔의 이 술은 45배의 물로 희석하여 마신다.

Accommodations 〈宿〉〔宿泊施設. 宿泊設備〕

관광 여행객이 여행중 잠자리를 얻을 수 있는 총 숙박시설을 칭한다.

① Traditional Accommodation : Hotel, Motel, Pension 등의 전통
   적인 숙박시설.

② Supplementary Accommodation : Youth Hostel, Recreation
   Home, Holiday Center, Tent장, 오두막집, 산간, Bungalow,
   Cabin 등의 보조적인 숙박시설.

Accommodation Change 〈客〉〔客室變更 : Room Change〕

호텔 객실의 보수공사나 어쩔 수 없는 상황으로 객실이 블럭(Block)
되어 호텔측 사정으로 인한 객실 변경과 고객의 요청으로 객실을
변경하는 경우를 말한다. 이와 같은 이유로 객실 변경을 할 경우 다
음 사항을 유의하여야 한다.

① 요금이 다른 객실로 변경할 경우 고객에게 요금을 확인시켜 주
   어야 한다.
② 객실변경 중에 메시지가 누락되는 일이 없도록 주의하여야 한다.
③ 객실변경 후에 교환, 하우스키핑, 린넨 등 관련 부서에 통보하여
   야 한다.
④ 객실 변경시에 새로 바뀐 열쇠를 발급하여 준다.

Accordion Door 〈食〉〔아코디언 도어 : Falling Door〕

아코디언이란 악기의 아코디언을 말한다. 따라서 아코디언처럼 신축
이 자유 자제인 문을 말한다. 호텔의 연회장, 식당을 칸막이로 치고
나누어서 사용하는 경우에 쓰이는 것이고, 천장의 레일에 의해서 좌
우로 움직이고 방음도 배려된 두꺼운 아코디언 같이 생긴 커튼을
말한다.

Account 〈會〉〔顧客 去來處〕

호텔이 판촉하는데 있어서의 지정 거래처, 즉 기업, 항공사, 여행사,
대사관, 관공서를 말한다.

Account Balance 〈會〉〔顧客 計定殘額〕

고객용 계산서의 차변과 대변 가격 잔액 사이의 차이점.

Account Card 〈會〉〔顧客 計算書 : Guest Bill. Guest Ledger. Folio〕

고객의 원장 개념으로서 투숙객이 작성한 등록카드에 의하여 계산
을 받을 수 있도록 기록 유지를 위한 호텔회계에서 사용하는 양식
이다.

Account Form 〈會〉〔計定式 貸借對照表〕

원장의 계정 계좌와 같이 대차대조표를 좌우 양측으로 나누어 차변
측에는 자산의 항목을 대변측에는 부채 및 자본의 항목을 설정하여
양측의 합계를 평균시켜 표시한 것을 말한다.

Account Receivable 〈會〉〔收取計定〕

회사, 단체, 개인등록 고객 또는 미등록 고객에 대한 외상매출채권

으로 호텔의 미지급 청구서가 유예되어 있는 계정을 말한다.

Account Receivable Ledger 〈會〉〔收取計定 元帳〕

개별수취계정 기록의 원장을 말한다.

Account Settlement 〈會〉〔殘額 決算〕

호텔의 투숙 고객이나 외부 고객이 고객원장(Guest Folio)에 미지급
된 잔액을 현금이나 신용카드(Credit Card)로 지급하는 회계수단이다.

Accrual Basic 〈會〉〔發生主義〕

① 호텔수익의 인식 기준의 한 가지로서, 회계기간에 수익과 비용이
발생한 사실에 의하여 회계처리 한다. 즉, 당해 회계기간에 있어
서 판매금액 또는 조업도에 따라 발생한 기업의 수익을 현금수
입 유무를 막론하고 "수익이 발생한 사실 자체에 의하여 수익을
인식하는 것이다."

② 호텔수익 인식기준에 있어서 「객실수익의 인식기준」은 객실판매
행위가 그 용역의 제공이 완료된 시점인 호텔 "Check out Time
을 기준"으로 한 '발생주의 회계처리'를 해야 하고, 1일 객실판매
기록표(Room Count Sheet)의 판매금액을 그 당일의 객실수익으
로 인식하고 회계처리하는 것이 가장 타당한 회계처리라 하겠다.

Accuracy in Menu 〈食〉〔메뉴 正確度〕

음식점의 식단에 각 음식항목의 기본, 준비 등을 명확히 기술하자는
소비자 및 업계의 운동.

Acetic 〈飮〉

농도가 낮은 알코올이 공기와 접촉하면서 생성되는 유기산으로 식
초냄새가 날 정도로 변한 와인

Acidity 〈飮〉

산도를 나타내는 말로 상큼하거나 새콤한 맛과 향의 총체적 표현이다.

Actual Market Share of Hotel 〈客〉〔實際市場 占有率〕

호텔의 객실점유율 수/경쟁그룹 총점유객실수로서 산출되어지며 자
사호텔의 객실점유율 경쟁력을 말한다.

Add Change 〈客〉〔追加 料金〕

고객이 퇴숙 정산을 마치고 프론트 캐쉬어(Front Cashier)에게서 등
록카드가 룸-클럭(Room Clerk)에게 돌아왔는데도 고객이 가지고 있
는 키(Key)가 제출되지 않은 경우 또는 룸랙 슬립(Room Rack

Slip) 기록의 예정출발 시간이 경과된 고객에 대하여는 초과 체제 여부를 확인하여야 하며 상당기간이 연기되는 경우에 고객이 정산하는 요금형식을 말한다.

Adega 〈飮〉

와인을 제조, 저장하는 장소를 나타내는 포르투갈어이다.

Address 〈電〉〔番 地〕

기억장치내의 특정한 장소나 기타 데이터의 목적지 및 출처를 나타내는 표시로서 예를 들면 레이블, 이름, 번호 등.

Adds 〈客〉〔追加豫約 記錄〕

고객이 도착하는 당일 예약 기록표에 추가되는 예약 형식.

Adjoining Room 〈客〉〔隣接客室 : Side by Side Room〕

① 두 방이 통로문 없이 이어져 있는 객실.

② 객실이 같은 방향으로 복도에 나란히 연결되어 있지만, 객실과 객실 사이에 내부 통용문이 없으며 복도를 통해서만 출입이 가능한 일반객실.

③ 복도에 따라 나란히 있는 객실로서 객실과 객실 사이에 통용문이 나 있지 않은 객실.

Adjuster 〈客〉〔어드져스터 : Adjustor〕

물이 위로 올라가도록 조절하는 장치.

Advance 〈客〉〔前渡金〕

매매, 위탁, 청부 등의 계약을 이행하기 전에 건네주는 대금이나 교부금의 일부 금액을 말한다.

Advanced Deposits 〈會〉〔先手金. 豫約金 計定 : Advance Payment〕

이미 수취된 선수 수익으로 선수 이자, 선수 지대, 선수 객실료, 선수 수수료 등이 이에 속하며 부채계정이 된다.

Advocaat 〈飮〉〔에드보카트〕

네덜란드어로 "변호사"란 뜻이 있으며, 주정도는 18°로 브랜디에 계란 노른자, 설탕, 바닐라향을 착향시킨 네덜란드산의 유명한 리큐르(Liqueur)로서 일명 계란 브랜디(Egg Brandy)라고도 한다. 마시기 전에는 잘 흔들어서 따르고 개봉 후에는 짧은 기간내에 마시는 것이 좋다.

Affilited Hotel 〈宿〉〔提携호텔〕

특별한 광고 또는 국제적 예약 시스템을 제공하는 회원제 호텔 형식으로 운영하는 호텔업. 현재 호텔업계에 있어서는 미국의 베스트 웨스턴(Best Western) 호텔 그룹이 대표적이다.

After Care 〈宴〉〔애프터 케어〕

연회장에서 행사가 끝나고 1일 또는 2일 후에 행사가 있었던 거래선을 방문하여 행사시 불편했던 사항이나 불평을 듣고 행사에 대한 감사를 표시하는 것을 말한다.

After Departure 〈會〉〔移延計定. A/D : Late Charge〕

고객이 퇴숙(Check-Out)해 버린 후 프론트 회계(Front Cashier)로 온 전표 계산에서 이연계정으로 처리한다는 의미의 용어이며, Late Charge와 같은 의미이다.

After Dinner 〈飮〉〔애프터 디너〕

칵테일 이름으로 Liqueur Base Cocktail로 Apricot Brandy, Curacao, 라임 껍질을 셰이커에 넣고 얼음 덩어리와 같이 흔들어서 만든 달콤하고 향기 높은 것으로 식후에 주로 마신다.

After Dinner Cocktail 〈飮〉〔애프터 디너 칵테일〕

식사후 입가심으로 마시는 것으로 감미가 풍부하고 산미가 높으며 Liqueur Base Cocktail로 After Dinner, After Supper, Babbies Special 등이 있다.

After Dinner Drinks 〈飮〉〔食後의 洋酒〕

식후의 양주는 대개 옮겨서 커피나 홍차를 마시는 동안에 서브된다. 이때에는 코냑(Cognac)이나 리큐르(Liqueur)가 적당하다. 코냑은 츄립형의 브랜디 스니프터잔을 사용하며 그 표준 용량은 3분의 1리커가 들어갈 수 있는 크기의 것이 좋다. 이 잔으로 코냑을 들 때는 손바닥으로 이것을 따뜻하게 해서 마시는 것이 그 향과 맛을 즐길 수 있다.

After taste 〈飮〉〔애프터 테이스트〕

술이나 음료를 마신 뒤에 입안에 남아 있는 맛과 향의 잔맛을 말한다.

Afternoon Tea 〈食〉〔애프터눈 티〕

영국인의 전통적인 식사 습관으로 점심과 저녁사이에 Milk Tea와 씨나몬 토스트(Cinnamon Toast)를 먹는 것을 말한다. 그러나 지금은 영국뿐만 아니라 세계 모든 나라에서 애용되는 간단한 샌드위치, 과자, 초콜릿, 차 종류 또는 가벼운 와인까지 포함하여 서브되는 간 단한 스넥으로 세미나, 컨벤션에 많이 이용되는 서비스이다.

Aging 〈飮〉〔夙成 : Ageing〕
① 증류주의 숙성과정에서 술통 속에 저장한 기간을 말하며 포도주 의 Vintage(빈티지)와 비슷하다.
② 육류를 34°~36°F의 온도를 유지하여 놓고 효소의 작용을 통하 여 고기의 결장조직을 파괴시켜 "육류의 부드러움을 증진시킨 다"는 뜻이다.

Agency Ledger 〈會〉〔旅行社 元帳〕
여행사와의 거래를 별도로 취급하는 미수금원장 중의 하나이다.

Agent Account 〈會〉〔旅行社 計定〕
여행사가 지급을 보증하는 외상매출계정을 말한다.

Agneau 〈食〉〔아 뇨〕
Lamb(양고기)를 의미하며 생후 8~15주된 양은 Hothouse라 하며 가장 좋고 Spring Lamb은 3~5개월 된 것이며, Mutton은 1~5년생 의 양에게서 얻은 고기를 의미한다.

AIOD 〈客〉〔自動外部確認機械 : Automatic Identification of Outward
        Dialing〕
투숙객들이 이용하는 외부전화의 정확한 전화계산서 발생을 위하여 외부 번호를 자동적으로 확인하는 호텔 전화 도수기.

Air Conditioner 〈客〉〔에어 컨디셔너〕
실내의 기온을 낮추어 방안을 냉각시키는 장치. 냉동기에 의하여 냉 각, 제습(除濕)한 공기를 실내로 보낸다. 즉 실내의 공기 정화, 온도, 습도의 조절장치.

Air Mail 〈客〉〔에어 메일〕
항공 우편.

Air Shooter 〈會〉〔會計傳票 自動輸送機 : Pneumatic Tube〕
① 호텔내의 각 영업장에서 발행하는 모든 전표 또는 청구서를 Front Cashier에다 신속히 보내주는 기계, 운송기.
② 영업현장 부문과 Front Cashier 사이의 업무연락 수단으로 고객

이 서명한 계산서를 원통에 넣으면 공기 압축에 의해 신속히 전달되는 장치.

Airline Account 〈會〉〔航空會社 計定〕

항공사가 지급을 보증하는 외상매출계정을 말한다.

Airport Hotel 〈宿〉〔에어포트 호텔〕

공항 근처에 있는 호텔을 말하며, 이 호텔들이 번영하는 원인은 항공기의 증가에 따르는 승무원 및 항공여객의 증가와 일기관계로 예정된 출발이 늦어지는 경우 아울러 야간에 도착한 고객이 이용할 수 있는 편리한 점도 있다.

Airport Representative 〈宿〉〔空港擔當 호텔職員〕

호텔 고객의 영접 및 배웅 등 고객의 편리를 도모하는 호텔 직원이다. 호텔을 방문하는 VIP 고객이나, Repeating 고객 등 호텔의 특별대우 고객을 대상으로 리무진 서비스 및 Pick-up 서비스를 하여 주며 고객이 공항을 나와 호텔에 들어가기까지의 최대한 서비스를 제공하는 공항담당 직원이다.

Airtel 〈宿〉〔에어텔〕

공항 근처에 있는 호텔을 말한다. Airport Hotel과 같은 뜻이다.

Al Dente 〈食〉〔알 덴테〕

① 이탈리안 요리에서 사용되는 음식 용어로 파스타 음식을 중간정도로 설익힌 것.

② (마카로니<Macaroni> 따위) 씹는 맛이 나도록 요리하는 방법

Alcoholic 〈飮〉〔술(酒)〕

술이란 주정과 알코올분 1% 이상의 음료를 통칭한다. 술은 알코올 이외에 당분, 흰자질, 무기질 등이 포함되어 있으며, 알코올은 위와 소장에서 체내로 흡수되며 90%가 정맥을 통하여 간에서 물과 탄산가스로 분해된다. 간이 1시간에 분해할 수 있는 알코올의 양은 7~8g정도이다.

Alcoholic Coffee 〈飮〉〔알코올성 커피〕

술이 첨가되는 커피로서 첨가되는 술의 종류에 따라 명칭을 달리한다. 종류로는 아이리쉬 커피(Irish Coffee), 커피 로얄(Coffee Royal), 커피 딜럭스(Coffee Deluxe), 스페니시 커피(Spanish Coffee) 등이 있다.

Alcoholic Content of Liquor 〈飮〉〔술의 알코올濃度 및 度數〕

도수의 결정은 일정한 물에 알코올의 함유 농도의 비중을 말한다. 즉, 술 속에 포함되어 있는 에틸 알코올의 양에 따라 결정된다.

① 英國 : 영국식 도수표시는 사이크(Syke)가 고안한 알코올 비중계에 의한 푸르프(Proof)라 부르며 영국은 51F에 있어서 동용적인 증류수 12/13의 중량을 가진 스프리트(Spirits)를 알코올 함유음료의 표준이라 하며 이것을 푸르프 스피리트(Proof Spirits)라고 부르며 이것은 우리나라 도수로 57.1도가 된다.

② 美國 : 술의 강도 표시를 푸르프(Proof) 단위로 사용하며 온도 섭시 15.6도의 물 0에 에틸 알코올 200을 푸르프로 계산하고 있다. 우리나라의 경우는 ½로써 예를 들면 100푸르프(Proof)의 위스키는 우리나라 도수로 50도가 된다.

③ 獨逸 : 독일은 중량비율(Percent by Weight)을 채택하고 있으며 100g의 액체중 몇 g의 순에틸 알코올이 함유되어 있는가를 표시한다. 즉, 술 100g의 순에틸 알코올이 50g이 들어 있으면 50%의 술이라고 한다. 이 방법은 독일인 빈디시(Windich)가 만들었음.

④ 프랑스 : 도수표시로는 프랑스 사람인 게이 뤼싹(Gay Lussac)이 만든 것으로 알코올분은 온도 15도에서 원용량 100분중에 함유한 에틸 알코올의 함유량을 말한다. 물은 알코올분 0%, 순수 알코올은 100%로 나눈 것을 말한다. 여기에 %의 수차에 "도"를 부쳐 위스키의 알코올분은 40도 혹은 43도로 표시한다.

Ale   ☞   Beer

All In Method 〈食〉〔올인法〕

올인법은 유화제인 자당 지방산 에스텔, 소르비탄 지방산 에스텔, 글리세린 지방산 에스텔, 프로필렌 지방산 글리콜 에스텔 등 4종류의 유화제를 적절히 섞어 빵이나 케이크류에 사용한 것이다.

All In Process 〈食〉〔올 인 프로세스〕

유화제를 사용하여 한번에 모든 재료를 혼합 반죽하는 것.

All Spice 〈食〉〔올 스파이스〕

향신료(Spices)의 일종으로 산지는 자마이카, 멕시코, 앙티에 섬과 남미이며, 팥알만한 크기의 열매. Cinnamon(육계피), Clove(정향), Natimeg(육두구)를 혼합한 향기를 갖고 있음. Pimento(피망),

Jamaice Pepper(자마이카 후추)로 알려져 있다. 자마이카산이 최고의 품질이며, 특히 토마토 제품에 잘 조화된다.

All Year Round Menu 〈食〉〔올 이어 라운드 메뉴〕
대부분의 일품요리 메뉴로서 한번 작성되면 연중 내내 사용되는 메뉴를 말한다.

Allemande Sauce 〈食〉〔알망드 소스 : German Sauce〕
독일식 소스로 Veloute Sauce(베루떼 소스)에 계란 노른자와 크림으로 만들어진 화이트 소스(White Sauce).

Allowance 〈會〉〔前日賣出額 事後調整 : Rebate〕
불만족한 서비스에 의한 가격 할인과 호텔 종사원의 영수증(Bill) 잘못 기재 등으로 고객 계산서 지급 금액을 조정 기재 방법. 특히 이용금액의 에누리가 발생된 경우 Allowance(Rebate) Voucher에 내용을 기입한 후 부서책임자에게 승인을 받아야 한다. 이 계정의 예를 들어 보면 다음과 같다.
① 시외 전화요금에 대한 불평.
② 객실 요금 및 식음료 요금의 조정.
③ Over Charge(추가요금)의 조정.
④ 불만족한 서비스에 대한 조정.
⑤ 객실 시설물의 하자에 따른 불평.
⑥ Mini Bar 요금 및 Telemovie Charge 조정.

Allumette 〈食〉〔알루메트〕
성냥개비 모양으로 야채를 자르는 방법.

Almond 〈食〉〔아몬드〕
복숭아씨 같은 타원형의 땅콩맛이 나는 열매로 주로 버터를 볶아 갈거나, 잘게 찧어 생선위에 뿌린다.

Amabile 〈飮〉〔아마비레〕
와인 맛에서 Medium Sweet를 표현하는 이탈리아어이다.

Ambrosia 〈食〉〔암브로시아〕
쪼갠 코코넛을 곁들인 갖가지 과일들.

Amenity 〈客〉〔호텔 便宜用品〕
① 단어의 뜻은 기분 좋음, 쾌적함, 상냥함, 사람을 유쾌하게 하는

일 등으로 설명하고 있다.

② 호텔에서 Amenity류란 고객에 대한 Plus α의 매력물로서, 일반적이고 기본적인 서비스 외에 "부가적인 서비스의 제공"을 의미한다.

③ Amenity류란 협의로, 객실의 "욕실내의 비품" 즉 비누, 샴푸, 린스, 면도기, 칫솔, 치약, 헤어드라이기, 빗, 로션, 헤어 캡뿐만 아니라 "객실내의 비품", 즉 반짇고리, 구두닦기천, 구둣솔, 구두 주걱, 옷솔 등도 역시 어메니티류라고 할 수 있다.

Amer Picon 〈飮〉 [아미아 피콘]

27° Alc. 정도의 알코올 도수로 쓴맛과 오렌지향을 가지고 있는 진갈색의 프랑스산 술이다.

American Breakfast ☞ Breakfast

American Dressing ☞ Dressing

American Gin 〈飮〉 [아메리칸 진 : Fleischman Dry Gin]

아주 드라이한 진(Gin)이다.

American Hotel & Motel Association 〈宿〉 [美國호텔·모텔協會 : AHMA]

1910년 미국호텔보호협회(American Hotel Protective Association : AHPA)로 설립된 뒤 미국 호텔협회로 고쳤다가, 다시 1962년에 현 명칭으로 고쳐 오늘에 이르고 있다. 현재 66주와 지역 호텔협회의 중앙기관으로서 기능을 하고 있다. 주된 업무는 호텔과 모텔의 홍보, 선전, 경영, 관리, 기술의 개선, 종업원의 교육과 기타 등이고, 각종 위원회를 설치하고 업계 전체의 향상을 도모하고 있으며 본부는 뉴욕이다.

American Plan 〈宿〉 [아메리칸 플랜 : Full Pension]

북아메리카에서 처음 발생한 호텔상품으로서 객실요금과 아침, 점심, 저녁이 포함되는 경영방식을 말한다. 아메리칸 플랜은 고객이 식사를 하든 안하든 상관없이 요금 지급은 마찬가지이며 제한된 식사시간, 메뉴선택의 제한성 등 고객의 입장에서는 불편한 점이 많으나 경영자측에서는 많은 장점이 있는 것이다.

American Service 〈食〉 [아메리칸 서비스]

아메리칸 서비스는 서비스의 기능적(Functional) 유용성(Utilitarian),

효율성(Efficiency), 속도(Speed)의 특징을 가지고 있는 가장 실용적이어서 널리 이용되는 서비스의 형태이다. 일반적으로 주방에서 음식을 접시에 담아 서브되기 때문에 많은 고객을 상대할 수 있으며 빠른 서비스를 추구하는 장점도 있으나 음식이 비교적 빨리 식기 때문에 고객의 미각을 돋구지 못하는 단점도 가지고 있다. 아메리칸 서비스는 트레이 서비스(Tray Service)와 플레이트 서비스(Plate Service) 두 가지가 있다.

American Whisky 〈飮〉[아메리칸 위스키]

미국에서 생산되는 위스키의 총칭이다. 이 위스키는 참나무 오크통에서 착색된 것으로 버번 위스키라고도 한다. 미국의 주법에는 반드시 51% 이상의 옥수수를 주재료로 사용해야 하며 80° 이하의 알코올도수로 증류해야 한다. 최소한 2년 이상 숙성시켜서 병에 담을 때는 증류수로 희석시켜서 43°로 담는다.

Americanne Sauce 〈食〉[아메리카네 소스 : American Sauce]

토마토, 새우, 버터를 가한 붉은색 소스이다.

Amount Due 〈會〉[어마운트 듀우]

고객이 지급해야 할 금액을 말한다.

Anchovy 〈食〉[안초비]

청어족에 속한 작은 생선, 멸치젓과 같은 것.

Anchovy Sauce 〈食〉[안초비 소스]

화이트 와인 소스에 버터를 가미한 멸치젓을 넣은 것이다.

Andalouse Sauce 〈食〉[안달루즈 소스]

마요네즈에 토마토 패이스티(Tomato Paste)와 빨간 피망을 넣는다.

Angostura Bitters 〈食〉[앙고스튜라 비터즈]

중남미에서 생산되는 앙고스튜라 나무 껍질의 쓴맛이 나는 액으로 만든 일종의 향료이다(칵테일에 쓴맛을 내는 나무 껍질).

Anis 〈飮〉[아니스]

아니스의 열매로 맛을 낸 스페인의 독한 술.

Anise 〈植〉[아니스]

파슬리과에 속하는 1년생 풀로 키는 60cm 가량이고 뿌리잎은 둥근 심장모양에 불규칙한 톱니가 있으며, 줄기잎은 깃꼴 겹잎임. 8~10

월에 줄기 끝에 복산형 꽃차례로 황색을 띤 흰꽃이 됨. 열매는 갈색
이며, 달걀모양인데 휘발성의 아니스유가 들어 있음. 향신료의 일종
으로 원산지는 동양이나 멕시코, 러시아, 스페인, 모로코, 지중해 국
가 등에 오랫동안 서식했다. 양조산업에 천연재료로 쓰인다.

Aniseed 〈食〉〔아니스의 열매〕

아니스의 열매로 향미료이다.

Anisette 〈飮〉〔아니스 술〕

지중해 지방산 미나리과 식물인 아니스(Anise)향을 착향시킨 무색
리큐르(liqueur)이다. 식전 혹은 식후에 소화를 돕는 것으로 잘 알려
져 있으며 한국인들에게는 구미에 잘 맞지 않는 술이다. 주정도수는
25도에서 30도 정도이다.

Announcement 〈客〉〔어나운스먼트 : 알림, 案內放送〕

민방위 훈련과 호텔 자체의 소방 훈련 등에 고객들이 놀라거나 불
편한 일이 없도록 사전에 구내방송을 하거나 로비에 안내문을 게시
하여 충분한 정보를 제공해 주며, 또한 정전이나 단수, 호텔의 개보
수 등에도 안내방송이나 안내문 게시를 통해 고객에게 미리 알려주
는 업무를 하는 곳이다.

Antipasti 〈食〉〔안티파스티〕

이탈리아어로 Appetizer에 해당하는 말로, 이 요리는 해산물을 이용
한 해물 절임, 다진 고기를 소스와 함께 버무린 육회, 햄, 살라미를
주요 재료로 한 요리들이 많고 양념류 또한 다양하다. 이러한 요리
들은 식당안에 비치된 진열장에 가지런히 놓아 고객의 기호에 맞게
직접 선택할 수 있도록 해 놓은 곳이 많다.

Antipasto 〈食〉〔안티파스토〕

다랑어(Tuna Fish), 버섯, 피망 등을 곁들여 만든 요리.

A.O.C 〈飮〉〔에이오시 : Appellation D'origine Controlee〕

브로드와인의 원산지 관리증명. 프랑스 와인은 생산지역, 생산연도,
그리고 포도의 품종에 따라 그 질이 결정되므로 프랑스 정부는 우
수 포도주 생산업자 및 우수한 질의 와인을 보호하기 위하여 1935
년 와인의 원산지 명칭권을 법률로 정하였다.

Apartment Hotel 〈宿〉〔아파트먼트 호텔〕

장기체류 고객을 위한 호텔로서 각 객실에는 주방시설과 공공시설

을 갖추고 있다. 특히 미국에서 발달된 호텔형식이다.

Aperitif 〈食〉[에퍼리티프]

에퍼리티프는 식욕증진제라는 의미의 프랑스 언어로 에퍼리티프 와 인은 식전에 마시는 술로서 버무스(Vermouth : 알코올 함유량 17~ 21%), 비터스(Bitters : 알코올함유량 48%) 및 리큐르 종류인 캄파 리(Campari) 등이 있다.

Appetizer 〈食〉[에피타이저 : 前菜料理]

전채요리는 식사 순서 중 제일 먼저 제공되어 식욕촉진을 돋구어 주 는 소품요리를 말한다. 이 전채요리를 프랑스어로는 "Hors D'Oeuvre", 영어로는 "Appetizer", 러시아에서는 "Zakuski"라고 부 른다. 이 요리는 식욕을 촉진시키기 위해 몇 가지 특징을 지니고 있어 야 한다.

① 한 입에 먹을 수 있도록 분량이 적어야 한다.

② 맛과 영양이 풍부하고 주요리와 균형을 이루어야 한다.

③ 타액 분비를 촉진시켜 소화를 돕도록 짠맛, 신맛이 곁들여져야 한다.

④ 계절감과 지방색을 곁들이면 더욱 좋다.

⑤ 색감이 아름다우면 좋다.

Appetizer Cocktail 〈飮〉[에피타이저 칵테일]

식사 전에 식욕을 증진시킬 목적으로 마시는 칵테일로 甘味가 적고 신맛과 쓴맛이 있는 청량음료 등을 사용한 것으로 마티니(Martini), 스크루 드라이버(Screw Driver), 캄파리 소다(Campari) 등이 있다.

Apple Jack 〈飮〉[에플 잭]

미국산 사과 브랜디(Apple Brandy)

Apple Strudel 〈食〉[에플 스트루들]

계란, 버터, 설탕과 시네몬 파우다를 주재료로 하여 구운 후식.

Apple Wine 〈飮〉[애플 와인]

사과를 원료로 하여 만든 과실 발효주로 시드르(Cidre)라고 부르는 데 영국과 프랑스에서 대중적으로 음용되고 있다.

Application for Exchange 〈會〉[換錢申請書]

고객으로부터 외화 또는 여행자 수표(Traveler Check : T/C)를 매 입할 때 한국은행 공급서류 양식으로서 신청자의 이름, 국적, 주소,

여권번호, 외환의 종류, 매입년월일을 기입하고 서명하게 한 뒤 신
청서는 호텔이 보존하고 부본인 외환매입증서는 고객에게 교부하는
양식이다.

Application Program 〈電〉〔應用프로그램〕
워드프로세싱, 재고관리, 호텔 프론트 오피스관리 등과 같은 작업을
수행하기 위한 목적으로 만든 소프트웨어.

Apprentices 〈宿〉〔見習補助, 徒弟〕
결원이 있을 때 보조역할을 한다.

Apricot 〈植〉〔살구〕
개살구나무, 살구나무 등의 열매. 맛은 시고 달며, 살은 식용하고 씨
의 알맹이는 행인(杏仁)이라 하여 약재로 쓰인다.

Approval Code 〈會〉〔承認코드〕
각 카드마다 카드회사와 회원사이에 1회 사용 한도액이 계약되어
있으므로 초과시는 승인번호(Approval No.)를 받아서 카드 전표에
기록한 후 청구해야 한다.

Apron 〈食〉〔에프런 : 앞치마. 행주치마〕
앞치마로 고객이 레스토랑(Restaurant)에서 식사할 때 사용한다. 즉
석 불고기 등의 요리가 제공될 때 이용하는 것이 좋다.

Aqua 〈飲〉〔아 콰〕
물, 액체(液體), 용액(溶液).

Aquavit 〈飲〉〔아콰비트 : Akvait〕
북유럽의 여러 나라에서 생산되는 색깔 없는 주류로서 원료는 감자
및 곡물이다. Aqua(물)+Vitae(生命)의 생명수란 뜻으로 주정 도수
는 약 45도이며 차게 냉각하여 애음한다.

Arak 〈飲〉〔아라크 : Arrack〕
① B.C. 800년부터 서인도 제도에서 야자 열매, 당밀 따위의 즙으로
  만드는 독한 술로 알코올 농도는 50% 정도이다.
② 열대 과일로 만든 럼주(Rum酒)의 일종.

Arcade 〈宿〉〔아케이트〕
호텔내의 부대시설 개념으로 임대료를 받는 호텔내의 상점.

Area Code 〈客〉〔에어리어 코드〕

전화의 시외국번, 지역번호, 전화번호의 앞에 붙여지는 지역의 호출
번호이다.

Arm Chair 〈食, 客〉 [암 체어]

팔걸이가 있는 의자

Arm Towel 〈食〉 [암 타올]

레스토랑 종사원이 팔에 걸쳐서 사용하는 서비스용 냅킨(Napkin)으
로 Hand Towel이라고도 한다. 일반적인 사이즈(Size)는 40cm×60cm
가 사용된다.

Armagnac 〈飮〉 [아르마냑]

프랑스 보르도(Bordeaux) 지방 남쪽 피레네 산맥 가까운 아르마냑
지방에서 생산되는 브랜디의 일종이다. 프랑스산의 유명한 브랜디는
Cognac과 Armagnac을 들 수 있다.

Armstrong 〈客〉 [암스트롱]

욕실 바닥.

Aroma 〈飮〉 [아로마 : 芳香, 香氣]

코끝으로 느끼는 향내로 질이 좋은 고급포도주에서 느낄 수 있는
고상한 향기를 뜻한다.

Aromatic Wine 〈飮〉 [混成 와인]

와인에 약초나 향료를 넣어 그 맛이 배이게 한 와인이다.

Arrival, Departure and Change Sheet 〈客〉 [顧客到着, 出發, 變
動狀況表]

호텔 모든 고객의 투숙, 퇴숙 그리고 그 외의 변화가 기록되어지는
고객의 기록 변동카드이다.

Arrival Time 〈客〉 [到着時間]

고객원장과 등록카드 등에 고객이 호텔에 도착한 시간을 구체적으
로 기록한 것으로서 예약된 시간에 의한 고객의 도착시간이다.

Arrowroot 〈食〉 [알로루트]

특정한 수프(Soup)와 소스(Sauce)의 농후제로 사용되는 서인도의
뿌리식물에서 추출한 전분.

Artichoke 〈食〉 [아티초크]

예루살렘에서 생산되는 뚱단지, 혹은 뚝감자라고 하는 식물로 요리

재료로 쓰인다.

Ashtray 〈客〉〔에쉬트레이〕

재떨이.

Asparagus 〈植〉〔아스파라거스〕

① 백합과 아스파라거스속(屬)에 속하는 식물의 총칭. 비가 적은 열대나 온대지방에 약 150종이 남.

.② 백합과에 속하는 다년생 풀로 식용종으로 유럽이나 미국 등지에서 대규모로 재배함. 잎은 퇴화하여 비늘모양이고 줄기는 살졌으며 가는 가지가 잎처럼 나 있음. 동부 지중해 연안 및 소아시아 원산으로 서늘한 기후에서 잘 자라며, 어린순은 서양요리에 사용된다.

Aspic 〈食〉〔아스픽〕

그리스어의 아스픽(Aspic : 방패)에서 온 말로, 서양요리의 일종. 육류, 생선, 가금류 등의 단백질을 이용하여 만든 빨간 젤리를 말한다.

Assistant Waiter 〈食〉〔어씨스턴트 웨이터〕

캡틴 및 웨이터를 보좌하며 서비스의 보조 및 테이블 세팅, 청소 정돈의 업무를 수행한다.

ASTA 〈宿〉〔全美旅行者協會 : American Socity of Travel Agents〕

1931년 2월에 창설된 조직단체로서 여행업자들간의 상호 공동이익을 도모하고 동협회 회원을 비롯한 각 호텔산업체, 여행알선업체, 운송기관등 상호 불공정한 경쟁을 배제함으로써 관광, 호텔, 여행서비스의 향상을 기하는데 목적이 있다.

Attereaux 〈食〉〔고기를 굽는 꼬챙이〕

(Sp) Christmas나 명절에 내는 Roast 요리에 장식된 Turkey(칠면조) 등에 꽂힌 은꼬치.

Au Gratin 〈食〉〔오 그라탱〕

White Sauce, 빵가루, 치즈로 만들어진 요리를 오븐에서 갈색이 되게 구운 요리의 용어를 말한다.

Au Jus 〈食〉〔오 쥬스〕

평범하게 요리한다는 뜻으로 Plainly Cooked, 즉 자연식품 그대로의 즙이 나 고기 진국을 가미하여 내는 소스(Sauce)의 기본이 되는 것.

Au Maigre 〈食〉〔오 메그르〕

① 육류가 들어가지 않은 요리를 말한다.

② 육식을 삼가는 금육일의 채식 요리.

Au Natural 〈食〉〔오 네츄럴〕

날 것 그대로의 요리를 의미.

Audit 〈會〉〔監査〕

호텔의 하루 동안 운영된 모든 영업 현황, 즉 객실, 식음료, 기타 부대시설에 관한 계산서를 정확하게 기재되었는지 또한 모든 기록이 정확하게 결산되었는지 확인하는 업무이다.

Auditorium, Semicircular, Center Aisle 〈宴〉〔講堂式 半圓形 配置〕

무대의 테이블은 일반배열과 동일하나, 의자를 배열하는데 있어서는 무대에서 최소 3.5m 간격으로 배열하고, 중앙복도는 1.9m 간격을 유지하며 의자를 양쪽에 한 개씩 놓아서 간격을 조절하여야 한다. 이러한 의자 배열은 큰 공간을 차지하기 때문에 많은 인원을 수용하는데 어려움이 따른다.

Auditorium V-Shape 〈宴〉〔講堂式 V形 配置〕

첫번째 2개의 의자는 무대 테이블 가장 자리에서 3.5m 간격을 유지하여 의자를 일직선으로 배열하고 앞 의자는 30° 각도로 배열하여야 한다. V자형의 강당식 회의진행은 극히 드문 편이나, 주최측의 요청에 따라 배열한다.

Aurore Sauce 〈食〉〔아울레 소스〕

베샤멜소스(Bechamel Sauce)에 크림을 넣어서 만든 크림소스(Cream Sauce)에 토마토 페이스티(Tomato Paste)를 넣어서 만든다.

Auslese 〈飮〉〔아우슬레스〕

독일에서 사용되는 포도주 용어로서 좋은 포도송이만 정선하여 만든 와인을 의미한다. Beerenauslese는 포도송이에서 잘된 알맹이만 골라서 만든 와인. Trockenbeerenauslese는 지나치게 익은(Overripe) 포도 알로만 만든 포도주를 뜻한다.

Authorization Code 〈電〉〔承認 코드〕

호텔 컴퓨터 프로그램에 입력되는 코드로서 어떤 문제의 발생에 대해 처리를 승인하는 신용카드회사로부터의 문의에 대한 응답코드.

Authorized Money Exchange 〈會〉〔公認換錢商〕

호텔, 여행업자, 은행 등이 지정되어 여행자에게 외화를 매매하는
장소를 말한다.

Automated Dispenser 〈食〉〔自動디스펜서〕

자동 커피머쉰과 같이 버튼 또는 손잡이를 한번 누르면 정해진 양
만이 공급되도록 고안된 도구이다.

Automobile Registration 〈宿〉〔駐車登錄機 : Drive-In Registration〕

① 자동차를 이용하는 고객이 TV화면을 통해서 Front Clerk과의
대화로 객실열쇠(Room Key)를 운송기(Shooter)에 넣어서 주차
장에 있는 투숙객에게 직접 보내는 장치.

② 하물(荷物)의 운반이 필요할 경우에는 주차장까지 직접 Poter를
보낸다.

Aux Croutons 〈食〉〔오 크루통〕

굽거나 튀긴 작은 빵조각, 일반적으로 수프(Soup)와 셀러드(Salad)
의 곁들임으로 사용한다.

Availability 〈電〉〔가용성〕

어느 기간 동안의 총 경과시간에 대해 장치가 정확하게 동작한 시
간의 비율을 말한다.

Available Basis Only 〈客〉〔總括的豫約 : Blank Reservation〕

호텔의 특별한 단체나 개인에게 주어지는 객실, 컨벤션 등에 특별요
금이 따르고 예약없이 사용 가능한 것이다.

Available Room 〈客〉〔使用可能한 客室〕

호텔이 판매가능한 객실, 즉 판매할 수 있는 호텔의 제반 객실수를
일컫는 것으로, 호텔의 객실수 또는 일정한 날짜에 아직 점유되지
않은 객실을 의미한다.

Availability Report 〈客〉〔客室現況報告書〕

객실 활용의 다음 며칠을 위하여 예상고객 도착과 출발에 대한 정
보로서 일반적으로 야간감사자(Night Auditor)가 준비한다.

Average Cost Method 〈會〉〔平均原價法〕

구입원가가 각기 다른 재료를 보유하고 있을 때, 그날의 평균 구입
단가를 소비가격으로 간주하여 평균단가를 계산하는 방식이다.

Average Daily Room Rate 〈客〉〔日日平均客室料〕

호텔의 판매가능한 객실중에서 이미 판매된 객실의 총실료를 판매
된 객실수로 나누어 구한 값을 말한다.

※ 공식 = 당일 총매출액 / 고객이 사용한 총객실수

Average Rate Per Guest 〈客〉〔宿泊客 平均室料〕

당일 객실판매 금액을 호텔의 투숙객 수로 나눈 것으로 고객수에
대한 객실판매의 평균 요금이다.

※ 공식 = 당일 총매출액 / 객실숙박객총수

Average Room Rate 〈客〉〔平均客室料〕

※ 공식 = 객실 매출액 / 고객이 사용한 총객실수.

Avocado 〈植〉〔아보카도나무 열매〕

열대 아메리카産 녹나무과의 과실.

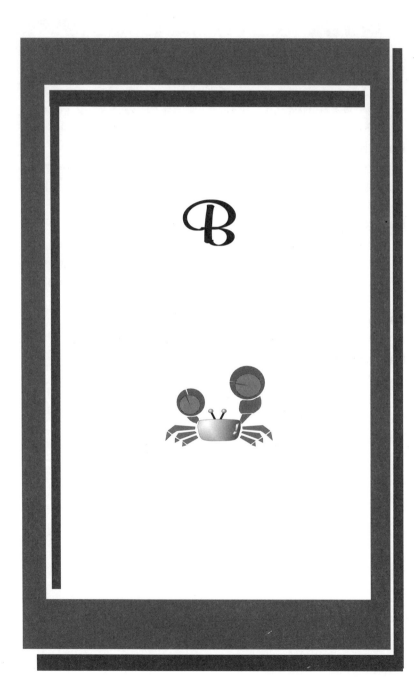

B Card 〈會〉〔비 카드〕

제 2교대 캐쉬어(Cashier)의 근무 마감시 두번째 장과 그에 따른 교체장 마감시 현금으로 기록하고 일치시키는 프론트 오피스(Front Office)의 포스팅 기계(Posting Machines)에 함께 사용하는 양식이다.

Baby Bed 〈客〉〔幼兒用 寢臺 : Cot. Crib〕

이것은 어린이용 침대로 어린이를 동반한 가족들이 사용하는 특수 침대이다. 침대의 사각 위에는 어린이가 떨어지지 않도록 가름대를 걸쳐놓아야 하며, 요금은 부과되지 않는다.

Baby Sitter 〈客〉〔베이비 씨터〕

호텔을 이용하는 고객들의 자녀를 돌보아 주는 사람을 말한다. 일반적으로 하우스키핑의 객실 정비원(Room Maid) 비번자들 중에서 가능한 직원이 돌보아 주며 요금은 시간당 계산을 받는 것이 일반적이다.

Bacardi 〈飮〉〔바카르디〕

쿠바 혹은 푸에르토리코산 럼주의 일종으로 유명한 상표임.

Baccaret 〈카〉〔배커라〕

배커라는 카지노 게임의 왕이라고 불리우며, Banker와 Player의 어느 한쪽을 택하여 9이하의 높은 점수로 승부하는 카드 게임이다(경우에 따라 손님과 손님, 손님과 딜러가 승부함).

◆ Baccaret의 기본용어 해설 ◆

○ Baccaret : Card 3장의 합이 Zero("0")를 뜻함.
○ Scoop : 손이 미치는 곳보다 먼 곳에 카드를 보내거나 회수를 하는데 사용하는 용구.
○ Scooper : Scoop를 사용하여 Dealing하는 사람.
○ Pay-Man : Money 및 Chips를 다루는 사람.
○ Sgueeze : 카드를 Open 하는 행위(손님).
○ Discard Cylinder : 한 게임이 끝난 후 게임에 사용된 카드를 넣는 통.
○ Natural : 두 Hand 중 어느 한쪽이 8 또는 9일 경우.
○ Mark : Player와 Banker의 Hand 위치 및 액수가 많은 손님 앞에 놓여져서 카드를 Sgueeze할 수 있는 권한을 부여하는 기구.

Back Bar 〈食〉〔백 바〕

바(Bar) 서비스를 위하여 바텐더(Bartender)의 뒷쪽에 위치하고 있는 저장용 캐비닛이다.

Back Elevator ☞ Service Elevator

Back Office 〈客〉〔管理部署 : Back of The House〕

호텔에서 사용하는 부서의 명칭으로 일반적으로 호텔고객과 직접 접촉하지 않는 부서이며 고객서비스 영업담당부서를 보조하며, 원조와 관리를 하는 부서이다. 예를 들면, 인사과, 조리부, 시설부, 경리부, 총무부, 광고.촉진, 세탁 등을 들 수 있다. 즉 비수익(Non Cost Center)부문이라 볼 수 있다.

Back to Back 〈客〉〔백투백〕

① 호텔에서 고객이 계속적으로 이어지는 입숙과 출숙을 말한다.

② 여행도매업자와 여행사에 의해서 주선되는 호텔단체객의 도착과 출발이 계속적으로 일어나 객실은 항상 판매된 상태이다.

Back-up 〈電〉〔豫備〕

① 주된 장치가 고장을 일으켰을 때 하고 있던 작업을 완결시키거나 그 작업을 새로 시작할 수 있도록 설계된 장치로서 보통은 같은 장소에 있으나 멀리 떨어져 있기도 하다.

② 원래의 용량이 부족한 경우에 사용하는 대체 프로그램이나 장치.

Back-up System 〈電〉〔豫備시스템〕

장비나 전송상의 오류를 찾아내어 고치는 여러 가지 정교한 기술들이 결합되어 있는 시스템이다.

Bacon and Eggs 〈食〉〔베이컨 에그〕

아침식사의 일종으로 계란 2개에 베이컨을 함께 제공하는 것이다.

Bagel 〈食〉〔베이걸〕

이스라엘의 대표적인 빵으로 물에 한 번 삶았다가 오븐에 구워내는 독특한 방법으로 만든다. 반으로 잘라서 구워 제공하며 훈제된 연어(Smoked Salmon)와 크림 치즈를 함께 곁들여 먹기도 한다.

Baggage 〈客〉〔짐, 手荷物〕

여행시 소지하는 개인 소유물, 수하물.

Baggage Down 〈客〉〔手貨物運搬서비스 : Baggage Collection〕

고객이 퇴숙(Check-Out)시 객실로부터 전화 또는 직접 문의에 의하여 벨맨이나 포터가 수화물을 호텔 현관으로 운반하는 서비스를 말한다.

Baggage In Record 〈客〉〔手荷物 記錄臺帳〕

하물 기록대장으로서 객실번호, 성명, 하물수량, 시간, Bellman의 이름 등을 기록한다.

Baggage Net 〈客〉〔手荷物 덮개, 手荷物 망〕

객실 투숙객 중에서 잠시 후에 출발예정인 고객의 짐은 Lobby에 내려다 놓고 수하물 망(Baggage Net)만을 씌워 놓는다.

Beggage Out Record 〈客〉〔手荷物 移動記錄表〕

Baggage Stand 〈客〉〔手貨物받침대 : Baggage Rack〕

호텔 객실안에 있는 가구로서 트렁크(Trunk) 등 비교적 큰 수화물을 두는 받침대를 말한다.

Baggage Tag 〈客〉〔手荷物 꼬리표, 荷物表 : Luggage Tag〕

① 수하물에 붙여 소유자를 분명히 하기 위한 표.

② 2매 1조로 이루어져 있으며 1매는 수하물에 부착하고 1매는 고객이 보관하고 있다가 수하물 청구시 제시한다.

Bain Marie 〈食〉〔뱅 마리〕

음식을 데우지 않고 데우거나 뜨겁게 하기 위하여 사용되는 뜨거운 물이 들어있는 증탕기를 말한다.

Bake Blind 〈食〉〔베이크 블라인드〕

슈거반죽 또는 파이반죽을 타트(Tart) 또는 타틀렛(Tartelettes) 틀에 씌워서 콩이나 팥을 넣고 구워낸 껍질.

Bake Off 〈食〉〔베이크 오프〕

제품을 오븐에 넣고 굽는 과정을 가리킨다.

Baked 〈食〉〔베이크 : 굽기〕

조리 용어로 식품을 오븐에 넣고 350°F~450°F정도의 건열로서 조리하는 방법이다. 생선인 경우 버터를 넣은 Pan위에 올려놓고 Pan채로 Oven에 넣어 익혀내는 방법이다.

Baked Alaska 〈食〉〔베이크 알라스카〕

Meringue(설탕, 계란 흰자 등으로 만든)로 덮어 입힌 케익이나 아이스크림을 Brandy와 같은 알코올을 뿌려 불을 붙여 갈색이 되면 즉 석에서 손님에게 서비스하는 것을 말한다.

Baked Beans 〈食〉〔베이크 빈스〕

찐 콩과 베이컨 등을 구운 요리.

Bakery Shop 〈食〉〔베이커리 숍〕

베이커리업장에서 판매할 각종 제과 제빵을 만들며 각 레스토랑 업 장 주방에서 필요한 빵과 후식 등을 생산하는 장소이다.

Balance 〈會〉〔複式簿記에 있어서 借・貸邊 殘額〕

균형, 조화, 수지, 차액, 차감잔액.

Balance Sheet 〈會〉〔貸借對照表 : B/S〕

일정시점에서 기업의 자산과 부채와 자본의 상태를 명확하게 하기 위하여 작성하는 일람표로 기업의 재무상태를 표시한다. 여기서 재 무상태라 함은 자금조달의 방법 또는 원천을 나타내는 기업자본과 자금운영의 방법 또는 형태인 기업자산을 일정한 배열순서에 따라 표시한 것이다. 또 이 대차대조표는 「資産 = 負債＋資本」의 대차평 균의 원리에 의하여 일정시점에서의 재무상태를 계수적으로 나타낸 것이다.

Ballroom 〈宴〉〔볼 룸〕

댄스장, 대연회장이라고도 한다.

Balsam 〈飮〉〔발 삼〕

서인도산 바나나 리큐르(Liqueur)의 일종.

Bambooshoot 〈植〉〔죽순(竹筍)〕

대는 어리고 순한 싹, 비늘 모양의 껍질에 싸여 겉으로 내림. 식용 으로 사용되고 있다.

Bank 〈會〉〔뱅 크〕

주어진 근무시간에 효율적인 거래업무를 위해 수납원에게 제공되는 일정액의 주화와 지폐의 자금공급으로 호텔에 따라 뱅크 금액은 서 로 다르다.

Bank Card 〈會〉〔뱅크카드〕

은행에서 발행하는 신용카드로 일반적으로 사용자에게 회비를 받지 않으나 관광여행 카드는 연회비를 지급하는 차이점이 있다.

Bank Settlement Plan 〈會〉〔銀行自動 어음 支給方式〕

어음 교환창구인 여행업체가 호텔예약시 요금을 당 호텔에 바로 지
급하는 창구방식이다. 이러한 새로운 방식은 호텔업과 여행업체 사
이에 숙박비결제관계 문제와 노쇼(No-Show) 방지, 커미션(Com-
mission) 문제 등을 원천적 방지를 할 수 있는 기능이 있다.

Banne Femme 〈食〉〔본 팜므〕

Soup나 Stew(스튜)의 Home Style이며 현모양처라는 뜻이다. 본 팜
므 소스라 하면 양파, 계란노른자, 크림 등을 합한 홈 스타일(Home
Style) 소스를 말한다.

Banquet 〈食〉〔宴會〕

「Banquet의 어원」은 프랑스 고어인 「Banchetto」이다. 「Banchetto」
는 당시에 「판사의 자리」 혹은 「연회」를 의미했었는데 이 단어가
영어화 되면서 지금의 「Banquet」로 되었다.

연회란 호텔 또는 식음료를 판매하는 시설을 갖춘 구별된 장소에
서 2인 이상의 단체고객에게 식음료와 기타 부수적인 사항을 첨가
하여 모임의 본연의 목적을 달성할 수 있도록 하여 주고 그 응분의
대가를 수수하는 일련의 행위를 말한다. 이때 2인 이상의 단체고객
이란 동일한 목적을 위하여 참석하는 일행을 지칭한다.

Banquet Bill   ☞ Group Bill

Bar 〈食〉〔바〕

바는 프랑스어의 'Bariere'에서 온 말로 고객과 Bar Man사이에 가로
질러진 널판을 Bar라고 하던 개념이 현대에 와서는 술을 파는 식당을
총칭한다. 즉 바(Bar)는 아늑한 분위기로 된 장소에서 Bartender (조
주사)에 의해 고객에게 음료를 판매하거나 제공하는 장소를 말한다.

Bar Boy 〈食〉〔바 보이〕

Bar에서 필요한 과일, 주스, 술, 얼음 등과 같은 품목을 바텐더
(Bartender)에게 공급하는 종사원을 말한다.

Bar Charge 〈會〉〔바 차아지〕

주장부문의 판매 거래에서 발생한 수입의 합계이다.

Bar Cloth 〈飮〉〔바 클로스〕

주장(Bar)에서 사용하는 것으로 각종 Glass를 닦거나 널리 펼쳐 놓

고 닦여진 글라스를 배열하여 놓는데도 이용된다.

Bar Code(Scanning System) 〈電〉〔바 코드 : 막대번호, 상품의 주민등록번호, 줄무늬 같은 봉상 기호군의 상품식별법〕

① 특정한 데이터를 표시하는 것으로 기계가 읽을 수 있는 코드이며 서로 다른 넓이(가로의 길이)를 갖고 있는 세로 막대들로 구성되어 있다.

② Bar Code Scanning System이란 판매와 동시에 "제품의 종류, 가격, 제조회사"를 입력해 "상품의 매출현황"을 쉽게 파악할 수 있도록 한 이른바 막대번호라고 하는 상품의 주민등록번호이다.

Bar Spoon 〈飮〉〔바 스푼 : Long Spoon〕

손잡이가 길어 롱 스푼(Long Spoon)이라고도 하며 칵테일 재료를 휘저을 때 사용되며 한쪽은 포크로 되어 있어 레몬 등을 찍을 때 이용된다.

Bar Trolley 〈飮〉〔바 트롤리〕

각종 주류 진열과 필요한 얼음, 글라스, 부재료, 바(Bar)기물 등을 비치하여, 고객앞에서 주문 받아 즉석에서 조주하여 제공하는 것.

Barbecue 〈食〉〔바베큐〕

① 고기(Meats)나 가금류를 탄불이나 숯불에 통째로 소스를 발라가면서 굽는 요리이다.

② 야외에서 하는 큰 연회. 통째로 구운 돼지나 쇠고기를 먹는 사교적·정치적 회합.

Barbecue Sauce 〈食〉〔바베큐 소스〕

식초, 야채, 조미료, 향신료로 만든 매콤한 소스.

Barde 〈食〉〔바 드〕

베이컨이나 맛이 짠 돼지고기를 썰어 가금류나 생선위에 얹어 Roast(로스트)하는 조리방법.

Barquette 〈食〉〔바르켓 : Boat Shaped〕

밀가루 반죽으로 배 모양 같이 작게 만들어 생선 알이나 고기를 채워서 만든다.

Barrel 〈飮〉〔배럴〕

술을 제조하여 숙성시키는 나무통을 의미한다.

Barsac 〈飮〉〔바르삭〕

Barsac 지역의 와인은 가볍고, 상쾌한 감미를 즐길 수 있는 특징이 있다. 어릴 때는 향기가 강하며 Fruity한 풍미를 갖고 있다.

Bartending 〈食〉〔바텐딩 : Cocktail Maker〕

바텐딩이란 오랜 시간과 숙련된 기술을 요하며 여러 가지의 알코올 음료 비알코올성 음료를 섞는 예술적인 전문직종인 것이다. 바텐더는 정직하고 깨끗하고 좋은 성품의 소유자이어야 하며 고객들의 요구를 완벽하게 채워주므로 고객들을 만족시켜야 할 의무가 있다. 더나아가 예술성이 짙은 여러 가지 조주에 대해 완벽한 상식을 가지고 있어야 함과 동시에 지혜를 갖추고 있어야 한다. 즉 Bar 장비, 바의 저장품 확인, 정확한 측량 및 서비스 진행절차, 칵테일과 믹스 드링크(Cocktail and Mixed Drink) 제조법 숙지, 글라스류의 선택, 장비 및 기구를 선택 등에 많은 지식을 요한다.

Base 〈飮〉〔베이스 : Base Liquor〕

칵테일을 주조할 때 가장 많이 함유되는 술을 말하며, 우리말로 나타낸다면 기주라고 부를 수 있다. 일반적으로 칵테일의 기주로 많이 사용되는 진(Gin), 보드카(Vodka), 위스키(Whisky), 브랜디(Brandy), 럼(Rum), 데킬라(Tequila) 등이 있다.

Basic Cover 〈食〉〔基本 차림 : Standard Cover〕

대개 레스토랑에서는 고객이 요리를 주문하는데 최소한의 기준을 두고 기본적으로 갖추어야 할 기물의 차림을 말한다.

Basil 〈食〉〔바실 : Sweet Basil〕

향료의 일종으로 이란과 인도가 원산지이고 이탈리아, 남프랑스, 아메리카가 주산지이다. 주로 어린잎을 적기에 따내어 사용하는 일년생 식물로 높이 45cm까지 자라며 엷은 신맛을 낸다. 이것은 토마토 페이스트 식품, 스파게티 소스, 야채, 계란요리의 맛을 돋우는데 사용된다.

Baste 〈食〉〔베이스트〕

고기를 구우면서 타거나 마르지 않도록 버터나 기름, 물, 소스 등을 끼얹어 바르는 것을 말한다.

Batch Processing 〈電〉〔一括處理方式〕

전산처리 될 수많은 항목이나 거래들을 비슷한 것끼리 그룹으로 묶어서 일괄적으로 처리하는 방식을 말한다. 이 시스템은 호텔의 관리

시스템에 활용되며, 즉 급여명세서 작성업무나 월별 보고서 작성업무에 적합하다.

Bath Maid 〈客〉〔베스 메이드〕

욕실만을 청소하는 메이드.

Bath Mat 〈客〉〔베스 메트 : Rubber Mat〕

고무판으로 되어 있으며, 고객이 목욕할 때 욕조 안에서 미끄러지는 것을 방지하는 것이다.

Bath Room Tray 〈客〉〔베스룸 트래이〕

욕실의 컵을 올려놓는 쟁반.

Bath-Tub 〈客〉〔베스 터브〕

욕조, 목욕탕.

Bath Towel   ☞ Towel

Bathrobe Hook 〈客〉〔베스로브 훅크〕

목욕 까운을 걸어 놓는 고리.

Batonnet 〈食〉〔바토네〕

성냥개비보다 굵게 재목처럼 야채를 자르는 방법.

Batter 〈食〉〔배터 : 반죽〕

소맥분, 설탕, 달걀, 우유 등의 혼합물.

Baumkuchen 〈食〉〔바움쿠헨〕

독일의 대표적인 과자이다. 바움은 나무이고 쿠헨은 케이크라는 뜻으로 이 케이크를 자르면 나무결 모양으로 되어 있다.

Bavarian Cream 〈食〉〔바바리안 크림〕

제라틴, 크림, 계란이 주재료가 되어 만들어진 후식이다.

Bay Leaf 〈植〉〔베이 리프 : 月桂樹의 말린 잎(香味料)〕

월계수는 녹나무과에 속하는 상록 관목나무로, 원산지는 지중해 연안, 이탈리아, 그리스, 터키 등이며, 이 잎사귀를 건조시켜 요리에 사용한다. 키는 10~20m, 잎은 어긋매겨 나는데 두툼하며 녹색임. 길이가 5~8cm, 버들잎 모양이나 타원형이고 톱니가 없음. 이른봄에 담황색의 작은 꽃이 잎겨드랑이에서 산형 꽃차례로 피고 열매는 길이 15mm 가량의 앵두 모양이며 10월에 흑자색으로 여물며, 얼얼한 맛과 특이한 향미가 있다.

Bearnaise Sauce 〈食〉〔베아르네즈 소스 : Bern Sauce〕

잘게 썬 파, 후추에 식초, 백포도주, 타라곤(Tarragon)잎 등과 함께 끓여서 계란노른자 위에 버터를 넣고 진한 고기국을 조금 넣어서 만든 황색 소스로 홀랜다이즈 소스(Hollandaise Sauce)의 일종이다. 샤토브리앙 스테이크 (Chateaubriand), 그릴드(Grilled) 스테이크, 그릴드 생선에 같이 제공된다.

Beat 〈食〉〔비 트〕

민활한 규칙적인 반복으로 혼합물을 부풀게하여 공기를 끌어들여 부드럽게 하는 것을 말한다.

Beater 〈食〉〔비 터〕

반죽할 때 부드럽게 하기 위하여 사용하는 기구. 믹서 도구의 일종이다.

Bechamel Sauce 〈食〉〔베샤멜 소스〕

주로 생선이나 야채가 많이 사용되는 소스로서 밀가루를 버터에 볶은 White Roux(Roux Blanc)에 우유를 넣고 끓이면서 소금, 후추, 양파, 너트 맥(Nutmag), 월계수잎(Bay Leaf) 등을 넣은 후 45분~1시간쯤 끓여낸 후 채에다 바쳐낸다. 베샤멜 소스는 요리사 베샤멜이 만들었다고 하여 붙여진 이름이다.

Bed 〈客〉〔베 드〕〕

메트리스(Mattress) 아래부분을 말함.

Bed and Board 〈宿〉〔베드 앤 보드〕

숙박요금에 3食이 포함되어 있는 American Plan의 별칭 용어이다.

Bed and Breakfast 〈食〉〔비 앤 비 : B & B〕

토속적으로 운영되는 호텔 형식에서 아침식사를 지역적 전통음식을 제공하고 가정적인 분위기를 창출하는 숙박형태이다. 특히 프랑스 샤또(Chateau)의 별장식 호텔과 영국, 아일랜드, 미국 등지의 개인집의 여유 객실을 활용하는 숙박형태이다.

Bed Pad 〈客〉〔베드 패드 : 누비요〕

메트리스(Mattress)를 보호하기 위하여 까는 누비요.

Bed Side Table 〈客〉〔베드 사이드 테이블〕

나이트 테이블(Night Table) 반대편의 침대 옆에 위치하며 설합이 달려 있는 테이블을 말한다.

Bed Spread 〈客〉〔寢臺덮개, 寢臺커버 : Bed Cover〕

주간이나 새로이 판매하는 객실의 침대에 미관상, 위생상 덮는 것으로 담요와 베개까지 전부 덮는다. 품위 있어 보이는 색상이나 천으로 만들어지며, 가장자리를 늘어뜨려 아늑한 분위기를 만든다. Turn Down Service시에 Bed Spread는 잘 접어서 옷장에 넣어둔다.

Beef 〈食〉〔고기 : Boeuf〕

비프(Beef)란 사육된 소의 종류, 즉 젓소, 숫소, 황소, 어린 암소의 각 부분으로부터 얻어진 고기이다. 일반적으로 2~3년 동안 약 350 ~450kg에 이를 때 이들은 도살될 준비를 갖추게 된다. 도살된 후 무게는 250kg 정도이다.

Beef Stock 〈食〉〔고기 스톡〕

소뼈나 무릎뼈에 야채 다발과 香料를 넣고 3~4시간 서서히 끓여서 찌거기를 걸러낸 국물이다.

Beer 〈飮〉〔麥 酒〕

맥주는 대맥, 홉, 물을 주원료로 효모를 섞어 저장하여 만든 탄산가스가 함유된 양조주이다. 병에 넣어 열을 가하여 발효시킨 담색맥주 (Lager Beer), 맥아를 담색맥주보다 검게 볶아서 카라멜화 되도록 만든 흑맥주(Black Beer), 저온 살균하여 효모 활동을 정지시킨 후 맥주통에 담은 것이 생맥주(Draft Beer)이다.

◆ 맥주의 제조과정 ◆

보리 → 發芽(Malt) → 맛내기(Flavouring) → 호프添加 → 沈澱(Decanting) → 貯藏(Storage) → 병(Bottling)의 순이다.

◆ 麥酒의 種類 ◆

① Lager Beer(殺菌麥酒) & Draft Beer(未殺菌麥酒)

약 3.6%의 酒酊 도수를 가지고 있는 담색의 가장 보편적이며 인기있는 맥주로서 맛이 가볍고 Dry한 종류이다.

② Ale(에일) : 보통 맥주보다 고온에서 발효시킨 것으로 라거비어 보다는 홉(hop)향이 강하게 나고 苦味가 더한 맥주이다.

③ Stout(스타우트) : 6%의 酒酊 도수를 가진 맥주로서 맥아주의 맛이 또렷이 느끼며, 강한 홉향을 가지고 있는 진한 에일형의 맥주로서 약한 감미를 가지고 있다. 영국과 아일랜드산이 유명하다.

④ Poter(포터) : 스타우트와 유사한 맥주이나 그렇게 강하지는 않으며 일반적으로 보다 진한 거품을 가지고 있다. 그 이름은 영국의 포터들이 즐겨 마시는 데서 유래하였다고 한다.
⑤ Bock Beer(보크 비어) : 라거비어보다는 약간 독하고 甘味를 느끼게 하는 진한 맥주이다. 이것은 연례적으로 발효통(Fermenting Vats)들을 청소할 때 나오는 침전물들을 사용하여 만든 특수한 맥주로서 미국에서 주로 봄철에 생산된다.

Beet 〈食〉〔비 트〕

Red Turnip으로 속이 매우 단단하여 장시간 물에 삶아야 한다. Pickle, Salad에 사용.

Beignet 〈食〉〔베이네〕

이것은 Fritter(살코기, 과일 등을 넣은 일종의 튀김)에 가까운 요리로 우리나라의 튀김요리와 같으나 한 번 불에 직접 익힌 뒤에 버터로 튀긴다. 주로 생선, 닭, 새우 등을 주재료로 한다.

Bel Paese 〈食〉〔벨 파아제〕

이탈리아산 연질치즈. 지방 함량은 45~50%중형의 원반형으로 상표가 든 알루미늄 호일에 싸여 있다. 속은 결이 고운 크림모양으로 맛이 부드럽다.

Bell Captain's Log 〈客〉〔벨 캡틴 로그 : Call Book〕

벨맨의 활동과 업무일지를 기록한 보고서이다.

Bell Man 〈客〉〔벨 맨〕

호텔의 유니폼 서비스(Uniformed Service)부서에 근무하는 종사원으로서 호텔 프론트에서부터 고객과 동반하여 고객의 객실까지 수행하는 중요한 직무이다. 즉 고객의 프론트 오피스(Front Office)에 등록을 마치면, 룸클럭으로부터 객실열쇠(Room Key)와 룸슬립(Room Slip)을 받게 하는 일, 고객의 짐을 운반하면서 고객을 인도하여 배정된 객실로 안내하는 일, 객실의 정돈상태, 나이트테이블(시계, 라디오, 전화, 램프), 전등, 텔레비전 그 외의 필요한 가구나 비품이 제대로 기능을 발휘하는지 신속히 점검하고 객실내에 객실열쇠를 놓고 나오는 일, 호텔을 떠나는 고객의 짐을 운반하고 각종 고객의 세탁서비스(Laundry Service) 및 일반 심부름을 하며 메시지 전달(Message Delivery)을 하는 일 등의 업무를 담당한다.

Bell Stand 〈客〉〔벨스탠드〕

프론트 데스크(Front Desk)로부터 가깝게 잘 보이는 곳의 로비
(Lobby)에 위치한 벨맨의 데스크이다.

Bench Time 〈食〉〔벤치 타임〕

반죽을 분할 환목한 다음 비닐로 덮어 발효시키는 과정인데, 벤치
타임을 주는 목적은 성형에 대비하고 글루텐 조직을 재정비하기 위
해서이다. 이때 시간은 어린 반죽은 길게, 지친 반죽은 짧게 조정하
는데 보통 15~20분 정도로 한다.

Benedictine 〈飮〉〔베네딕틴〕

여러 가지 약초로 着香시킨 가장 오래된 리큐르(Liqueur) 중의 하나
로서 베네딕틴 수도원의 한 수도사에 의하여 만들어졌으며 아직도
그 조제법은 비밀로 되어 있다. 알코올 도수는 약 42도이며 피로회
복에 효능이 있는 술로 널리 애음되고 있다. 이 술은 1510년경부터
제조되기 시작되었으나 한 때 혁명으로 인하여 중단되었다가 19세
기경 그 비법을 전한 양피지를 발견함으로써 다시 제조하기 시작하
였다. D.O.M(Doe optimo Maximo)로 불리기도 하는데 그 뜻은 라
틴어로「최고 최대의 神에게 드린다」이다.

Bercy 〈食〉〔베르시〕

갈색소스(Espagnole Sauce), 샤롯, 레몬주스, 그리고 백포도주로 이
루어진 소스로서 고기나 생선과 함께 차려 낸다.

Bermuda Plan 〈宿〉〔버뮤다플랜〕

호텔의 숙박요금 제도의 하나로서 객실에 완전한 미국식 조식
(American Breakfast)이 포함되어 계산되는 방식이다(客室料＋美國
式 朝食).

Berth Charge 〈宿〉〔寢臺料金 : Bed Rate〕

열차나 선박 등의 침대에 대한 요금.

Best Available 〈客〉〔上級豫約〕

단골고객 또는 주요고객을 위한 호텔 서비스로서 가능한 한 고객에
게 예약한 것보다 보다 나은 객실을 제공하는 서비스이다.

Between Heat 〈食〉〔비트윈 히트〕

대개 육류에 한하여 조리하며 上下에 熱源을 두고 그 사이에 재료
를 넣어 익히는 조리법이다.

Beverage 〈飮〉〔베버리지〕

음료를 의미하며 알코올성 음료와 비알코올성 음료를 모두 포함한
다. 알코올성음료는 釀造酒, 蒸溜酒, 混成酒로 구분되며, 비알코올성
음료에는 청량음료, 영양음료, 기호음료로 구분되나 영양음료와 기
호음료는 대개 식료 카테고리에 포함시키고 있다.

◆ 飮料 分類表 ◆

(1) 알콜성 飮料(Alcoholic Drink)

① 釀造酒(Fermented) - Wine, Beer, 藥酒.

② 蒸溜酒(Distilled) - Brandy, Whisky, 소주.

③ 混成酒(Compounded) - Liqueur.

(2) 비알콜성 飮料(Non-alcoholic Drink)

① 淸凉飮料(Soft Drink) - 탄산성 음료, 비탄산성 음료.

② 營養飮料(Nutritious Drink) - 주스류, 우유류.

③ 嗜好飮料 - Coffee. Tea.

Beverage Bring In 〈宴〉〔飮料搬入〕

연회 주최자 측에서 필요한 음료를 연회장 내에 가지고 오는 것을
말한다. 이때 수량, 품목, 연회일시, 연회장명, 반입자 성명 등을 필
히 확인하고 리스트를 작성하여 점검한 후 인수한다. 반입된 품목들
은 연회 종료 후에 작성된 리스트를 기본으로 하여 주최자의 확인
아래 수량을 파악, 재고 등을 최종 점검한 후 주최자의 지시에 따라
처리한다.

B.G.M 〈宿〉〔背景音樂, 效果音樂, 環境音樂 : Background Music〕

배경음악으로 생산능률의 향상이나 권태방지용으로 작업장 따위에
틀어 놓는 음악.

Bianco 〈飮〉〔비앙코〕

이탈리아어로 화이트 와인의 의미

Bidet 〈客〉〔비데 : 女性用 국부 洗滌器〕

피임용이나 위생용 국부 세척기를 비데(bidet)라고 하는데, 유럽 지
역의 호텔의 욕실에 많이 설치되고 있으며, 우리나라는 고급호텔 특
실에 설치되어 있는 곳이 많다. 양변기와 크기는 大同小異하나 한가
운데서 분수식으로 물이 솟아 나오게 되어 있으며, 냉·온수 조절이
가능하도록 되어 있다.

Big Six 〈카〉〔빅 식스 : Big Wheel〕

　　Big Six는 손으로 큰 바퀴 모양 기구를 돌려 가죽 막대기에 걸려 멈추는 번호에 돈을 건 사람이 당첨금을 받는 게임이다.

Bill 〈會〉〔計算書, 領收證 : Chit. Check〕

　　호텔의 객실, 식음료, 기타 부대시설에서 쓰이고 있는 고객의 영수증이다.

Bill of Fare 〈食〉〔메뉴〕

　　영국에서 사용되는 메뉴(Menu)라는 뜻.

Billboard Advertising 〈宿〉〔廣告揭示板 廣告〕

　　공항로변이나 고속도로변에 있는 대형 광고판, 표지(Signs), 광고게시판을 말한다.

Bin 〈飮〉〔빈 : 궤. 저장소〕

　　주류 저장소에 술병을 넣어 놓는 장소, 혹은 컵을 끼워 놓는 컵 보드 (Cup Board)를 뜻함. 얼음을 담는 그릇일 때는 Ice Bin이라고 한다.

Bin Card 〈飮〉〔品目別카드 : Perpetual Inventory Card〕

　　식음료 입고와 출고 현황에 따른 재고 기록카드로서 품목의 내력이 기록되어 있으며 창고 또는 물건이 비치되어 있는 장소에 비치한다. 예를 들어 모든 와인, 술, 음료 종류 등을 적정재고량을 확보하는데 사용되는 것으로 적정시기에 적정소요량을 재주문할 수 있게 하는 자료이다. 와인의 품목별 카드의 기록은 와인 타입, 와인 이름, 포도 수확 연도(Vintage Year), 공급 회사명, 최종 주문일자, 주문된 수량, 입고일자, 최종 점검일자, 재고량 수 등이 기록된다.

Biscuit 〈食〉〔비스킷〕

　　베이킹 파우더로 부풀게 만든 작고 둥근 즉석 빵.

Biscuit Roule 〈食〉〔비스킷 룰레〕

　　스폰지 케이크와 비슷하며 계란 노른자, 설탕, 바닐라 등으로 기포를 낸 후 소맥분을 넣고 반죽을 한 후 녹인 버터를 섞는다. 철판에 종이를 깔고 210~215℃의 오븐에서 구운 후 생크림을 발라 생과일, 딸기, 배, 파인애플을 넣고 말아 감는다.

Bisque 〈食〉〔비스크〕

　　어패류를 사용하여 만든 진한 크림 수프로 새우, 게, 가재, 등이 주재료로 쓰인다.

Bitter Bottle 〈飮〉 [비터 병]

칵테일 양목록(Recipe : 처방서. 조리법)에는 香料의 양을 방울 (Drop) 혹은 대시(Dash : 少量)로 표시하고 있다. 칵테일 조주시에 향료(Bitter)를 드롭 핑 혹은 대싱하는데 용이하도록 만들어진 유리 제 향료 용기이다.

Bitters 〈飮〉 [비터즈]

칵테일이나 기타 드링크류에 香을 가하기 위하여 만든 着香劑이다. 간혹 쓴맛이 나는 음료를 뜻하기도 한다. 알코올 성분이 48%이며 담갈색의 이 비터즈는 서인도제도에서는 말라리아 예방제로 사용되 고 있으며 健胃 · 강장 · 해열제로도 좋은 리큐르의 일종이라 하겠다.

Black Berry Brandy 〈飮〉 [블랙 베리 브랜디]

검은 딸기(Black Berry) 술로서 酒酊 도수가 25도 정도의 소화 촉진 에 효과가 있는 리큐르(Liqueur)이다.

Black Coffee   ☞   Cafe Noir

Black Death 〈飮〉 [블랙 대드]

회양풀의 열매(Caraway Seeds)로 着香시킨 유명한 아콰 비트(Aqua Vit)로서 아일랜드의 국민주이다.

Black List 〈會〉 [不良去來者 名單 : Cancellation Bulletin]

거래중지자 명단으로 불량카드의 정보자료이다. 통제되는 원인으로 는 도난이나 분실 또는 연체 등으로서 카드회사에서 작성하여 각 가맹점에 배부한다.

Blackjack 〈카〉 [블랙잭]

블랙잭은 딜러와 Player가 함께 카드의 숫자를 겨루는 것으로 이 게 임의 목적은 2장 이상의 카드를 꺼내어 그 합계를 21점에 가깝도록 만들어 딜러의 점수와 승부하는 카드게임을 말한다. Player의 처음 두장만으로 21을 만들면 블랙잭이 되어 붙여진 이름으로 이때 Player는 건돈의 1.5배(150%)를 받으며 그 밖에는 승패에 따라 서로 Bets한 금액 만큼 주고 받는다.

◆ Blackjack의 기본용어 해설 ◆

○ Deck : 카드 한 묶(52장)

○ 4 Suits : Black Spade, Red Diamond, Black Club, Red Heart

(각각 13장)

○ Card Showing : 카드의 이상 유무를 손님에게 확인시키는 동작

○ Washing : Showing 후에 뒷면이 보이도록 하여 카드가 섞이도록 휘젓는 동작.

○ Stacking (Boxing) : 묶음으로 만드는 동작.

○ Shuffle : Strip된 카드를 양손으로 잡고 One by One으로 섞이도록 하는 동작.

○ Arranging : Shuffle 되어진 카드를 정리하는(손으로 매만지는) 동작.

○ Cutting : Arrange된 카드를 오른손으로 잡고 Top에서부터 3~4 장씩 왼손으로 뽑는 동작.

○ Stripping : 카드의 묶음을 똑같은 양과 높이로 Shuffle할 수 있도록 나누는 동작.

○ Card Counting : Hand상 Card합의 수치.

○ Card Divede : 각 Hand에 카드를 나누는 동작.

○ Initial Card(Original Card) : First Two Card.

○ Box : Layout 상에 Chips를 Betting하는 장소로 네모나게 그려진 것.

○ Hand : 한 Box에서 이루어지는 한판.

○ One Round : One 게임이 이루어진 상태.

○ Blackjack : First Two Card가 1장이 에이스(Ace), 다른 1장은 10이 되어 합이 21이 될 때.

○ Burst(Break) : 카드의 숫자가 21이 넘어갔을 때 자동으로 패하게 된다.

○ Burn : Play하는 장소에서 떠난 카드(버리는 카드) 그것은 Discard Rack에 Face Down으로 보관하며, 시작할 때 한장 또는 두장 뽑아서 버린다.

○ Shoe : 카드를 통에 넣고 사용할 수 있게 한 장치.

○ Discard Rack(Card Holder) : 플라스틱 박스로 이미 사용되었던 카드를 Played 되어졌던 카드에 넣는 곳.

○ Lammer : 숫자가 기록된 Chip로서 한 테이블에서 Taken 되는 Chips를 표시하여 돈의 양을 알려주는 것이다.

○ Cut Card : Shuffle이 끝난 후에 표시를 지시하는 카드(Inidicating Card)는 Player에 의해 사용되어진다.

○ Paddle : Drop Box 안으로 통화나 Slip을 밀어 넣기 위해 만든 플라스틱 장치.

○ Limit Board : 테이블상에서 Minimum과 Maximum을 표시해 주는 플라스틱 기구.

○ Bank Roll : Dealer 바로 앞에 Tray 속에 보관되어 있는 카지노 Money를 말한다.

○ Barber Pole : Tray속에 있는 Chips Stack 모양의 명칭.

○ Capping : Placing Money에 Pay off할 때 그 Bet의 위에다 하는 행위.

○ Drgging : 카드를 받음과 동시에 Betting Box로부터 Money를 치우는 행위.

○ Drop Box : 테이블 아래쪽에 걸려 있는 Box로서 기타 Slip 등을 넣는 곳.

○ Hit : 카드를 더 받을 수 있는 의사표시.

○ Pat Hand : 처음 두장 카드가 High Count로 나왔거나, 통상 Hit 하지 않은 Hand (Ex. 17, 18, 19, 20)

○ Stiff Hand : 12, 13, 14, 15 or 16.

○ Past Post : 카드가 나누어진 후에 Bet된 금액에 부당하게 더 Adds시키는 것.

○ Pinch : 카드가 나누어진 후에 Bet된 금액을 불법적으로 가져가는 행위.

○ Press : Player의 주문에 의하여 Original 금액 위에 더 Adds시키는 것.

○ Prove a Hand : 손님이 주문한 사실을 대조, 증명하기 위하여 바로 앞전의 Hand를 복원시키는 것.

○ Scratch : Hit를 요구하는 행위.

○ Soft Hand : Initial Card에서 Ace가 11로 Count되는 Hand.

○ Stand(Stay) : 카드를 더 받지 않기로 결정하였을 때.

○ Stand off : Player와 Dealer가 똑같은 숫자를 가지어 누구도 Win하지 못할 때 (Push/Tie Hand).

○ Sweeten a Bet : 카드가 나누어지기 이전에 정당하게 금액을 Adds한 Bet.

○ Tode(Tips) : 감사하는 마음으로 딜러에게 주어지는 것.

○ Tray(Rack) : Gaming Chips를 담는 통으로 사용케 한 장치.

Blade Box 〈客〉〔블레이드 박스〕

사용이 끝난 면도날을 담는 통이다.

Blanc 〈飮〉〔블랑〕

흰(White)색을 뜻함. Blanco(스페인어), Bianco(이탈리아) 등 포도주 라벨에 자주 사용된다.

Blanching 〈食〉〔블랜칭 : Blanchir〕

① 재료와 물 또는 기름이 1 : 10 정도의 비율로 끓는 물에 순간적으로 넣었다가 건져내어 흐르는 찬물에 헹구어 조리하는 방법으로 야채나 감자 등을 조리할 때 쓰인다.

② 찬물에 서서히 끓여 짧게 조리하는 방법.

Bland Method 〈飮〉〔블랜드 方法 : Blanding〕

두 개 이상의 성분을 혼합하는 것.

Blank Reservation ☞ Available Basis Only

Blanket 〈客〉〔담 요〕

◆ 規格 담요(Standard Blanket) ◆

① Single : 170× 230cm 이상

② Double : 200 × 230cm 이상

Blanquette 〈食〉〔브랑켓〕

흰색 스튜(White Stew)인 삶은 요리, 즉 화이트 소스(White Sauce)에 조린 송아지 고기 따위이다.

Blended Spirits ☞ Spirits

Blended Whisky 〈飮〉〔블랜디드 위스키〕

블랜디드 위스키는 몰트(Malt) 위스키와 그레인(Grain) 위스키를 적당한 비율로 혼합하는 것인데 우리가 음용하는 스카치 위스키의 대부분은 이 타입의 위스키이다. 일반적으로 몰트 위스키 40~50%에 그레인 위스키 60~55% 정도이다. 酒酊度數는 80proof 이상에서 출고시킨다.

Blender 〈飮〉〔블렌더〕

전동 믹서기로서 강·중·약의 회전속도 조절장치가 부착되어 있으며 과일, 크림, 계란 등이 들어가는 세이크 종류를 믹서시킬 때 쓰이며 회전 날부분을 항상 청결하게 관리하여야 한다.

Blending ⟨食⟩〔블렌딩 : 混合〕

두 개 이상의 성분(요리 재료)을 철저히 믹싱(Mixing)하는 것.

Blind Curtain ⟨客⟩

차양(遮陽)커튼.

Blind Receving ⟨食⟩〔盲目檢水〕

맹목검수방법은 검수원에게 사전에 정보가 주어지지 않고 공란으로 된 전표가 주어져서 검수하면서 기입하게 된다. 배달전표와 차질이 생길 때에는 상인이 가격이나 수량을 삭제해 줄 책임이 있다. 이 방법은 검수계원으로 하여금 단순히 배달전표의 내용을 베끼지 않고 각 품목의 수량 확인, 무게 측정 등 필요사항을 실시할 의무를 부과하는 데 있다.

Block ⟨客, 電⟩〔블 럭〕

① 호텔의 객실을 어느 정도 묶어서 예약하는 일을 블럭 예약이라고 한다. 이와 관련된 객실 지정 예약으로 고객의 예약을 받을 때 룸랙의 포켓에 지정 예약표시를 하여 룸클럭에게 이를 식별하게 한다.

② 입력 및 출력시 한 단락으로 그룹화되어 다루어지는 관련 레코드, 문자 혹은 디지트들을 말한다. 프로그램 코딩시 한 단락으로 처리되는 부분을 말한다.

Block of Ice ⟨食⟩〔블럭 오프 아이스〕

파티 등에서 Punch Bowl에 넣어 화려하게 장식하는 1kg 이상의 얼음 덩어리.

Block Room ⟨客⟩〔블럭룸〕

호텔의 객실을 특정 관광단체, 국제회의 참석자, VIP를 위해 한 구역의 객실을 사전에 지정해 놓은 것을 말한다.

Boarding House ⟨宿⟩〔보딩 하우스〕

일반적으로 하숙집, 기숙사라 칭한다. 여행자를 대상으로 하는 숙박시설을 의미하는 말로 쓰여질 경우에는 호텔보다 시설이나 서비스의 내용이 간소한 것을 뜻하며, 그런 점에서는 "Inn"에 가깝다. Inn

과의 차이는 보딩 하우스의 경우 장기체류적인 어감이 들어 있다.

Bock Beer   ☞ Beer

Boiled Eggs 〈食〉〔보일드 에그〕

계란을 껍질 채 삶은 것으로, 일반적으로 몇 분 삶을까를 고객에게 주문받는다.

① Soft-Boiled Eggs : 반숙계란, 끓는 물에 흰자위만 익힌 삶은 계란. 삶은 시간에 따라 1분, 3분, 5분, 7분 정도 중 택일.

② Hard-Boiled Eggs : 끓는 물에 노른자위까지 익힌 삶은 계란.

Boiling 〈食〉〔沸騰, 끓음 : Bouillr〕

식품을 용기나 다른 용기속에 넣어 그 용기가 계속적으로 끓어서 그 온도를 조리하는 방법으로서 생선을 조리할 때에는 脂肪이 많으나 생선을 주로 물이나 생선 Stock에 넣고 약한 불로 끓여낸다.

Bonne Femme Sauce 〈食〉〔본 팜므 소스〕

① Fish, Veloute Sauce에 Lemon Juice, Cream, Egg Yolks, Chopped Parsley 등을 혼합한 소스이다. 양파, 계란노른자, 크림 등을 혼합한 Home Style Sauce.

② 본 팜므란 "현모양처(賢母良妻)"라는 뜻이다.

③ Steak에 사용한다.

Book 〈客〉〔客室販賣〕

호텔을 이용하고자 하는 고객들에게 미리 객실을 예약 받거나 판매하는 것을 말한다.

Booth 〈宿〉〔부 스〕

일정 계약기간 동안 소유자가 전시 참가자에게 할애한 특정지역.

Borage 〈植〉〔보레지 : 지치의 一種〕

① 지치과에 속하는 개지치, 갯지치, 반디지치 등의 총칭.

② 지치과에 속하는 다년생 풀로 키 30~60cm이고, 뿌리는 굵고 자색을 띤다. 잎은 어긋맞게 나고 자루가 없으며 두껍고 버들잎 모양에 줄기와 함께 거센 털이 많이 났음. 5~6월에 잘고 흰 꽃이 총상 꽃차례로 가지끝에 피고, 열매는 작고 견과임. 본래는 지중해 지역에서 지배하였으나 현재는 관상수로 재배되고 있는 향신료이다.

Bordelaise Sauce 〈食〉[보르드래즈 소스]

① 백포도주의 주산지인 프랑스 남서부 항구 "보르드(Bordeaux)식의 소스"라는 뜻이다.

② 양파, 당근, 샐러리, 다임(광대나 물과 식물, 백리향) 버터와 월계수 잎사귀를 주재로 하여 만든 흰색 또는 갈색 소스(Espagnole Sauce)이다.

③ 육류에 사용한다.

Bordure 〈食〉[보르뒤르]

고리 모양의 야채(대개가 더치스 감자)와 함께 차려낸 요리.

Borsch 〈食〉[보오시 : Borch]

러시안 수프(Russian Soup)의 일종으로서 쇠고기, 육수, Beets, 달걀과 설탕 등 각종 양념을 곁들여 만든 수프이다.

Botel 〈宿〉[보 텔]

보트(Boat)를 이용하여 여행하는 관광객이 주로 이용하는 숙박시설로서 보트를 정박시킬 수 있는 규모가 작은 부두나 해변 등지에 위치한 호텔을 말한다.

Bouchee 〈食〉[보우세 : Savoury Type]

얇게 밀가루를 반죽하여 치즈(Cheese)나 계란을 고기나 생선 등에 넣어 주사위 같은 모양이나 만두 같이 만들어진 작은 형태의 요리이다.

Bouillabaisse 〈食〉[브이야베스]

여러 가지 종류의 생선류를 원료로 하여 야채, 올리브유를 넣어 끓인 지중해식 수프.

Bouillabaisse a la Provencale 〈食〉[브이야베스 알라 프로방살]

프랑스의 생선을 주재료로 만든 수프.

Bouillon 〈食〉[부용 : Broth]

진한 고기국물로서 쇠고기를 재료로 한 것을 뜻한다.

Bouquet 〈食〉[부 케]

질이 좋은 ·포도주에서 夙成되어 감에 따라 일어나는 냄새인데 포도주를 마실 때 혀와 목구멍으로 느끼는 香氣이며 Aroma(芳香, 香氣)와 함께 반드시 Wine에서만 사용하는 용어이다.

Bouquet Garnis 〈食〉〔부케 가-니〕

① 수프 등에 香氣를 더하기 위해 넣는 Parsley(파슬리) 따위의 작은 다발.

② 스톡(Stock)을 끓일 때 첨가하는 여러 가지 香料의 총칭.

Bourbon Whisky 〈飮〉〔버번 위스키〕

버번이란 미국 캔터키주 동북부의 지명으로 이 지방에서 생산되며 옥수수를 주원료로 사용한다. 이것에 Rye와 Malt 등을 혼합하여 당화·발효시켜 Patent Still로 蒸溜한다. 사용하지 않은 새로운 오크통의 안쪽을 그을린 것에 넣어 4年이상 저장·숙성시키는 것이 특징이다.

Bow Tie 〈食〉〔보타이〕

나비 넥타이.

Braised 〈食〉〔브라이스〕

식품을 뜨거운 기름에 약간 익힌 후 Braising Pan에 물이나 Stock을 넣고 뚜껑을 덮어 완전히 익을 때까지 직접 熱로 서서히 조리한다. 이때 식품의 표면이 마르지 않도록 국물을 계속하여 발라준다. 생선을 조리할 때에는 백포도주를 약간 넣기도 한다.

Bread Basket 〈食〉〔브래드 베스킷〕

빵 담는 바구니(食卓用).

Breading 〈食〉〔브래딩〕

계란과 밀크 혼합물에 음식물을 담그고, 그리고 나서 마른 잔 빵 부스러기에 넣는다.

Brandy 〈飮〉〔브랜디〕

브랜디는 과당물(Fruit Suger)로부터 만들어진 양조주를 증류하여 만들어진 알코올 도수가 높은 강한 술이다. 브랜디는 포도주를 증류하여 만들어진 것이며, 다른 과당물로부터 증류되었을 때에는 그 앞에 그 재료의 명칭 및 특별한 상품명을 기재하고 있다. 브랜디의 증류는 보통 2단계로 나누어 실시하며 평균 8통의 포도주에서 1통 정도의 브랜디가 증류된다. 증류 직후에는 무색투명한 액체이나 질좋은 참나무통에 저장하여 성숙시키면 찬란한 색상의 브랜디가 탄생한다. 포도 브랜디의 대표적인 것은 프랑스 코냑시를 중심으로 하는 코냑 지방산 코냑 브랜디와 남서부 지역에 위치한 아르마냑 지방산의 아르마냑 브랜디가 유명하다. 코냑은 포도 수확 후 다음해 3월말까지 증류하여 4월1일부터 1년동안의 원액을 카운트 0로 불리우며 그 이 후 매 1년씩 카운트수가 증가되어 간다. 우리가 흔히 볼 수 있는 것은 별하나(2~5년), 별둘(5~6년), 별셋(7~10년), 별넷, 별다섯(10년 이상) 등으로 표시되는데, V.O.(Very Old)는 12~15년, V.S.O. (Very Superior Old)는 15~25년, V.S.O.P.(Very Superior Old Pale 25~45년), X.O.(Extra Old)는 45년 이상, X.(Extra Napoleon)는 75년 이상 저장 숙성했다는 표시이다.

Break Down 〈食〉〔브레이크 다운〕

① 식당에서 판매된 품목을 분석하는 것.
② 사전의 예산 견적에 의해 음료의 종류와 수량을 조정하여 예산 범위를 벗어나지 않게 하는 것.

Break-Even Point 〈會〉〔損益分岐點, 採算點〕

비용과 수익이 동일한 매출액을 말하는 것으로서, 즉 일정기간의 총수익의 합계로부터 총비용의 합계를 차감한 금액을 손익분기점이라 하며 도표상에서 총수익선과 총비용선이 교차되는 점을 손익분기점이라 한다.

Breakage 〈會〉〔브레이크이지〕

포괄요금(Package)에 포함된 식사 또는 기타 서비스를 고객이 이용하지 않음으로써 호텔측에 발생되는 소득이며, Breakage Profit라 부르기도 한다.

Breakfast 〈食〉〔아침食事〕

아침식사로 제공되는 모든 요리를 말한다.
① American Breakfast : 계란 요리가 곁들여진 아침식사로서, ① 계절과일(Season Fruit), ② 주스류(Juice), ③ 시리얼(Cereal), ④ 계란요리(Eggs), ⑤ 음료(Beverage), ⑥ 케이크류(Cake), ⑦ 빵 종류(Bread & Rolls) 및 그 밖에 계란요리가 제공될 때에는 햄, 베이컨 혹은 소시지 등이 곁들여 제공된다.
② Continental Breakfast : 계란요리를 곁들이지 않은 아침식사, 빵 종류, 주스·커피나 홍차.
③ Vienna Breakfast : 비엔나식 조식은 계란요리와 롤 빵 그리고 커피 정도로 먹는 식사를 말한다.

④ English Breakfast : 미국식 조식과 같으나 생선요리가 포함되는 아침식사이다.

Bridge the Bed 〈客〉[브리지 더 베드]

두 개의 트윈 침대(Twin Bed)를 붙이기 위해 메트리스(Mattress)를 돌리는 것을 말한다.

Brine 〈食〉[브라인]

절임용으로 사용되는 소금과 물의 혼합물이나 소금과 식초의 혼합물. 붉은 색 고기의 빛을 유지시키기 위하여 첨가된다.

Brine Tank 〈食〉[브라인 탱크]

치즈의 가염 방법의 일종인 습염법에서 사용되는 식염수 통을 말한다.

Brioche 〈食〉[브리오슈]

버터(Butter), 계란이 든 롤(Roll)의 일종으로 빵위 표면에 배꼽 같은 빵혹이 붙어 있다.

British Proof 〈飮〉[英國式 프루프]

영국식 알코올 도수표시이며, 사이크(Syke)가 고안한 알코올 비중계에 의한 사이크 프루프라고 부르며 영국은 「51°F에 있어서 동용적의 증류수 12/13 의 중량을 가진 Spirits」를 알코올 함유 음료의 표준강도라고 한다. 이러한 강도를 가진 술을 프루프 스피릿(Proof Spirit)이라고 부르며 이것을 한국의 도수로 계산하면 57.1도가 된다.

Broccoli 〈植〉[브로콜리 : 모란채]

겨자과에 속하는 2년생 풀로 양배추의 한 품종으로 관상용으로 한 것임. 유럽이 원산으로 잎은 길이 60cm, 너비 20cm의 타원형이고 줄기에서 난다. 야채의 일종으로 중심 줄기는 딱딱하므로 버리고 잎줄기를 먹는데, 잎보다 칼슘이 많이 함유되어 있고 다른 푸른 채소보다 비타민 C를 풍부하게 함유하고 있어 이용가치가 많은 야채 중의 하나이다.

Brochette 〈食〉[부로쉐 : 구이꼬치]

육류나 야채 또는 家禽類나 엽조류를 야채와 함께 쇠꼬챙이에 끼워 구워내는 요리방법으로, 송아지 고기나 새끼돼지(Sucking Pig), 새끼 양같은 연한 고기와 베이컨(Bacon)이나 야채(Onion Pimento, Mushroom)를 사이사이에 끼워 구워낸 것을 말한다.

Brochure 〈宿〉〔브로셔 : 팸플릿〕

호텔에서 일반적으로 고객에게 당해 호텔의 광고나 선전목적으로 만든 소책자를 말한다.

Broiled 〈食〉〔브로일드〕

식품을 복사와 대류에너지로 구성되 직접 熱로 조리하는 방법으로서 육류나 생선을 Pan에서 이것을 익힌 다음 버터를 바른 후 아래에서 직접 熱이 넣을 수 있는 거리 만큼을 두고서 조리하는 방법이다.

Broth   ☞ Bouillon

Brown Stock 〈食〉〔브라운 스톡 : Fond Brun〕

소뼈나 송아지뼈를 잘게 썰든가 깨뜨려서 야채, 당근, 양파, 셀러리, 토마토, 부추를 썰어 지방(기름)과 함께 넣어 붓는다. 이때 색깔이 진한 다갈색으로 되었을 때 물에 3~4시간 정도 서서히 끓여서 통후추나 소금을 가미하여 양념하고 찌꺼기를 걸러낸다.

Brunch 〈食〉〔브런치 : 조반겸 점심〕

이것은 미국식당에서 많이 사용되고 있는 것으로 아침과 점심의 병용 식사로 Breakfast의 Br과 Lunch의 Unch로 만들어진 새로운 말이다. 이것은 12 : 00 점심시간 전까지 식사를 제공하는 것을 말한다.

Brunoise 〈食〉〔부르노와즈〕

야채를 네모 반듯하게 주사위 모양으로 자르는 방법.

Bucket 〈會〉〔버킷 : Cashier's Well. Pit. Tub Bucket〕

① 客室 번호순으로 고객원장(Guest Folio)을 철하여 두는 것을 말한다.
② 물통

Budget 〈會〉〔豫算〕

호텔 경영상의 한 기간 동안(1年)에 收入과 費用을 설정하는 것으로 예산계획 수립과정에서 주요 요소는 ① 財務的 目標, ② 收入 豫想, ③ 支出 豫想, ④ 豫想 純收益의 決定이 있다.

Budget Hotel 〈宿〉〔버짓호텔〕

경제적 사정으로 저렴한 호텔을 이용하는 계층은 비교적 실속을 차리고 실용적인 생활태도를 가지고 있는 사람들로서 숙박은 저렴한 호텔에서 하고 식사와 관광은 알차고 고급스럽게 하는 계층을 겨냥

해 개발한 것이 버짓호텔이다. 특징을 살펴보면 다음과 같다.

① 모텔(Motel)과 모터 호텔(Motor Hotel)의 형태로서 1970년 이후에 탄생하였다.

② 객실요금은 일반적으로 $7~10($ 10 미만) 정도이다.

③ 대부분 식당이 없는 호텔이 많다.

④ 객실요금이 호텔에 비하여 20~50% 정도가 저렴하여 주요 고객대상은 가족여행객이다.

Buffet 〈食〉〔뷔 페〕

일정한 요금을 지불하고 기호에 따라 이미 준비된 음식을 먹을 수 있는 Self-service식사이다. 그러나 음료와 술은 별도 계산을 하도록 되어 있다. 뷔페는 두 가지로 구분되는데, 일정하게 예약된 인원(연회, 각종행사)을 위하여 준비된 요리를 제공하는 Closed Buffet와 불특정 다수의 고객(일반 뷔페식당)을 대상으로 준비되는 Open Buffet 가 있다.

Build
☞ Cocktail Basic Technnique

Building Superintendent 〈客〉〔빌딩 슈퍼린턴던트〕

호텔 건물의 경비와 보수 관리를 책임지는 사람으로 때로는 어떤 부서에도 속해 있지 않다.

Bulk Purchase 〈食〉〔Buy In Bulk〕

일시 대량구매.

Bungalow 〈宿〉〔방갈로〕

열대지방 건축형태의 일종으로 목조 2층 건물에 지붕은 야자나 갈대잎으로 되어 있어 통풍이 잘되는 휴양지의 숙박시설을 말하는데, 한국에서는 해수욕장 주변, 기타 관광지에 설치된 단기숙박객을 위하여 가설한 소규모 목조건물을 말한다.

Bunn Automatic
☞ Coffee

Bus Boy 〈食〉〔버스 보이 : Assistant Waiter〕

식당에서 웨이터를 돕는 접객보조원으로 식사 前·後 식탁정돈 및 청소를 주업무로 하는 식당종업원을 말한다.

Business Center 〈客〉〔비즈니스 센터〕

호텔의 상용 고객을 위한 부서로서 「사무실을 떠난 사무실(Office

Away From Office)」 개념을 도입하여 가정과 사무실의 복합적인 기능을 고려하여 비즈니스 고객을 위한 비서업무, 팩스(Fax), 텔렉스(Telex), 회의준비(Meeting), 타이핑(Typing) 등을 서비스하는 부서이다.

Business Hotel ☞ Commercial Hotel

Bussing System 〈食〉〔버싱 시스템〕

고객들이 사용한 기물과 접시류 등을 접객원이 빼내거나 치워주는 작업시스템을 말한다.

Bust-out Joint 〈카〉〔버스트-아웃 조인트〕

크게 사기칠 수 있도록 게임시설을 갖춘 곳이다.

Butcher 〈食〉〔부쳐 : Carver, Trancheur Euse〕

① 요리사(Cook)처럼 흰 가운(White Jacket)을 차려 입고, 큰 고기 덩어리를 베어 서브를 하거나 각 식당에서 사용하기 적당하게 1인분씩 준비하는 자.

② 육류를 공급해 주는 곳, 즉 푸줏간, 정육점.

Butchering Test 〈食〉〔부쳐링 테스트〕

구매된 육류 재료를 가지고 조리를 할 때 1인분 분량을 기준으로 하여 조리 후의 동일 분량의 식료는 그 재료의 매입 원가에 대하여 얼마의 비율이 점하는가를 산출해봄으로써 예상 매출에 대한 재료 소요량 계산에 이용하는 외에 표준원가계산의 자료로 하기 위한 시험이다.

Butler 〈飮〉〔버틀러〕

주류 관리자.

Butter Spreader 〈食〉〔버터 스프레더 : Butter Knife〕

버터를 빵에 바를 때 사용하는 Knife의 일종이다.

Buy In Bulk ☞ Bulk Purchase

By Hand ☞ Will Call For Service

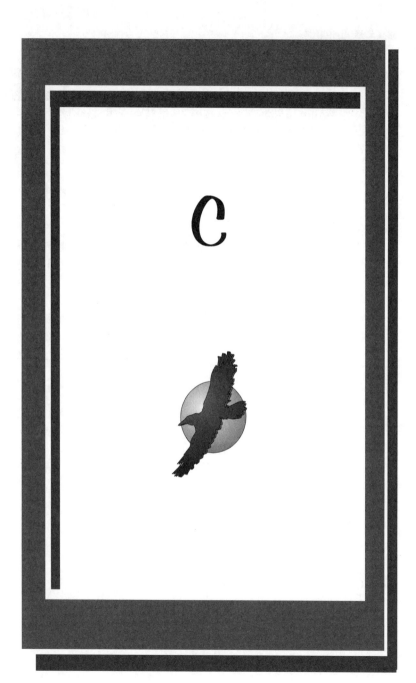

Cabana 〈宿〉〔카바나〕.

보통 호텔의 주된 건물로부터 분리되어 수영장이나 해수욕장 내에
위치한 호텔의 객실을 말하며, 침대가 있기도 하고 없기도 하며 그
와 같은 목적이나 특별행사를 위해 사용되는 임시 구조물도 이에
포함된다.

Cabaret 〈宿〉〔카바레〕

① 음악이 있고 춤을 출 수 있는 시설을 갖춘 서양식의 고급 술집.
② 차, 커피 등의 용기를 갖춘 작은 쟁반.

Cabbage 〈植〉〔캐비지 : 양배추〕

겨자과에 속하는 2년생 채소. 結球性 배추의 변종으로, 잎은 두껍고
털이 없으며 짧고, 내부의 잎은 연한 황색 혹은 백색이며 연하여 단
맛이 많음. 5~6월에 잎의 중앙에서 60cm 가량의 줄기가 뻗고 그
끝에 연 노랑빛 '十' 자 모양의 꽃이 총상 꽃차례로 핀다. 원산지는
유럽이나 지금은 온 세계에서 널리 재배하여 날것으로 먹거나 찌개
또는 무쳐 먹기도 하고 오랫동안 저장할 수 있어 가정요리로 애용
되고 있다.

Cacao 〈植〉〔카카오〕

① 오이와 비슷한 모양인데 살이 찌고 익으면 등항색이나 적갈색으
로 딱딱하고 두꺼운 껍질속에서 다섯개의 방이 있고 하나의 방
에는 5~12개의 씨가 들어 있으며, 이 씨를 말려 가루로 만든 것
이 코코아이며 초콜릿이나 과자의 원료가 됨.
② 벽오동과에 속하는 상록 교목으로 키는 5~10m. 잎은 타원형이
며 끝은 뾰족하고 담홍색의 다섯잎 꽃이 핀다. 원산지는 남미나
중미이다.

Cacciatore 〈食〉〔카시아토레〕

잘게 썬 버섯과 정향을 첨가한 토마토 소스(Tomato Sauce)로 간
을 맞추어 요리한 닭고기를 이르는 이탈리아 용어.

Cadamon 〈植〉〔카다몬〕

생강과 같은 종류의 식물로 인도, 스리랑카, 중앙아프리카, 과테말라
등이 주산지이다. 작은 종자로서 특유의 방향을 갖고 있음. 데미다
스 커피의 맛과 향기로서 또한 덴마크풍의 빵, 파이, 커피, 케익 등
에 사용함. 더욱이 그래이프 젤리의 맛과 향으로 사용한다.

Cafe Alexander 〈飮〉〔카페 알렉산더〕

아이스커피와 브랜디, 카카오의 좁이 한데 어우러진 가장 전통적인 분위기의 커피로서 주로 남성들이 즐기는 메뉴이다. 커피(50㎖)를 얼음과 함께 용기에 부어 냉커피를 만들어 브랜디와 크림 드 카카오를 넣은 후 생크림을 살며시 띄운다.

Cafe au Lait 〈飮〉〔카페오레 : White Coffee, Coffee with Milk〕

커피와 우유란 의미의 프랑스풍 커피로 모닝 커피로 알맞으며 커피를 보통 커피의 추출 농도보다 40% 정도 진하게 추출한 후 큰 컵에 설탕을 미리 넣고 커피와 동시에 따듯한 우유를 부어줌.

Cafe Cappuccino 〈飮〉〔카페 카푸치노〕

계피(시나몬)좁이 톡특한 조화를 이루는 이탈리아의 대표적인 커피로 시나몬 커피라고도 부르며 진하게 추출한 커피에 설탕을 용해 계피가루를 살짝 뿌린다.

Cafe Espresso 〈飮〉〔카페 에스프레소〕

전통적인 이탈리안 커피로 "크림 카페"라고도 한다. 이탈리아에서는 식후에 즐겨 마시는데, 피자 따위의 脂肪이 많은 요리를 먹은 후에 적합한 커피이다.

Cafe Filtre 〈飮〉〔카페 필트러〕

여과(濾過)한 커피.

Cafe Kahlua 〈飮〉〔카페 칼루아〕

「칼루아」란 멕시코의 데킬라라는 술의 일종으로 데킬라 술의 香氣와 커피의 맛이 어우러진 톡특한 메뉴이다.

Cafe Mexicana 〈飮〉〔카페 멕시카나〕

뜨거운 스페니시 커피에 브랜디와 칼루아를 달걀 거품 크림과 함께 얹은 것을 말한다.

Cafe Napoliano 〈飮〉〔카페 나폴리아노〕

이탈리아어. 모닝커피(Morning Coffee)이며 미국의 젊은층 사이에서도 크게 유행이다. 아주 뜨겁게 해야 제맛을 느낄 수 있다.

Cafe Noir 〈飮〉〔카페 느와르 : Black Coffee〕

크림이나 밀크가 가미되지 않은 블랙 커피(Black Coffee).

Cafe Royal 〈飮〉〔카페 로얄〕

진하게 추출된 커피를 컵에 따른 후 컵 위에 약간 큰 스푼을 걸치고 그안에 각설탕과 브랜디를 넣고 불을 붙이면 브랜디에 젖은 각설탕이 타면서 파란불꽃이 일어나고 설탕은 녹아 커피가 떨어지므로 어둠이 짙게 깔린 방안에서 파란 불꽃의 환상적인 분위기를 즐기는 커피로 나폴레옹이 즐겨 마셨다고 한다.

Cafeteria 〈食〉〔카페테리아 : 셀프서비스 食堂〕

음식물이 진열되어 있는 진열 식탁에서 고객은 요금을 지불하고 웨이터, 웨이트레스의 서비스가 없으므로 직접 손님이 음식을 골라 날라다 먹는 셀프서비스 식당이다.

Cage 〈카〉〔케이지〕

카지노 업장내의 현금 출납을 관장하는 곳으로 종사원의 호칭을 Cashier라고 하며, 직급별로 호칭을 달리하며, Cage는 Accounting부서 또는 관리부서에 속한다.

Caisse Centrale de Credit Hotelier Commercial et Industriel
〈宿〉〔호텔商工中央金庫 : CCCHCI〕

1938년 호텔임대은행법에 의해서 설립되었다. 이 호텔상공중앙금고는 관광사업진흥에 기여할 수 있는 호텔의 신·개축에 대해 장기저리융자를 해주는데 프랑스의 관광사업에 크게 공헌하고 있다.

Cake 〈食〉〔케이크〕

영국에서 유래된 것으로 서양 떡이라고 한다.

Cake Hoop 〈食〉〔케이크 후프〕

구멍이 나 있는 케이크 틀.

Cake Tins 〈食〉〔케이크 틴스〕

여러 가지 크고 작은 케이크 틀을 가리키는 말이다.

Calf 〈食〉〔송아지〕

3~10개월 정도된 송아지를 말하며 조직은 붉은 Pink색을 띤다.

Call Accounting System 〈會〉〔電子交換시스템〕

전화회계시스템은 단독(Stand-Alone)시스템으로 운영되거나 호텔 HIS와 연결된다. 일반적으로 CAS는 장거리 직통전화를 처리할 수 있고 최소 비용 송달 네드워크(Least-Cost Routing Network)를 통해 전화를 걸 수 있으며, 통화량에 가격을 삽입하도록 한다. CAS가 HIS 프론트부서의 고객회계모듈에 연결되어 있을 때 전화요금은 즉각적으로 해당 고객 폴리오에 분개된다.

Call Book 　　　　　☞ Bell Captain's Log

Calolines 〈食〉〔칼로리느〕

밀가루 반죽을 술통 같이 자그맣게 만들어서 여러 가지 재료를 넣고 익힌 것이다.

Calvados 〈飮〉〔칼바도스〕

프랑스 노르망디 지방에서 생산되는 담갈색의 사과 브랜디(Apple Brandy)로서 酒酊 도수는 약 43度이다. 「Calvados Boulard XYO」는 10년 이상 저장한 고가품이다.

Camp On 〈客〉〔캠프 온〕

객실 또는 구내의 각 부서로 전화 연결시 통화중일 때 캠프 온을 작동하고 잠시 기다리도록 하면 통화중이던 전화가 끝났을 때 자동적으로 연결되어 통화할 수 있는 시스템이다.

Campari 〈飮〉〔캄파리〕

이탈리아 전통 식전주로 주정 도수가 50 Proof (25°)정도이며 핏빛처럼 빨간색깔의 상당히 쓴맛을 내며 온 더락, 오렌지 주스, 소다수를 넣어 애음된다.

Canadian Whisky 〈飮〉〔카나디언 위스키〕

캐나다에서 생산되는 위스키를 총칭한다. 주재료인 호밀 51%와 곡류(밀, 보리, 옥수수 등)를 혼합하여 갈음(Mashed)한 다음 醱酵蒸溜후 오크(Oak) 통에 저장한다. 혼합하여 80proof 이상의 알코올도수로 출고하며 생산과정을 캐나다 정부에서 감독한다.

Canape 〈食〉〔카나페〕

빵을 잘게 여러 가지 모양으로 만들어 그 위에 각종 가공된 음식물을 얹어서 한입에 먹을 수 있게 만든 요리, 즉 식욕촉진제이다.

Canape Tray 〈食〉〔카나페 트레이〕

간단한 안주류를 담아 서브할 때 사용하는 쟁반.

Cancellation 〈客〉〔豫約取消〕

고객이 사용하기로 예약한 호텔 객실에 대하여 고객의 요구에 의하여 사전 예약된 것이 취소되는 것을 말한다.

Cancellation Bulletin   ☞   Black List

Cancellation Charge 〈客〉〔取消料金〕

고객이 호텔예약의 일방적인 취소에 따른 예약취소 요금을 말하며, 현재 우리나라에서는 1994년 7월 1일부터 전국의 특2급 이상의 호텔에서 실시하고 있다. 이 지침에 따르면 FIT 예약고객이 하루 전에 해약을 할 경우에 객실요금의 20%, 숙박당일 오후 6시 이전에 해약할 경우에는 50%, 오후 6시 이후의 해약을 포함해 투숙하지 않을 경우(No-Show)에는 80%를 각각 지급해야 한다. 또 15인 이상 단체손님(Group)의 경우도 2일 전에 해약할 경우에는 객실요금의 10%, 하루전 해약은 20%, 숙박당일 해약은 30%, 2박 예약의 경우는 40%를 각각 위약금으로 지급해야 한다고 규정하고 있고, 만약 예약한 고객에게 객실을 제공해 주지 못하였을 경우에는 고객에게 객실요 금의 200%를 지급해야 한다고 되어있다. 이는 현재 예약을 하고 투숙하지 않더라도 고객에게 違約金을 요구하지 않고 또한 예약에 대한 보장도 해주지 않고 있는 등의 예약관행에 따른 불합리한 점을 개선하기 위한 차원에서 마련된 규정이라 볼 수 있다.

Cancelloni 〈食〉〔카넬로니〕

이탈이란 요리로 노인들이 좋아하는 연한 파스타(Pasta)로 크림치즈, 생선, 시금치, 육류 등의 속을 채워서 토마토 소스(Tomato Sauce) 위에 올리고 그라땅하여 제공한다.

Candied 〈食〉〔캔디드〕

과일이나 과일 껍질을 설탕에 조린 것. 제과 재료로 사용한다.

Candying 〈食〉〔캔 딩〕

특정 과일과 야채를 걸쭉하고 달콤한 시럽(Syrup)에 요리하는 것.

Canopy 〈宿〉〔캐노피, 天蓋〕

① 닫집(玉座나 佛座 따위 위에 장식으로 만들어 다는 집의 모형) 모양의 덮개.
② 닫집 모양의 차양.
③ 낙하산의 바람받이. (항공)조정석의 투명한 덮개.

Cantal 〈食〉〔캉 탈〕

프랑스산의 경질치즈로 압착하여 만든다. 대형의 원추형이며 표피는 회색에 가깝고 속은 엷은 황색이고 부드럽다.

Canteen 〈食〉〔캔 틴〕

① 구내 매점이나 酒甫.

② Staff Canteen으로는 종업원 식당.

Canvas Wagon 〈客〉〔캔버스웨곤〕

비품이나 린넨을 실어 나르는 구루마.

Capacity 〈宿〉〔수용량, 수용능력〕

어떤 시설물이 그곳의 특성과 보통상태 그대로 유지하면서 이용에 제공될 수 있는 수용한계를 말한다.

Caper 〈食〉〔케이퍼 : 風鳥木屬의 관목〕

지중해 국가에서 생산되는 향신료로 이탈리아와 마조르카 지방이 원산지이다. 케이퍼 잡목의 꽃 봉오리로서 열매는 크기에 따라 분류하며 크기가 작은 것일수록 질이 좋다. 소금물에 저장했다가 물기를 빼서 식초에 담가 놓았다가 사용한다.

Capital Arrangement 〈會〉〔固定性 配列法〕

대차대조표의 계정배열방법의 하나로 유동성 배열법과 반대의 순서를 택하는 방법이나 그 어느 경우에 있어서도 移延計定은 자산의 맨 끝에 기재되는 것이 보통이다.

Capital Surplus 〈會〉〔資本剩餘金〕

자기자본의 증감을 가져오는 거래를 자본거래와 손익거래로 구분한다면 자본거래에서 생긴 잉여금을 말한다. 자본잉여금에 속하는 것은 주로 주식발행초과금, 고정자산평가차액, 감가차액, 합병차액, 재평가적립금 등이 있다.

Captain 〈客, 食〉〔캡 틴〕

① 선박이나 항공기의 선장(기장).

② 레스토랑에서 접객 조장.

③ 현관 서비스(Uniform Service) 분야에서 Bell Captain.

Carafe 〈飲〉〔카라페 : Decanter〕

① 식탁, 침실, 연단용 유리 물병이다.

② House Wine을 담아서 제공하는 Decanter(식탁용의 마개있는 유리병).

Caramelize 〈食〉〔캬라멜라이즈〕

다른 요리의 첨가물과 색소로 사용하기 위하여 굵은 설탕을 황갈색
으로 녹이는 것.

Caramelizing 〈食〉〔캬라멜라이징〕

설탕을 많이 넣은 음식물을 갈색으로 변하게 될 때까지 뜨겁게 열
을 가해 특유의 향내가 나오게 하는 것.

Caravansary 〈宿〉〔캐라반서리〕

고대 동양의 실크로드의 중앙에 큰 안뜰이 있는 대상들의 숙박시설.
큰 여관을 말한다.

Caraway 〈植〉〔캐러웨이 : 회양풀의 一種, 香味料〕

소아시아가 원산지인 향신료로 유럽과 시베리아, 북페르시아와 히말
리아에서 재배된다. 2년생 식물로 가지를 가지고 있으며 60cm이상
으로 자라고 하얀 꽃이 핀다. 은은한 맛과 향을 가지고 있으며, 빵
이나 치즈, 군과자에 사용함. 특히 계피와 혼합하여 사용하면 식품
의 악취를 제거한다. 특히 균멜 주(酒)에는 중요한 향기 역할을 함.

Carbonated Drink 〈飮〉〔炭酸飲料 :Carbonated Beverage, Sparkling Beverage〕

탄산가스를 함유하고 있는 음료를 총칭하며 그 안에 함유되어 있는
탄산가스 때문에 마실 때에는 청량감을 준다. 최근에는 감미료, 산
미료, 착향료 등을 넣어 맛이나 향기를 나게 한 탄산음료가 상품화
되어 시판되고 있다.

Card Punch 〈電〉〔천공裝置〕

자료처리에 대상이 되는 내용을 천공카드에 천공하기 위한 기계이
며 또한 컴퓨터가 출력할 경우에는 전신기 등의 지령에 따라 카드
에 정보를 천공하는 장치로, 다음 계산에 대비하기 위해서 출력을
카드로 얻는 경우의 출력장치로써 이용된다.

Card Reader 〈電〉〔카드판독기〕

천공카드를 판독하는 전산기 입력장치의 일종으로 브러시를 쓰는
방법과 광전식이 있으며, 후자가 판독속도가 빠르며 신뢰성도 높다.
광전식은 카드 한쪽으로부터 빛을 쐬어서 구멍으로 투과하는 광선
을 광트랜지스터로 받아서 검색하며 80자를 동시에 판독한다.

Cardinal Sauce 〈食〉〔카디널 소스〕

① 붉은색의 소스로 Cardinal은 "가톨릭교의 추기경"이라는 뜻으로 추기경의 붉은색 법의와 붉은 모자를 비유하여 이름지은 소스이다.

② Bechamel Sauce에 생선을 조려서 나온 즙을 섞고 새우, 버터를 가미한 것이다.

Carolines ☞ Hors D'oeuvre

Carp 〈食〉〔잉 어〕

흐르는 물이나 연못에 서식하며 등뼈 물고기로 분류되며 종류에는 Mirror, Scale, Leather 3종이 있다. 육질은 부드럽고 소화가 잘되며 겨울에 질이 가장 좋다.

Carpet Filter 〈客〉〔카페트 휠터〕

카페트의 탄력을 위하여 밑에 넣은 휠터.

Carpet Guard 〈客〉〔카페트 가드〕

카페트나 Sofa Set의 천을 보호하고 탈색을 방지하는데 사용한다.

Carrot 〈植〉〔당 근〕

미나리과에 속하는 1년생 또는 2년생 풀로서 푸성귀의 일종으로 밭에서 가꾼다. 잎은 잘게 갈라진 깃 모양의 겹잎으로 뿌리에서 모여나며 여름에 잘고 흰꽃이 키 1m 가량의 꽃줄기 가장자리에 복산형 꽃차례로 핀다. 유럽과 아프리카 및 소아시아 원산으로 동양종과 서양종이 있다. 즉 이것은 많은 용도로 쓰이는 야채로서 다른 식품과 요리하거나 단독으로 사용하며, 날 것, 익힌 것, 어느 것이나 재고할 수 있다. 당근은 비타민 A의 풍부한 공급원이고 많은 음식에 색과 맛을 더해주며 고당분을 함유하고 있다.

Carry Out ☞ Take Out Menu

Carry Over Cooking 〈食〉〔케리 오버 쿠킹〕

뜸들이기.

Cart Service 〈食〉〔카트서비스 : Weagon, Trolley, Gueridon〕

카트서비스는 주방에서 고객이 요구하는 종류의 음식과 그 재료를 카트에 싣고 고객의 테이블까지 와서 고객이 보는 앞에서 직접 조리를 하여 제공하는 서비스 형태이다. 일명 French Service라고도 하는데 가장 호화롭고 Show Man Ship도 요구된다.

Carte 〈食〉〔까르트〕

식사의 메뉴, 식단.

Carte De Jour　　　　　☞　Daily Special Menu

Carver 〈食〉〔카 버 : Trancheur〕

고기를 써는 사람을 말한다.

Carving 〈食〉〔카아빙〕

주방에서 조리된 요리를 고객의 테이블 앞으로 운반하여 서비스 카
트에 준비해 둔 Rechaud 위에 요리가 식지 않도록 올려놓고, 고객이
주문한 요리를 쉽게 드실 수 있도록 생선의 뼈, 껍질 등을 제거하거
나 덩어리 또는 통째로 익힌 고기를 같은 크기로 잘라 서브하는 것.

Casein 〈食〉〔카제인〕

염소젓 속의 주요 단백질로서 치즈의 주재료가 된다.

Cash Bar 〈會〉〔캐쉬 바〕

고객이 술값을 현금지급하는 연회장 내의 임시적으로 설치하는 바.

Cash Basic 〈會〉〔現金主義〕

손익계산 기준을 현금의 수지에 두어 현금의 수입이 실현된 수익만
을 그 수입된 회계기간의 수입으로 계상하고 현금이 지급된 비용만
을 그 지급된 회계기간의 비용으로 계상하는 것이다.

이것은 사실상 기업의 수익이 발생하였다 하더라도 현금을 받지 않
은 것은 수익으로 회계처리되지 않는다. 이 방법을 채택하는 경우
기간손익계산은 불합리하고 부정확하다.

Cash Disbursement 〈會〉〔現金支出金〕

고객에게 빌려주는 현금으로서 다른 부문의 서비스와 같이 고객구좌
에서 계산하는 것을 말한다. Cash Paid-Out과 같은 의미로 쓰인다.

Cash Desk 〈會〉〔캐쉬 데스크 : Cashier Table〕

계산대, 카운터.

Cash Drawer 〈會〉〔金錢登錄機 : Cash Register〕

① 프론트 데스크(Front Desk)에서 현금거래와 수지를 조정하는데
사용되는 기계이다.

② 주화, 지폐 등을 종류별로 넣는 서랍이다.

Cash on Delivery System 〈會〉〔캐쉬 온 딜리버리 시스템 : Self Service System〕

좌석회전이 빠르고 메뉴가 단순한 카페테리아(Cafeteria)에서 운영되며 고객이 회계원(Cashier)에게 메뉴항목을 주문하면서 요금을 선납한다. 회계원은 메뉴항목을 식당회계기에 등록한다. Printer기에서 주문서와 영수증을 출력시켜 고객에게 전달하고 고객은 주문서를 주방 또는 바(Bar)카운터에 제시하고 음식을 제공받아 고객이 직접 운반하는 방식이다.

Cash Out 〈會〉〔캐쉬 아웃〕

호텔 캐쉬어(Hotel Cashier)가 수행하는 이 절차는 근무 종료시 당일의 업무를 마감하여 금액 확인 및 결산을 보고하고 직무를 마치는 것을 말한다.

Cash Over and Short Account 〈會〉〔現金過不足計定〕

이것은 내부통제제도의 일부로서 내부 감사부 또는 감사자에 의해 즉시 현금보유 상태가 파악되는데, 현금의 시재액과 꼭 있어야만 할 장부상 잔고와는 꼭 일치되지 못한 채 초과 또는 부족되는 경우가 있는데 이것을 현금과부족이라 한다. 현금과부족의 원인이 회계기간 내에 규명되지 못하는 경우에는 다른 收益費用計定과 같이 회계기간 말에가서 마감하게 된다.

Cash Register 〈會〉〔캐쉬 레지스터〕

프론트 데스크(Front Desk)에서 현금거래와 수지를 조정하는데 사용되는 기계.

Cash Sheet 〈會〉〔캐쉬 시트〕

현금수급에 대한 보고서로서 元帳이 아닌 오피스 수납원(Front Cashier)에 의해 통제 보관되는 현금수급 기록표인데 Front Office Cash Sheet라고도 한다.

Cash Transactions 〈會〉〔現金去來〕

현금거래는 전적으로 현금의 收入이나 支出이 수반되는 去來이다. 현금거래는 현금수입을 가져오는 입금거래와 현금지출을 요하는 출금거래로 구분한다.

Cashier's Drop 〈會〉〔캐쉬어의 드롭〕

영업회계원(식음료, 기타 부대시설 회계원)이 직무 마감시 프론트 데스크(Front Desk)에 위치한 預置金 장소이다.

Cashier's Report 〈會〉 〔出納報告書〕

교대 종료시 각 영업장 현금 수납원에 의해서 작성되는 입금액 명세서로 현금 입금봉투에 이를 미리 인쇄하여 사용함으로써 내용을 편리하고 정확하게 파악할 수 있게 되므로 이를 Cashier's Envelope 라고도 한다.

Cashier's Well 〈會〉 〔케쉬어스 웰 : Tub Bucket, Pit〕

계산이 정산되지 않은 고객의 폴리오(Guest Folios) 파일 철.

Casino 〈宿〉 〔카지노〕

어원은 중세기 이탈리아의 귀족 별장에서 비롯된 단어로, 18세기경 도시나 해변 등지의 특급호텔 또는 별장에서 도박, 춤 등 사교를 위한 오락시설이었다. 현재 이용형태는 각 국가마다 다소 차이가 있는데 한국의 경우는 외국인 전용이다.

Casino Bar 〈카〉 〔카지노 바〕

카지노에 입장하는 고객에게는 주류, 음료, 식사 등을 무료로 제공하며, 이곳에 종사하는 직원도 Casino Employee로 Barten, Cook, Waitress 등이 있다.

Casino Floor Person 〈카〉 〔Pit의 간부〕

Casino General Manager 〈宿〉 〔카지노 제너널 매니저〕

카지노 운영의 최고 책임자로서 각 고용부서와 카지노 설비의 일일 운영에 대한 책임자를 말한다.

Casino Hotel 〈宿〉 〔카지노 호텔〕

카지노 호텔이란 호텔내의 부대시설로서 일종의 갬블링(Gambling) 시설을 갖추어 놓고 다른 호텔의 경우보다 여기서 발생되는 수입이 훨씬 큰 비율을 차지하고 있는 호텔을 말한다.

Casserole 〈食〉 〔캐서롤 : Stewan〕

① 밥, 감자 등 수분이 있는 음식을 담는 손자루 달린 남비.
② 식탁에 올리는 뚜껑 있는 찜 냄비, 자루 달린 냄비.

Caster Set 〈食〉 〔캐스터 셋트 : Boat Set〕

양념 셋트(소금통, 쉐이커, 후추통)을 말한다.

Catalonia 〈食〉〔카탈로니아〕

카탈로니아는 스페인의 지중해 연안에 위치하며 Dry White Wine이 쓸만하다.

Cater 〈食〉〔케 터〕

① 음식물을 조달(장만)한다.

② 요구(분부)에 응하다.

Catering 〈食〉〔케이터링〕

「식사」 호텔업과 레스토랑업을 함께 취급하는 나라도 있고, Hotel and Catering Industry라는 말도 있으며, 협회도 있다.

① 지급능력이 있는 고객에게 조리되어 있는 음식을 제공하는 것을 뜻한다.

② 사사로운 파티나 음식서비스를 위하여 식료, 테이블, 의자, 기물 등을 고객의 가정이나 특정 장소로 출장서비스를 하는 것을 말한다.

Cauliflower 〈植〉〔콜리플라워〕

양배추꽃. 즉 양배추과의 식물로 기호도가 높으며 색은 회색이고 파란잎으로 둘러싸여 있다. 종류로는 Paris Cauliflower, Dutch Cauliflower 등이 있다.

Caviar 〈食〉〔캐비아〕

소금에 절이고 Press한 철갑상어의 알젓 , 즉 생선알젓을 말한다.

Cayenne(Pepper) 〈植〉〔고추 : 香味料〕

가지과에 속하는 1년생 풀. 키는 60~90cm. 가지가 많이 갈라지고, 잎은 타원형이며 끝은 뽀족함. 다섯 갈래로 얕게 찢어진 흰 통꽃이 여름철에 핀다. 열매는 장과로서 타원형이고 짙은 녹색이나 여물면서 점차 붉어지는데 몹시 매움. 원산지는 열대 아메리카이며, 잎은 무쳐서 나물로 먹고 열매는 빻아 주로 조미료로 사용한다.

C.C. TV 〈電〉〔有線 텔레비전 : Closed Circuit Television〕

폐쇄회로 TV.

Celeriac 〈植〉〔셀러리아크〕

미나리과에 속하는 채소의 하나로 샐러리의 변종. 재배 기원은 알 수 없으나 샐러리와 같은 야생종에서 발달한 것으로 생각되며, 유럽에서 주로 재배되는 작물로서 식용부분인 뿌리는 직경 10cm가량의 구형으로 비대하며 겉은 담갈색이지만 살은 희고 향기가 있음. 생식에는 적당하지 않고 수프 또는 스튜에 넣어 풍미를 냄.

Celery 〈植〉〔셀러리〕

미나리과에 속하는 2년생 풀로 키는 80cm 안팎, 잎은 깃꼴겹잎이고 첫가을에 녹백색의 작은 꽃이 핀다. 원래는 유럽의 해안지방이나 토양 수분이 풍부한 지방에 야생하였으나 전체에 향기와 단맛이 있어서 재배하여 식용으로 쓴다. 봄에 온상에 씨를 뿌리고 초여름에 수확하는데 비타민 A, B, C 및 철분 등을 많이 포함한 영양가 높은 야채이며 진한 방향을 가진 잎의 미각이 유난히 좋으며, Relish, Salad, 생선요리에 사용된다.

Celery Stalks 〈食〉〔셀러리 줄기〕

셀러리의 독특한 맛과 향은 줄기, 잎, 씨에 함유되어 있는 휘발성 기름 때문이며, 종류로는 녹색, 황금색 등이 있으며 색깔로 구분한다. 잎줄기는 속이 꽉 차 있고 그 내부의 섬유질은 상당히 부드럽다.

Cellar Man 〈飮〉〔셀러맨〕

호텔의 저장실 관리인, Bar의 주류창고 관리자.

Center Piece 〈食〉〔食卓의 中央裝飾物〕

식탁(Table)의 분위기를 좀 더 돋보이게 하기 위해서, Table 중앙에 놓여지는 집기들의 배열. 즉 디저트용의 도기제, 혹은 Silver로 된 공예품이나 조각품의 접시, 꽃꽂이(수반꽃이나 병꽃), 꽃다발, 촛대(Candle Stick), Napkin Holder or Menu Holder, 각종 소스병, Ice Pieces 등을 들 수 있다.

Center Table 〈客〉〔센터 테이블〕

쇼파(Sofa)와 Easy Chair(쇼파형의 안락한 의자) 중간에 놓은 테이블.

Central Processing Unit 〈電〉〔中央處理裝置 : CPU〕

명령어들의 해석 및 실행을 통제하는 回路를 가진 컴퓨터 시스템의 일부로서 중앙처리장치라 부른다. CPU에는 演算論理(Arithmetic-Logic)와 制御(Control)기구가 있다.

Cereal 〈食〉〔시리얼 : 穀物食, 朝食에만 먹는 穀物料理〕

주로 조식에만 제공되는 곡물요리로서 뜨겁게 제공되는 Hot Cereal

과 차게 제공되는 Cold Cereal이 있다. 찬 시리얼은 콘플랙(Con-flakes)과 같이 건조한 상태의 식재이므로 Dry Cereal이라고도 한다. 뜨거운 시리얼은 더운 우유가 제공되고, 찬 시리얼은 냉우유와 함께 서브된다.

◎ Hot Cereal : Oatmeal, Cream Wheat.

◎ Dry Cereal : Conflakes, Puffed Rice.

Chafing Dish 〈食〉〔채핑 디쉬〕

① 풍로가 달린 냄비.

② 음식을 계속 보온 할 수 있도록 만들어진 용기. 보통 뷔페시 더운 음식물을 서브할 때 쓰인다.

Chain Hotel 〈宿〉〔체인호텔〕

복수의 숙박시설이 하나의 그룹으로 형성하여 운영될 때 그것을 체인 시설이라 부르며, 일반적으로 3개 이상일 때 체인이라고 하고 있다. 세계 체인호텔의 발달은 1907년 리츠 개발회사가 뉴욕시의 리츠 칼튼(Ritz-Carton)호텔에서 리츠라는 이름을 사용하는 프랜차이즈 계약을 효시로 시작되었다. 1949년 힐튼 인터내셔널이 미국 힐튼 본사로부터 독립된 자회사로서 군림하게 되었고 오늘날의 호텔경영의 개념을 설정한 창시자가 되었다. 우리나라에서는 1969년 한국관광공사 전신인 국제관광공사와 미국 아메리칸 에어라인(American Airline)의 합작투자로 조선호텔을 건설하였다. 체인호텔의 장·단점을 살펴보면 다음과 같다.

◆ 체인호텔 경영의 長點 ◆

① 大量購入으로 인한 原價節減　② 전문가의 量的·質的 활용
③ 공동선전에 의한 효과　④ 예약의 효율적 활용
⑤ 係數管理의 적정화

◆ 체인호텔 경영의 短點 ◆

① 로얄티의 과다한 지급　② 회계제도상의 불리
③ 자본주는 지분에 대한 배당　④ 경영의 불간섭
⑤ 자본주에게 계약 파기권이 없다 ⑥ 부당한 인사
⑦ 인건비 및 기타 경비의 과다 지출
⑧ 자본주에게 계약 내용상 최소한의 수익이 보장되어 있지 않음
① Regular Chain(一般체인) : 체인의 母會社가 소유권에 대한 지분

을 보유하거나 혹은 주주로부터 호텔시설을 賃借하여 운영하며 체인본부는 경영만 책임진다.

② 經營協約체인 : 이 방법은 호텔의 총경영을 책임지는 것으로 계약자는 호텔의 경영을 감독하고 실제로 운영하도록 되어 있으나 경영회사는 자본 또는 운영자본까지도 투자하지 않으며 위험이나 손실에 대해서도 책임을 지지 않는다.

③ Franchise(프랜차이즈) : 特許權 사용이란 뜻으로 호텔 체인본부로부터 체인에 가입한 다른 일반체인의 호텔과 동일한 표지를 걸고 영업하는 방식이다. 경영계약과 비슷하나 이 방식은 경영기술 지도만을 받는다.

④ Referral Group(리퍼럴 그룹) : 小賣業의 자발적 체인경영으로서 외국에서는 모텔업을 하는 자들이 자구책으로 다른 경영방식에 대항하기 위하여 조직한 경영방식이다.

⑤ Lease Management (賃借經營) : 토지 및 건물의 투자에 대한 자금조달 능력이 충분히 가지고 있지 않은 기업이 제3자의 건물을 계약에 의해서 임차함으로써 호텔사업을 영위할 수 있는 경우이다.

⑥ Trust Management (委託經營) : 호텔상품의 판매를 자기 스스로 행하지 않고 수택료를 지불하는 조건으로 호텔상품의 판매를 제3자에게 위임하는 판매방식이다.

Chalet 〈宿〉〔샬 레〕

방가로보다 작은 열대지방의 숙박시설로서 스위스의 시골에 많은 차양이 길게 나와 있는 특색있는 양식의 농가집을 의미한다. 피서지 따위의 산장·별장을 말한다.

Chamber Maid 〈客〉〔쳄버 메이드 : Room Maid〕

① 객실의 청소와 정돈을 맡은 여자.
② 호텔의 객실·침실 담당 여종업원.

Chamber-Pot 〈客〉〔쳄버 포트 : Lavatory〕

(실내용) 변기.

Chambraise 〈飮〉〔샴브레이스〕

야생 딸기의 원료로 만든 프랑스산 리큐르.

Champagne 〈飮〉〔샴페인 : Sparkling Wine〕

① 1차 발효 후 설탕과 Yeast(이스트 : 효모)를 넣어, 재차 발효시킨 포도주이다.

② 프랑스 샹파뉴(Champagne)지방에서 생산되는 Sparkling Wine (천연 발포성 포도주)으로 '축배용'으로 애음되는 술이다.

③ 샴페인을 만드는 포도의 종류는 검은 포도인 Pino와 Meunier 및 흰 포도인 Chardonnay(샤르도네)의 3가지로 한정되어 있다.

④ 얼음통(Ice Pail)에 넣어 1~4℃ 정도로 차게하여 마시는 것이 이상적이다.

⑤ 프랑스의 보르도(Bordeaux)의 적포도주는 선홍색과 섬세한 맛으로 "포도주의 왕", "와인의 여왕"이라 불린다. 맛이 산뜻하고 쌉쌀하며 뒷맛이 우아한 것이 특징이다. Bordeaux Wine은 "Claret"라고 불리기도 한다.

⑥ 샹파뉴(Champagne)지방 이외의 곳에서 생산되는 Sparkling Wine을 "Mousseux"라고 표기한다.

Change Booth 〈會〉〔체인지 부스〕

화폐 교환소.

Chandelier   ☞ Pendent Lamp

Channel 〈電〉〔情報흐름의 通路〕

① 데이터의 출처와 목적지 사이에 전송신호를 위한 통로.

② 자기 테이프(Magnetic Tape)상에 있는 트랙(Track).

Charcoal Broiler 〈食〉〔챠콜 브로일러〕

석쇠 밑에 용암을 깔고 위에 숯불을 피워 사용하거나 가스를 사용한다. 주로 스테이크나 바베큐 조리시 많이 사용한다.

Charet 〈飮〉〔샤레트〕

최상급의 보르도 와인을 부를 때 사용되는 用語.

Charge 〈會〉〔料 金〕

외상의 뜻을 내포하고 있는 요금을 부과하거나 지급을 청구한다는 말이다. Rate과는 다른 의미를 가지고 있다.

Charge Back 〈會〉〔顧客 信用拒絶〕

호텔고객의 信用카드가 어떠한 이유에 의해서 신용카드 회사(Credit

Card Company)로부터 신용카드 후불을 거절하는 것을 말한다.

Charge Collect 〈會〉[차지 콜렉트 : 運賃着地支給]

요금을 상대방이 支給하는 방법으로 장거리 전화 등에서 잘 이용되는 제도이다.

Chartreuse 〈飮〉[샤르트르즈(45~55℃) : Yellow and Green]

광범위한 약초와 香料를 사용하여 만든 이 프랑스산 리큐르의 명칭은 샤르트스란 수도원의 이름을 그대로 사용하고 있다. 초기에는 성찬과 약용으로 사용하였으나 쪼들리는 수도원의 유지비를 위하여 일반에게 시판하였다. 수도원 골짜기에 흐르는 냇가에 자라는 약초를 말려 酒酊과 같이 蒸溜하여 만들며 그 자세한 조제법은 공개되지 않고 있으며 「리큐르의 여왕」이라 불리울 정도로 유명한 술이다.

Chaser 〈飮〉[채이서 : 독한 술 뒤에 마시는 飮料]

「뒤쫓는 자」란 뜻으로 독한 술(酒酊이 강한 술) 따위를 직접 스트레이트(Straight or On The Rocks)로 마신 후 뒤따라 마시는 물 혹은 청량음료를 뜻한다.

Chateau 〈食〉[샤토]

야채를 작고 둥글게 잘라내는 방법.

Chateau 〈宿〉[샤토 : Mansion]

빌라보다는 규모가 큰 관광지에 위치한 소규모의 숙박시설로 보통 100실 이내를 말하며, 건축양식이 복고적 중세풍의 지붕양식이나 프랑스의 성과 같은 저택으로 주변에 골프장과 승마장 시설을 갖추고 있다.

Chateau Briand 〈食〉[샤토 브리앙]

Paysley(파슬리)를 곁들인 갈색 또는 Spainish Sauce와 함께 서브되는 두터운 허리살 안심 스테이크.

Chateau Montbleu 〈飮〉[샤토 몽블르]

프랑스의 보르도 와인 타입의 신선하고 산뜻한 Dry White Wine으로 진로제품이다.

Chateau Sauce 〈食〉[샤토 소스]

샤토브리앙 소스를 말하며 진한 고기즙에 버터를 넣고 Lemon, 향초 등을 가한 갈색 소스이다.

Chateau Wine 〈飮〉〔샤토 와인〕

프랑스 보르도산의 유명한 포도주. 여기서 Chateau는 성(城)을 뜻한다.

Chatilly Sauce 〈食〉〔찬틸리 소스〕

베샤멜 소스(Bechamel Sauce)에다 휘핑크림(Whipping Cream)을 첨가하여 만든다.

Chaud Froid 〈食〉〔쇼 프로와〕

젤리 모양의 흰색 소스. 전시용의 특정요리를 장식하는데 사용한다.

Check Room 〈客〉〔체크룸〕

호텔에서 고객의 내용물을 보관해 주는 장소(모자, 외투, 가방, 책 등)이다.

Check-In 〈客〉〔체크 인 : 入宿〕

호텔 프론트(Hotel Front)로 예약된 손님이 정해진 날짜에 도착함으로써 룸 클럭(Room Clerk)은 그 업무가 진행된다. 고객이 도착하면 정중히 인사를 하고 고객의 인적사항을 요구하는 등록카드를 접수한 후 그 고객을 정해진 객실로 친절히 안내하기까지의 모든 행위를 체크-인이라 한다. 일반적으로 고객이 입숙하는 시간대를 살펴보면 오후 1~3시, 6~9시이다.

Check-Out 〈客〉〔체크 아웃 : 退宿〕

고객과의 마지막 접촉은 退宿이다. 퇴숙은 고객이 객실을 비우고, 객실 열쇠(Key)를 반환, 고객의 계산을 마치고 호텔을 떠나는 것을 말한다. 일반적으로 가장 많은 고객이 퇴숙하는 시간대를 보면 오전 7시~10시이다.

Check-Out Hour 〈客〉〔退宿時間 : Check-out Time〕

고객이 객실을 비워야 하거나 하루의. 추가요금이 부과되는 시간의 한계점으로 일반적으로는 정오(12 : 00)를 기준으로 삼고 있다. 그러나 최근 호텔의 특별층(Executive Floor) 고객들에게는 退宿시간이 오후 2~3시까지 연장되고 있는 것을 볼 수 있다.

Checker's Sheet System 〈會〉〔체커스 시트 시스템〕

식당회계 시스템 중에서 한 사람의 웨이터에 대해 주어진 1행의 난을 가진 시트(Sheet)와 요금을 기재하는 2장의 스탬프 세트로서 체킹머신 시스템을 대신하는 식료 매상기록. 관리 시스템을 말한다.

Checking Machine 〈會〉〔체킹 머신〕

호텔의 식음료 매상기록 및 관리의 방법을 용이하게 하기 위하여 식당 회계시스템에서 사용하는 금전 등록기의 일종이다.

Cheddaring 〈食〉〔체다링〕

치즈제조 공정중 Curd를 Cutting한 뒤에 Cheese Vet의 양쪽으로 Curd를 논밭의 도랑과 같이 쌓아 올려 Whey가 잘 빠져나가게 하는 조각을 말한다.

Cheddar Cheese 〈食〉〔체다치즈〕

원산지는 영국으로 세계의 영어 사용국에서 가장 많이 만들어지는 치즈로 미국에서는 그냥 치즈라고 말할 때에는 체다치즈를 가르킨 다. 살균한 우유를 이용하여 블럭형으로 만들며 색깔을 옅은 상아 색, 크림색, 천연의 식물성 색소인 Annatto로 염색한 붉은색 등을 띤다.

Cheese 〈食〉〔치 즈〕

우유나 산양유 등을 Rennet(치즈 제조에 쓰이는 송아지의 제4위의 내막)에 유산균을 작용시켜 脂肪, 유당 및 무기물 등과 함께 응고시 킨후 발효시켜서 만든 것을 일반적으로 치즈라고 부른다.

Chef 〈食〉〔廚房長 : Chef de Cuisine〕

식당의 주방장(Kitchen Chief)을 일컫는다.

Chef de Partie 〈食〉〔調理長〕

직속상관은 주방장(Sous Chef)이며, 그의 주된 임무는 자기 주방요 원들의 근무스케줄을 작성하고, 기술적인 면에서 소속 조리사들을 교육훈련시켜 요리를 제대로 조리할 수 있도록 하여야 한다. 영업전 에 최종적으로 준비점검을 실시하고, 종료후 마지막 점검도 한다.

Chef de Rang 〈食〉〔쉽드랭 : Station Waiter〕

후렌치 서비스 형태로 쉽드랭은 근무조의 조장으로 2~3명의 웨이 터와 더불어 자기 스테이션(Station)에 배정된 식탁의 고객 서비스 를 책임진다.

Chef de Vin or Sommelier 〈食〉〔쉽드뱅 혹은 소멜리어 : Wine Steward. Wine Butler〕

소멜리어는 고객으로부터 음료에 대한 모든 주문(Wine, Spirit, Beer, Soft Drink 등)을 받고 바(Bar)에 주문하여 직접 그 테이블에

서브하는 임무를 띤 접객원이다.

Chef Tournant   ☞   Relief Cook

Cherries Jubiles 〈食〉〔체리 쥬빌레〕

커쉬와서를 첨가한 약간 걸쭉하고 진한색의 달콤한 체리와 주스, 이
것을 크림 위에 붓고 연기가 나게하여 차려낸다.

Cherry 〈植〉〔버 찌〕

벗나무의 열매. 크기는 앵두만하고 까만색으로 맛이 새콤하고 달다.

Cherry Heering 〈飮〉〔체리 히어링〕

버찌를 원료로 만든 덴마크산 빨간색의 리큐르.

Chervil 〈植〉〔체르빌〕

서부아시아, 러시아, 코카서스가 원산지인 미나리과의 향초이다. 매
우 강한 방향성을 지닌 꼬부라진 잎사귀와 북미산 솔나무 같은 꽃
을 가지고 있다.

Chest of Drawers 〈客〉〔정리장〕

빼닫이가 달린 정리 옷장이다. 최근 호텔에서는 이 정리 옷장을 라
이팅 데스크 또는 화장대와 겸용할 수 있게 세트한 것이 늘어나고
있다. 이 경우에는 정리 옷장을 놓아 둔 벽면에는 대형거울이 달려
있다.

Cheveux 〈食〉〔쉬 뵈〕

머리카락형으로 자르는 방법을 가르킨다.

Chicken Broth 〈食〉〔치킨 브로드〕

닭고기와 야채를 치킨 부용(Bouillon)에 넣고 끓인 수프.

Chicken Cutlet 〈食〉〔치킨 커틀릿〕

닭고기에 밀가루, 달걀, 빵가루를 발라 기름에 튀긴 요리.

Chicken Gumbo 〈食〉〔치킨 감보〕

치킨 부용(Bouillon)에 닭고기와 오그라(Okra : 야채이름)를 넣고 야
채를 잘게 썰어 넣은 수프.

Chicory 〈植〉〔치커리 : Endive〕

식물의 뿌리를 얇게 썰어서 말려 볶는 것이며, 잎은 주로 샐러드
(Salad)에 사용한다.

Chili, Chile, Chilli 〈植〉〔칠리 : 香味料〕
고추, 칠레고추(열대 아메리카 원산)

Chili Power 〈食〉〔칠리 파우더 : 고추가루〕
열대 아메리카의 고추의 일종으로 멕시코가 원산이며, 서양칠미(西洋七味)의 한 종류로 쓰인다. 매운 맛과 약간의 단 맛이 돈다. 멕시코 요리의 기본 조미료이며 패류, 굴, 달걀, 그레이비, 스튜에 사용되며 특히 함박스틱이나 비프스틱에 사용한다.

Chili Sauce 〈食〉〔칠리 소스〕
칠레 고추를 넣은 토마토 소스이다.

Chilicon Cane 〈食〉〔칠리콘 카네〕
칠레 고추를 넣은 고기 및 콩 스튜(Stew)로 멕시코 요리이다.

Chilled Water 〈客〉〔飮料用 冷却水 : Potable Water, Cold Water, Cool Water〕
호텔의 세면대에 冷·溫水 수도꼭지 외에 제삼의 수도꼭지를 설치한 곳이 많다. 이 수도꼭지는 냉·온수 수도꼭지보다 길고 가늘며, 옆 부분에 버튼(Botton)이 부착되어 이 버튼을 누르면 물이 나오게 되어 있다.

Chilling 〈食,飮〉〔冷 却〕
음식물이나 포도주 Glass 등을 차게 하여 냉장시키는 것.

China Ware 〈食〉〔沙器그릇〕
陶器類는 대부분의 경우 주방에서 취급되지만 요즈음에는 식당지배인 주관하에 취급된다. 사기그릇도 서비스를 담당하는 부서의 철저한 청결이 확인되고 취급되어야 한다.

Chiness Cabbage 〈食〉〔차이니즈 캐비지〕
속이 단단하게 차 있으며 셀러리와 비슷하다. Emincer로 썰어 콘소메에 띄우기도 하며, 우리나라에서는 김치를 담그는데 사용한다.

Chit 〈會〉〔食飮料用 計算書: Check, Restaurant Bill〕
레스토랑 등에서의 청구 전표를 말한다.

Chit Style 〈會〉〔치트 스타일〕
식음료의 계산서를 영어로는 Check, Chit 또는 Restaurant Bill이라 부른다. 이 計算書(傳票) 4 Copy는 주문용과 계산용으로 분류되기도 하고, 개별적으로는 수납원용, 청구겸 증빙용, 주방 주문용, 웨이터 확인용으로 쓰인다.

Chit Tray 〈會〉〔치트 트래이〕

고객에게 잔돈을 거슬러 줄 때 사용하는 작은 쟁반이다.

Chives 〈植〉〔차이브 : 골파〕

백합과에 속하는 2년생 풀 또는 다년생 풀. 파의 변종이 아님. 키는 20~30cm. 줄기와 잎은 담록색이고 연질이며, 취기가 적음. 줄기부분은 비대하고 적갈색의 피막에 싸인 인경은 좁은 달걀형이고, 쉽게 갈라짐. 7~8월에 포기를 갈라 심어 번식시킴. 유럽, 미국, 러시아, 일본 등이 산지인 부추과의 식물로 녹색의 관모양으로 생겼으며, 순한향을 가진 잎사귀와 불그스름한 꽃송이를 가지고 있다.

Chivry Sauce 〈食〉〔시브리 소스〕

생선에 쓰이는 소스로 베루떼(Veloute)에 타라곤(Tarragon : 사철쑥) 파슬리(Parsley) 등을 다져 넣어서 만든 소스이다.

Choice   ☞ Meat Grading

Chopping 〈食〉〔챠 핑〕

칼이나 예리한 도구로 음식물을 잘게 써는 방법.

Choux 〈食〉〔슈〕

구워진 형태가 흡사 양배추 같다하여 프랑스어로 슈라 부르는 케익으로 속에 여러 가지 크림을 채운다. 디저트로 매우 유명하다.

Choux Paste 〈食〉〔슈 페이스트〕

달걀, 물, 소금, 쇼트닝 그리고 밀가루로 이루어진 페이스트, 클레어와 크림 퍼프를 만드는데 사용한다.

Chowder 〈食〉〔차우더〕

부용(Bouillon : 맑은 고기 수프)에 조개, 새우, 게살을 넣고 끓여 제공할 때 크랙카를 곁들여 서비스하며, 진한 수프(Potage)의 일종이다. 이와 같은 종류로는 Corn Chowder, Crab Chowder, Oyster Chowder, ClamChowder 등이 있다.

Chutney 〈食〉〔처트니〕

과일과 양념의 레리쉬. 카레요리와 함께 차려낸다.

Cider 〈飮〉[사이다]

① 사과를 醱酵시켜 만든 사과주(Apple Wine). 사과즙을 발효시키지 않은 것은 Sweet Cider, 발효시킨 것은 Hard Cider라고 한다.

② 청량음료의 일종. 탄산수에 시럽(Syrup), 과즙 등을 넣어서 만듦. 시원하고 맛이 달다.

Cidre 〈飮〉[시드르 : Apple Wine]

시드르는 사과주라고도 부르는데 특히 영국과 프랑스에서는 대중적인 酒類로서 널리 음용되고 있으며, 현재 시드르는 요리 및 디저트에 이용되기도 하고 아페리티프 등 폭넓게 쓰이고 있으며 발포성인 것과 비발포성의 두 종류가 있다. 알코올분은 와인에 비해 조금 약한 편이다.

Cinnamon 〈植〉[시나몬 : 桂皮, 肉桂]

중국, 인도네시아, 인도차이나가 원산지로 잡목과 비슷하며 높이는 9m정도이다. 가장 얇은 외피를 가진 것이 우수 품종이며, 두께가 굵어질수록 상품가치가 떨어진다. 이 껍질의 향은 아카시아 나무보다 순하며 붉은 색을 띠고 있다. 상쾌한 방향과 매운 맛이 도는 약간의 감미 향료이다. 정확히는 스리랑카산이 시나몬이라고 불리우며 타지방 것은 카시아(Cacia)라고 칭한다. 우리나라에서는 계피라고 하며 옛날부터 잘 알려진 향료의 일종이다.

Cinnamon Toast 〈食〉[시나몬 토스트]

설탕과 계피를 바른 버터 토스트.

CIP 〈宿〉[씨아이피 : Commercial Important Person]

CIP는 상업적인 거래상 중요한 영향력이나 역할을 하는 귀빈을 말한다.

Citron 〈植〉[시트론]

① 운향과에 속하는 상록 교목. 밀감류의 일종으로 가지에는 많은 가시가 있고 잎은 긴 타원형이다. 꽃은 자주빛이며 취산 꽃차례로 가지 끝에서 피고 열매는 긴 달걀 모양 또는 공모양의 장과로 크며 껍질이 두껍고 향기가 난다. 인도가 원산으로 온대 남부와 열대에서 재배하며, 열매는 살이 희고 신맛과 쓴맛이 나며, 열매 껍질은 과자의 원료로 사용한다.

② 청량음료의 일종. 정제한 음료수에 레몬즙, 향료, 색소 따위를 섞

어서 만듦.

Citron Cafe Royal 〈食〉〔시트론 카페 로얄〕

카페 로얄(Cafe Royal)의 변용으로 약간 어두운 곳에서 노란 레몬색과 파란 불꽃의 조화를 바라보며 신비로운 분위기를 연출한다.

City Hotel 〈宿〉〔都市 호텔〕

이는 특정한 혹은 휴양지(Resort) 호텔과는 대조적으로 도시 중심지에 위치한 호텔이다. 이 호텔은 비즈니스(Business)와 쇼핑 등이 원활히 이루어지는 도시의 중심가에 존재하고 있어 주로 사업가나 常用, 公用 또는 도시를 방문하는 관광객들에게 많이 이용되고 있으며 또한 도시민의 사교의 장으로 공공장소로 사용되고 있다.

City Journal 〈會〉〔시티저널〕

호텔의 외래 고객에 대한 去來의 分介帳.

City Ledger 〈會〉〔未收金 原帳〕

호텔의 외상매출장으로 특히 비투숙객에 대한 신용판매로부터 발생된 수취원장으로 후불장이라고도 한다.

City Ledger Journal 〈會〉〔未收金 分介帳〕

미수금원장에 기장될 것을 분개, 기록하는데 사용하는 會計帳簿.

Claim Reservation 〈客〉〔크레임 레져베이션〕

① 예약없이 예약을 하였다고 주장하는 고객.
   예약을 하지 않은 상태에서 예약을 하였다고 주장하며 객실을 요구하는 고객. 이 경우 객실이 여유가 있으면 선처하는 것이 좋다.
② 예약을 하고 고객이 도착했으나, 호텔의 실수로 Over-booking이 되어 고객에게 객실을 줄 수 없어 고객이 불평을 하게 된 예약.

Claim Tag 〈客〉〔手荷物 引換證〕

하물을 맡겼을 때의 짐표, 수하물 보관 표찰.

Clam 〈食〉〔대 합〕

백합과에 속하는 조개. 모래사장의 언덕에 서식하는 볼록한 조가비를 가진 쌍각 연체동물로서 둥글고 골이 패여 있으며 베이지 색이다. 속살은 맛이 좋아 여러 가지 요리를 만든다.

Claret 〈飮〉〔붉은 포도주〕

프랑스 보르도 지방에서 생산되는 진홍의 적색 포도주(Red Wine)를
뜻한다.

Claret Cup 〈飮〉〔淸凉飮料〕

포도주에 브랜디, 香料 따위를 섞어 얼음으로 차게 한 것.

Clip Joint 〈카〉〔클립 조인트〕

속임수(Cheat) 등으로 Player를 기만하거나, 바가지를 씌우는 등의
카지노. 이곳은 또한 Cheater들이 허용하는 불법(Illegal) Gaming
Style을 가졌다.

Clip-ons 〔삽입카드〕   ☞ Tip-ons

Cloak Room 〈客〉〔携帶品 保管所〕

투숙객 이외의 방문객이나 식사 고객 등의 휴대품을 맡아두는 장소
를 말한다.

Closed Dates 〈客〉〔만실날짜 : Full Date, Full House〕

객실이 모두 만실이어서 판매가 불가능한 일자를 말한다.

Closer 〈카〉〔클로절〕

교대시간 종료시 Gaming Table(도박대)의 집기 일체를 목록화 한
테이블 Inventory Slip의 원본.

Closet 〈客〉〔옷장 : Wardrobe〕

벽에 부착된 옷장(가구 옷장).

Clove 〈植〉〔크로브 : 정향(丁香)〕

목서과에 속하는 낙엽 교목. 키는 10m 가량. 잎은 타원형으로 끝이
뾰족하고 마주 나는데, 두툼하고 유점이 있으며 뒷면이 흼. 엷은 자
주빛 네잎꽃이 가지 끝에 두서너개가 모여서 피는데, 향기가 좋고
열매는 핵과로 길이 2cm의 타원형이며 씨가 1개씩 들어 있다. 동남
아시아의 몰루카스(Moluccas)제도 원산으로 아프리카에서도 많이
가꾼다. 빨갛게 된 꽃봉오리를 따서 말린 것을 '정향'이라 하여 약재
및 정자유의 원료로 쓰인다. 피클에 사용한다.

CND 〈客〉〔씨앤디 : Calling Name Display〕

고객의 이름과 객실번호가 표시되어 나타나는 기계로서 객실에서
손님이 수화기를 들면 등록된 손님이름과 객실번호가 씨앤디 기계

에 나타나므로 교환원이 응답시 항상 씨앤디를 보며 손님의 이름을 불러준다.

Coaster 〈食〉〔코스터〕

컵 밑에 받치는 깔판, 일명 글라스 메트(Mat) 혹은 팀블러 매트(Tumbler Mat)라고도 하며 보통 두꺼운 마분지 제품이 많으며 가죽 제품, 금속 제품도 있으나 그 용도의 특성을 볼 때 수분을 잘 흡수하는 것이 좋다.

Coat 〈食〉〔코 트〕

한 요리를 다른 요리로 덮는 것.

Cobbler 〈食〉〔코블레〕

대개가 과일로 만드는 속이 깊은 접시 파이.

Cocktail 〈飮〉〔칵테일〕

칵테일이란 일반적으로 「알코올성 음료에다 과즙류 혹은 비알코올성 음료 및 각종 香을 혼합하여 만드는 음료」이다.

칵테일은 종류별로 처방서(Recipe)에 정해져 있는 재료를 일정한 분량으로 혼합하여 그 지시된 처방대로 조주하여야 한다. 조주시 그 재료의 분량이 너무 많거나 적으면 자신이 만들고자 하는 칵테일과는 상이한 음료가 되어 버린다. 따라서 분량을 정확히 계량하는 것은 칵테일을 조주하는데 있어서 극히 중요한 작업이라 하겠다.

Cocktail Basic Technique 〈飮〉〔칵테일 酒造方法〕

酒場에서 사용되는 섞는 방법(Mixing Methods)의 기본법은 빌드(Build), 스터(Stir), 쉐이크(Shake), 블랜드(Blend)의 4가지가 있다.

① Build Method(빌드方法) : 서브될 용기나 글라스 안에다 한가지 재료를 넣어 섞는 방법.

② Stir Method, Mixing Glass(휘젓기 方法) : 비중이 가볍거나 잘 섞이는 두 가지 이상의 술을 믹싱 글라스에 넣고 롱스푼으로 골고루 저어서 스트레이너(Strainer)를 믹싱 글라스에 끼우고 서빙 글라스에 걸러 제공하는 방법.

③ Shake Method(흔들기) : 쉐이커안에 혼합물을 넣어 흔들어서 제공하는 방법. 핸드 쉐이킹(Hand Shaking)은 조주기법 중에서 꽃이라고 할 수 있으며 쇼맨십(Showmanship)이 필요한 기법이다.

④ Bland Method(블랜디) : 계란, 크림 등 잘 섞이지 않고 거품이

많이 필요한 펀치(Punch)류와 같은 종류를 만들때 사용.

Cocktail for All Day 〈飮〉〔올 데이 칵테일〕

食前이나 食後에 관계없이 또 식탁과 관계없이 어디서나 어울리는 레저드링크로서 감미와 신맛을 동시에 가지고 있으며 비교적 산뜻하고 부드러운 맛을 내는 것으로 치치(Chee Chee), 마이타이(Mai Tai), 브랜드사워(Brandy Sour), 진 라임 소오다 등이 있다.

Cocktail Garniture 〈飮〉〔칵테일 添加材料〕

칵테일의 基酒에다 부재료를 사용하여 색과 맛 그리고 향기를 첨가하여 마시는 사람에게 만족을 준다. 이러한 부재료를 대별하면 風味를 내기 위해 사용되는 주류(Liqueur, Vermouth 등) 외에 과즙류(Juice), 시럽류(Syrup), 과실(Fruits), 香料類(Fpice), 비터즈류(Bitters), 탄산 청량음료 등이 있다.

① 과즙을 내서 사용하는 과일 : 레몬(Lemon), 라임(Lime : 레몬 비슷하며 작고 맛이 심), 오렌지(Orange).

② 시럽류: 플레인 시럽(Plain Syrup), 그리나딘 시럽(Grenadine Syrup), 라스프베리 시럽(Raspberry Syrup).

③ 주스류 : 오렌지. 레몬. 라임. 파인애플. 토마토 주스.

④ 果實類 : 레몬. 오렌지. 라임. 파인애플. 체리(Cherry). 올리브(Olive). 오니언(Onion).

⑤ 香料類 : 박하(Mint). 시나몬(Cinnamon : 肉桂나무). 너트메그(Nutmeg :육두구). 클로브(Clove : 丁香). 오렌지 비터.

⑥ 청량음료류 : 소다수(Soda Water). 광천수(Mineral Water). 콜라. 토닉워터(Tonic Water). 사이다. 진저에일 (Ginger Ale : 생강맛을 곁들인 비알콜성 탄산 청량음료의 일종). 사워 믹스(Sour Mix).

⑦ 기타 부재료 : 생크림(Sweet Cream). 커피. 계란. 설탕. 꿀. 소금. 후추. 핫소스(Hot Sauce). 우스터셔 소스(Worcestershire Sauce).

Cocktail Lounge 〈飮〉〔칵테일 라운지〕

라운지 옆에 바(Bar)를 설비하여 양주에서 소프트 드링크까지 이른바 음료를 마시면서 담화하는 넓고 큰 방을 라운지라고 부른다. 대체로 로비옆에 있고, 술을 즐기는 바와 로비를 합쳐서 조합한 것을 말한다.

Cocktail Maker   ☞ Bartending

Cocktail Measuring 〈飮〉[칵테일 度量衡]

칵테일을 보다 맛있게 제조하여 고객들에게 제공하기 위해서는 정해진 재료를 定量대로 사용하지 않으면 안된다.

[造酒 標準 計量]

1대시(dash)1/6tsp.	(1/32온스)
1티스푼(tsp.tea spoon)	1/8온스
1테이블 스푼(tbsp. table spoon)	3/8온스
1포니(pony)	1온스
1지거(jigger,barglass)	1 ½온스
1와인 글라스	4온스
1스플리트(split)	6온스
1컵(cup)	8온스
1핀트(pint)	16온스
4/5쿼트(quqrt)	25.6온스
1쿼트(quart)	32온스
½ 갤런(gallon)	64온스

50㎖ = 1.7 oz.	1 oz. = 29.6㎖
110㎖ = 3.4 oz.	1 quart = 0.95 liter
375㎖ = 12.7 oz.	1 gallon = 3.9 liter
750㎖ = 25.4 oz.	1 deciliter = 3.38 oz.
1 liter = 33.8 oz.	

[포장명과 計量]

스플리트 = 187㎖ = 6.3 온스
텐즈(tenth) = 375㎖ = 12.7온스
피프즈(fifth) = 750㎖ = 25.4온스
쿼트(quart) = 1 liter = 33.8온스
마그넘(magnum) = 1.5 liter = 50.7온스
제러보움(jeroboam) = 3 liter = 101.4온스

Cocktail Pick 〈食〉〔칵테일 피크〕

칵테일을 제공시 열매나 과실을 장식용으로 꽂을 때 사용하는 목제
및 플라스틱 제품이다.

Cocoa 〈植〉〔코코아〕

멕시코 Caca에서 온 말로, 카카오 나무의 종자를 말린 가루. 음료,
약재, 과자로 이용한다. 단백질, 지방, 무기질 등을 포함하고 있어
영양가가 높으며 소화가 잘 된다.

C.O.D 〈會〉〔씨오디 : Cash(Collect) On Delivery〕

대금교환, 대금 상환 인도.

Cod 〈食〉〔대 구〕

회백색 살을 가지고 있으며 육식성으로 날카로운 이빨을 가지고 있다.

Code 〈電〉〔코드, 符號〕

데이터를 전달하는 방식을 나타내는 일련의 규칙들 또는 데이터의
의미를 전환할 때 사용하는 규칙.

Coddle 〈食〉〔코 들〕

끓는점 이하에서 잠시동안 한 품목을 삶거나 요리하는 것.

Coffee 〈飮〉〔커피 : Cafe〕

커피 역사의 시발에 대한 확실한 문헌은 없으나 대략의 개요를 살
펴보면 커피의 원산지는 에티오피아로 알려져 있다. 에티오피아 원
산의 커피나무 열매는 본고장에서는 음료로보다는 곡류나 콩 종류
같이 분쇄하여 식용으로 사용하면서부터 점차 아라비아 각 지방으
로 분포 재배되던 중 11세기초 아라비아의 라제스와 아비세나 등의
의학자들이 커피는 위장의 수축을 부드럽게 하여 주고 각성제로도
좋은 약이라고 말하여 음용되기 시작하였는데, 특히 회교국에서는
술을 마시지 못하게 하므로 술대신 자극성 있는 음료인 커피를 애
음하게 되었다고 한다. 1517년 터키의 세팀1세가 이집트 원정차 방
문하였다가 커피의 애음 풍습을 보고 터키로 수입해 들여오게 되었
고, 1554년에는 콘스탄티노풀에 화려한 카네스 커피숍이 등장하게
되었다. 그 후 당시에 동서양의 무역 중심지였던 터키에 들린 상인
이나 관광객들에 의해 점차 세계적으로 전파하게 되었다. 우리나라
에서는 고종 32년 을미사변으로 인하여 러시아 공관에 피신중인 고
종황제가 처음으로 시음하였다고 한다.

커피를 서브할 때는 한잔의 양은 10㎖ 정도이고 적정온도는 80℃~ 83℃이며 설탕과 크림을 넣었을 때 60℃~63℃가 적정온도이다.

◆ 커피를 끊이는 方法 ◆

① Percolator(퍼콜레이터) : 여과방법을 이용하여 불위에 직접 끊이는 방법을 말한다.

② Syphon(사이폰) : 가는 관을 통하여 커피를 유출하는 방법으로 커피와 물을 따로 분리해 놓고 열을 가하면 위에서 커피가 증기에 가해져 커피가 유출되는 방법.

③ Drip(드립법) : 일명 휠터법이라고 불리워지며 휠터를 드립에 부착시킨 후 물을 붓고 유출시키는 방법.

④ Espresso(에스프레소) : 이탈리아식으로 에스프레스 기계를 이용하여 커피의 농도를 2배 이상 진하게 유출시키는 방법.

⑤ Boiling(보일링) : 가장 일반적인 방법으로 커피와 물을 함께 넣어 직접 열로 가하여 끊이는 방법.

⑥ Bunn Automatic(전동법) : 전동커피 기구를 이용하여 전열기에서 순간적으로 끊는 물을 관을 통하여 Drip속의 커피를 농축시켜 커피를 유출시키는 것으로 호텔에서 가장 많이 이용하는 방법.

Coffee Baeranfang 〈飲〉 [커피 베랑팡]

보드카와 카카오를 넣고 커피를 부운 후 꿀과 휘핑크림(Whipping Cream)을 얹어 제공되는 커피.

Coffee Conquest 〈飲〉 [커피 콘퀘스트]

설탕을 팬에 녹인 다음 커피를 붓고 사과처럼 깎은 오렌지를 넣는다. 오렌지향이 빠지고 난 후 포크(Fork)와 레들(Ladle)로 껍질을 들어올려 럼이 흘러 내리게 하여 불을 붙인다. Grand Manier를 넣어 오렌지향을 첨가한 휘핑크림(Whipping Cream)을 얹어 제공하는 커피.

Coffee Float 〈飲〉 [커피 플로트]

유리컵에 커피를 붓고 얼음을 넣은 다음 아이스 크림을 덮은 후 생크림을 친 커피.

Coffee Punch 〈飲〉 [커피 펀치]

황란과 꿀을 개어 커피를 넣고 잘 저어 브랜디를 휘핑 크림(Whipping Cream)으로 덮는다.

Coffee Run 〈飮〉〔커피 런〕

커피를 데우기 위해 쓰이는 熱을 가할 수 있는 電熱器.

Coffee Shop 〈食〉〔커피 숍〕

고객이 많이 출입하는 장소에서 주로 Coffee나 음료를 판매하면서 고객이 요구하면 간단한 식사도 곁들여 판매하는 일종의 경식당이다. 호텔의 부대시설에서 반드시 있어야 할 식당이다.

Cognac 〈飮〉〔코 냑〕

프랑스 코냑시 지방에서 생산되는 브랜디이다.

Cointreau 〈飮〉〔코안트로〕

오렌지향을 加味한 酒酊 도수가 40도인 프랑스산 무색 리큐르(Liqueur).

Cola 〈植〉〔콜 라〕

벽오동과에 속하는 상록 교목으로 원산지는 서부 아프리카, 키는 10m 가량 꽃은 가죽질로 어긋맞게 나며 달걀 모양이고 잎가장자리는 밋밋함. 꽃은 옆겨드랑이에 원추상으로 몰려나며 누른빛을 띠고 꽃잎은 없음. 열매는 15cm 가량의 긴 타원형이고, 속에 4~10개의 육질 씨를 갖고 있다. 카페인과 콜라닌(Colanine) 성분을 함유하며, 콜라 음료의 원료가 된다.

Cola 〈飮〉〔콜 라〕

콜라는 미국을 대표하는 음료로서 열대지방에서 재배되고 있는 콜라 열매(Cola Nut) 속에 있는 콜라두를 가공처리하여 레몬, 오렌지, 씨나몬, 바닐라 등의 향료를 첨가하여 만든다.

Cold Room 〈食〉〔冷凍庫〕

이곳은 고기, 생선, 과일, 야채 등을 보관하는 장소로서 온도의 차이에 따른 분류로 나누어진다.

① 最强 冷凍庫 (-18℃ ~ -25℃) : 식품냉동, 급속냉동.

② 冷凍庫 (+1℃ ~ -13℃) : 신선한 고기나 생선 보관.

③ 冷藏庫 (+4℃ ~ +6℃) : 일일 식자재품, 달걀.

Collation 〈食〉〔間食, 가벼운 食事〕

가톨릭에서 단식일에 점심 또는 저녁 대신에 허용되는 간단한 식사나 간식을 말한다.

Collect Call 〈客〉〔對話者料金 負擔通話〕

요금을 受信者가 지급하는 통화제도로 국제전화시에 적용되는 것으로서 상대가 지급할 것을 인정하여야 한다.

Collected Bill 〈會〉〔콜랙티드 빌〕

식음료 계산서 처리시 아무 이상없이 정산이 완료된 계산서이다.

Collection Manager 〈카〉〔콜렉션 매니저〕

비교적 새로운 직종으로서 카지노 지배인을 직접 보좌하며 수금하는 역할을 한다.

Collerette 〈食〉〔코레르트〕

야채를 둥근 문고리 모양으로 자르는 방법.

Commercial ☞ Meat Grading

Commercial Hotel 〈宿〉〔商用 호텔 : Business Hotel〕

커머셜 호텔이란 사업상의 목적을 가진 투숙객을 대상으로 하는 비즈니스 호텔(Business Hotel)이다. 商用호텔은 그 특성상 주로 도심지 및 상업지역에 위치한다.

Commercial Rate 〈客〉〔커머셜 料金 : COMM.〕

할인요금(Discount Rate)의 일종으로 특정한 기업체나 사업을 목적으로 하는 비즈니스 고객에게 일정한 율을 할인해 주는 것이다. 이 제도는 미국의 도시 호텔에서 많이 채택되고 있으며 우리나라에서도 대규모 호텔의 건립과 다각경영의 일환으로 이 요금할인제도를 실시하고 있다.

Commissary Kitchen 〈食〉〔커미서리 키친〕

호텔의 각 식당(업장)의 조리장이 필요한 식재료를 구입 또는 주문하는 주방으로 식재료를 세척하고, 가공처리 및 각 주방에 공급 준비를 하는 것이다.

Commis de Barrasseur 〈食〉〔콤미 디바라슈 : Clearing Assistant Waiter. Bus Boy〕

버스 보이와 같은 뜻으로 쓰이고 있다.

Commis de Rang 〈食〉〔콤미디랭〕

일명 Commis de Suite라고도 하며 쉽디랭을 보좌하여 실제 서비스에 참여하는 사람으로서 쉽디랭이 받은 주문을 주방에 전달하고 음식을 웨곤에 담아 운반하는 쉽디랭으로 하여금 요리를 하는데 보좌하여야 하며 게리동 서비스나 플랑베 서비스 때는 쉽디랭이 조리하여 분배한 접시를 손님 테이블에 서비스한다.

Commission 〈會〉〔手數料 : Commissionable〕

여행업자가 타 여행업자, 운송업자, 숙박업자 등의 관련업자에게 일정한 행위의 결과 보수로서 얻어지는 취급요금을 말한다. 취급요금이란 여행업자가 여행업무를 취급함에 있어서 여행자와 그밖에 여행업자로부터 벌어들이는 여행자의 모집비, 통신연락비, 탑승원의 교통비, 그리고 운송업자나 숙박업자로부터 벌어들이는 할당비 또는 수수료.

Company Made Reservation 〈客〉〔會社保證豫約〕

호텔에 도착하는 고객의 관련회사가 보증하는 예약을 말한다.

Compartment Racks 〈飮〉〔칸막이 선반, 칸막이 분류상자〕

Glass류의 운반 보관용의 Glass Rack.

Compatible Room 〈客〉〔컴퍼터블 룸〕

큰객실을 문으로 구분하여 각각 독립된 객실로 판매가 가능한 객실.

Competitive Pricing Method 〈會〉〔競爭價格決定方法〕

경쟁가격결정방법은 단순한 가격결정방법으로 시장에 있어서 동일한 상품에 대해서 특히 객실요금을 경쟁기업과 동일한 수준으로 결정하는 방법이다. 이 방법은 만일 경쟁기업이 제공하는 상품과 서비스가 자사의 것들과 다같은 수준이라면 이러한 요금제도는 만족할 만한 이익을 창출할 것이다. 현재 외국에서는 브랜드에 따라서 가격이 달라지기는 하지만 호텔 전반에 걸친 객실 및 음식료 가격결정에 채택, 인용되고 있다.

Complimentary 〈客〉〔無料 : Comp.〕

호텔에서 특별히 접대해야 될 고객이나 호텔의 판매촉진을 목적으로 초청한 고객에 대하여 요금을 징수하지 않는 것을 말한다. 객실요금만 무료인 경우는 Comp. on Room이라 하고, 객실과 식사대가 무료인 경우는 Comp. Room & Meal, 모든 것이 무료인 경우는 Comp.라고 표시한다.

Compote 〈飮〉〔콤포트〕

① 맑게 만든 숙실과의 일종(설탕쩜의 과일).

② 과자나 과일 담는 굽달린 접시.

Compounded Liquor 〈飮〉〔混成酒 : Alcoholic Beverage〕

釀造酒와 蒸溜酒에다 과실류나 초목, 향초를 혼합하여 만드는데 적
정량의 甘味와 着色을 하여 만든다. 혼성주는 다른 술과 달라서 비
교적 강한 酒酊에 설탕이나 시럽(Syrup)이 함유되어 있어야 하고
향기가 있어야 한다.

Computer Reservation System 〈電〉〔컴퓨터 中央豫約시스템 : Central Reservation System(CRS)〕

상호작용을 하는 다수의 전자시스템 중의 하나로 개개의 여행사와
중앙컴퓨터를 연결함으로써 항공 및 호텔예약을 할 경우 즉석 문의
또는 예약을 가능하게 하는 시스템을 말한다. 또한 CRS는 호텔 자
체 예약시스템뿐 아니라 여행사와 컴퓨터의 기억장치(Multi-
Access System), 영상자료(View Data), 항공사의 고도로 뛰어난 시
스템 개발을 통한 계열예약이나 대리점, 그룹과 같이 다양한 예약망
에 의한 것이다.

◆ CRS 주요 기능 ◆

① 객실요금 산정 준비 및 호텔 패키지 상품 촉진.
② 예약 확인 가능.
③ 항공사, 여행사, 랜트카(Rent-a-Car) 등의 회사와 의사전달 용이.
④ 다양하고 광범위한 고객관리.
⑤ 수익관리(Yield Management, Revenue Management) 용이.
⑥ 수수료 관리의 단순화.
⑦ 예치금(Deposit) 및 환불(Refund) 계산 용이.
⑧ 여행사 및 항공사의 실적 통계자료 파악 용이.
⑨ 예상판매량 안내.
⑩ 객실 타입, 가격, 객실 인테리어 파악 용이.
⑪ 할인가격정보 전달.
⑫ 고객의 호텔예약 선택의 폭이 커짐.
⑬ 호텔상품에 대한 고객의 인지도가 커짐.
⑭ 호텔의 특별 편의용품 안내.

Concession 〈宿〉〔컨세션〕

호텔의 시설과 서비스를 임대하는 것으로 대부분의 호텔은 임대경
영을 하고 있으며 임대인을 Concessionire이라고 한다.

Concierge 〈客〉〔콘시어즈 : 管理人〕

콘시어즈란 프랑스 역사에 있어서 위그카페 시대에서 루이 11세 시대에 이르기까지 고도의 궁궐안에 살며, 다양한 권리와 특권을 누리며 궁전의 일정한 구역내에서 사법권(재판권)을 행사하며 왕의 저택을 관리하는 공무원(장교)이었다.

콘시어즈는 여성, 남성 도어 키퍼(Door Keeper)이다. 유럽풍 호텔에서 그들은 벨 서비스 담당이고 호텔에 관한 정보나 호텔 밖의 나이트 클럽, 레스토랑에 관한 정보, 극장표, 여행에 필요한 교통편, 안내 등의 포괄적 서비스를 제공 처리한다. 이는 또한 서비스 감독자와 같은 뜻으로 고객 우편물 처리와 안내원, 도어 맨 그리고 여행사와 손님의 관계에 관한 모든 업무를 총괄 처리한다.

Condiment   ☞ Caster Set

Condominium 〈宿〉〔콘도미니엄 : Time-Share Hotel. Condo〕

유럽의 중소기업들이 종사원의 후생복지 목적으로 국민관광 차원에서 시작되었으며, 어원을 살펴보면 일정한 토지가 두 나라 이상의 공동 지배하에 있으며 지배권 행사의 발동은 당사국 사이에 의한 특별 공동기관을 설치하여 행하든지, 지배의 범위를 당사국에 위임하여 행하는 2개국 이상의 공동지배 통치 또는 공동소유권을 의미하는 라틴어에서 유래되었다. 콘도미니엄이란 공공건물에 개별적으로 소유권을 행사하면서 저당설정과 양도가 가능하며 그 시설관리의 서비스는 별도의 독립된 회사에 의해 행해지는 숙박형태이다.

◆ 콘도미니엄의 특징 ◆

① 콘도미니엄의 개발자금은 회원을 모집하여 충당한다.
② 所有와 경영관리의 분리.
③ 전매 전속이 가능하고 객실의 경우 일반인에게 사용이 가능하다.
④ 1가구 2주택에 해당 안되고 등기권 행사가 가능하다.
⑤ 관광숙박시설로 인정, 양도세 부과대상에서 제외된다.
⑥ 년간 사용일수 제한(Time Sharing Ownership).
⑦ 공간은행(Space Bank)의 개념으로 소유자가 기간제 이용소유권으로 구입한 콘도미니엄 유니트(Unit)의 공간을 교환하여 사용하게 하는 것이다.
⑧ 휴가권 보장의 개념(Vacation License Concept)이다.

Conductor Free 〈客〉〔컨덕터 프리〕

단체객 15인당 한 사람에게 객실을 무료로 제공하는 혜택을 말한다.

Confectionary 〈食〉〔컨펙션어리〕

제과점.

Conference Call 〈宿〉〔컨퍼런스 콜 : 電話에 의한 會議〕

외부에서 걸려온 전화로 객실 또는 구내 각 부서를 연결해서 통화할 때 사용되는 통화로서 3인 이상의 통화가 한번에 가능한 것이 특징이다.

Configuration 〈電〉〔構 成〕

상호연관되어 하나의 시스템으로 동작하도록 한 기계들의 집합체.

Confirmation Slip 〈客〉〔豫約確認書〕

호텔 객실을 예약한 고객에게 예약에 이상 없음을 알려주는 확인서로서 투숙자명, 도착일, 출발일, 객실종류 등 필요한 사항을 기입하여 고객에게 예약사항을 확인케 하는 것.

Congress 〈宿〉〔칸그레스〕

보통 국제적으로 열리는 회의의 지칭이며 실무회의로서 대규모적이다.

Connecting Door 〈客〉〔커넥팅 도어〕

객실과 객실 사이 통하는 사이문.

Connecting Room 〈客〉〔커넥팅 룸 : Side by Side Room〕

인접해 있는 객실로서 Connecting Door(연결도어)가 있는 객실을 말한다. 이 도어를 열어서 2실 또는 그 이상을 연결하여 사용한다.

Consent 〈客〉〔컨센트〕

전기배선과 코드(Cord)와의 연결에 쓰이는 기구. 플럭을 끼우는 물건.

Consent Box 〈客〉〔컨센트 박스〕

나이트 테이블(Night Table) 뒷면 바닥에 설치된 전기 박스.

Consomme 〈食〉〔콩소메 : Cream Soup〕

수프(Soup)의 일종. 육류, 야채 따위를 삶아 만든 즙(汁)을 헝겁에 걸러 만든다.

Consomme A La Royale 〈食〉〔콩소메 알 라 로얄〕

달걀의 노른자위와 흰자위를 3 : 1의 비율로 콩소메를 약간 넣고 배급하여 버터를 발라 15~20분 가량 오븐에 넣어 찐 다음 로얄을 조그마한 다이아몬드 모양으로 잘라 콩소메에 넣은 것을 말한다.

Consomme Brunoise 〈食〉〔콩소메 브루노아이스〕

야채, 즉 당근이나 무, 셀러리 같은 것을 네모 반듯하게 주사위 모양으로 잘라서 버터에 살짝 볶아서 쇠고기 콩소메에 넣는 것을 말한다.

Consomme Celestine 〈食〉〔콩소메 셀레스틴〕

타피오카(Topioka : 식용녹말)를 약간 넣은 콩소메인데, 밀가루에 달걀과 우유, 소금과 후추를 넣어 잘 반죽하여 크렙(Crepe)을 만들어 살짝 구운 다음 작게 잘라 넣는다.

Consomme En Tasse 〈食〉〔콩소메 앙타즈〕

콩소메를 컵에 담아 제공하는 컵 콩소메를 가리킨다.

Consomme Julienne 〈食〉〔콩소메 줄리엔느〕

당근, 무, 양파, 셀러리, 양배추와 같은 야채를 가늘고 길게 썰어서 버터에 살짝 볶아서 콩소메에 넣는다.

Consomme Paysanne 〈食〉〔콩소메 페이잔느〕

이것은 야채를 은행잎 모양으로 잘라 버터에 볶아 넣은 것.

Consomme Printanier 〈食〉〔콩소메 프린타니에르〕

치킨 콩소메에다 신선한 야채를 여섯 가지 이상을 작은 주사위 모양으로 잘라 버터에 살짝 익혀 넣는 것이다.

Consumer Satisfaction Management 〈客〉〔顧客滿足經營 : CSM〕

고객만족경영이란 고객중심적 사고를 바탕으로 모든 경영활동을 전개해 나가는 새로운 경영조류이다. 즉 고객만족경영은 시장점유율 확대나 원가절감이라는 종전의 경영목표에서 벗어나 고객만족을 궁극적 경영목표로 삼음으로써 시장변화에 흔들리지 않는 안정적인 수익기반을 장기적·지속적으로 확보해 나가려는 경영방식이다. 고객만족을 실천해 나가다 보면 자연히 고정고객층이 확보되고, 호의적 구전광고 효과를 통해 신규고객 개발도 가능해지기 때문에 기업이익이 향상되고 시장점유율도 늘어나게 된다는 기본원리를 갖고 있다.

Consumer's Transaction Service 〈客〉〔緊急去來停止서비스 : CTS〕

신용카드 회원의 카드 도난, 분실신고시, 카드사에서 온라인 단말기를 이용하여 한국정보통신주식회사의 컴퓨터에 긴급거래정지를 등록함으로써 제3자의 불법사용을 사전에 방지해주는 서비스이다.

Continental Breakfast ☞ Breakfast

Continental Plan 〈宿〉〔大陸式料金制度 : C.P.〕

컨티넨탈 플랜은 유럽에서 일반적으로 사용되는 제도로서 객실요금에 아침식대만 포함되어 있는 요금지급방식이다. 경영자측에서는 별로 비싸지 않는 Continental Breakfast를 식료에 포함시킴으로써 고객에게 큰 부담을 주지 않고 매상을 증진시킬 수 있고, 고객은 별로 부담을 느끼지 않고 아침식사를 할 수 있다는 느낌을 받을 수 있다.

Contract Buying 〈食〉〔契約購買〕

매일 혹은 1주일에 몇 번씩 배달하여야 할 식료품은 보통 특정한 기간을 정하지 않고 공식적인 혹은 언약에 의한 계약에 따라 구매하게 되는데 이것을 Contract Buying이라 한다.

Control Chart 〈客〉〔컨트롤 챠트 : Control Sheet〕

예약 조정 상황표.

Control Folios 〈會〉〔統制 폴리오〕

각 수익부서를 위해 개설되고 다른 폴리오들(개인별, 마스타, 비고객, 종업원)에 분개된 모든 去來들을 추적할 때 이용된다.

Convection Oven 〈食〉〔컨벡션 오븐〕

전기를 이용, 뜨거운 열을 발생시켜 이 열기를 이용해 로스팅(Roasting)하는 대류식 전기 오븐으로 단시간내 내용물을 익힐 수 있지만 수분 증발로 인하여 딱딱해지는 예가 있다. 대량 조리시 편리하다.

Convenience Food 〈食〉〔컨비니언스 푸드 : 인스턴트 食品〕

음식을 서브하기 전 최후 조리 단계만 남겨 놓고 준비하여 둔 음식으로서 호텔에서는 신속한 서브(Serve)를 하기 위하여 연회, 컨벤션 등에 널리 이용된다.

Convention 〈宿〉〔國際會議〕

회의분야에서 가장 일반적으로 쓰이는 용어로서 정보전달을 주목적

으로 하는 정기집회에 많이 사용된다. 과거에는 각 기구나 단체에서
개최되는 연차총회의 의미로 쓰였으나, 요즘은 총회, 휴회기간 중
개최되는 각종 소규모회의, 위원회 등을 포괄적으로 의미하는 용어
로 사용된다.

Convention Bureau 〈宿〉〔컨벤션 뷰로우〕

이 말은 잘 알려지지 않았으나 컨벤션이란 「회의」, 「모임」의 뜻으로
그러한 회의의 종합적인 준비를 하는 업체를 말한다. 미국이나 유럽
에서는 제2차 세계대전 후 발달되었고, 현재의 미국 같은 경우는 각
주요 도시마다 컨벤션 뷰로우가 있으며 주로 다른 주의 여러 컨벤
션이나 이벤트 행사를 유치하는 것을 목적으로 하는 기구이다(유치,
숙박, 운송, 회의장, 리셉션, 동시통역, 여행, 관광의 준비 업무). 우
리나라에서는 한국관광공사가 1989년부터 컨벤션 뷰로우 기능을 국
제협력부에서 수행하고 있다.

Convention Service Manager 〈宿〉〔컨벤션서비스 매니저 : CSM〕

컨벤션 사업의 전문 직종으로서 호텔의 연회나 다양한 컨벤션 활동
의 유치와 모든 제반사항을 총괄하는 총 책임자이다.

Conventional Bed 〈客〉〔컨벤셔날 베드〕

재래식의 구조로 된 침대로서 헤드 보드(Head Board: 침대의 머리
판)와 훗 보드(Foot Board)가 붙어 있다. 이것은 침대의 후레임
(Frame)에서 약간 낮게 메트리스(Mattress)가 꼭 끼어 들어가게 되
어 있는 침대이다.

Conventional Hotel 〈宿〉〔會議用 호텔〕

이는 각종 대·소규모의 회의를 유치하기 위해 지어진 일반호텔보
다 규모가 큰 호텔이다. 따라서 회의참가를 위해 투숙하는 고객들을
수용할 수 있는 충분한 객실이 확보되어 있어야 하고 객실 크기도
대형화되어야 하며, 이들의 회의를 위한 큰 규모의 회의장 및 연회
장 등의 시설과 영상과 영화를 감상할 수 있는 시설, 전시장 등이
필요하다.

Conversion Table 〈會〉〔換算表〕

환전시 교환율이 적혀 있는 표로서 환율표라고도 한다.

Convertible Bed ☞ Sofa Bed

Cook Helper 〈食〉〔料理師 補助員 : Kitchen Helper〕

조리사를 보조하여 야채다듬기, 식자재운반, 칼갈기, 조리기구의 세척, 청소 등 잡무를 담당하며, 조리사의 기초를 다진다.

Cook Out 〈食〉〔野外料理〕

천렵으로 야외에서 요리하여 먹는 소풍요리를 말한다.

Co-Owner Chain Hotel 〈宿〉〔合資 連鎖經營호텔〕

경영형태는 Hotel이나 Motel이 본사와 개인 투자가와의 합자에 의한 소유형식을 취하는 것이다.

Copy Bill Printer 〈會〉〔元帳印刷機〕

원장인쇄기를 일컫는다.

Copy Key 〈客〉〔카피 키〕

처음 발행한 New Guest Key를 인원수 추가의 경우 고객의 요청에 의해 똑같은 열쇠를 발행하여 주는데 이것을 Copy Key라고 한다.

Coquilles 〈食〉〔꼬키유〕

조개껍질에 여러 가지를 넣어서 만드는 것인데 주로 소라 껍질을 많이 이용한다. 이 껍질이 귀한 곳에서는 조개 모양의 도기를 이용하여 어류, 새우, 게, 닭고기, 계란 등을 재료로 사용한다.

Cordial 〈飮〉〔리큐어술, 감로주〕

2.5% 이상의 당분이 함유된 유색음료로서 유럽에서는 Liqueur(리큐어)라고 부른다.

Core Concept 〈客〉〔核概念〕

이용자로부터 관심이나 매력을 끌기 위해 호텔의 로비, 휴양지 또는 기타 지역에 특이한 설계 전략을 계획하거나 혹은 건설비용을 절약하기 위해 주방, 승강기 등을 중앙에 설치하는 등도 이에 포함된다.

Coriander 〈植〉〔코리앤더 : 고수풀〕

① 미나리과에 속하는 1년생 풀로서 지중해 연안, 모로코, 남부 프랑스, 동양 등이 원산지이고, 키는 30~60cm정도의 후추알 크기의 씨를 가지고 있다. 여름부터 가을에 걸쳐 잘고 흰꽃이 겹산형 꽃차례로 다량으로 피고 둥근 열매가 여문다.

② 열매는 양념, 소화제로 사용. 고기, 과자, 샐러드 등 여러 가지 요리에 쓰여지는 향료. 카레 원료에 빠질 수 없는 향료이다.

Cork 〈食〉〔코르크〕

코르크는 와인의 병마개로서 와인이 숙성과정에서 진행되면 와인이 좋아지게 하는데 절대적인 기능을 하고 있으며 코르크는 기공이 있어 와인숙성에 도움을 주고 있다. 이때 코르크는 와인이 필요로 하는 오일(Oil), 왁스(Wax), 탄닌(Tannin), 질소(Azot)의 일정량을 서서히 와인의 숙성과정과 함께 생성하게 된다. 이 코르크를 최초로 사용한 사람은 돔 페리뇽(Dom Perignon)이고 가장 질이 좋은 것은 코르크 오크(Cork Oak)의 껍질로 만들어지는 60년 정도의 나무가 최고의 품질이다.

Cork Screw 〈飮〉〔코르크 스크류〕

콜크 마개병을 따는 기구이다.

Corkage Charge 〈飮〉〔코키지 차지 : 飮料搬入料金〕

① 외부로부터 반입된 음료(Beverage Bring In)를 서브하고, 그에 대한 서비스 대가로 받는 요금.

② 고객이 다른 장소에서 직접 구입한 술을 Restaurant에 가져와 마실 때 서비스에 대한 대가로 지급해야 하는 요금.

③ 고객이 갖고 온 음료에 대하여 부과시키는 요금.

④ 호텔식당에 있어서 그 식당의 술을 구매치 않고 고객이 가져온 술을 마실 때에 마개 뽑는 봉사료(삯).

⑤ 특별히 고가품이 아닌 경우는 "가지고 온 술 가격의 40% 정도"가 매겨지는 것이 상례이다.

※ Corkage Charge = 판매가의 ⅓ + V.A.T

Corn 〈食〉〔콘〕

옥수수로 수프나 샐러드에 사용된다.

Corn Bread 〈食〉〔콘 브레드〕

옥수수 분말과 옥수수를 잘게 부순 것(Corn Crits)의 두 종류를 주 재료로 하여 만드는 무가당 빵의 일종.

Corn Flakes 〈食〉〔콘 플레이크〕

옥수수를 눌러 바삭바삭하게 말린 것으로 시리얼(Cereal) 종류의 하나이다.

Corn Whisky 〈飮〉〔콘 위스키〕

미국 남부에서 생산되며 전체 원료중 옥수수의 비율이 80% 이상의 것을 말한다. 버번 위스키(Bourbon Whisky)는 안쪽을 그을린 통에 저장하여 着色하는데 반해 콘 위스키는 그을리지 않은 한번 사용한 통을 재사용하며 착색되지 않은 것이다.

Corner Room 〈客〉〔코너 룸〕

호텔 건물의 구석에 위치해 있는 객실을 말한다.

Cornet 〈食〉〔코르네〕

야채를 피리 모양, 즉 둥글게 말린 모양으로 만드는 방법.

Corporate Guarantee 〈宿〉〔코퍼레이트 개런티〕

상용 여행자의 No Show를 줄이기 위해 호텔과 그 보증인이 이에 관해 재정책임 여하를 계약상으로 협조, 동의한 예약보증의 형태.

Correction 〈會〉〔訂正表〕

프론트 오피스(Front Office)에서 전기의 실수를 기록하여 나중에 야간감사자(Night Auditor)가 정정하여 금액의 일치 여부를 확인하는데 사용한다. 이것은 당일 영업중에 발생하는 오류를 정정하거나 수정하고자 할 때 조정하는 당일 매출액 조정.

Corsage 〈食〉〔커사지〕

결혼식, 회갑, 생일 등 파티 때 주빈 앞가슴에 다는 꽃.

Cost 〈會〉〔原價〕

※ 원가의 3요소
① Material Cost(재료비), ② Labor Cost(노무비), ③ Expense(경비)

Cost Analysis System 〈會〉〔原價分析制度〕

① 원가계산에 의하여 얻은 원가자료나 실제원가를 기간비교 또는 표준원가와의 비교에 의하여 원가차이 또는 원가변동의 원인과 정도를 분석하는 것이다.
② 원가분석방법으로 a. 원가요소 분석, b. 원가부문 분석, c. 단위제품 분석의 3가지로 구분하여 분석할 수 있다.

Cost Center 〈會〉〔費用部門〕

비용부문은 비수익부문으로 언급되는데, 고객과의 접촉이 거의 없고 접객서비스를 수반하지 않으며 비용만을 발생시키는 부서들이다. 비용부문은 그 자체가 스스로 영업을 하여 수익을 올리지는 않지만 수익부문의 서비스를 제공하고 영업을 잘할 수 있도록 지원하는 기능을 갖는다. 그 대표적인 부분은 기술, 광고, 경비, 회계부서이다.

Cost Factor 〈食〉〔코스트 팩터〕

키친테스트〈Kitchen Test〉 후에 매입재료에서 kg낭 R.T.E (Ready to Eat : 조리완료상태) 가격을 키로그램당 매입가격으로 나눈 수치이다.

※ Cost Factor = 1kg당 材料購買價格 / 1kg당 R.T.E 原價.

Cost of Food Sold 〈食〉〔食料賣出原價〕

소비한 식료 재료원가에서 종업원의 식사원가를 제한 가치를 말한다.

Cot   ☞ Baby Bed

Cotelettes   ☞ Cutlet

Cottage 〈宿〉〔카티지〕

남태평양 관광휴양지에 있는 초가형태의 소규모 단독가옥형태로 그 지역 특유의 건축양식을 한 휴양 숙박시설을 말한다.

Couch Bed 〈客〉〔코우치 베드〕

Couch는 잠자는 의자, 쇼파란 뜻으로 이것은 스튜디오 베드(Studio Bed)와 같은 개념으로, 사용되는 주간에는 쇼파로 야간에는 침대로 사용한다.

Counter Service Restaurant 〈食〉〔카운터 서비스 食堂〕

식당을 Open Kitchen으로 하여 앞의 Counter를 식탁으로 하여 요리를 제공하는 것이다. 이 카운터 서비스 식당은 가격도 저렴하고 Tip을 주지 않아도 된다.

Country Hotel 〈宿〉〔컨츄리 호텔〕

컨츄리 호텔은 호텔은 교외라기보다 산간에 지어지는 호텔로 마운틴 호텔(Mountain Hotel)이라고 부를 수 있는 시티호텔과 반대되는 개념의 호텔이다.

Cover 〈食〉〔커 버〕

① (식탁 위의) 1회의 유료 식사에서 서비스를 받을 수 있는 고객 허용 한도수를 말한다.
② 덮개. 씌우개.
③ 1인이 차지하는 식탁 위의 범위.

Cover Charge 〈食〉〔커버차아지〕

① 식당 따위의 자리값.

② 식음료대와는 별도로 테이블서비스(Table Service)에 대한 봉사료.

③ 특수한 예로서 프랑스에서는 Night Club이나 Cabaret 등에서 무대를 잘볼 수 있는 좌석에 Cover Charge를 붙이는 것이다.

Covered-Dish Supper　☞　Potluck Dinner

Crab 〈食〉〔게〕

식욕이 왕성하고 육식을 하는 갑각류로서 종류는 다양하며 양쪽에 각각 5개의 다리가 있고 몸체는 칼슘 분비로 딱딱한 껍질로 덮여 있으며 성장하는 과정 동안 계속 껍질을 벗는다. 육질은 조직이 거칠고 부패하기 쉬우나 맛이 대단히 좋다.

Cracked Ice 〈食〉〔크랙트 아이스〕

잔얼음, 부숴 깬 얼음, 분쇄얼음. 즉 큰얼음 덩이를 Ice Pick으로 깨서 만든 얼음. 셰이크나 스터에 사용함으로 모서리가 없는 것이 이상적이다.

Cradle 〈食〉〔크래들 : Holder〕

적 포도주를 제공할 때 쓰이는 철로 된 바구니.

Crap 〈카〉〔클래프 : Dies〕

Craps는 Dies라고 불리우기도 하며, 탁자에 여러 가지 숫자와 마크가 그려져 있어 어려운 게임같이 보이지만, 카지노 게임 중에서 속도가 빨라 가장 재미있는 게임중의 하나이다. 손님이 던진 두 개의 주사위를 굴려 나오는 점수에 따라 승부하는 게임이다.

Crayfish 〈食〉〔가 재〕

강, 연못, 호수 등의 칼슘이 풍부한 얕은 물에 서식하며 다리는 양쪽에 각각 5개씩 달려 있고 긴 수염을 가지고 있다. 가재의 육질 결정은 물의 청결과 가재가 먹는 먹이의 종류에 따라 좌우된다. 속살은 즙이 많고 독특한 단맛을 가지고 있다.

Cream Cocktail 〈飮〉〔크림 칵테일〕

칵테일 중에서 진한 농도의 Cream을 써서 리큐르와 혼합하여 만드는 칵테일 종류의 총칭.

Cream de Ananas 〈飲〉〔크림 드 애너네스〕
파인애플을 사용하여 만든 리큐르.

Cream de Cacao 〈飲〉〔크림 드 카카오〕
브랜디를 基酒로 하여 코코아, 바닐라 등을 사용하여 만든 진갈색의
리큐르(무색도 있음).

Cream de Cassis 〈飲〉〔크림 드 캐시스〕
Black Currants(씨 없고 알이 작은 건포도 종류)를 사용하여 만든
진한 적색의 리큐르로서 약간 산미가 있다.

Cream de Menthe 〈飲〉〔크림 드 만트〕
박하향이 강한 리큐르로서 초록, 빨강, 무색의 세 종류가 있다.

Cream de Moka 〈飲〉〔크림 드 모카〕
진한 커피 리큐르.

Cream de Rose 〈飲〉〔크림 드 로즈〕
장미꽃잎으로 着香시킨 리큐르.

Cream de Vanilla 〈飲〉〔크림 드 바닐라〕
바닐라 香의 리큐르.

Cream de Violette 〈飲〉〔크림 드 바이올렛〕
바이올렛 꽃향기를 着香시킨 바닐라와 카카오로 만든 엷은 자색의
리큐르이다.

Creaming 〈食〉〔크림잉〕
음식물을 부드럽게 크림이 되게 함(기름과 설탕을 Mix할 때 쓰이는
용어).

Credit 〈會〉〔貸邊 (Cr.), 信用〕
收取計定上 減少(-)를 나타낸다. 회계용어로 借邊의 반대용어이다.
또한 요금지급에 대한 연장기간을 말한다. 호텔에서의 대변 기입거
래를 살펴보면 다음과 같다.
① 先納金(Advance Money)의 Paid.
② 부과된 각종요금을 현금으로 받다.
③ 퇴숙(Check-out)시 부과요금을 외상(City Ledger) 또는 Credit
Card로 결제.
④ 갑의 負擔金이 타인에게 부과되어 소멸.

⑤ 부과된 각종 요금을 접대비 대체, 에누리, 대손처리하다.

⑥ 기타 - 借邊 訂正을 위한 貸邊 기입(Correction, Allowance).

Credit Alert List 〈客〉〔信用限度 리스트〕

신용카드 고객들을 신용카드의 종류별로 묶어서 出力하므로 카드의 한도를 쉽게 파악할 수 있으며 이는 악성부채를 미리 예방하는 방법이다.

Credit Card 〈客〉〔信用카드〕

Credit Card는 1894년 미국에서 소개된 「Travel Letter System」이 그 시초이다. 이것은 오늘날 신용카드와 같이 신분을 증명하는 확인 편지였다. 1920년까지는 「Credit Coin」이 백화점에 통용하다가 후에 석유회사에서 「Courtesy Card」를 발행하였다. 백화점에서는 "Buy now, Pay late"라는 캐치 프레이즈를 내걸고 매상을 증가시켰던 것이다. 신용카드는 카드 발행자(은행, 전문카드회사, 백화점, 호텔 등)가 일정한 자격을 갖춘 자로부터 입회신청을 받아 카드를 발급, 대여해 주고 회원은 이 카드로 필요한 시기에 상품과 용역을 가맹점으로부터 현금없이 신용으로 구매하면 카드발행자는 가맹점에 그 대금을 선지급하여 주고 회원으로부터 일정한 기일 후에 징수하는 제3의 화폐로 볼 수 있다.

Credit Card Authorization Service 〈客〉〔信用카드去來承認서비스 : CCAS〕

신용카드 회원의 카드 거래시 가맹점이 신용카드조회기(Easy-Check)를 통해 거래승인을 요청하면, 해당 카드의 불량여부 및 이용한도 초과여부 등을 검증하여 거래승인 결과를 온라인으로 신속 · 정확하게 제공하는 서비스이다.

Credit Card Call 〈客〉〔크레디트 카드 콜〕

국제전신전화주식회사에서 발행한 Credit Card로서 전화요금을 Credit할 수 있는 국제통화.

Credit Check 〈客〉〔크레디트 첵〕

프론트 직원(Front Clerk)이나 케쉬어(Cashier)가 호텔 고객의 지급능력을 조사하기 위해 고객이 소지한 신용카드를 체크하는 업무, 즉 유효기간 등.

Credit Limit 〈客〉〔크레디트 리미트 : Credit Line〕

신용한도.

Credit Manager 〈會〉〔與信管理者 : 後拂擔當 支配人〕

호텔의 후불담당 책임자로서 개인고객, 회사 및 단체의 후불조건 예약신청 등을 승인하고 관리하는 책임자이다.

Credit Memorandum 〈食〉〔크레디트 메모 : Credit Memo.〕

검수과정에서 반품까지는 하지 않더라도 현품이 구매기술서 또는 거래약정기준과 차이가 발견되었을 경우 이를 시인시켜 차후의 신용유지를 관리할 목적으로 작성하는 것으로서 이 메모는 필요한 만큼(2~3매) 사본을 작성, 원본은 판매처에, 사본은 구매부, 회계부 등에 보낸다.

Crepe Suzette 〈食〉〔그레이프 수젯 : 디저트用〕

얇게 구어낸 팬 케이크로 맛이 좋은 시럽 소스와 서브되는 둥글게 말아서 만든 것. 보통 술을 약간 넣어 데워서 Brown 색깔로 만든다.

Crepinettes 〈食〉〔크레피넷〕

돼지고기, 날 짐승고기 등을 져며서 돼지의 내장에 싸서 구운 것으로, 우리나라의 순대와 비슷한 요리이다.

Crib   ☞ Baby Bed.

Crinkle Sheet 〈客〉〔크링클 시트〕

특수하게 織造된 아마포와 유사한 시트(Sheet)로 담요를 씌워 보호하는데 사용된다.

Crisping 〈食〉〔크리스핑〕

① 너무 많은 습기를 제거하기 위해 크랙카나 Cereal(곡물) 같은 음식에 열을 가하는 것.

② 바삭 바삭하게 굽는 정도.

Crockery & Cutlery 〈食〉〔크로커리 앤 커틀러리〕

도자기류 및 칼붙이 등의 식탁기물.

Croissant 〈食〉〔크르와상〕

초생달 모양의 빵으로 1686년 강국 터키의 침공을 받아 농성중이던 도시국가 부다페스트의 한 제과사가 새벽에 일어나 아침빵을 만들던 중 땅굴을 파고 침공하려는 터키군의 땅굴 작업소리를 듣고 곧

바로 신고하여 적을 퇴치시켰다. 제과사의 공로를 기념하기도 하고
군사들의 사기를 높이기 위해 터키 국기 속에 그려 있는 초생달 모
양의 빵을 만들어 식사를 했다는 유래를 가지고 있으나, 그후 프랑
스에서 더욱 개발된 아침 식사용 빵이다.

Cromesquis 〈食〉〔크로메스키스〕

원래 네덜란드(Holland)의 요리에서 날짐승, 생선, 새우, 게 등을 재
료로 크로켓과 비슷한 조리법이지만 가루를 반죽하는데 차이점이
있다. 이 요리는 러시아, 프랑스식이 있어 약간의 차이점이 있다.

Croquettes 〈食〉〔크로켓 : Kro-Kets〕

잘게 다져 요리한 음식물을 혼합한 것으로서 밀가루, 달걀, 빵가루
를 묻혀 기름으로 프라이한 것이다.

Cross Rate 〈會〉〔第3國 換市勢〕

基準率에 대상이 되는 通貨와 第3國 통화와의 환율을 말하며 ₩과
＄는 링크되어 있으므로, ＄와 파운드간의 환율은 우리의 입장에서
Cross Rate이다.

Cross-Training 〈客〉〔크로즈 트레이닝〕

하나의 직무 이상을 충족시키기 위한 종업원의 교육훈련.

Croutons 〈食〉〔크루톤 : Krou-Tons〕

Soup과 함께 제공되는 프라이된 정육면체의 빵 조각(버터로 구운
빵의 조각)을 말한다.

C.R.T 〈電〉〔음극선관. 브라운관 : Cathode-Ray Tube〕

① 전자적인 진공관으로서 화면이 있고 그 위에 정보들이 열이온
방출기에서 나온 전자가 다중 그리드의 조정을 거쳐 화면에 도
달하는 방식으로 표현되는데 각점의 점화, 비점화에 따라 화면의
영상이 나타난다.

② 전자 주파선이 화면의 작은 부분에 부딪혀 발광하여 위치와 강
도에 의해 하나의 모양을 형성하는 진공관.

C.R.T Monitors 〈電〉〔映像機 : Cathode-Ray Tube Monitors〕

이용자에게 Message와 정보를 전달하는 TV와 같은 모니터.

Crumpets 〈食〉〔크럼피트〕

버터로 굽는 일종의 케이크(머핀). 핫 케이크의 일종.

Crushed Ice 〈飮〉[크러시드 아이스]

Crushed란 "두들겨 으깬다"라는 의미로 크러시드 아이스란 분쇄 제
빙기를 만들거나 얼음을 타올에 싸서 두들겨 깨어 잘게 부순 얼음.

Cube Suger 〈飮〉[각설탕]

각설탕은 상백탕에 무색투명한 당액을 가해서 일정한 각형으로 압
축하여 약한 열로 건조시킨다.

Cubed Ice 〈飮〉[큐브드 아이스]

Cubed란 정육면체를 말하는 것으로 큐브드 아이스란 냉장고나 제빙
기를 만들 수 있는 칵테일용 정육면체의 얼음이다.

Cucumber 〈植〉[오 이]

박과에 속하는 1년생 만초. 줄기는 땅위나 다른 물건을 덩굴손으로
감아벋으며 잎은 손바닥 모양으로 얕게 갈라짐. 여름에 누런 꽃통이
단성화로 암수 한 그루에서 피고 장과는 긴 타원형이며, 처음에는
녹색 또는 황백색이고 나중에 누렇게 여문다. 인도와 히말라야 산맥
이 원산으로 서남아시아, 유럽 동남아시아 등지에서 널리 재배된다.

Cuisine 〈食〉[퀴 진]

요리, 요리법을 말한다.

Cuisine Minceur 〈食〉[퀴진 민저르]

녹말, 설탕, 버터, 크림의 사용을 억제한 저칼로리의 프랑스 요리법.

Cumin, Cummin 〈植〉[커 민]

미나리과 식물로 커민이라고 하며, 인도, 이란, 지중해연안, 멕시코
원산이다. 카라웨이(Caraway) 종류로서 특유의 방향과 완화한 감미
가 돈다. 카레가루, 칠리파우더의 주원료이며, 삶은 요리에 많이 사
용한다.

Cup 〈飮〉[컵]

Punch와 비슷한 방법으로 만들어 Water Jug에 넣어 Tumbler로 마
시는 Wine, Brandy, Liqueur, Soda Water, Fruits등으로 만든 Long
Drink.

Curacao 〈飮〉[쿠라소 : Curacoa]

중남미 서인도제도에서 자라는 쿠라소 오렌지 껍질로 착향시킨 오
렌지 리큐르이다(35~40도).

Curd 〈食〉〔커드 : 凝乳〕

치즈를 만들기 위해 염소젓 속의 주요 단백질인 Casein과 지방을 함께 응고시키기 위한 젖산균(Starter) 및 응유효소(Rannet)를 작용시켜 얻은 응유를 말한다.

Curd Cheese 〈食〉〔커드 치즈〕

원료유를 응고시켜 커드로부터 훼이(Whey)를 어느 정도 배출시켜 만드는 연질치즈의 총칭. 지방함량은 4~8%로 가지각색이다.

Curd Cutting 〈食〉〔커드 커팅〕

Whey(乳漿)의 배출량을 조절하기 위하여 치즈의 종류에 따라 절단용 칼로 Curd의 표면적을 크게 또는 작게 자르는 것을 말한다.

Curd Formation 〈食〉〔커드 포메이션〕

살균처리된 원료유를 Curd(凝乳)형성을 위해 Cheese Bat에 넣은 것을 말한다.

Curd Knife 〈食〉〔커드 나이프〕

① 커드의 절단에 사용되는 칼로 수평철선칼과 수직철선칼이 있다.
② 양조통에서 유장(乳漿)을 배제하고 치즈 응유(凝乳)를 꺼내는데 쓰는 한벌의 기구.

Currant 〈食〉〔커런트〕

원산지인 코린트(Corinth)에서 유래된 명칭으로 알이 작고 씨가 없는 건포도를 말한다.

Current Liabilties 〈會〉〔流動負債〕

유동부채란 고정부채와 상대되는 개념으로 결산일로부터 1년이내에 그 결재일이 당도하는 부채이다. 이에 해당하는 예로서는 外上買入金, 支給어음, 當座차월, 短期借入金, 未支給費用, 先手金, 其他 未支給金 등이 이에 속한다.

Curried Rice 〈食〉〔커리드 라이스〕

인도요리의 일종으로 고기와 야채 등을 넣고 끓인 국물에 커리가루, 밀가루를 되직하게 섞어 쌀밥에 친 요리.

Curry 〈食〉〔커리 : Currie〕

소스(Sauce)를 뜻하는 남인도의 타밀어(Tamil語)에서 나온 말로 향신료의 일종이다. 강황, 새앙, 고추 등을 섞은 노란색의 자극성이 강한 가루이다. 주산지는 인도.

Curtain Pin 〈客〉〔커텐 핀〕

커텐을 런너(runner)에 걸기 위하여 커텐을 꽂는 핀.

Curtain Rail 〈客〉〔커텐 레일〕

커텐을 열고 닫기 위하여 위에 설치된 레일.

Curtain Runner 〈客〉〔커텐 런너〕

커텐 레일에 달려 있으며 커텐핀을 거는 부속품.

Custard 〈食〉〔커스터드〕

우유, 달걀, 설탕 따위를 섞어 찌거나 구운 과자.

Custard Sauce 〈食〉〔커스터드 소스〕

우유, 달걀 또는 곡식가루를 섞어 찐 단맛이 나는 소스.

Customer Deposit 〈카〉〔顧客預置金〕

게임에 사용키 위해 일정액의 현금, 가불, Gaming Chips Plague를 Cashiers Cage에 맡겨 두는 것.

Cut 〈飮〉〔컷〕

과일을 얇게 써는 것이 아니라, 세워서 "몇 분의 일"로 가르는 경우를 말한다.

Cut-In 〈食〉〔컷-인 : 揷入〕

한 품목을 다른 품목에 부분적으로 섞어 놓은 것.

Cut-Out 〈食〉〔컷-아웃 : 도려내기〕

칼이나 틀로 찍어 내고 난 나머지.

Cutlery 〈食〉〔커트레이 : Flat Ware〕

① 테이블에 쓰이는 은기류의 총칭.
② 식사용 기구로서 나이프 셋트(Knife Set), 포크(Fork), 스푼(Spoon)을 말한다.

Cutlet 〈食〉〔커틀릿 : Cotelettes〕

얇게 저민 고기(소, 양)나 생선에 밀가루, 빵, 계란, 빵가루 등을 묻혀서 Fryed한 요리.

Cut-off Date 〈客〉〔컷오프 데이트〕

고객이 호텔에 사전 예약한 객실을 사용하지 않을 경우 일반고객에게 예약을 받는 경우의 날짜를 말한다.

Cut-off Hour 〈客〉〔컷오프 아워〕

호텔의 예약된 객실이 사용되지 않을 경우 일반고객에게 객실을 배
정하는 경우를 말한다.

Cuttlefish 〈食〉〔오징어〕

오징어과에 속하는 연체동물의 총칭. 뼈오징어, 오징어, 왜오징어 등
이 있음. 생것 또는 말려서 식용으로 사용한다.

Cuvee 〈飮〉〔큐 베〕

샴페인(Champagne)을 만드는 과정에서 여러 포도주를 혼합하는 준
비과정이다. 이 규베 작업은 샴페인의 질과 맛을 내는 매우 중요한
작업이다. 이 규베 작업은 쉐프 드 캐프(Chef de Cave)라는 각 포도
주(Wine) 회사의 저장고 책임자에 의해 작업이 이루어진다.

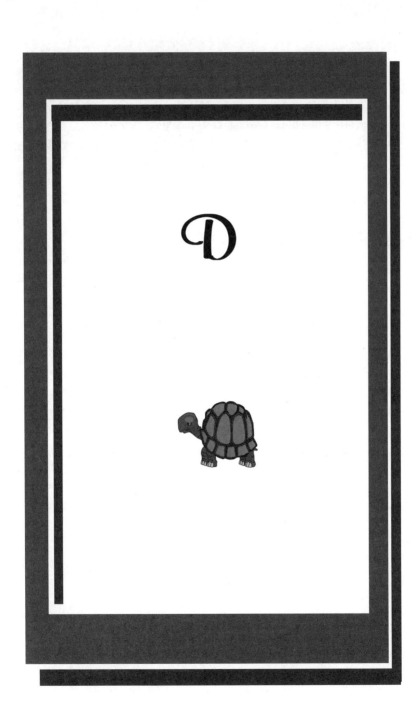

D Card 〈會〉〔디 카드〕.

야간감사자(Night Auditor)에 의해 작성되는 것으로 프론트 오피스 포스팅(Front Office Posting)기계의 총합계 양식이다.

Daily Market List 〈食〉〔日日市場 購買리스트: Market List. Market Quotation〕

식음료 구매에 있어서 저장이 곤란한 품목들로서 직접 생산부서(주방)로 이동되는 아이템들이다. 신선도와 저장의 문제로 매일 매일 구매해야 하는 생선류, 야채류, 과일류, 육류 등이 포함된다.

Daily Pick-up Guest 〈客〉〔當日豫約 : Today's Reservation〕

당일 예약을 원하는 고객은 예약실에서 처리하는 것이 아니라 일반적으로 호텔 프론트(Front)에서 당일의 객실 상황을 파악하여 판매 가능한 객실이 있을 때 당일의 예약을 접수하게 된다.

Daily Receiving Report 〈食〉〔日日檢數報告書〕

검수 담당자가 호텔 레스토랑의 기자재 및 식자재가 입고될 때 무엇을, 얼마나, 누구에게서 수령하여 어디로 보냈다 하는 품목의 행선지를 명확히 문서화한 보고서이다.

Daily Report 〈食〉〔日日報告書〕

부문별 收益과 費用을 그 당일에 기록하여 당일 경영이익을 계산할 수 있게 만든 회계보고서를 말한다.

Daily Special Menu 〈食〉〔데일리 스페셜 메뉴 : Daily Menu. Carte de Jour〕

주방에서 제공하는 그날의 특별 메뉴는 원칙적으로 그날 그날 시장에서 특별한 재료를 구매하여 요리장의 아이디어와 기술을 발휘하여 일품요리의 메뉴에 없는 상품을 조리 고객에게 새로운 별미로 식욕을 돋구게 하는 차림표를 말하는 것으로 계절과 기념일, 명절 그리고 때와 장소에 따라 계절 감각에 어울리게 싱싱하고 입맛을 돋굴 수 있어야 한다.

Daisy 〈飮〉〔데이지〕

감귤류의 주스에 술을 넣고 과일, 시럽, 리큐르 등을 첨가하여 Goblet에 얼음을 넣고 채워서 계절의 과일을 장식한 Long Drink이며 Daisy란 이탈리아의 국화이다.

Danish Pastry 〈食〉〔대니시 페스트리〕

누룩, 밀가루, 기름 등을 사용하여 반죽한 후 말아서(Rolled) 말랑말랑하게 구워 낸 빵 종류로서 주로 조식용(Breakfast Roll)이며 감미가 있다.

Danzig 〈飮〉〔댄 싱〕

30도의 주정 도수를 가진 무색 투명한 오렌지향의 리큐르로서 미세한 금박 조각을 띄운 아름다운 술이다. 술 속에 당분이 많아서 병을 흔들면 금박조각들이 술속에 퍼져서 그대로 한동안 멈춰서 반짝반짝 빛을 내 매우 화려하게 보이며, 이 금박들은 극히 얇고 섬세하여 체내에 들어가도 인체에 해가 없다. 일명 Goldwasser 혹은 Gold Liqueur라고도 하며 독일산이 제일 유명하다.

Dark Meat 〈食〉〔다크 미트〕

소스의 사용을 구별하기 위하여 Meat를 White와 Dark로 구분하는데, Dark Meat라 하면 육류중에서는 돼지고기, 쇠고기, 조류 등, 생선중에서는 황색생선(정어리, 다랑어, 숭어, 거북이, 개구리 등)과 붉은색 생선(연어, 붉은숭어, 새우, 홍어, 게 등) 또 가금류의 날개와 다리부분이 속한다. 대부분 좀 질긴 편이며 젊은 층이 즐기는 고기이다.

Dark Rum　　　　　　　☞ Rum

Dash 〈飮〉〔대 쉬〕

비터(Bitter)병으로부터 나오는 量의 표시로써 비터보틀(Bitter Bottle)에서 나오는 양. 즉, 1/6 Tea Spoon 정도를 말한다.

Date 〈食〉〔데이트〕

대추야자의 열매로 압착해서 생으로 먹기도 하며 Pork요리, Candy에 사용한다.

Day Shift 〈客〉〔데이 쉬프트〕

호텔 종업원의 근무시간으로서 보통 07：00～15：00까지를 말한다.

Day Use Charge 〈客〉〔分割料金 : Part Day Use. Day Rate〕

호텔에서 객실점유율을 높이기 위하여 고객이 주간에 이용한 요금을 할인하여 받는 요금방법이다. 분할요금은 같은 날 도착과 출발하는 고객에게 적용된다. 일반적으로 오전 10시에서 오후 5시 사이의 요금이다. 객실요금은 보통 30~50% 정도 할인하여 부과한다.

D.D.D 〈客〉〔市外電話 : Direct Distance Dialing〕

직접 다이얼 통화로 시의 구역 밖의 근접 지역에 대한 전화.

De Caffinated Coffee 〈飮〉〔탈 카페인 커피〕

커피속의 카페인 성분을 97% 제거시킨 원두를 사용하여 제조된 커피로 입자는 과립커피와 같으며 커피속의 카페인 성분을 염려하는 분이나 노약자에게 알맞는 커피이다.

De Douceur Chaud 〈食〉〔더운 後食〕

크랩 수제를 비롯해서 푸딩(Pudding)이나 케이크, 과일튀김 등이 있으며 그밖에 여러 가지 종류가 다양하게 많다.

De Douceur Froid 〈食〉〔찬 後食〕

찬 후식(Cold Dessert)으로는 아이스크림(Ice Cream)을 비롯하여 빙과류에 이르는 샤벳 종류와 그 밖에 무스(Mousse), 블랑망제르(Blancmanger)의 여러 가지가 있다.

Dead Room Change 〈客〉〔데드 룸 체인지〕

투숙한 고객이 부재로 인해 호텔이 물리적으로 객실을 변경하는 것을 말한다.

Dealer 〈카〉〔딜 러〕

카지노 업장 내에서 이루어지는 각종 게임을 수행(Conduct)하는 직원으로 게임의 종류 및 행위에 따라 호칭을 달리한다.

Rolette – Groupier, Mucker.

Blackjack – Twent – One Dealer.

Baccaret – Callman, Payman, Scooper.

Crap – Stickman, Boxman, Payman, Laddor – Man.

Keno – Rummer, Writer.

Debit 〈會〉〔借邊(Dr.) : Charge〕

Dr.로 표기되며 수취계정상 증가(+)를 나타내는 회계용어로 대변과 반대개념이다. 호텔에서의 차변 기입 거래를 살펴보면 다음과 같다.

① 매출(객실요금, 식·음료 요금, 기타 부대시설 이용요금)의 발생.

② 奉仕料(Service Charge) 및 附加價値稅(VAT)의 부과.

③ 고객에게 立替金(Paid-out)의 貸出.

④ 타인의 매출을 인계받는 경우(甲의 부담금을 乙이 담당하므로 그

　　부담금을 乙에게 부과)

　⑤ 고객이 퇴숙(Check-out)시 先納金(Advance Money) 잔액을 환
　　불.

　⑥ 立替金(Paid-out)을 Credit Card로 결제시 수수료 부과.

　⑦ 其他 - 貸邊 訂正을 위한 借邊 記入.

Decant 〈飮〉〔디켄트〕

앙금이 전부 가라앉은 Wine을 다시 다른 병에 옮겨 마시는 것을 말
한다. 오래 숙성된 Red Wine을 마실 때 주로 사용한다. Decant의
목적은 두가지로 ① 앙금을 제거하는 것, ② Wine 고유의 향기를
살리기 위해서이다.

Decanter 〈食〉〔디켄터〕

　① 액체류를 담은 그릇(병)을 기울여 윗물을 다른 공기에 옮기는 것.

　② 食卓用의 마개가 있는 유리병.

Decanting 〈飮〉〔디켄팅 : Wine Decanting〕

와인의 찌꺼기를 거르거나 다른 용기에 담는 과정을 말한다.

Decoration 〈宴〉〔데코레이션〕

데코레이션이란 행사진행을 위한 각종 장치와 장식을 말한다.

Deep-Fry 〈食〉〔디프 프라이〕

온도가 높은 냄비에 버터나 기름을 많이 넣고 내용물이 완전히 잠
기게 한 후 튀기는 것을 말한다.

Deferred Charge 〈客〉〔移越된 客室料金〕

일일 객실영업을 마감한 뒤 투숙하는 고객의 경우 당일 매출액에
삽입되지 않고 다음날 매출액에 삽입되는 경우이다. 따라서 객실판
매는 전날에 이루어졌지만 전날 매출액에 계상되지 않았으므로 만
일 다음날 그 객실이 다시 판매가 되었다면 회계기상에는 이중판매
(Double Sales)가 된 것으로 간주된다.

Definition of Alcoholic Liquors 〈飮〉〔酒類의 定義〕

우리나라 주세법의 주류는 주정(희석하여 음료로 할 수 있는 것을
말한다)과 알콜분 1도 이상의 음료(약사법의 규정에 의한 의약품으
로서의 알콜분 6도 미만의 음료를 제외한다)를 말한다.

Deglaze 〈食〉〔데글레즈〕

고기를 굽거나 튀긴 후 팬의 바닥 측면에 남아 있는 국물을 더운 물로 행구어 내는 일.

Dejeuner 〈食〉〔데죄네〕

조반(Breakfast) 혹은 점심식사(Lunch)를 말한다.

Delicatessen Store 〈食〉〔調製食品〕

간편하게 식탁에 내 놓을 수 있도록 이미 요리된 고기, 치즈, 샐러드, 통조림 따위의 조제 식품.

Delivery Service 〈客〉〔딜리버리 서비스〕

딜리버리 서비스 담당자는 고객의 각종 메시지(Message), 우편물, Fax, Telex 등을 프론트 클럭(Front Clerk) 요청시 신속히 배달하며, Fax나 Telex는 필히 고객의 서명을 받아야 한다. 외부에서 들어온 꽃, 과일, 선물상자 등은 임의로 객실에 넣지 말고 꼭 프론트(Front)에 확인하여 지시를 받는다.

Deluxe 〈客〉〔디럭스 : De Luxe〕

개별 욕실과 각종 다양한 서비스를 하는 최상급 호화로운 호텔로 최고의 시설과 서비스 및 요리가 제공된다.

Deluxe Restaurant 〈食〉〔디럭스 레스토랑〕

고급호텔에 부수되어 있는 Main Restaurant이나 격이 높은 품위가 있는 고급식당을 뜻한다. 실내장식이 호화롭고 사용하는 기물도 은도금이 된 것을 사용하며 대체로 가격이 비싸다.

Demi- 〈食〉〔데 미〕

반(半)..., 부분적..., 이등분.

Demi Chef 〈食〉〔데미 셰프〕

Bus Boy(버스보이) 역할 뿐만 아니라 스스로 테이블을 알아 접객 서비스할 수 있는 준접객원(Junior Station Waiter)을 일컫는다.

Demi Glace Sauce 〈食〉〔데미 글라세 소스〕

글라세(Glace)보다 덜 진한 스톡(stock)을 Demi Glace라 하며, 에스파놀소스(Espagnole Sauce)의 기름을 빼고 조려 마테이라(Madeeira : 포루트칼령인 대서양의 군도에서 나는 흰포도주를 군도의 이름을 딴 디저트 와인)를 가한 갈색 소스이다.

Demi-Pension 〈宿〉〔데미팡숑: Modified America Plan. Half Pension Dual Plan〕

숙박요금제도의 하나로 미국에서는 객실료에 완전한 아침식사 제공과 저녁식사를 합한 것이다. 유럽에서는 객실료와 컨티넨탈 조식과 중식이나 또는 석식 중 고객에게 선택하도록 하는 방식이다(객실료 +2식).

Demi Tasse 〈食〉〔작은 찻종〕

주로 식후에 제공되는 ½ 용량의 커피잔으로 에스프레소 커피가 제공된다.

Demi Tasse Coffee 〈飮〉〔데미 타스 커피〕

일반적으로 식후에 먹는 양이 보통 커피잔보다 ½크기이고 농도가 짙은 커피를 말한다. 가루 커피에 스팀을 통하는 Espresso法으로 만든다.

Density Board 〈客〉〔客室現況板 : Density Chart. Tally Sheet〕

객실별 예약밀도 도표. 예약 객실수를 객실 유형별로, 즉 싱글(Single), 트윈(Twin), 퀸(Queen) 등으로 나누어 일변하기 쉽게 통제하는 도표를 말한다.

Departmental Control 〈會〉〔各部署 調整樣式〕

이것은 호텔 각 영업장의 모든 Voucher 및 Checks을 통제하는데 사용되며 각 영업장의 케쉬어(Cashier) 업무교대 시간에 원활한 업무처리를 위해 이용된다.

Departure Date Change 〈客〉〔出發日字變更〕

호텔에 투숙한 고객의 사정에 의하여 예정한 출발일을 연장(Extension)하거나 앞당기는(Early Check-Out) 일을 말한다.

Departure List 〈客〉〔出發名簿〕

當日에 Check-Out(退宿)할 고객과 Room에 대한 정보를 나타내는 보고서이다.

Deposit 〈客, 食〉〔디포짓〕

① 객실의 예약금.
② 반죽을 케익틀에 넣는 것, 기계는 디포지터(Depositor)라고 한다.

Deposit Reservation 〈會〉〔先手豫約金〕

객실예약 기타 부대시설의 예약을 위해 고객이 미리 지급하는 선수금으로 호텔에서의 선수금으로 된다. 선수보증금(Advance Deposit)라고도 한다.

Depreciation 〈會〉〔減價償却〕

고정자산의 가치가 시간적 내지 경제적으로 감소한다고 보아 이의 감가액으로 추정된 요금을 그 기간의 비용으로 계산하고 그 금액만큼을 매기 적립함으로써 고정자산에 투하한 자본을 매기 일정한 계산 방식에 의해 회수하기 위한 회계절차를 말한다.

Desk Stand 〈客〉〔데스크 스텐드〕

객실안의 책상 위에 놓는 전기 스텐드.

Dessert 〈食〉〔後 食〕

디저트는 일반적으로 앙트레와 샐러드 다음에 제공되는 순서로서 프랑스어로는 De Douceur(드쉬르)로 표기하여 감미로운 것을 의미하나, 디저트에는 단맛과 과일류, 치즈류로 구분하고 감미류에는 찬 것과 더운 것으로 구분할 수 있다.

Dessert Wine 〈飮〉〔디저트 와인〕

주식사가 끝나고 디저트(Dessert)를 먹을 때 같이 먹는 와인으로서 주로 Sweet Wine이 쓰이며 Port Wine, Sweet Sherry, Sweet Red Wine, Sweet White Wine 등이 디저트 와인으로 많이 애용되고 있다.

Detergent Holder 〈客〉〔디터젼트 홀더〕

청소용 세제 담는 통.

Deuce Table 〈食〉〔듀스 테이블〕

2인용 식탁.

Devil 〈食〉〔데 블〕

피망, 풋고추, 후추 그 밖에 다른 매운 양념을 섞는 것. 향기가 강한 소스이다.

Deviled 〈食〉〔데블드〕

후추, 겨자, 타바스코 등과 같이 얼얼한 양념을 첨가한 요리.
ex) Deviled E99.

Diable 〈食〉〔다이야블〕

간을 얼얼하게 맞춘 요리를 가리키는 용어.

Dianne Sauce 〈食〉〔다아안 소스〕

양파 다진 것과 통후추와 적포도주를 적당히 혼합한 후 Gravy를 붓고 Fresh Cream을 가미한 다음 계란 흰자와 Truffle를 넣는다.

Diastase 〈食〉〔디아스타제 : 전분 당화(소화) 효소(澱粉 糖化 酵素)〕

생물계에 널리 존재하는 효소의 하나. 각종 식물체 속에 널리 분포되어 있는 외에 동물체 속의 간, 침 등에도 포함됨. 효소 제품으로서는 최초의 것임(1883년).

Dice 〈食〉〔다이스〕

주사위 모양으로 아주 작게 자른 야채의 명칭.

Did Not Arrive 〈客〉〔豫約後 取消 : DNA〕

호텔에 예약을 했던 고객이 나타나지 않을 경우와 전화로 취소하는 경우이다. DNA는 노-쇼(No-Show) 경우와 취소(Cancellation) 경우의 복합적 의미를 가지고 있다.

Did Not Stay 〈客〉〔登錄卽時 出發 : DNS〕

고객이 등록을 필하였으나 호텔에 체류하지 않거나 조기출숙을 의미한다.

Difference Returnable ☞ Due Back

Dill 〈植〉〔딜 : 시라(蒔蘿)〕

미나리과 식물 열매, 적은 흑갈색의 모양. 유럽이 원산지이고 미국과 서인도 제도에서 자라는 독일의 정원풀이다. Caraway(카라웨이 : 회양풀의 일종)와 형태나 맛이 비슷하며 씨나 가지의 다발로 사용할 수 있고 Pickle, Salad, Sauerkraut(독일김치), Soup, Sauce, Pudding, Gherkins(식초절임용의 작은 오이), Potato Salad 등이 있다.

Dill Pickle 〈食〉〔딜 피클〕

시라로 양념한 오이.

Dine-Around Plan 〈宿〉〔다인 어라운드 플랜〕

아메리칸플랜(American Plan) 및 수정된 아메리칸플랜(Modified American Plan)의 객실 요금 방식으로 체인 호텔이 아닌 몇 개의 독립 호텔(Independent Hotel)이 협약을 맺어 고객에게 저녁 식사만을 제공하는 요금 형식이다.

Dine Out 〈食〉[다인-아웃]

호텔 레스토랑(Hotel Restaurant), 전문식당 등에서 외식을 하는 것, 즉 밖에서 식사를 하는 것을 말한다.

Diner 〈食〉[簡易食堂]

자동차나 기차여행을 하는 사람들을 위해서 고속도로변이나 기차내 또는 역 주위에 설치한 간단하고 값싼 음식을 파는 식당.

Dining Program 〈食〉[다이닝 프로그램]

고객이나 방문객에 대해서 판매를 위해 마련한 포장된 혹은 미리 준비된 식당에서 만든 음식메뉴로 통상 여행사나 기타 판매업소에 위탁 운영하며 구매인들은 약간의 할인가격으로 제공한다.

Dining Car 〈食〉[다이닝 카]

철도사업의 부대사업으로 기차여행객을 대상으로 열차의 한 칸에 간단한 식당설비를 갖추어 간단하고 저렴한 식사를 취급하는 식당 이다. 즉 프라자 호텔에서 운영하고 있는 열차내의 식당.

Dining Room 〈食〉[다이닝 룸]

주로 정식(Table d'hote)을 제공하는 식당으로 호텔의 운영방침에 따라 식사시간을 정하여 놓고 아침식사를 제외한 점심과 저녁으로 나누어 정해진 시간에 식사를 제공하는 식당이다.

Dinner 〈食〉[저녁食事]

디너는 석식으로 내용적으로나 시간적으로나 충분한 시간과 양질의 재료로서 요리한 식사이다. 정식의 저녁식사로서 정찬요리에 음료판 매도 곁들여할 수 있는 것이다.

Diplomate 〈食〉[디플로마트]

가재(Lobster)요리에 양념으로 소스(Sauce)를 치는 것을 말한다.

Direct Mail 〈客〉[다일렉트 메일 : DM]

고객의 판촉담당 직원이고객 유치를 위해서 호텔의 인센티브 (Incentives)를 살린 다양한 형식의 우편물을 고객의 가정이나 거래 처 회사, 여행사, 각종 사회단체 등에 발송하는 것을 말한다.

Direct Passage Cost 〈食〉[다일렉트 패시지 코스트]

구매와 검수를 거친 후 저장고를 거치지 않은 채 조리장에 직접 반입된 재료의 원가.

Discount of Guide Rate 〈客〉〔가이드 割引料金〕

고객과 동행하는 가이드 및 여행사 직원에 대해 숙박요금을 할인하는 제도이다.

Discount Group Rate 〈客〉〔團體割引料金〕

여행알선업자와 계약을 체결하여 단체 고객을 유치하기 위한 할인제도.

Dish 〈食〉〔디 쉬〕

도자기, 금속, 유리 등으로 된 요리를 담아 내놓기 위한 좀 깊은 듯한 큰 접시.

※ Plate : Dish로부터 요리를 덜어 넣기 위한 밑이 얕은 접시.

※ Saucer : 커피잔 따위의 얕은 받침 접시.

Dish Dolly 〈食〉〔디쉬 둘리〕

접시를 쌓아 운반할 수 있도록 만든 카트(Cart)종류이다.

Display Room   ☞ Sample Room

Disputed Bills 〈客〉〔디스퓨티드 빌〕

지불을 하지 않으려는 고객.

Distillation   ☞ Liqueur

Distilled 〈飮〉〔蒸溜酒 : Spirits〕

이 방법은 알콜이 포함되어 있는 혼합물(Alcoholic Liquid)로부터 알코올을 분리해 내는 방법을 뜻하는데 이것은 성질이 다른 두가지 이상의 물질이 있을 때 각각 다른 물질은 다른 기화점을 가지고 있다는데 착안된 것이다. 즉, 곡류와 과실 등을 원료로 한 단식증류기(Pot Still)와 연속증류기(Patent Still)에 의하여 증류한 강한 알코올콜이 함유된 술이다. 일명 불의 술이라 하며 증류주에는 Brandy, Cognac, Whisky, Vodka 등이 있다.

DNCO 〈客〉〔디앤시오 : Did Not Check Out〕

객실의 계산을 결산하도록 만들어 놓았는데, 프론트 데스크(Front Desk)에 통보없이 떠나버린 고객을 말한다. 그러나 Skipper는 아니다.

D.N.P 〈宴〉〔附着하지 마시오 : Do Not Post〕

행사표(Event Sheet)에서 흔히 찾아 볼 수 있는 것으로 게시판에 부착하지 말아 달라는 의미이다.

D.N.S 〈客〉〔宿泊하지 않음 : Do Not Stay〕

숙박등록을 한 후 어떠한 사유에 의해 숙박을 하지 않는 경우, 그 등록카드에 D.N.S(Do Not Stay) 즉, "숙박하지 않음"이란 Stamp를 찍어 취소할 수 있다.

Do Not Disturb 〈客〉〔妨害禁止 : DND〕

호텔의 객실에 종업원의 출입을 금지한다는 표시로서 손님이 문에 걸어 두는 표지가 있는데 이 표지에 쓰는 문구이다. 이 "Do Not Disturb" 카드 뒷면에는 "Make-Up" 카드로서 객실정비원(Room Maid)이 청소를 하기 바란다는 표시의 문구가 되어 있다.

Dock 〈客〉〔도 크〕

호텔의 후문이다. 이곳의 기능은 호텔에서 필요로 하는 용품 제공 장소이며, 종사원의 출입구, 빈병 및 빈상자 보관하는 장소, 쓰레기 반출장소이다. 즉 모든 호텔의 영업이 시작되는 장소의 개념이다.

Doily 〈食〉〔도일리 : Doyley〕

작은 냅킨으로 손을 씻거나, 약간의 무늬가 있는 도일리는 식탁 위에 깔고 셋팅을 하여 놓는다. 그러나 일반적으로 원형의 도일리는 물컵, 주스, 맥주 등을 서브할 때 밑받침으로 사용된다.

D.O.M 〈飮〉〔디오엠 : Deo Optimo Maximo〕

리큐인 Benedictine에 써 있는 말로 그 의미는 최고의 神에게 바치는 술.

Domino 〈食〉〔도미노〕

야채를 얇은 직사각형 모양으로 약 1~2cm 두께로 자르는 방법.

Door Backing 〈客〉〔도어 백킹〕

객실문을 닫을 때, 충격을 방지하기 위한 고무 장치.

Door Bed 〈客〉〔도어 베드〕

헤드 보드(head board)가 벽에 연결되어 있어 야간에는 90°로 회전하여 침대로 쓸 수 있는 침대를 말한다.

Door Chain 〈客〉〔도어 체인〕

객실문을 안에서 거는 쇠줄(방범용의 5~6cm만 문짝이 열리도록 된 장치)을 말한다.

Door Closer 〈客〉〔도어 클로저 : Door Check〕

비상구 문위에 달려 있으며 천천히 닫히는 장치.

Door Frame 〈客〉〔도어 프레임〕

객실입구 문틀.

Door Fuse 〈客〉〔도어 휴즈〕

객실문을 고정시키는 역할을 하며 화재시에는 휴즈가 끊어짐과 동시에 객실문이 닫힘으로 복도와 객실의 불을 차단시키는 역할도 한다.

Door Holder 〈客〉〔도어 홀더〕

문이 떨어지지 않도록 위·아래서 고정시킨 장치.

Door Knob Menu 〈客〉〔도어 놉 메뉴〕

객실문 안쪽 손잡이에 걸려 있는 아침식사 도어놉 메뉴는 일반적으로 잘 사용된다. 이 메뉴는 룸 메이드가 턴다운 서비스를 할 때 나이트 테이블에 놓아 드릴 수도 있다. 고객이 메뉴상에 기입한 다음 객실문 외측의 손잡이에 걸어 놓으며, 이것들은 야근 웨이터들에 의하여 수거된다. 각방의 서비스 시간을 명기하고 필요한 서비스를 알려주는 인디케이터(Indicator)가 준비되어야 한다. 블랙퍼스트 트레이(Breakfast Tray)는 그 주문서에 의하여 셋업되고, 도어 놉 메뉴는 그 위에 놓아 둔다. 트레이(Tray)들은 시간 순서대로 놓아 배열한다. 전표를 작성하여 그 위에 놓아 둘 수도 있다.

Door Man 〈客〉〔도어 맨〕

호텔 등에서 도착하는 자동차의 문을 열고 닫아 주는 종사원, 건강한 신체 조건, 미소를 잃지 않는 것이 중요하다.

Door Open Service 〈客〉〔도어 오픈 서비스〕

투숙객이 열쇠를 분실 혹은 객실내에 있을시 고객의 요청에 의하여 사용된다. 프론트 데스크(Front Desk)에서 고객의 객실이 맞는지 확인하고 벨맨을 시켜 Master Key로 문을 열어주는 서비스를 도어 오픈 서비스라고 한다.

Door Stopper 〈客〉〔도어 스토퍼〕

문이 벽과 부딪히는 것을 방지하기 위한 장치를 말한다.

Door View 〈客〉〔도어 뷰우〕

객실안에서 밖을 내다보는 장치.

Dortmund Beer 〈飮〉〔도트먼드 비어〕

양조용수는 황산염을 함유한 경수(센물)를 사용하여 필젠(Pilsener Beer)타입보다 발효도가 높고 향미가 산뜻하며 쓴맛이 적은 담색맥주이다. 알코올함량은 3~4%이다.

Double 〈飮〉〔더 블〕

일반적으로 싱글(Single)은 30㎖분의 양을 말하고 더블하면 그의 2배인 60 ㎖분의 量을 의미한다.

Double Consomme 〈食〉〔더블 콘소메〕

고기의 양을 2배로 넣고 Mirepoix(미르푸아)의 양은 1.5배로 넣어 만든 진한 콘소메 수프.

Double-Dooring 〈客〉〔無錢宿泊〕

호텔 정문으로 들어와 Check-In(入宿)을 하여 묵고, 뒷문으로 도망친 고객.

Double-Double 〈客〉〔더블 더블 : Twin Double. Family Room〕

2개의 더블 베드를 가지고 있는 침실 또는 2명부터 4명까지 수용할 수 있는 객실을 말한다.

Double Entry Book-Keeping 〈會〉〔複式簿記〕

일정한 원리원칙에 따라 부기 실체의 자산과 부채 및 자본의 증감 변화의 내용을 역사적으로 기록, 계산, 정리하는 조직적 기장방법으로 차변과 대변에 의해 양변의 대조가 가능한 이른바 자검능력을 가지는 특징이 있다.

Double-Locked Door 〈客〉〔더블 락트 도어〕

호텔에 투숙하는 고객중 귀중품과 비밀 물건을 많이 소지하고 숙박할 경우 절대 안전을 위해서 이를 이중으로 잠기는 특별장치의 문이 달린 객실을 제공하는데 이 문을 Double-Locked Door라고 한다.

Double Occupancy 〈客〉〔더블 어큐펀시〕

객실에 두 명이 투숙하는 것을 말한다. 판매된 객실수에 두 배로 투숙하는 비유이다. 이를 통하여 식음료, 세탁, 기타 부대시설 등에 관한 예상을 할 수가 있고 호텔의 평균 객실요금을 분석하는데 좋은 정보가 될 수 있다.

Double Occupancy Percentage 〈客〉〔2人用 客室使用率〕

총 숙박객수에 대한 2인용 객실 사용수의 비율을 말하는 것으로 공
식을 살펴보면 다음과 같다.

※ 2인용 객실사용률 = 총숙박객수－(장기＋단기) 객실수 / (장기＋
단기)객실수×100이다.

Double Occupancy Rate 〈客〉〔더블 어큐펀시 價格〕

객실 하나에 두 명이 기본인데 한 사람당 계산하는 것으로 관광객
을 위한 객실가격이다.

Double Room 〈客〉〔더블 룸〕

2인용 베드(Double Bed)를 설비한 객실로 객실의 넓이는 16m^2 이상
이며, 침대의 규격은 138cm×195cm 이상이다.

Double With Bath 〈客〉〔더블 위드 베스 : DW/B. DWB〕

2인용 객실로 욕실을 갖춘 침실.

Dough 〈食〉〔도우 : 반죽〕

물, 밀가루, 설탕, 밀크, 기름 등을 가해 혼합하여 반죽하는 것.

Doughnut 〈食〉〔도우넛〕

① 네덜란드의 튀김과자에서 유래되어 미국에서 링도우넛으로 개발
되었으며 이스트균을 이용하여 만든 이스트 도우넛과 화학 팽창
제를 사용한 케이크 도우넛으로 구분한다.

② 밀가루에 베이킹 파우더, 버터, 설탕, 계란 등을 넣고 반죽하여
단자나 고리 모양으로 만들어 기름에 튀긴 서양 과자의 일종.

Down Grading 〈客〉〔다운 그레이딩 : Down-Grade, Down-G.〕

호텔객실 사정으로 인해 예약 받은 객실 가격보다 저렴한 가격으로
고객을 객실에 투숙시키는 것을 말한다. 이 때 가격도 변경된 객실
의 가격으로 조정시켜야만 한다.

Down Town Hotel 〈宿〉〔다운타운 호텔〕

다운타운 호텔은 도시와 비즈니스 센터와 쇼핑센터 등의 중심가에
존재하는 호텔로 교통의 편리와 손님의 왕래가 불편하지 않아야 하
겠지만, 지금에 와서는 도시중심의 교통의 불편과 공해, 지가의 앙
등과 주차장 문제 등으로 이런 호텔들의 발전에 많은 장애요소가
되고 있다. 그러나 갖가지 서비스의 제한에도 불구하고 도시의 사교

중심지로서 각종 연회, 집회, 회의, 결혼식, 전시, 발표회 및 쇼핑 등의 이용으로 많은 사랑을 받고 있다.

Draft Beer 〈飮〉〔드라프트 비어 : 生麥酒〕
제조과정에서 발효균을 살균하지 않은 생맥주.

Drain 〈客〉〔드레인〕
하수구.

Drainage 〈客〉〔드레인에이지〕
하수구 카바.

Drambuie 〈飮〉〔드램뷰〕
스카치 위스키(Scotch Whisky)를 기주로 하여 꿀로 달게 한 오렌지향의 호박색 리큐르(Liqueur)이다. 영국의 대표적인 리큐르로서 그 어원은 스코틀랜드의 고대 게릭어 「Dram Buidheach」이며 "사람을 만족시키는 음료"란 뜻이다.

Drapery 〈客〉〔드레퍼리 : 주름〕
커튼 안쪽의 주름 잡힌 것, 즉 창문에 달려 있으며 빛이 통과할 수 없는 두꺼운 천으로 된 커텐.

Drapes 〈食〉〔드레이프스〕
연회행사에서 쓰이는 테이블 주위에 장식하는 주름진 천(Skirt)을 말한다.

Drawn Butter 〈食〉〔드론 버터〕
소스용의 녹인 버터로 Melted Butter를 말함.

Dressed Food 〈食〉〔드레스드 푸드〕
음식상품으로서의 가치를 높이기 위하여 드레서(Dresser)에 의해 예쁘게 장식되고 정리된 음식을 말한다.

Dresser 〈食〉〔드레서〕
고객에게 제공될 음식물에 미관을 좋게 하기 위하여 양념이나 다른 음식재료를 사용하여 장식을 맡아 최종적으로 상품으로서의 가치를 높이는 것을 말한다.

Dressing 〈食〉〔드레싱〕
드레싱이란 샐러드(Salad)에 끼얹어 제공하는 것으로 샐러드의 맛을 한층 높여주는 역할을 한다. 드레싱은 옷을 입는다는 뜻으로 쓰여졌다고 하여 샐러드 위에 뿌리는 소스가 약간 흘러내려야 정상이다.

◆ 드레싱의 종류 ◆

① A La Cream(Cream Dressing) : 크림과 식초, 레몬 주스를 3 : 1 로 비율하여 소금과 후추 가루를 가미한 것이다.

② A L'huile(Oil & Vinegar Dressing) : 올리브, 오일 종류나 식용유에 식초를 넣고 소금, 후추와 적포도주를 가미하여 만든 것이다.

③ Mayonnaise(마요네즈)

④ Thousand Island Dressing : 마요네즈 소스에 삶은 달걀, 토마토 케첩, 양파, 피클, 핫소스 등 여러 가지를 넣어서 만든 것이다.

⑤ French Dressing : 식용류에 식초와 소금, 후추가루, 레몬주스, 겨자, 달걀노른자, 다진 양파를 혼합하여 만든 것이다.

⑥ English Dressing : 소금, 후추, 겨자와 식초(기름의 $\frac{1}{2}$정도)를 넣고 기름을 식초의 2배를 부어 만들어 약간의 설탕으로 맛을 낸다.

⑦ American Dressing : 잉글리쉬 드레싱과 같은 것으로 기름과 식초를 혼합하여 만들어 설탕을 加味하여 달게 만든 것이다.

⑧ Lemon Dressing : 소금, 후추, 레몬주스에 올리브 오일을 혼합하여 약간의 설탕으로 맛을 낸다.

⑨ Ravigotte : Chives(차이브), Chervil(셔빌), 파슬리, 타라곤(사철쑥), 카퍼를 다져 혼합하여 향초를 적셔 시게 만든 것.

⑩ Gribiche Dressing : Gerkins(초에 담근 오이), 카퍼, 셔빌, 타라곤, 파슬리와 삶은 달걀 흰자위를 다져 마요네즈 소스에 혼합한 것.

Dressing Mirror 〈客〉〔드레싱 밀러〕
화장대 거울.

Drink Formular 〈飮〉〔드링크 포뮬러〕
한 병에서 얻어지는 잔의 수와 한 잔의 분량을 cc로 규정한 표준 분량 규정을 말한다.

Drip Coffee 〈飮〉〔드립 커피〕
드립식 커피 끓이개(Drip-Olator)로 만든 커피를 말한다.

Dripping 〈食〉〔드립핑〕
불고기(Roasting Meat)에서 떨어지는 국물.

Drive-In 〈食〉〔드라이브 인〕
Drive-In은 「車에 탄 채로」의 뜻인데 레스토랑(Restaurant)의 넓은 정원에 자동차를 타고 들어가면 인터폰이 붙은 기둥이 널려져 있는

데 차창에서 손을 내밀어 마이크를 들고 요리를 주문하여 운반된 것을 차내에서 먹는다.

Drive-In Registration ☞ Automobile

Drop 〈飮〉〔드 롭〕

칵테일에서 사용하는 강한 향료를 Bitters Bottle에서 떨어뜨릴 때 사용하는 말로 "방울"을 의미한다. 그리고 1방울을 뜻하는 말로서 5 ~6드롭의 量이 1 Dash 정도 된다.

Drop Box 〈카〉〔드롭 박스〕

현금과 필요한 Slip을 넣을 수 있도록 Gaming Table(도박대)에 부착된 금속 용기를 말한다.

Drug Store 〈食〉〔드러그 스토어〕

호텔내에서 간단한 잡화류를 파는 장소.

Dry 〈飮〉〔드라이 : (佛)Sec, (獨)Doux〕

술의 맛을 의미하는 용어로서 독하거나 쓴맛을 표현하는 형용사이다. 불어로는 섹크(Sec), 독어로는 독스(Doux)로 쓰이고 반대로 달콤한 술의 맛을 스위트(Sweet)라고 부른다.

Dry Martini 〈飮〉〔드라이 마티니〕

진과 드라이 베르무트를 5대 1의 비율로 섞어 만드는 마티니(Martini)의 일종으로서 만드는 방법은 드라이 진 1⅓온스, 드라이 베르무트 ⅓온스를 세이커에 얼음과 함께 넣고 잘 흔들어 섞은 후 칵테일 글라스에 따라 올리브 (Olive)한 쪽을 넣어준다.

Dry Store 〈食〉〔乾燥食品 貯藏庫〕

건조식품 저장고는 주로 메인 주방에 위치하고 있으며 가장 일반적으로 쓰이는 시리얼(Cereal), 향초(Herbs), 캔 푸드(Can Food), 향신료(Spices), 병에 담긴 식품들이 저장되어 있다

Dual Plan 〈宿〉〔混合式制度〕

듀얼 플랜은 혼합식 요금제도로 고객의 요구에 따라 아메리칸 플랜(American Plan)이나 유럽피안 플랜(European Plan)을 선택할 수 있는 형식으로 두 가지 형태를 다 도입한 방식이다.

Dubonnet 〈飮〉〔두보네〕

약한 키니네 맛을 가지고 있는 적색의 프랑스산 아페리티프 와인이

다. 「on the rocks」로 애음된다.

Duchess Potatoes 〈食〉〔뒤체스 포테이토〕

삶은 감자를 달걀 노른자와 함께 휘젖고 페스트리 튜브에 통과시킨 것.

Duchesse 〈食〉〔더치스〕

으깬 감자 요리에 계란 노른자를 섞어 만든 것.

Due Back 〈會〉〔듀백 : Exchang. Due Bank. Difference Returnable〕

호텔 케쉬어의 근무중 고객으로부터 받은 수령금액이 결산시에 純 利益보다 현금이 초과한 경우이다. 이러한 경우에는 차이가 나는 현 금가액을 프론트 캐쉬어(Front Cashier)에게 넘기어 정리한다.

Due Bill 〈宿〉〔두빌 : Trade Advertising Contract〕

호텔의 숙박시설 광고에 있어서 광고 장소나 방송시간 광고 등의 협정.

Due Out 〈客〉〔듀 아웃〕

호텔측에서 고객이 예약기간 동안만 체재하고 퇴숙(Check-Out)할 것이라고 예측한 객실을 말한다.

Dump 〈客〉〔덤 프〕

호텔고객이 지정된 예약날짜나 시간보다 미리 퇴숙(Check-Out)절차 를 받는 것을 말한다.

Dumb-Waiter 〈食〉〔料理運搬用 昇降機〕

식품, 식기 운반용 엘리베이터. Room Service용 엘리베이터로도 이 용된다.

Dumpling 〈食〉〔가루반죽 푸딩〕

밀가루나 삶은 달걀에 기름이나 양념을 배합하고 끓는 물에서 만들 어내는 요리.

Duo Bed 〈客〉〔두오 베드〕

낮에는 싱글 베드(Single Bed)와 쇼파로 활용이 되고 벽쪽으로 직각 이 되게 접으면 나이트 테이블(Night Table)이 된다. 밤에는 싱글 베드부분을 90° 회전시켜 쇼파에 밀착시키면 더블 베드로 사용할 수 있다.

Duplex 〈客〉〔듀플랙스〕

2층으로 된 스위트 룸(Suite Room)의 하나로 응접실이 아래층에 있고 침실은 상층에 있는 객실.

(The) Duplicate System 〈會〉〔對照시스템〕

식당판매관리의 한 방법으로서 금전등록기(Cash Register Machine)
나 식당 채킹머신(Checking Machine)의 원시등록과 Carbon(복사)지
의 복사내용을 대조 확인하는 방법이다.

Dust 〈食〉〔더스트〕

품목에 밀가루나 설탕을 뿌리는 것.

Dust Bin 〈客〉〔더스트 빈〕

쓰레기 통.

Dust Pan 〈客〉〔더스트 팬〕

쓰레받기.

Dust Tower 〈客〉〔더스트 타월〕

가구나 욕실 청소시에 사용하는 걸레로서 가구의 먼지를 닦을 경우
물기를 꽉 짜서 사용해야 하며, 물걸레 사용 후에는 반드시 마른 걸
레로 물기를 완전히 제거해야 한다.

Duster 〈客〉〔먼지털이개〕

그림 액자, 천정, 벽지 등에 붙은 먼지제거에 사용하며, 파손이 되기
쉬운 가구나 비품류의 먼지를 털 경우에는 각별히 주의해야 한다.

Dutch Coffee 〈飮〉〔더치 커피〕

물을 사용하여 3시간 이상 추출한 독특하고 향기 높은 커피이다. 네덜
란드 풍의 커피인데 열대지방 원주민 사이에서도 이 풍습이 보인다.

Duty Manager 〈客〉〔當直支配人〕

호텔 현관입구에 위치해 있으며 고객의 불평불만 처리와 비상사태
및 총지배인 부재시 직무대리 등 일반적으로 밤 시간대부터 그 다
음날 오전까지 근무를 한다.

◆ 당직지배인의 수칙 ◆

① 당일의 VIP확인 　　　　② 당일의 단체투숙상황 확인
③ 고객 불평불만의 신속한 처리 ④ 공공지역의 청결상태 유지
⑤ 매 시간 호텔 전관의 순시 　 ⑥ 야간 근무자의 지휘 및 감독
⑦ 긴급사태의 신속한 처리 　 ⑧ 철저한 당직일지 기록

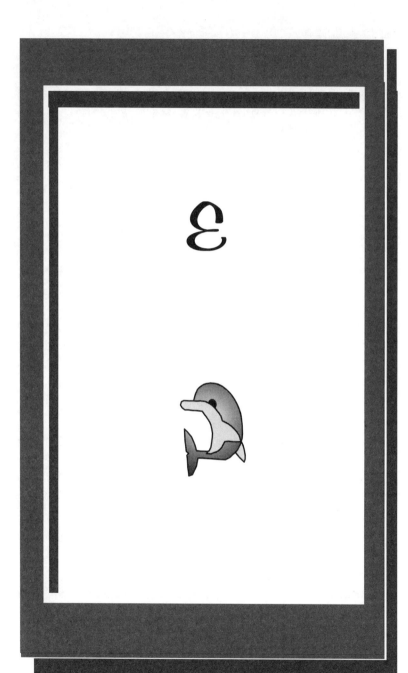

E-Shapes 〈宴〉〔E形 配列〕

U형과 똑같은 배열방법을 취하나, E형은 많은 인원이 식사를 할 때 이용되며 테이블 안쪽의 의자와 뒷면 의자의 사이는 다니기에 편리하도록 120cm 정도의 간격을 유지하여야 한다.

Early Arrival 〈客〉〔早期 到着顧客〕

예약한 일자보다 일찍 호텔에 도착하는 고객을 말한다.

Early Arrival Occupancy 〈客〉〔早期到着 占有〕

고객이 예약한 일자보다 조기도착으로 Check-out(퇴숙)시간 전에 입실이 가능하도록 객실을 확보하는 것을 말한다.

Early Check-Out 〈客〉〔早期出發〕

호텔이 정한 Check-out Time(정오 12 : 00)보다 일찍, 새벽이나 식사전에 출발하는 경우를 말한다.

Earned Surplus 〈會〉〔利益剩餘金 : Retaining Earning〕

유보이익이라고도 하며, 주식회사의 과거의 정상적인 영업활동에서 얻어진 잉여금, 즉 손익거래에서 생긴 잉여금을 말하는 것으로 기업의 영업활동 또는 그 부수활동의 가치 중에서 기업내에 유보되어 있는 것으로 이는 法令이나 외부 이해관계자의 계약에 의하여 유보될 것과 기업의 자발적 의사에 의하여 유보될 것으로 구별한다.

Earthen Ware 〈食〉〔어든 웨어〕

한국식 식당(Korean Restaurant)에서 주로 사용하는 질그릇 종류를 말한다. 즉 뚝배기, 탕기 등이 여기에 속한다.

East Asia Travel Association 〔동아시아 觀光協會 : EATA〕

동아시아 관광협회는 아시아 동부지역에 위치하고 있는 국가로서 한국, 일본, 싱가포르, 홍콩, 대만, 마카오, 필리핀, 태국 등 8개국의 대표가 동부 아시아지역의 관광발전을 도모하기 위하여 1966년 3월 일본 동경에서 결성된 관광기구이다.

Easy Chair 〈客〉〔이지 체어〕

쇼파(Sofa)형의 안락한 의자를 말한다. 스테이지(Stage) 위의 VIP석으로 사용된다.

Easy Check 〈會〉〔이지 체크 : 信用카드 조회기〕

이것은 카드회사와 한국정보통신 그리고 가맹점(호텔)이 On-Line으로 연결되어 불량카드 여부를 컴퓨터에 의해서 체크하는 시스템이다.

EATS 〈食〉〔商品을 파는 곳, 食堂 : Entertainment Atmosphere Taste Sanitation〕

Entertainment(접대: 인적서비스), Atmosphere(분위기: 물적서비스), Taste(맛: 요리), Sanitation(위생: 청결)을 뜻하는 약어로서 식당은 단순히 먹는 장소만의 의미가 아니라 서비스와 분위기, 음식의 맛 등이 하나로 조화된 총체적 가치, 즉 Total 상품을 판매하는 장소라는 뜻이다.

Eau-de-vie 〈飮〉〔오드비〕

Eau-de-vie는 生命水(water of life)란 뜻으로 Brandy, Marc, Grape와 같은 알코올성 음료를 말함.

Eclair 〈食〉〔에클레어〕

Custard(우유, 계란에 설탕, 香料 등을 넣어 구운과자)나 Whipping Cream(휘핑크림 : 평균 36%의 乳脂肪이 든, 거품 일구기 좋은 크림)이나 얼음으로 채운 조그마한 장방형의 밀가루 반죽으로 구운 과자.

Economic Order Quantity 〈食〉〔經濟的 注文量 : EOQ〕

구매와 운반에 소요되는 비용을 최소화하기 위해서 결정하여야 할 1회 주문량이 있는데 다음과 같은 공식에 의해 얻어진다.

$$경제적\ 주문량 = \sqrt{2FS\ /\ CP}$$

※ F : 1회 주문에 소요되는 고정비용
 S : 연간 매출액, 또는 사용량
 C : 관리비용(보험, 이자, 저장)
 P : 단위당 구매원가

Efficiency 〈宿〉〔이피션시〕

주방시설이 설치되어 있는 숙박시설을 말한다.

Egg and Crumbing 〈食〉〔에그 앤 클럼잉〕

용해되거나 잘 혼합된 달걀에 음식물을 담그는 것. 그리고 빵가루를 뿌린다.

Egg Benedict 〈食〉〔에그 베네딕트〕

데친 달걀을 구운 영국 머핀과 햄 위에 올리고 네덜란드 소스로 덮은 뒤 제공하는 요리.

Egg Cream 〈飮〉〔에그 크림〕

우유, 초콜릿, 시럽, 소다수를 섞어 만든 음료.

Egg Custard 〈食〉〔에그 커스터드〕

달걀, 설탕, 우유, 밀가루로 만든 과자.

Egg Foo Yong 〈食〉〔에그 푸 양 : Egg Foo Young〕

양파, 새우, 돼지고기, 야채 따위를 넣고 만든 중국식의 달걀 요리.

Egg Nogg 〈飮〉〔에그 녹〕

술, 계란, 설탕, 우유를 사용하여 만드는 크리스마스용 Long Drink.

Egg Plant 〈植〉〔가지〕

가지과에 속하는 1년생 풀로서 원산지인 인도에서는 다년생 풀이다. 줄기와 잎은 검은 자주빛이고, 잎은 어긋나며 달걀 모양인데 가시가 돗침. 잎 겨드랑이에서 엷은 자주빛의 통꽃이 피고 열매는 달걀 모양 또는 긴 원통형이다. 옛날부터 세계 각지에서 가꾸어지는 중요한 야채의 하나로 150여종이 분포되어 있다.

Egg Roll 〈食〉〔에그 롤〕

중국요리의 하나. 즉, 야채, 해산물, 고기 등을 잘게 다진 소를 넣고 기름에 튀긴 달걀말이.

Elder Hostel 〈宿〉〔엘더 호스텔〕

미국과 캐나다에 있는 900개의 대학 조직망으로써 60세 이상의 노인들에게 교육과 모험의 혼합된 프로그램으로 인생경험의 기회를 제공해 보자는 취지로 숙식은 대학 구내 기숙사에서 제공되고 특별 교육과정이 개설된다.

Electronic Locking System 〈電〉〔電子式 자물쇠 시스템 : ELS〕

컴퓨터화된 객실 잠금장치이다.

Emergency Exit 〈客〉〔非常口 : Emergency Door〕

화재 따위의 긴급한 사고에 대비하여 피해 나갈 수 있게 특별히 만들어 두는 문을 말한다.

Emergency Light 〈客〉〔비상등〕

객실 천장에 설치되어 모든 객실에 전기가 안들어 올 경우 호텔 자체 발전시설에 의하여 작동되는 비상등(평상시에는 전기가 들어오지 않음)을 말한다.

Emincer 〈食〉〔에밍세르〕

야채를 아주 얇게 썰은 모양으로 약 0.2~0.3cm로 자르는 방법.

Emincer Ovale 〈食〉〔에밍세 론드〕

아주 얇게 둥글게 야채를 써는 방법.

Emincer Ronde 〈食〉〔에밍세 오발〕

야채를 타원형으로 얇게 자르는 방법.

Employee Folios 〈會〉〔職員用 管理臺帳〕

호텔내에서 업무와 연결하며 직원이 고객관리 또는 판촉을 위하여 사용하는 경우에 일상적인 외상구매권을 제공하여 사용하고 이때 발생되는 거래는 비고객 계정과 같은 방식으로 처리된다. 일상적으로 직원의 매장이용을 파악하여 할인가와 투입원가를 계산하고 비용 재정활동을 통제하여 개인적인 지출과 회사로부터 허가된 업무용 이용사항을 분리할 때 사용된다.

En Brochette 〈食〉〔앙 브로우세〕

Skewer(꼬챙이, 구이꼬치)로서 요리되는 것.

En Casserore 〈食〉〔앙 카스로르〕

밀봉된 내화성 도기에 넣어 끓이거나 찌는 것을 말한다.

En Cocotte 〈食〉〔앙 코코트〕

달걀 따위를 내화성 소형접시에 넣어 요리한 것.

En Coquille 〈食〉〔앙 코키유〕

조개나 달팽이류의 껍질에 어류, 새우, 게, 닭고기, 달걀 등을 재료로 넣어 요리하는 형식.

En Papillote 〈食〉〔앙 파피요트〕

종이 봉지에 싸서 굽는 요리법.

En Place Check 〈食〉〔앙 플라스 체크〕

「代置傳票」로서 定食(Table d'Hote)을 요구한 고객이 그 메뉴 품목 중 약간 다른 종류로 대치하여 주기를 원할 때 이 「대치전표」가 필요하며 가격상의 변동이 없을지라도 추가요금 없이 대치함을 허락한다는 지배인의 서명날인을 받아야 한다.

En Suit Check 〈食〉〔앙 쉬트 체크〕

정식을 서브할 때 사용하는 전표로서 「후식선택전표」라고 할 수 있다. 대부분의 식당에서는 주식만을 주문받게 되는데, 이 경우는 주식이 끝나고 빈접시를 치울 때 다시 메뉴를 제시하여 후식에 대한 주문을 받는다. 이 전표 위에는 「En Suite」라고 표기해야 하며 물론 식탁번호, 종업원번호, 서명날인 등이 기재되어야 한다.

En Tasse 〈食〉〔앙 타스〕

컵에 넣어서 하는 조리방법.

Endive 〈植〉〔엔다이브 : 꽃상치의 一種〕

벨기에의 대표적인 샐러드 야채이며, 형태는 배추속처럼 타원형으로 끝이 뽀족하며 순백색이다. Hot Vegetable Salad에 사용한다.

Energy Management System 〈客〉〔에너지 管理시스템 : EMS〕

에너지 관리시스템은 호텔내에 있는 기계적 장비운영을 자동적으로 관리하도록 설계된 컴퓨터화된 통제시스템이다. 이 시스템의 실제 운영 특징들은 다양하지만, 보편적인 에너지 통제설계들은 ① 需要에 의한 統制(Accessed Control), ② 强制循環(Duty Control), ③ 客室稼動 센서(Room Occupancy Senser)들이 있다.

Engineering Department 〈宿〉〔施設管理部〕

호텔건물과 시설의 보수 및 유지를 위한 기술적 업무를 수행하는 부문을 호텔에서 시설관리부라고 부른다. 호텔 건축물을 관리한다는 것은 호텔의 물리적 경제적 가치를 보전하기 위한 시설유지 및 쾌적한 환경조성을 하는 일련의 행위이다. 일부 호텔은 "영선부"라고 부르고 있으나 그 의미는 같은 개념이다. 이 부서는 전기실, 기관실, 음향실, 목공실 등으로 조직이 편성되어 있으며, 호텔의 방화관리와 안전관리에 관한 업무도 수행하게 된다.

English Breakfast ☞ Breakfast

English Dressing ☞ Dressing

English service 〈食〉〔잉글리쉬 서비스 : Family Service〕

음식이 주방에서 식탁으로 직접 서비스되어 가정에서의 Platter(큰 쟁반)에 담긴 식사형태와 비슷하다. 즉 주빈이 테이블을 돌며 고객에게 요리를 제공하거나 요리를 돌려가며 고객이 직접 담는 방법으로 오늘날 호텔이나 식당에서는 사라져 가고 있으나 학교나 회사에서는 아직 사용되고 있다.

Enrobe 〈食〉〔엔로브〕

케이크, 페이스트리, 비스켓, 아이스크림 등에 초콜릿 따위로 옷을 입히는 것.

Enrober 〈食〉〔엔로버〕

과자가 철망을 타고 지나가는 동안 초콜릿이나 폰당을 발라주는 기계. 과자에서 흘러 내리면 다시 탱크로 들어가면서 회전하며, 자동으로 작업이 계속된다.

Entertainment 〈宿〉〔엔터테인먼트〕

호텔 서비스에 있어 환대, 접대, 즐거움, 오락, 餘興 등의 의미를 갖는 서비스 개념인데, 이러한 서비스는 연회상품에서는 전반적이고 종합적인 서비스가 요구된다.

Entrance Switch 〈客〉〔앤터런스 스위치〕

입구 등 스위치.

Entree 〈食〉〔앙트레 : Main Dish〕

앙트레란 뜻은 영어로 「Entrance」의 뜻을 지니며, 중간에 나오는 순서의 것으로 Middle Course를 의미한다. 고대에서는 정찬에서 통째로 찜구이한 조류고기를 식사의 처음 코스로 제공하였다고 한다. 그리하여 「처음의 요리」라 하여 Entry(入口)가 Entree의 뜻으로 쓰이게 되었고 요즈음에는 중심요리가 된 것이다. 일반적인 육류요리는 소, 송아지, 양, 돼지, 가금류(닭, 토끼, 오리, 비둘기), 엽수류(노루, 사슴, 산토끼), 엽조류(꿩, 메츄리) 등이 있다.

Entremets 〈食〉〔앙트르메〕

겹들여 내는 요리(야채 요리 따위)

Entry Level Job 〈宿〉〔엔트리 레벨 잡 : 初步的인 일〕

사전 경험없이 최소한 일정 기간의 훈련과 교육만 필요로한 직무를 말한다.

Enzyme 〈食〉〔엔자임 : 효소(酵素)〕

생체내에서 생성되는 일종의 촉매. 단백질이 주체이며, 그 외에 저분자의 보조적 성분이 들어 있는 경우도 있으며, 열에 약하고 70℃ 이상으로 가열하면 작용을 잃어 버린다. 주류, 간장, 치즈 및 의약 등의 제조에 쓰인다.

Epicure 〈食, 飮〉〔에피큐르 : 美食家, 食道樂家〕

요리와 포도주를 좋아하는 사람.

Equipment 〈食〉〔裝 備〕

식당, 주장, 연회행사에 필요한 각종 장비를 말한다.

Espagnole Sauce 〈食〉〔에스파놀 소스〕

갈색소스로서 주로 육류에 많이 사용되어지는데 브라운 스톡에다 양파, 버섯, 셀러리, 당근을 볶아서 넣고 Brown Roux를 넣고 토마토 푸레(Tomato Puree)를 가미하여 2~3시간 끓여서 만든다.

Espresso 〈飮〉〔에스프레소〕

이탈리아식 커피 추출법으로 농도를 진하게 추출해 내는 방법이다.

ETA 〈客〉〔到着豫定時間 : Estimated Time of Arrival〕

호텔을 이용하고자 하는 고객의 도착예정시간을 말한다.

ETD 〈客〉〔出發豫定時間 : Estimated Time of Departure〕

호텔에 숙박하고 있는 고객의 출발예정시간을 말한다.

European Hotel Coporation 〈宿〉〔유럽호텔會社 : EHC〕

유럽 각국의 항공회사가 대량수송의 점보(Jumbo)기 시대에 대처할 수 있도록 각지에 호텔을 건설할 목적으로 설립된 호텔단체이다.

European Motel Federation 〈宿〉〔유럽모텔聯盟 : EMF〕

유럽 각국의 모텔 소유자를 결집하고 공동이익을 대표하며 해외 모텔협회, 자동차협회와 긴밀한 관계를 맺고 있다. 본부는 스위스의 베를에 있고 회원수는 13개국 173(회원)으로 1956년에 설립되었다.

European Plan 〈客〉〔유럽피언 플랜〕

객실료와 식사대를 분리하여 각각 별도의 계산을 하는 방식으로 이는 손님에게 식사를 강요하지 않고 손님의 의사에 따라 식사는 별도 지급한다. 이는 상용호텔 등에 주로 적용되는 방식으로 우리나라 호텔에서 일반적으로 적용하는 요금제도이다.

Eurotel 〈宿〉〔유로텔〕

유럽 호텔(Europe Hotel)의 약어로서 분양식 리조트 맨션의 수탁체인 경영이다. 현재 구주 8개국에 걸쳐 이를 운영하고 있는 Eurotel International Hotel사에 의해 제창된 것이다.

Evening Work 〈宿〉〔이브닝 워크〕

야간작업, 야간근무.

Event 〈宿〉〔이벤트〕

이벤트의 어원은 라틴어 E-(out, 밖으로)와 Venire(to come, 오다)라는 뜻을 가진 Eventus, 「발생」(Occurrence)이나 「우발적 사건」(Happening)과 같이 일상적인 상황의 흐름 중에서 특별하게 발생하는 일을 가리키는 말이다. 서양에서 이벤트란 용어는 원래 사건, 시합을 뜻하는 말로서 마케팅 용어는 판매촉진을 위한 특별행사라는 개념으로 스페셜 이벤트(Special Event)라 불리어 사용되어 왔다. 이벤트란 공익, 기업이익 등 특정 목적을 가지고 치밀하게 사전 계획되어 대상을 참여시켜 실행하는 사건 또는 행사를 총칭하는 것으로 여기서의 특정 목적이란 지역사회의 경제, 사회, 문화적 진흥과 관련산업의 발전, 국제교류, 관광 등을 지칭한다.

Event Order   ☞   Function Sheet

Evian Water 〈飮〉〔에비안 수〕

에비안은 프랑스와 스위스의 국경 가까이 레만호반이 있는 도시로서 이곳에서 용출되는 천연 광천수는 탄산가스가 없는 양질의 광천수인데 세계적으로 유명하다.

Exchange Commission 〈會〉〔換價料〕

은행의 자금부담에 따른 이자조로 받는 手數料로 우편기간에 대한 금리를 말하며 현금의 경우 매매시는 제외되나 외화예금계정에 입금시는 T/T(Telegraphic Transfer) 매매율을 적용하고 환가료를 제공한다.

Exchange House 〈會〉〔換錢商〕

외국통화의 매매 및 외국에서 발행한 여행자수표(T/C)의 매입을 환전이라 하며, 외국환은행이 아닌 법인 또는 개인도 외국환관리 법령에서 정하는 일정한 요건과 절차를 갖추면 환전상업무를 취급할 수 있는데 이를 환전상이라 한다.

Exchange Rate 〈會〉〔換 率〕

외국환의 거래는 자국통화 대 타국통화의 매매시 교환비율을 말하며 자국통화는 국내에서의 구매력을 대내가치라고 하면 외국에 있어서의 구매력은 외화와 교환되므로 환율은 자국통화의 대외가치를 나타낸다.

Exchange Transactions 〈會〉〔交換去來〕

교환거래는 자산, 부채, 자본의 증감변동은 발생하나 비용은 발생하지 않는 거래이다. 따라서 교환거래는 당기순이익에 영향을 미치지 않는 거래이다.

Executive Chef 〈食〉〔調理長 : Head Cook, Chef de Cuisine〕

조리장은 모든 음식을 조리하고 준비하는 책임을 지니고 있으며 이 것은 그의 의무이다. 조리장은 어느 누구보다도 전반적으로 식음료부문에 대한 지식이 있어야 한다. 조리장은 다양한 식재료를 구매하고 검수하여야 하며 또한 좋은 식재료를 값싸게 구매하여야 한다. 그 뿐만 아니라 식품조리에 대한 모든 책임을 지고 있으며 메뉴 개발과 메뉴 구성 등이 주 업무이다.

Executive Floor 〈客〉〔貴賓層: EFL, Executive Club, Regency Club, Grand Club, Executive Salon, Towers〕

EFL은 "호텔내의 호텔" "귀빈층"이라 불리고 있으며, 잦은 해외출장, 바쁜 스케줄, 복잡한 업무에 시달리는 현대 비즈니스맨들을 위해 보다 신속하고 정확하며 차별화된 서비스와 안락함과 편안함을 제공하는 호텔내의 특별층으로 콘시어즈(Concierge)가 상주하면서 항공, 타호텔 예약, 비서업무, 통역, 클럽 라운지 운영, 익스프레스 체크 인(Express Check-In) 및 체크 아웃(Check-Out), 회의 등 세심한 어메니티(Amenity) 제공을 하는 층이다.

◆ EFL의 특징 ◆

① EFL은 일반 객실보다 2만원에서 3만5천원 정도 가격이 높게 형성되어 있으며 요금은 호텔별로 약간 차이가 있다.

② 투숙객을 위한 전용 라운지가 있어 EFL 고객만을 보살펴 주는 EFL 상주 Receptionist가 있고 각종 서비스가 제공된다(입숙시 사전 등록으로 접수계에서 기다리는 번거로움을 배제하고 호텔도착 즉시 GRO(Guest Relation Officer)의 영접으로 라운지에서 차를 마시며 서명만으로 등록을 하고 퇴숙시에는 라운지에서 커피를 마시면서 Express Check-Out이 제공된다. 아침식사가 무료로 제공된다. 비즈니스맨을 위한 각종 사무기기인 복사기, 팩시밀리, 컴퓨터, 타자기 등을 구비해 놓아 무료로 제공된다. 환담을 할 수 있는 작은 회의실이 무료로 제공된다).

Exhibition 〈客〉〔展示會, 展覽會〕

무역, 산업, 교육분야 혹은 상품 및 서비스 판매업자들의 대규모 상품진열을 의미하는 것으로서 회의를 수반하는 경우도 있다. 전시회, Trade Show라고도 하며 유럽에서는 주로 Trade Fare 라는 용어를 사용한다. 호텔측에서는 연회장 및 기타 설비의 임대행사라고 볼 수 있다.

Exotic Cocktail 〈飮〉〔엑조틱 칵테일〕

일명 Tropical Drink(트로피칼 드링크)로도 불리는 짙푸른 바다, 요트, 종려나무, 하얀 모래사장을 연상시키는 사탕수수가 재배되는 카리브해안, 남아메리카, 하와이 등에서 Rum을 기주로 해서 열대성 과일의 껍질을 용기로 하거나 장식을 해서 만드는 낭만적인 칵테일의 총칭.

Expected Market Share of Hotel 〈客〉〔豫想 市場占有率〕

자사 호텔의 판매가능 객실수/경쟁호텔의 총 판매가능 객실수.

Expert Service 〈客〉〔엑스퍼트 서비스〕

일급 서비스 혹은 숙련된 전문가의 서비스.

Express Check-In / Out 〈客〉〔익스프레스 체크인/아웃〕

프론트 데스크(Front Desk)에서 대기해야할 번거로움을 없애기 위해서 전산처리하는 방법으로 고객의 입숙과 출발을 신속하게 하기 위한 서비스이다. 예를 들면, 익스프레스 체크인(Express Check-In)은 한번 이상 이용한 고객의 자료(Guest History Card)를 토대로 체크-인시 서명란에 서명만 하면 입숙할 수 있는 서비스라든지, 익스프레스 체크 아웃(Express Check-Out)을 원하는 고객은 체크인시 퇴숙시간을 기재하게 하고 체크아웃하기 전일 오후 5시경 고객의 계산서를 확인하게 한다든지, 신용카드를 프린트한 고객은 프론트 데스크에 퇴숙을 통보하고 퇴숙한다. 계산은 차후 프론트에서 처리하여 고객에게 영수증을 보내 확인하고 이상이 있으면 Re-Check In시 확인 후 조정한다.

Extension 〈客〉〔익스텐션〕

① 투숙객의 숙박연장, 체재연장.
② 전화의 내선.

External Transactions 〈會〉〔外部去來〕

외부거래는 기업의 외부자와의 관계에서 발생하는 去來로 會計的 去來의 대부분을 차지한다. 외부거래는 식음재료, 상품, 고정자산 등을 구입하는 구입거래와 객실 및 식음료 서비스. 상품 등을 판매하는 판매거래로 나누어진다.

Extra Bed 〈客〉〔追加 寢臺〕

객실에 정원 이상의 고객을 숙박시킬 때 임시로 설치하는 침대로 보통 접는식 이동하기 편리한 Roll-a Way Bed를 말한다. 일반적으로 추가침대가 제공시 추가요금과 Service Charge, VAT가 부과되며, Family Plan으로 투숙하는 고객에게는 무료로 제공되는 경우도 있다.

Extra Charge 〈客〉〔特別 費用〕

① Check-Out Time 이후 객실을 사용하는 경우의 초과요금.

② 통상요금 이외의 비용, 즉 Package Tour에서 여행경비에 포함되어 있는 비용 이외에 소요되는 비용을 말한다.

Face Reading 〈宿〉〔페이스 리딩〕

① 고객을 처음 맞을 때, 고객의 외모에서 순간적으로 성분을 파악하는 감각적인 요령.

② 고객이 원하고 필요로 하는 것을 재빨리 간파하여 서비스 제공에 보다 능동적으로 대처하는 것. 즉, 고객의 분류와 고객의 인상을 빨리 잘 파악하는 것.

Face Towel ☞ Towel

Familiarization Rate 〈客〉〔패밀라이제이션 料金 : Fam. Rate〕

호텔에서 가족 숙박객을 위하여 객실, 식음료 등 할인된 요금이다.

Family Hotel 〈宿〉〔家族호텔〕

1986년 제정·공포된 관광진흥법 및 1987년 7월 1일 대통령령에 의해 신설된 호텔개념이다. 저렴한 가격의 가족단위 숙박형태로 공동취사장이나 가족단위의 개별취사시설을 갖추고 옥내 운동시설과 옥외 운동시설을 갖춘 숙박형태이다.

Family Plan 〈客〉〔훼밀리 플랜〕

훼밀리 플랜이란 부모와 같이 동행한 14세 미만의 어린이에게 엑스트라 베드(Extra Bed)를 넣어 주되, Extra Bed Charge는 적용하지 않는 요금제도이다.

Family Room ☞ Double-Double

Family Service 〈食〉〔훼밀리 서비스〕

아메리칸 서비스를 변형한 스타일로 가장 단조로운 서비스 방식이다. 음식은 주방에서 이루어져 보올(Bowl)이나 플레이트(Plate)에 서브가 되며 고객 스스로 요리를 분배하며 종사원의 관심도 적으며 숙련되지 않은 종사원도 쉽게 적응할 수 있는 서비스이다.

Fances Room Rate 〈客〉〔펜스 客室料金〕

고객의 욕구 및 지급능력을 기초로 하여 적절한 요금정책을 수립함에 있어 합리적인 제한방법으로 매출을 극대화하는 방법에 의한 객실요금을 책정하는 것이다.

Fancy Drink 〈飮〉〔嗜好飮料 : Non Alcoholic Beverage〕

기호음료란 일반적으로 식전, 식후에 즐겨 마시는 커피류 및 차 종류를 말한다.

Farce 〈食〉〔파르스〕

고기를 다져서 생선이나 야채 속에 채워 넣어 만든 요리의 일종이다.

Farina 〈食〉〔파리나〕

딱딱한 내부를 거칠게 갈은 것.

Farm Out 〈客〉〔파암 아웃〕

고객을 더 받을 수 없어 예약된 고객을 빈 객실이 있는 다른 호텔로 보내는 경우이다. 이러한 것은 고객이 예약을 하였다 하더라도 객실을 판매할 수 없을 경우에만 적용된다.

Fast Food 〈食〉〔패스트 푸드 : 急食〕

바쁜 사람들을 위한 "빠른 서비스" 타입이며, 이러한 식당에서는 제한되 이 메뉴 종류와 극도로 표준화된 서비스의 방식을 채택하고 있다. 햄버거 하우스나 후라이드치킨 하우스와 같이 단 한가지나 아니면 두세가지 품목만을 전문으로 취급하는 전문음식점이 대표적이라 하겠다.

Faucet 〈客〉〔포시트〕

수도 꼭지.

Fausse Tortue 〈食〉〔파우세 토우트 : Mock Turtue〕

자라 부용에다 밀가루를 버터에 볶아 알맞게 넣어 끓인 수프.

Feathering 〈飮〉〔페더링〕

커피의 온도가 85℃ 이하로 떨어진 후에 크림을 넣어서 고온의 커피즙에 함유된 산과 크림의 단백질이 걸쭉한 형태로 응고되는 것을 말한다.

Feeding 〈食〉〔給食食堂〕

단체급식 식당을 지칭하는 말로 이 급식업소는 비영리적이며 주로 Self Service 방식으로 운영되며 큰 기업체, 학교, 회사, 병원, 운수, 교도소 등의 공공사업체에서 주로 많이하는 급식방법으로 자신이 쟁반을 들고 차례대로 음식을 받아서 자리에 앉아 식사를 하는 방식이다.

Felling Door ☞ Accordion Door

Fennel 〈植〉〔페넬 : 회향풀〕

길이 1.8m의 1년생 식물로 추위에 강하고 밝은 녹색의 날개 모양의 잎을 갖는다. 잎은 당근과 비슷하고 씨앗은 아니스(Anise)와 비슷하다. 주로 입냄새를 없애기 위해 쓰인다. 이탈리아에서는 Bouillabaisse 를 만드는데 쓰이며 날것으로도 먹는다. 단, 피클에 사용되며 또한 사탕, 리큐르, 탕수육, 애플와인 등에 사용된다.

Fenugreek 〈食〉〔페뉴그릭 : 호로파〕

콩과의 식물로 씨는 약용, 강한 방향을 갖고 있는 굳은 열매, 약간은 쓴맛을 낸다. 아프리카, 남유럽, 인도가 원산지로 카레가루, 망고, 피클 등에 사용되며, 아프리카 사람들의 애용물이다.

Fermented 〈飮〉〔醸造酒 : Fermented Liqour〕

양조주란 과실중에 함유되어 있는 당분, 즉 과당이나 곡류중에 함유되어 있는 전분(Starch)을 전분당화효소인 디아스타제(Diastase)와 효모인 이스트(Yeast)를 작용시켜 발효 양조하여 만든 알코올이 생긴 음료를 양조주라고 한다. 그 양조과정을 알기 쉽게 설명하면 다음과 같다.

果糖　　　　　에틸알코올 ＋ 이산화탄소↑ ＋ 물

① (Fruit Suger) ⟶ (Ethylol)　　(CO₂Gas)　　(Water)

　　$(C_6H_{12}O_6)$　　　　$2(CH_3CH_2OH) + 2(CO_2)$

澱粉 전분당화소 糖分 酵母

② (Starch) ⟶ (Suger) ⟶ 에틸알코올 ＋ 물 ＋ 이산화탄소 ↑

　(Diastase)　　(Yeast)　　(Entylol) (Water) (Carbon Dioxide)

Fig 〈植〉〔무화과〕

① 무화과 나무의 열매.

② 뽕나무과에 속하는 낙엽 활엽 관목으로 지중해 연안, 소아시아, 아라비아, 유럽 남부, 팔레스티나 원산으로 우리나라 중남부 및 제주도와 일본, 중국에 분포. 열매는 은화과이고, 가을에 암자색으로 여문다. 가지와 잎을 꺾으면 젖 모양의 흰 물이 나온다.

File 〈電〉〔파 일〕

관련된 레코드의 집합으로 예를 들면 재고관리에서 항목별 명세서의 각 요소가 필드이며 가로 선 한줄이 레코드이다. 즉 파일이란 정보처리를 목적으로 조직적으로 수집된 정보이다.

Filet 〈食〉〔필레 : Fillet〕

육류나 생선의 뼈나 지방질을 추려낸 순 살코기의 상태.

Filet Mignon 〈食〉〔필레살〕

Beef의 연한 허리살 부분에 있는 안심을 말한다.

Fill 〈카〉〔필〕

Chips를 Banker로부터 가져와 Gaming Table(도박대)에 배분되는 Gaming Hipscoin, Plague 등을 기록하는데 사용하는 양식.

Final Proof 〈飮〉〔파이날 프루프〕

최종 발효점을 말한다.

Final Stage 〈食〉〔파이날 스테이지〕

반죽 단계중 탄력성과 신장성이 가장 우수한 단계이며 특별한 종류 외에는 여기서 반죽 작업을 중단한다.

Financial Statement 〈會〉〔財務諸表〕

일정시점에서 기업의 자산 부채 및 자본상태를 나타내는 대차대조 표와 일정기간 동안의 기업의 수익, 비용 및 손익 등의 경영성과를 보여주는 손익계산서 등을 말한다. 그 밖에도 원가계산서, 잉여금 처분계산서 등과 같은 여러 회계보고서들도 포함된다. 기업회계기준 상 요구되는 재무제표는 대차대조표, 손익계산서, 이익잉여금처분계 산서, 재무상태변동표 및 각 부속명세서 등이 있다.

Fine Herbs 〈食〉〔파인 허브〕

가늘게 쪼갠 3~4가지 향료의 혼합물.

Finger 〈飮〉〔횡거 : 計量器 따위의 指針, 바늘〕

술의 분량을 측정하는 단위로서 일반적으로 덤블러 잔을 놓고 손가 락을 제일 아래 부분에 가로 잡고 그 손가락 폭 만큼의 술을 따른 양을 1횡거라 하여 30㎖정도의 양을 말한다.

Finger Bowl 〈食〉〔횡거보울 : (식후에)손가락 씻는 그릇〕

포크 따위를 사용하지 않고 과일을 손으로 직접 먹을 경우 손가락 을 씻을 수 있도록 물을 담아 식탁 왼쪽에 놓는 작은 그릇을 말한 다. 이 때에 음료수로 착각하지 않도록 꽃잎 또는 레몬조각 따위를 띄워 놓는다.

Finger Food 〈食〉〔횡거 푸드〕

손으로 집어 먹는 음식(당근, 샐러리 따위를 잘게 썰어 기름에 튀긴 것)을 말한다.

Fire Alarm 〈客〉〔火災 警報器〕

화재시 벨을 울려주는 기구.

Fire Lamp 〈客〉〔화이어 램프〕

화재시 켜지는 등(복도 객실 옆에 있음).

Fire Spray 〈客〉〔화이어 스프레이〕

화재시 분무 형식으로 물을 뿌려주는 장치.

Firm Account 〈會〉〔會社去來 : Coporate Account〕

호텔과의 去來에 의해 지정된 회사나 거래상사에 대한 외상거래를 기록하는 계정을 말한다.

First Class Hotel 〈宿〉〔一等級호텔〕

일류호텔. 호텔의 등급(Classification)을 매기고 있는 나라에서는 시설기준을 정하고 있으며 일반적으로는 다시 그 상급으로서 Delux Class의 호텔이 있다.

First Cook 〈食〉〔料理長, 調理長, 專門料理師〕

각 조리부서의 조장으로서 조리업무의 실무면에서 탁월한 기능소지자로서 주방운영에 관하여 중간관리자 역할을 수행하고 제반사항을 주방장 또는 부주방장에게 보고하며 조원의 업무감독, 음식재료유지관리 등을 한다.

First In First Out 〈會〉〔先入先出法 : FIFO 〕

소비된 재고자산의 단가 결정에 있어 먼저 구매되어 들어온 것이 먼저 소비된다는 가정하에서 매입순으로 단가를 적용시키므로 매입순법이라고도 하는데, 반대로 기말재고액은 시가에 가까운 것을 나타내게 되어 합리성을 가진 방식이다. 인플레이션하에서 이 방법의 적용은 이익으로 표시되고 디플레이션하에서는 이익이 적게 계산되게 된다.

Fish 〈食〉〔生鮮料理 : Poisson〕

생선요리는 수프 다음에 제공되는 정식요리의 두번째 코스로서 알려져 왔으나, 요즘에는 주식(Entree)을 대신한 주요리(Main Dish)로서 많이 찾기도 한다. 생선요리를 제공할 때는 머리부분은 고객의 좌측으로, 배 부분은 고객의 앞쪽으로 가도록 놓아야 한다. 생선요리는 脂肪 성분이 적고 결합조직이 없으며 비타민과 칼슘이 매우 풍부하므로 많은 사람들이 건강식으로 즐겨 찾을 뿐만 아니라 여성들도 많이 찾으며, 또한 종교적인 관계로 인하여 육류 대신 많이 찾기도 한다. 생선을 분류하면 ① Sea Fish (해수어) : Fish(바다 물고기류), Shell Fish(조개류), Crutacean(갑각류), Mollusca(연체류). ② Fresh Water Fish(담수어).

Fish and Chips 〈食〉〔피시 앤 칩〕

생선 튀김에 감자 튀김을 곁들인 것.

Fish Cooking Method 〈食〉〔生鮮調理法〕

생선조리법은 여러 가지 종류의 구조와 모양 조직과 그밖에 요소에 의해서 결정되어진다. 생선에 가장 적합한 조리방법을 결정하는데 있어서는 생선의 지방 함유량(Fat Content)에 의해서 결정한다. 일반적으로 지방이 적은 생선은 건열조리법(Dry Heat Method)을 사용하고, 지방이 많은 생선은 브로이링(Broiling), 오븐에 넣어 굽는 것을 사용하고, 습열조리법(Moisture Heat Method)은 거의 모든 생선 종류에 사용된다. 생선조리중 건조를 방지하기 위해 소스를 바르거나 액체를 넣어 요리하는 스티밍(Steaming)과 글라틴(Gratin)이 있다.

Fish Salad   ☞ Salad

Fish Stick 〈食〉〔피시 스틱〕

가늘고 긴 생선 토막에 빵가루를 묻혀 튀긴 것.

Fish Stock 〈食〉〔生鮮 스톡 : Fond de Poisson〕

생선의 뼈나 머리 꼬리, 지느러미를 야채와 함께 넣고 갈색이 되도록 볶은 후 물을 붓고 다시 1~2시간 정도 끓인 다음 후추와 레몬 껍질을 넣고 서서히 끓여 30분후에 걸러 낸다.

FIT 〈客〉〔外國人 個人旅行客 : Foreign Independent Tour〕

개인으로 움직이는 旅行 및 여행자로서 원래는 「개인 또는 소수인으로 탑승원이 함께 앉는 여행」에 대한 호칭이었지만, 오늘날에는 외국인 개인여행객을 말한다.

Fixed Assets 〈會〉〔固定資産〕

호텔의 자산구조상 가장 중요한 계정과목으로 판매목적이 아니고 호텔이 장기간 동안 영업활동에 이용할 목적으로 취득한 각종의 자산으로 이는 유형고정자산(토지, 건물)과 무형고정자산(특허권, 상품권, 영업권)으로 분류된다.

Fixed Percentage of Declining-Balance Method 〈會〉〔定率法〕

정률법은 고정자산의 장부가액에 일정한 상각률(定率)을 곱하여 연도별 감가상각비를 계산하는 방법이다. 장부가액은 취득원가에서 감가상각비 누계액인 감가상각충당금을 차감한 잔액이므로 정률법 이용시 매년의 감가상각비는 내용연수가 더해 갈수록 감소하게 된다. 정률법 이용시의 일정한 상각률인 정률은 내용연수가 다한 후의 고정자산의 장부가액을 잔존가치와 일치화시키는 율을 말한다. 정률법에 의한 감가상각비는 아래와 같이 계산된다.

※ 減價償却定率 = $1 - n\sqrt{殘存價値 / 取得原價}$(n : 耐用年數)
※ 年減價償却費 = (取得原價 - 減價償却充當金) × 減價償却定率.

Fizz 〈飲〉〔피지 : 거품이 이는 飮料〕

① 탄산음료를 딸 때 쉬하는 소리에서 유래된 말로서 주로 Gin으로 만든다.
② 탄산가스가 물에서 떨어져 나갈 때 "피익"하는 소리에서 비롯된 의성어이다. 주로 Sprits가 기본이 되며 과즙이나 감미를 가미하여 Soda로 희석한다.

Flag 〈客〉〔플래그 : 表示文字〕

룸랙 표지. 룸랙 외 특별한 객실에 대하여 룸클럭의 주의를 환기 시키기 위한 장치이다.

Flambee 〈食〉〔플랑베〕

① 고기, 생선, 과자에 브랜디를 붓고 불을 붙여 눋게 한 요리.
② 활활 타는 불에다 태우거나 혹은 그을린 것이나 식당 서비스상에서 셰프드랑이 고객 앞에서 알코올을 열원으로 음식을 직접 조리하는 것을 말한다. 조리 중간에 브랜디나 향이 좋은 리큐르를 조리음식에 뿌리면 열에 의해 증발하는 술의 증기에 불꽃이 장관을 이룬다.

Flambee Cart 〈食〉〔플랑베 카트〕

고객 앞에서 종사원이 직접 조리하여 요리를 서브하는 알코올 또는 가스버너를 갖춘 카트이다. 영업전에 알코올 또는 가스와 Serving Gear(서빙기어)의 충분한 양 및 조리시 필요한 Fry-Pan, Wine, 양념류, 각종 Table Sauce, 화재예방을 위한 소화기 및 석면표 등을 비치해 놓는다.

Flamming 〈食〉〔플래밍 : Flambee〕

주로 프랜치 서비스(Franch Service)에서 음식의 맛을 내고 고객에게 보이기 위해 고객 테이블 앞에서 特定한 술로 불꽃을 만들어 요리를 만드는 것이다. 장비로서는 ① Flambee Wagon, ② 램프, 스토브 혹은 열원(Heat Source), ③ 팬이나 용기.

Flat Rate 〈客〉〔均一料金〕

균일요금으로 단체고객이 호텔에 숙박하는 경우 요금이 다른 객실을 사용하더라도 그것을 균일화한 특별요금을 말한다.

Flat Ware 〈食〉〔플렛 웨어 : Cutlery〕

테이블에 쓰이는 은기물류의 총칭(Cutlery).

Flavored Gin 〈飮〉〔플레이버드 진〕

두송자 대신 과실(Orange, Lemon, Citrus, Mint 등)로 향기를 내는 "Sweet Gin"으로 Cocktail보다 Straight로 마시기가 좋다.

Float 〈飮〉〔플로트〕

"띄운다"는 뜻으로 술의 비중을 이용하여 한가지 술에 다른 술을 혼합하지 않고 위에 붓거나 칵테일에 아이스 크림 등을 띄울 때 쓰이는 명칭이다.

Floatel 〈宿〉〔후로텔〕

이는 여객선이나 훼리호 그리고 유람선과 같은 해상을 운행하는 배에 있는 후로팅(Floating) 호텔을 일컫는다. 우리나라에서는 1982년 신설된 관광숙박업으로 비교적 낡은 선박을 이용한 숙박형태로서 객실기준은 50실 이상이며 비상발전설비와 해양오염방지를 위한 오수저장 및 처리시설, 폐기물 처리시설을 갖추어야 한다.

Floor Clerk 〈客〉〔플로어 클락〕

각 층에서 Front Clerk의 제 임무와 직능을 함께 수행하는 직원을 말한다.

Floor Station 〈客〉〔플로아 스테이션〕

객실의 정비나 장비를 위한 장소의 개념으로 가구류, 집기류 등이 설비되어 있고 또한 린넨 등을 수납한 창고 및 냉장고 설비가 되어 있는 장소이다.

Floor Supervisor 〈客〉〔層 監督者 : Floor Housekeeper. Inspector. Inspectress〕

하우스키핑의 층감독자는 객실의 한 층이나 여러 층과 같은 호텔내의 특정한 장소에 대한 임무가 주어진다. 그리고 하우스키핑 종사원들이 그들의 업무를 수행하는데 필요한 보급품이나 도구를 갖추고 있는지 살피고, 종업원 하나하나의 작업상황을 직접 감독한다. 층감독자는 업무수행에 있어서 항상 비판적인 안목으로 점검해야 하며, 반대로 부하의 지도에 있어서는 따뜻한 손길을 보내야 하며, 또 항상 솔선수범하여 지도자의 위치를 지켜야 한다.

Florist 〈食〉〔꽃裝飾專門家〕

식당의 꽃장식은 분위기를 아름답고 포근하게 할 뿐만 아니라, 식사의 미각을 돋구는데 많은 도움이 된다.

Flow Chart 〈電〉〔順序圖〕

어떤 과정을 표시하기 위하여 여러 가지의 유통기호(Flow Chart Symbol)를 사용하여 그림으로 나타내는 시스템의 분석기법이다.

Flush Valve 〈客〉〔플러쉬 벨브〕

변기를 물로 씻어 내기 위한 손잡이.

Flyer ☞ Leaflet

Foie Gras 〈食〉〔프와그라〕

전채요리의 하나로서 거위간(Goose Liver)으로 만든 빠떼(Goose Liver Pate)라고도 하며 거위간을 묵처럼 만들어 놓은 것을 말한다. 프와그라는 캐비아(Caviar)와 송로 버섯(Truffle)과 같이 세계 3대 진미에 포함되는 유명한 전채(Appetizer)요리이다.

Fold Bed 〈客〉〔접는 寢臺 : Murphy Bed〕

호텔 객실에 있는 침대로서 취침 전·후에 접을 수 있게 만들어져 객실 공간활용에 좋다.

Folding Screen 〈客〉〔폴딩 스크린〕

병풍.

Folding Table 〈食〉〔宴會用卓子, 파티용 테이블〕

연회 서비스 테이블로서 여러 개를 이어 사용하기 편리하게 만들어져서 Catering Service에도 적당하다.

※ 규격 : 180 × 90 × 72cm(가로 × 세로 × 높이)

Folio 〈會〉〔顧客元帳 : Account Card, Guest Bill〕
① 고객에 대한 기록을 적극적으로 통제하기 위하여 일련번호가 적
혀 있다.
② 고객기록의 사내 통제수단이다.
③ 단기 수취계정기록을 유지・보관하기 위하여 호텔에서 사용하는
특별한 서식으로 기계로 작성하는 것과 컴퓨터로 작성하는 것이
있다.

Folio Well 〈會〉〔元帳 보관함 : Guest Folios Holder. Folios Box〕
원장 랙이나 버켓으로 불리기도 하며, 고객원장을 유지하도록 설계
된 파일로서 고객의 이름은 알파벳 순서로 정렬되어 있으며 보통은
객실 번호별로 색인되어 있기도 하다.

Follow Leader Pricing Method 〈會〉〔先頭企業 價格決定方法〕
이 방법은 가격구조나 가격변화가 동업계의 선두기업에 의하여 형
성될 때 다른 기업들은 선두기업이 결정한 가격을 따르는 방법으로
경쟁가격결정방법과 비슷하다.

Fond ☞ Stock

Fondu(e) 〈食〉〔폰 듀〕
버터, 치즈를 녹여서 달걀을 풀어 만든 요리.

Food & Beverage Cashier 〈會〉〔食飲料會計員: Restaurant Cashier〕
레스토랑을 이용하는 고객들의 계산을 관리・징수하는 곳이다. 그리
고 항상 식음료 판매상품의 종류와 단가를 숙지하여 신속・정확한
정산이 이루어지도록 하여야 한다.

Food Checker 〈食〉〔푸드 체커〕
주문한 메뉴가 조리되어 바르게 서브되는가를 점검하는 사람.

Food Cost Control 〈會〉〔食料原價管理〕
경영방침 또는 판매계획에 따른 목표상품으로서 요리의 품질 및 분
량에 맞게 식료를 구매, 제조, 판매함으로써 가능한 최대의 이익을
확보하기 위한 제원가관리 활동이다.

Food Cover 〈食〉〔푸드커버〕
고객에게 제공되는 음식 서비스 단위.

Food Service Station 〈食〉〔레스토랑 區域擔當者〕

레스토랑에서 테이블 수와 구역에 따라서 종사원이 책임구역을 정하여 고객에게 서비스하는 것을 말한다.

Foot Light 〈客〉〔풋 라이트〕

나이트 테이블(Night Table) 밑에 설치되어 있는 램프.

Foot Stool 〈客〉〔풋 스툴〕

키가 큰 고객을 위하여 넣어 두며 침대 뒤에 바싹 붙여 침대를 꾸밀때 시트와 담요를 펴서 꾸민다.

Foot Towel ☞ Towel

Footman 〈客〉〔풋 맨〕

오직 대규모 호텔에서나 볼 수 있는 직종으로 호텔에 도착·출발하는 고객에게 좋은 인상을 주기 위해 마련된 서비스의 발전된 형태이다. 보통 Door Man이나 Bell Man이 이 직무를 수행하게 되고 객실지정, Key, 우편물 취급, 고객의 불화해소, 안내, 모든 요금의 계산, 체크-아웃 처리, 주임이나 현관 지배인, 객실과장의 지시·감독을 받는다.

Forbidden Fruit 〈飮〉〔禁斷의 열매〕

① 시큼한 왕귤 열매(Shaddock)를 브랜디에 침출(浸出)하여 만든 미국산 적갈색의 리큐르이다. 일반적으로 그레이프 프르트(Grape Fruit)크기의 둥근병에 넣어 판매된다.

② 구약성서에 나오는 지혜나무의 과실로 조물주가 특별히 따먹지 말도록 명했으나 아담과 이브가 뱀에게 유혹 당하여 이것을 따먹고 에덴동산으로부터 추방되었다.

Forecast 〈客〉〔豫想·豫測〕

호텔에서 과거의 영업실적을 분석하여 현 시점에서 미래에 대한 수요예측, 호텔상품의 판매 등 영업예측을 말한다. 영업예측은 월별, 분기별, 연별로 구분하기도 하며 短期, 中期, 長期豫測으로 구분하기도 한다.

Forecast Scheduling 〈客〉〔豫想, 計劃〕

호텔의 판매예상을 기초로 하여 사업설정을 미리 설정하고 평가하여 일의 스케줄을 조정한다. 일반적으로 컨벤션, 단체고객, 이벤트사

업둥 호텔 전 부서의 예상활동을 예측하는 것이다.

Foreign Currency Unit 〈會〉〔外換時勢單位 ： FCU〕

변동하는 통화의 환시세단위 가치의 문제를 배제하기 위하여 IATA 외환 시세단위에 의해 확립된 요금 測定基準을 말한다.

Foreign Exchange Rate 〈會〉〔外換率〕

자국화폐와 교환되는 타국화폐의 비율을 말한다.

Forfeited Deposit 〈會〉〔保證金 預置 ： Lost Deposit〕

고객이 호텔에 예약한 후 예약을 취소하지 않고 나타나지 않을 경우(No-Show)를 대비해 받는 豫約金을 말한다.

Format 〈電〉〔書式文〕

특정한 자료의 배치 및 인쇄하는 경우의 양식, 형식을 하게 하는 서식문을 말한다.

Fortifed Wine 〈飮〉〔酒酊强化 와인〕

보통의 와인에 알코올 도수를 높이기 위해 도수를 높인 와인으로 포르투갈 마데리아(Maderia), 스페인의 쉐리(Sherry)가 있다.

Forward 〈客〉〔포워드〕

다목적 살균제 및 왁스 제거용 세제로 액체로 되어 있다.

Forwarding Address 〈客〉〔포워딩 어드레스〕

투숙객이 퇴숙(Check-Out)할 때 Mail, Telex, Message를 차후 도착 예정지로 보내주길 원할 때 도착예정지의 주소, 전화번호 및 연락처를 받아서 퇴숙(Check-Out)한 고객에게 전달될 수 있도록 하는 서비스를 말한다.

Fragile Tag 〈客〉〔깨질물품 標識〕

고객이 물품보관소(Store Room)에 수화물을 보관할 경우 주류 등 깨어지고 부서지기 쉬운 물품의 취급에 주의를 요하는 표지이다.

Fraise 〈飮〉〔프레이즈반〕

약 25度의 酒酊度數를 가진 담홍색의 리큐르로서 一名 Strawberry Brandy 혹은 Strawberry Liqueur라고 한다.

Framboise 〈飮〉〔프람보아즈〕

약 25도의 주정도수를 가진 나무 딸기로 만든 담갈색의 리큐르로서 일명 Raspberry Brandy라고도 한다.

Franchise   ☞ Chain Hotel

Frappe 〈食〉〔프라페〕

얼음으로 차게 한. 얼음가루 따위를 이용하여 차게 한 것.

Free Pour 〈食〉〔프리 포어〕

이것은 사람의 눈썰미로 양을 측정하는 것을 말한다.

Free Sale 〈客室〉〔프리 세일 : Sell and Report〕

여행사나 항공사 대리점 또는 호텔 대리인 등이 호텔에 명확한 정보나 허락없이 객실을 판매하도록 위탁하는 경우를 말한다. 그러나 사후에 주기적으로 호텔측에 보고서를 작성한다.

Freeze Dried Coffee 〈飮〉〔冷凍 乾燥커피〕

원두를 배전하여 추출한 커피 원액을 영하 40℃의 저온에서 순간적으로 냉동, 수분을 순화시켜 결정체를 만들어 내는 제조방법으로 천연커피의 깊고 풍부한 맛과 향을 그대로 지닌 최고급 인스턴트커피이다.

French Dressing 〈食〉〔프렌치 드레싱〕

올리브유, 식초, 소금, 香料 따위로 만든 샐러드용 소스.

French Fries 〈食〉〔감자 튀김〕

성냥개비처럼 썬 감자 튀김.

French Pastry 〈食〉〔프렌치 페스트리〕

짙은 크림이나 설탕 절임의 과일 등을 넣은 페스트리.

French Service 〈食〉〔프렌치 서비스〕

프렌치 서비스는 유럽의 유족들이 좋은 음식을 원하거나 시간적 여유가 있는 사람들이 즐기는 전형적인 우아한 서비스이다. 고객 앞에서 서비스하는 종업원은 숙련되고 세련된 솜씨로 간단한 음식을 직접 만들어 주기도 하고, 주방에서 만들어진 음식이라도 은쟁반(Silver Platter)에 담아 보여준 뒤 바퀴가 달려 이동 가능한 Gueridon에서 보온이 된 접시에 1人分씩 담아서 제공한다. 음식은 고객의 오른쪽에서 오른손으로 서브하며 Bread와 Salad는 고객의 왼쪽에 놓는다.

French Toast 〈食〉〔프렌치 토스트〕

주로 Breakfast에 제공되며 달걀과 우유를 섞은 것에 담가 살짝 구운 빵.

Fresh Air Cover 〈食〉〔프레쉬 에어 커버〕

외부공기를 빨아들여 제공하는 장치의 커버.

Fresher 〈客〉〔프레셜〕

변기 물탱크의 물이 내려가도록 눌러 주는 손잡이.

Fricandeau 〈食〉〔프리칸도〕

삶은 송아지, 칠면조 따위의 고기에 그 국물을 친 요리.

Fricassee 〈食〉〔프리카세〕

브랑켓(Blanquette : 화이트 소스에 조린 송아지 고기 따위)과 아주
닮은 요리로 날짐승을 많이 사용하며 흰 크림(White Cream)에다 고
기를 넣어서 찐 것이다.

Fried 〈食〉〔프라이〕

① Pan Fry : 기름을 얕은 Pan에 넣고 생선을 조리하는 방법으로
   이때 생선이 1/3가량 기름에 잠긴다.
② Deep Fry : 기름을 깊은 Pan에 넣고 생선을 조리하는 방법으로
   이때 생선이 완전히 기름에 잠긴다.

Fried Eggs 〈食〉〔프라이 에그〕

버터를 후라이팬에 치고 계란을 깨어 넣어 노른자까지 익도록 튀긴
것이다. 이것에는 Fried Ham, Toast Bacon, 삶은 토마토와 튀긴 감
자 등을 곁들인다. 튀기는 시간이 2분이면 Soft, 3~5분이면
Medium으로 익힌다고 한다.
① Sunny Side-up Eggs : 계란을 깨어 한쪽 흰자위만 살짝 익힌
   후라이한 계란으로서 노른자가 위쪽으로 보인다. 해가 뜨는 모양
   같아서 붙여진 이름이다.
② Over Easy Eggs : 계란을 Pan에 깨어 한 쪽이 살짝 익으면 엎어
   서 다른 한쪽을 익혀 양쪽의 흰자위만 살짝 익힌 후라이한 계란.
③ Over Hard Eggs : 계란을 깨어 노른자위까지 익힌 후라이한
   계란.
④ Turn Over Eggs : 계란을 깨어 양면으로 후라이한 계란.

Friendship Hotels in Korea 〈宿〉〔프렌드십 호텔 인 코리아〕

프레드십 호텔즈 인 코리아는 호텔 신라, 코오롱 호텔, 호텔 설악파
크, 코모도 호텔, 제주 칼 호텔 등 5개사가 국내 최고급 호텔로서
품위 유지와 상호알선을 통한 객실 및 연회의 판촉을 위하여 상호

협조와 공동이익을 증진시키고자 지난 1981년 12월 21일 체결된 약정을 뜻한다. 이 약정을 살펴보면 다음과 같다.

① 회원은 상호가 사업 발전을 위한 적극 협조에 앞장서며,

② 상호 회원간의 알선대상은 일반개인여행, 연회 및 회의 일체를 포함하고,

③ 회원사의 예약의뢰는 우선 취급, 처리하고,

④ 회원사는 이 약정기간 중 다른 호텔과 예약체인을 할 수 없도록 규정하고 있다.

Frill Paper　　　☞ Papillote-Paper

Front Bars 〈飮〉〔프론트 바〕

Counter Bar라고도 부르는데 바텐더와 고객이 마주보고 서브하고 서빙받는 바를 말한다.

Front-of-the House 〈宿〉〔營業部門〕

호텔의 영업부문으로서 고객이 정상적인 체재기간 동안 직접 대면하고 접하는 프론트 데스크 서비스와 식음료 서비스가 이 영역에 포함된다. 즉 영업부문을 살펴보면, 호텔 건물외부, 로비(Lobby), 프론트 데스크(FrontDesk), 객실, 하우스키핑(Housekeeping), 기능공간(식당. 연회장. 회의시설 등), 레크리에이션 시설이다. 즉 호텔의 수익부문(Revenue Center)에 속한다.

Front Office 〈客〉〔프론트 오피스〕

호텔에 있어서 현관(Front Office)은 항상 중요한 역할을 담당하는 호텔의 초점, 즉 호텔의 중심이 되는 곳이다. 현관은 호텔이 고객을 최초로 만나는 지점(Point of Guest Contact)인 동시에 최후로 고객을 환송하는 장소이다. 호텔하면 호텔의 현관을 연상할 만큼 현관은 호텔의 얼굴이 되는 곳이다. 또 호텔의 현관은 고객의 입숙(Check-In)과 퇴숙(Check-Out)을 담당하는 곳으로 고객의 불평불만을 접수하고 해결해야 되는 곳이기도 하다. 현관은 또 호텔의 경영진과 고객의 연결, 관계되는 부서와의 유기적인 연락을 통해 고객서비스를 조정하고 호텔 로비의 고객의 순환을 원활하게 소통 되도록 하는 복잡한 교차로의 교통경찰과 같은 역할을 한다.

Front Office Cashier 〈會〉〔프론트 오피스 캐쉬어〕

프론트 오피스 캐쉬어는 투숙객이 프론트에 등록을 하면 동시에 업

무가 발생하게 되는데, 주로 투숙객의 실료 및 식음료 그리고 기타 시설이용에 따르는 모든 계산을 통합·관리·징수하는 곳이다.

Front Office Lay-out 〈客〉〔玄關構圖〕

현관의 배치는 호텔건설에 있어서 세심한 사전 검토를 거쳐야 할 성질의 것이다. 막상 건설한 후에는 운영에 불편이 있다 하더라도 사실상 부분적인 손질 이외에는 기본적인 구도를 변경할 수 없기 때문이다. 호텔현관 배치구도의 설정은 호텔고객에 있어서는 매력적이고 다정한 분위기의 외관을 요하고 경영주에게는 경영상 가장 효과적이며 능률적이고 또한 경제적이어야 한다.

Front Office Manager 〈客〉〔玄關支配人〕

호텔수입의 원천을 이루는 현관의 중요성을 재삼 강조할 필요가 없겠지만, 이 부서의 총책임자가 곧 현관지배인인 것이다. 우리나라에서는 보통 객실과장이 이 업무를 맡고 있다. 현관 스텝들의 업무지도, 감독, 통솔을 한다.

Frost 〈食〉〔프로스트〕

글라스의 가장자리에 레몬 또는 라임즙을 적신 다음 설탕가루를 묻히는 경우(Snow Style)를 말한다.

① Ice Frosting : 냉장고나 가루얼음(Shaved Ice)에 파묻어 놓았다가 꺼냈을 때에 하얗게 서려질 수 있도록 냉각시키는 방법.

② Sugar Frosting : 레몬이나 Lime Slice를 가지고 Glass 가장자리 바깥에 즙(汁)을 바르고, 그 Glass를 접시에 담긴 설탕을 살짝 찍어 내어 눈송이가 묻은 것같이 장식하는 방법.

Frozen Storage 〈食〉〔冷凍倉庫〕

주로 냉동된 육류나 생선류, 야채류 등을 보관할 장소이다.

Fruit Flavored Brandy 〈飮〉〔푸루츠 프레이버드 브랜디〕

일반적인 통념의 브랜디가 아니며 브랜디(혹은 다른 酒酊)를 기주로 하여 과일즙이나 엑기스 등을 가미하여 향미를 내거나 착색시킨 리큐르이다.

Fruit Liqueur 〈飮〉〔푸루츠 리큐르〕

신선한 과일이나 말린 과일을 사용하여 즉 버찌, 딸기, 살구 등을 재료로 하여 만든 증류주. 주로 브랜디에다 담가서 6~10개월 정도 놓아 두었다가 향미나 香臭, 색깔 등이 술에 배어 들면 술을 여과

시켜서 시럽을 첨가하여 나무로 만든 술통이나 항아리에 약 1년동
안 숙성(夙成)시킨다.

Fruit Salad   ☞ Salad

Fruit Squeezer 〈飮〉〔과일 스퀴저〕

조주시에 레몬이나 오렌지 등의 과일을 짜서 과즙을 만들어 사용하
는 경우가 있는데 이때 사용하는 과즙제조기구이다.

Frying 〈食〉〔프라잉〕

뜨거운 기름에 튀긴다는 것(소량의 기름으로 요리할 때: Pan Frying.
기름을 많이 넣고 요리할 때 : Deep-Pan Frying)

Full Board 〈客〉〔풀 보드 : 3식이 딸린 식사〕

아메리칸 플랜과 동일하나 세금을 추가하여 받는다.

Full House 〈客室〉〔만실 : No Vacancy〕

全 객실 판매. 모든 객실이 다 판매되어 100%의 판매점유율을 나타
내는 의미이다.

Full Pension   ☞ American Plan

Full Service 〈宿〉〔풀 서비스〕

호텔, 모텔의 제한적 서비스와 대조적으로 호텔내의 제반 부서로부
터 전 제품과 완전한 서비스가 제공됨을 뜻한다.

Function Room   ☞ Banquet Room

Function Sheet 〈宴〉〔평션시트 : Event Order〕

호텔의 연회 서비스나 컨벤션을 치루는데 있어서의 연회의 성격 및
목적 참석인원, 식음료 단가, 테이블 플랜, 서비스 형태, 메뉴형태,
지급관계와 선수금 확인, 음향장비 및 세미나 장비확인, 외부 발주
물 확인 사항 등 종합적인 연회준비 상황보고서로서 호텔 전부서(조
리팀, 시설부, 연회부, 객실부 등)에 보내져 연회준비를 한다.

Functional Organization 〈宿〉〔機能組織〕

경영기능의 수평적 분화를 명확히 하고 전문화에 의한 관리자의 분
업상 이익을 확보하기 위한 관리조직을 말한다.

Fund 〈會〉〔換錢資金〕

환전자금을 말하며, 이것은 경리부로부터 General Cashier가 차용하
여 각각의 회계원이 영업을 할 수 있도록 가지급형식으로 차입하여,

환전 마감시 외환과 잔금을 합하여 차입액과 같이 제너널 캐쉬어에
게 입금시킨다.

Funjue 〈食〉〔펀 쥬〕

버터, 치즈, 설탕, 빵가루 등으로 수플레과 같이 만들어 오븐에 구워
내는 것.

Future Buying 〈食〉〔豫買購買〕

대규모 업체에서는 주문할 당시의 고정된 가격으로 미래에 납품될
상품의 구입을 계약한다. 어떤 상품시장에서는 가격변동에 대한 투
기로서 예매를 하기도 한다. 그러나 근래에는 식당업계에서 잘 사용
되지 않으며 대개 최대한 90일 단위로 구매한다.

FY 〈會〉〔會計年度 : Fiscal Year〕

예산은 보통 1년을 그 기간으로 하는데 이 기간을 회계연도라 한다.
대부분 호텔의 회계연도는 매년 1월 1일부터 12월 31일까지 1년간
을 한 회계연도로 설정하여 운영하고 있다.

g

Gala and Festival Menu 〈食〉〔겔러 및 페스티발 메뉴〕

호텔 레스토랑(Hotel Restaurant)에서 축제일이나 어느 특정 지방 및 특정 국가의 기념을 위하여 개발한 메뉴를 말한다.

Galantine 〈食〉〔갤런틴〕

① 닭의 등을 갈라서 뼈를 빼내고 속에다 고기를 넣고 다시 봉해서 쪄내는 요리이다.

② 송아지, 닭 등의 뼈바른 고기로 만든 냉육요리.

Galliano 〈飮〉〔겔리아노〕

오렌지와 바닐라를 사용하여 만든 노란색의 이탈리아산 리큐르.

Game 〈食〉〔게 임〕

사냥하여 잡은 짐승이나 새 혹은 그 고기를 말한다.

Gaming Chips, Plague and Tokens(Coin) 〈카〉〔카지노가 國際 規格에 준하여 發行한 換錢媒體〕

Garbage Room 〈客〉〔가베지 룸〕

호텔의 모든 쓰레기를 수거하는 장소를 말한다.

Garbure 〈食〉〔가브르〕

수프(Soup)의 일종으로 스튜를 오븐(Oven)에 넣어 조리하든가 걸쭉한 수프에 양배추나 돼지고기를 넣은 것을 말한다.

Garde Manager 〈食〉〔가르드망제〕

콜드키친(Cold Kitchen)을 담당하며, 冷肉類(Cold Meat)에 대한 조리를 지휘하고, 해산물 샐러드, 샐러드 드레싱, 카나페 샌드위치, 그밖에 뷔페서비스에 나가는 찬 음식을 준비한다. 주방 조리사 가운데 냉육담당 주방원을 말함.

Garden Party 〈食〉〔가든 파티〕

호텔이나 레스토랑에서 개최하는 개업, 축하, 생일, 장수, 결혼식 등을 축하하는 연회를 가정의 정원에서 개최하는 연회형식이다. 입식형식의 파티로서 돌아다니면서 음식을 먹는 것이다. 연회장 중앙이나 한쪽편에 테이블을 놓고 그 위에 요리를 준비해 놓아 각자 자기 식성대로 자유로이 선택해서 먹도록 여러 가지 요리를 내 놓는다.

Garlic 〈植〉〔가릭 : 마늘〕

백합과에 속하는 다년생 풀로 땅 속에 둥근 비늘줄기를 가지며 잎은 긴선형이고, 여름에 잎 사이로부터 60~100cm의 속이 빈 원추형의 꽃줄기가 나와 그 끝에 담자색의 두상화가 핀다. 아시아가 원산지로 온대지방에서 재배된다. 한냉지나 습지에서 재배한 것은 강한 냄새가 난다. 종류로는 줄기가 흰 것, 핑크빛, 연보라 등이 있다.

Garlic Bread 〈食〉〔갈릭 브레드〕

프렌치 브레드를 두께 1cm정도로 얇게 자른 다음, 버터에다 마늘을 찧어넣고, 실파 등을 썰어 넣어 만든 것을 발라서 오븐에 파삭파삭하게 구운빵을 말한다. 이탈리안 요리에 주로 서비스된다.

Garlic Powder 〈食〉〔마늘을 乾燥하여 粉末로 만든 香料〕

마늘의 향은 톡특한 매운맛을 갖고 있으며 각종 식품의 맛을 돋구는데 효과가 대단하며 특유의 냄새는 다른 향료와 병행해서 쓰는 것이 바람직하다.

Garni 〈宿〉〔가 니〕

레스토랑(Restaurant)의 설비가 없는 호텔을 말한다.

Garnish 〈食〉〔料理에 곁들이는 것, 食品의 配合〕

먹을 수 있는 식재료로 음식물을 보기 좋게 장식하는 일.

Garniture 〈食〉〔가니튜어 : 곁들임〕

주된 요리에 곁들이는 야채, 해초 따위.

Gateau 〈食〉〔가토 : 과자〕

케이크(cake) 과자.

Gaufre 〈食〉〔고프레〕

조식용 얇은 과자(Waffle<와플> : 밀가루, 달걀, 우유를 섞어 말랑하게 구운 케이크).

Geflugelkle in Suppe 〈食〉〔게풀뤼겔클라 인 주쁘〕

독일의 치킨 크림 수프.

General Cashier 〈會〉〔會計主任〕

제너널 캐쉬어(General Cashier)는 1일 영업중에서 발생하는 현금 결제계정을 총괄, 수합하고 그 현품을 은행에 입금하여 영업장 영업에서 소요되는 현금기금의 가지급 및 회수와 관리 등의 일을 맡는다.

General Clean 〈客〉〔大淸掃〕

정기적으로 객실과 연회실을 철저히 청소하는 것을 일컫는다.

General Manager 〈宿〉〔總支配人 : G.M〕

최고 경영진에서 결정한 기본정책 수행의 책임자를 말하며 객실 지배인과 식당지배인을 지휘·감독하며 기타 부분을 총괄한다. 아울러 총지배인은 반드시 고객(소비자), 종사원, 그리고 주주에 대한 책임을 지고 이들 삼자에 대하여 유기적인 관계를 철저히 하여 호텔경영에 임해야 하며 세 가지 사항에 무거운 사명감을 가져야 한다. ① 고객에 대한 봉사, ② 종업원에 대한 봉사, ③ 주주에 대한 봉사이다.

Georges Auguste Escoffier 〈宿〉〔1846~1935〕

Escoffier가 생존해 있을 당시 신문들은 그를 「요리사 중의 王」 또는 「王들의 요리사」라고 불렀다. 그의 위대한 업적은 그의 친구이자 요리 전문가인 몇 사람과 함께 저술한 Le Guide Culinaire라는 요리책이었다. 이 책은 『현대 요리법의 신약성서』라고 불리어질 정도로 유명하다. Escoffier의 저서(미국내에서는 The Escoffier Cookbook 으로 알려짐)는 1세기가 지났음에도 불구하고 아직도 가장 훌륭한 요리법의 보고로서 여겨지고 있다. Escoffier는 Ritz가 관리하는 유명한 호텔들 초기에는 스위스의 몬테칼로에 있는 Grand 호텔과 로센에 있는 National 호텔, 후기에는 런던과 파리에 있는 Ritz가 관리하는 호텔들의 요리담당 중역으로 Ritz와 함께 일함으로써 그는 요리사로서 크게 성공하였다. 그는 현대 식사 메뉴의 시조, 그리고 오늘날 우리가 볼 수 있는 주방체제의 창조자이다. 음식과 요리사에 대해 관심이 많고 경의를 표하는 나라인 프랑스 정부는 Escoffier의 재능을 인정해 그에게 레종도뇌에르 훈장(the Legion of Honor)을 수여하였으며 이 때문에 그는 귀족단체에 회원이 되었다. 그는 89세의 나이로 위대한 업적을 남기고 1935년에 세상을 떠났다.

Geranium 〈植〉〔제라늄 : 양아욱〕

소니풀과에 속하는 다년생 원예 초본. 키는 30~80cm이고 잎은 종류에 따라 차이가 있으나 대개 둥근 심장모양이고 갈색의 얼룩점이 있다. 빛깔은 흰색, 자주색, 붉은색 등이 있으며 남아프리카가 원산지이다.

Gherkin 〈植〉〔게르킨〕

① 열대 아메리카산 오이의 일종.
② 작고 달콤하거나 시큼한 절임 오이.

Gin 〈飮〉〔진 : Zinn〕

진은 대맥을 비롯한 여러 가지 곡물을 醱酵 釀造하고 이것을 3회 蒸溜를 거듭하여 순도 높은 곡물 中性 酒酊(Neutral Grain Spirits)를 만들고 이것을 다시 두송실(Juniper Berry)을 사용하여 착향시킨 것으로 서민들이 즐겨 마시는 술이다. 무색이며 원가가 저렴하다는 것은 대단히 중요한 요소로서 주장에서 가장 많이 사용되는 칵테일의 基酒가 되었다. 아울러 시판되는 진들은 대개 40～ 47%이다.

Gin Fizz 〈飮〉〔진 피지〕

진에 레몬, 탄산수를 탄 음료.

Ginger 〈植〉〔진저 : 생강〕

생강과에 속하는 다년생 풀로 잎은 생강과 비슷하여 버들잎 모양이며, 9월 경에 잎사이에서 꽃줄기가 나와 희고 향기 있는 큰 부정제 화가 핀다. 인도, 말라야가 원산지이며, 매운 맛과 향료가 강렬할수록 양품의 향료이며, 자마이카산이 최상품이다. 특이한 향을 지니고 있어 생선, 고기 등의 악취를 제거하는데 쓰이며 식욕증진의 작용이 있어 각종 음식에서 사용된다.

Ginger Ale 〈飮〉〔진저엘〕

생강으로 만든 비등성 청량음료로 적도 아프리카 잔지바르나, 자마이카, 우리나라에서 생산되는 생강의 향기를 나게 한 소다수에다 구연산(Citric Acid) 기타 향신료를 섞어 카라멜 색소에 착색한 청량음료이다. 자극이 있는 풍미는 식욕증진에 효과가 있으며 정신을 상쾌하게 한다. 주로 칵테일 용으로 많이 쓰인다.

Ginger Beer 〈飮〉〔진저 비어〕

진저비어는 진저와 크리임상의 주석, 설탕의 혼합액을 물에다 타고 거기에다 이스트(Yeast : 효모)를 섞어서 발효를 하여 만든다.

Ginger Wine 〈飮〉〔진저와인〕

설탕, 레몬, 건포도, 생강을 섞어 醱酵시킨 음료.

Giveaway 〈宿〉〔기브어웨이〕

판매촉진을 위한 경품이라든가 무료 제공품을 말한다. 예를 들어 호텔에서의 마케팅 부서나 여행업자가 팩키지 상품으로 호텔 이용객에게 제공하는 호텔가방, 모자, 컵, 타올 등을 말한다.

Glace 〈食〉〔글라세〕
① 오래 조린 아주 진한 스톡(Stock : 고기, 물고기 등의 삶은 국물)을 말한다.
② 설탕을 조려 글라스 형태로 투명하게 보일 수 있도록 하는 것.

Glass Holder 〈飲〉〔글라스 홀더〕
뜨거운 음료를 제공시 Tumbler(손잡이가 없는 컵)를 사용하는데 용이하게 만든 것으로 8oz 텀블러가 표준이다.

Glass Pack 〈食〉〔글라스 팩〕
글라스를 꽂기 쉽게 되어 있고 꽂아서 운반하기 쉽게 만든 기구로서 글라스를 세척할 때 사용되는 기구.

Glass Ware 〈食〉〔글라스 웨어〕
① 식당기물 중에 유리로 만든 식기 종류를 말한다.
② 음료의 종류에 따라 사용하는 글라스의 종류와 크기를 정하여 量을 측정할 수 있게 한다.

Glazing 〈食〉〔글에징 : Glacer〕
이 방법은 설탕이나 버터, 고기즙 등을 조려서 코팅시키는 조리방법이다. 야채를 조리하는데 많이 사용되는 방법이다.

Go Show 〈客〉〔고 쇼우〕
호텔의 빈 객실(Vacant Room)이 없을 경우 체크-인(Check-In) 예정 고객 중 예약 취소나 No-Show(노-쇼)로 빈 객실을 구하려고 기다리는 고객.

Goblet 〈食〉〔고브릿 : 받침달린 잔〕
식당에서 주로 물컵의 용도로 사용하며 Stem이 달린 잔이다.

Gold Rum   ☞   Rum

Golden Gin 〈飲〉〔골든 진〕
일반적인 진과는 다르게 나무통 속에 저장하여 연한 황금색을 갖고 있는 진.

Goldwasser 〈飲〉〔골드바서〕
미나리과 고수나무인 Coriander(고수풀 : 열매는 양념소화제로 使用)향을 착향시킨 Kummel(퀴멜주)형의 금박을 함유한 리큐르.

Good & Standard   ☞   Meat Grading

Gorvernment Rate 〈宿〉〔거브먼트 레이트〕

정부관직 공무원들에게 적용된 객실 할인율.

Goulash 〈食〉〔굴라시〕

헝가리의 대표적인 수프로 Hungarian Goulash라고도 하는 파프리카 (Parprika) 고추로 진하게 양념하여 매콤한 맛이 특징인 전통 헝가리식 쇠고기와 야채의 스튜(Stew)를 말한다.

Gourmand 〈食〉〔구어먼드〕

프랑스어로 맛있는 음식을 좋아하는 사람, 美食家. 食道樂家.

Gourmand Dining 〈食〉〔구어먼드 다이닝〕

미식가들을 주고객으로 맛있는 요리를 즐길 수 있는 식당, 즉 식도락가를 위한 식당이다.

Goutamate 〈食〉〔글루타메이트〕

단백질에서 추출한 글루탄산의 나트륨염으로 음식의 맛을 향상시키는 조미료를 말한다.

Grace 〈食〉〔그레이스〕

설탕을 졸여 글라스 형태로 투명하게 보일 수 있도록 하는 것.

Grain Spirits   ☞   Spirits

Grain Nautral Spirits 〈飮〉〔글라인 네츄럴 스프리츠〕

곡식으로부터 발효 증류되어 나오는 알코올이 95%(度) 이상으로 증류될 때에는 그 재료의 특성은 거의 다 사라지고 무색 무미에 가깝다. 이러한 알코올은 중성 酒酊이라고 하며 Blended Whisky, 진 (Gin), 보드카(Vodka), 리큐르(Liqueur) 등은 이와 같은 중성 주정으로 생산되는 경우가 많다.

Grain Whisky 〈飮〉〔그레인 위스키〕

그레인 위스키란 곡물로 만든 위스키란 뜻인데 이 경우에 있어서는 대맥 맥아나 발아하지 않은 곡물(주로 옥수수)을 말한다. 제조방법은 옥수수 약 80%에 피트향을 주지 않은 대맥 맥아 약 20%를 섞어 연속식 증류기로 제조한다.

Grand Marnier 〈飮〉〔그랜드 마리너〕

코냑 주를 基酒로 하여 오렌지 좁을 착향시킨 연붉은 色의 리큐르로서 쿠라소(Curacao)와 유사하다.

Grand Master Key ☞ Key

Grand Total 〈會〉〔그랜드 토탈〕

호텔에서 발생하는 단가(@)에 봉사료(Service Charge)를 합하면 공급가액이라고 하고 공급가액에 부가가치세(VAT)를 합하면 판매가액이 되는데 이 총합계를 그랜드 토탈이라고 한다.

Grandjoie 〈飮〉〔그랑쥬아〕

1987년 정통파 스파클링 와인으로 첫선을 보인 그랑쥬아는 프랑스의 Deutz Gelderman(돗츠 겔레만)사와 기술제휴를 해서 생산하여 호평을 받고 있는 스파클링 와인으로 대선주조 제품이다.

Granulated Suger 〈飮〉〔그래뉴래이트 슈가〕

당도 99이상의 수분이나 회분 같은 불순물이 없는 자당결정(蔗糖結晶)이다. 오랫동안 방치해도 습기로 인해 굳어지는 경우가 극히 적어 보존성이 좋다. 다만 결정이 크기 때문에 용해가 곤란하다. 뜨거운 물에는 잘 용해되나 아이스 커피나 아이스 티에는 잘 녹지 않는다. 그러나 청량음료의 감미료로서 광범위하게 사용된다.

Granule Coffee 〈飮〉〔과립커피〕

분무 건조된 인스턴트 커피를 다시 미분쇄하여 습기를 가한 후 냉각 건조시킴으로써 과립형태의 입자가 남게 된다. 물에 녹는 속도가 빠르고 찬물에도 잘 녹아 아이스커피용으로 많이 쓰인다.

Grapefruit 〈植〉〔그레이프프르트 : 자몽〕

자몽(Pomelo)의 일종. 모양은 여름귤 같은데, 노란 껍질이 있음. 북미 남부의 특산으로 맛은 여름귤보다 달며 구미 여러 나라에서 흔히 쓰인다.

Gratin 〈食〉〔그라틴〕

Broiled와 같은 방식이나 이 조리방법은 오븐이나 Salamander를 이용하여 윗불로 익히는 방법이며 생선에 버터 및 치즈가루를 뿌려서 굽기도 한다.

Gratuity ☞ Service Charge

Graveyard Shift ☞ Shift

Gravies 〈食〉〔그레비〕

그레비는 소스처럼 취급되고 있으나 차이점이 있다. 그레비는 단지

고기를 굽거나 삶은 즙으로 건더기가 생기지 않도록 처리된 것이다.

Gre'que a La 〈食〉〔그리 꾀 알라 : Greet Type〕

전체요리를 가공형태로 분류한 것으로 그리이스식으로 쌀, 피망, 건포도를 기름에 튀겨서 토마토에 채워 부드럽게 만든 것이다.

Great Wine 〈飮〉〔그레이트 와인〕

포도주를 만들어서 15년 이상 저장하여 50년 이내에 마시는 와인을 말한다. 이때 코르크 마개의 壽命이 25~30년 밖에 안되므로 25년 이상 묵으면 코르크 마개를 갈아 끼워 주어야 한다.

Green Cabbage 〈食〉〔그린 캐비지〕

양배추의 한 종류로 잎들은 초록색이고 매우 꼬불꼬불하고 엉켜있다.

Green Salad   ☞ Salad

Greeter 〈카〉〔글리터〕

카지노 Host, 주로 판촉부 소속으로 고객의 접대 일체를 담당하는 직원이다. 판촉직원의 경우가 많다.

Greetress 〈食〉〔그리트리스〕

식당의 입구에서 지배인을 도와서 고객을 관리, 영접하고 식탁 안내 등을 맡은 여종업원.

Grenadine 〈食〉〔그레나딘〕

본래 석류를 사용하여 만든 착색용 시럽이었으나 근래에는 인공적인 색소를 이용하여 만들며 음식에 빨간색을 내거나 甘味를 더하기 위하여 사용되는 시럽이다. 칵테일 부재료로 많이 이용된다.

Gribiche Dressing   ☞ Dressing

Grill 〈食〉〔그 릴〕

그릴이란 요리 용어로 망쇠구이를 가리키는데 이것은 고기 등을 손님 앞에서 망쇠에 구어서 제공하는 레스토랑을 지칭했던 듯하나, 유럽의 호텔에서는 그릴 룸이라고 하면 그 호텔내에서 최고급의 일품 요리를 서비스하는 레스토랑이란 뜻으로 사용되고 있다.

Grill Room 〈食〉〔그릴 룸〕

호텔 레스토랑에서 손님 앞에 고기 등을 구워 내 놓는 그릴 식당.

Grilled 〈食〉〔그릴드〕

육류나 생선을 석쇠나 쇠꼬챙이를 사용하여 직접 열로서 조리하는 방법이다.

Grinding 〈食〉〔그라인딩〕

음식물을 갈아 가루로 만든다. 예를 들면, 쇠고기, 커피, 고추 등을 분말로 만들어 쓰는 것.

Grip Bar 〈客〉〔그립 바〕

욕조안에서 일어날 때 미끄러지는 것을 방지하기 위한 손잡이("L" 자 핸들)를 말한다.

Grits 〈食〉〔그리츠〕

거칠게 갈아서 구운 옥수수.

Gross Average Method 〈會〉〔總平均法 : GAM〕

총평균법은 출고할 때에는 수량만을 기입하여 두고 일정기간에 대한 매입총액을 매입총수량으로 나누어 총 평균치를 구한 다음 그것을 매출 또는 소비단가로 계산하는 방법이다.

Group 〈客〉〔그룹〕

호텔의 예약 및 계산서를 청구할 때 일행으로 취급하는 사람들의 집단을 말한다.

Group Bill 〈會〉〔그룹 빌 : Banquet Bill〕

단체고객에 대한 계산서를 말하며 Billing의 편의 및 효율성에 비추어 한장의 계산서에 단체주문분을 작성하는 경우를 말한다.

Group Coordinator 〈客〉〔團體擔當職員〕

그룹 코디네이터(Group Coordinator)는 단체고객에 대한 숙박등록, 객실배정, 단체투숙자 명단(Group Rooming List)의 접수 및 정리를 하고, 식사시간, 식사의 종류, 식사의 요금, 식사장소, 행사장 등에 기존 예약단체에 대해서는 확인을 하고, 미예약단체에 대해서는 예약을 접수하며, 관계부서에 해당사항을 연락하고 조정하는 등의 중요한 업무를 담당하는 종사원이다.

Guarantee 〈會〉〔개런티〕

서비스를 받게 될 사람의 수를 나타내는 것으로 적어도 연회의 24시간 전에 연회기획 담당자가 계산해 산출한 고객의 숫자이다. 대부분의 호텔은 이 연회예약자 數에서 적어도 5% 이상을 추가로 더 준비하며, 보증된 연회고객수 또는 실제 참석한 고객수 중 많은 숫자를 기준으로 하여 지급한다.

Guaranteed Rate 〈客〉〔개런티드 料金〕

호텔과 일반기업간의 계약으로 매년마다 기업에 의해 사용하는 객실 점유율을 고려하여 점유기간과 관계없이 정찰가격에 대한 보증금이다.

Guaranteed Reservation 〈客〉〔支給保證豫約: Guaranteed Payment〕

호텔이 고객의 객실예약을 보증 확인한 것으로 만약 투숙할 고객이 도착하지 못할 경우라도 객실요금을 지급할 것을 약속받는 객실예약을 말한다. 만약 투숙치 못하거나 취소를 할 경우는 호텔의 규약에 따른다.

Gueridon 〈食〉〔게리동 : Wagon〕

이것은 고급식당에서 최고급 서비스를 제공하는데 아주 중요한 필수기물로 바퀴가 달려서 전후 좌우로 쉽게 이동할 수 있게 만들어졌다. 게리동은 고객의 식사주문에 의하여 동작되므로, 식탁사이의 공간이 충분하나 종사원의 부주의로 식탁이나 의자에 부딪히거나 닿아서는 안된다.

Guest Bill   ☞ Account Card

Guest Charge 〈會〉〔게스트 차지〕

고객의 청구서에 기재된 모든 청구액, 즉 서비스, 전화, 미니바(Mini Bar), 호텔의 부대시설 사용에 대한 비용의 합계를 말한다.

Guest Check 〈會〉〔宿泊客 請求書〕

식당(Restaurant) 및 주장의 고객에게 청구하는 전표로 Voucher라고 부르기도 한다. 접객원의 주문전표(Waiter Order Slip)를 Guest Check로 병행하는 경우도 있다.

Guest Count 〈客〉〔顧客數〕

등록된 고객의 수, 즉 투숙고객의 수를 말한다.

Guest Cycle   ☞ Hotel Guest Cycle

Guest Day 〈客〉〔顧客日日宿泊〕

한 명의 고객이 한 호텔이나 모텔 기타 숙박업소에 당일 숙박을 한 경우 업소규정에서 정한 일일숙박기준에 의하여 체크 아웃(Check-Out)된 고객을 말한다.

Guest Elevotor 〈宿〉〔顧客專用 엘리베이터〕

이것은 프론트 엘리베이터라고 하며 고객을 동반, 객실을 왕래하는 벨맨을 제외한 일반 종사원의 출입이 금지된 고객 전용 엘리베이터이다.

Guest History Card 〈客〉〔顧客履歷 카드, 顧客管理 카드〕

고객의 방문기록 카드로 지정된 객실, 실료 특별한 요구사항 및 신용능력 평가를 기록하여 보다 나은 대고객서비스를 위해 보관한다.

Guest House 〈宿〉〔게스트 하우스 : Tourist Home〕

하숙, 여관, 고급하숙, (순례자용의)숙소. 즉, 침실제공을 목적으로 여행자에게 대여할 수 있는 객실을 갖추고 있는 건물.

Guest Key ☞ Key

Guest Ledger 〈會〉〔顧客元帳 : Room Ledger. Transient Ledger〕

호텔회계에 있어 未收金元帳(City Ledger)과 구분되는 것으로 등록된 고객에 대한 원장이다.

Guest Night 〈客〉〔顧客日日宿泊〕

고객이 한 호텔이나 모텔 기타 숙박업소에 당일 숙박을 한 후 익일 당 숙박업소규정에서 정한 일정 숙박기준에 의하여 Check-Out(체크아웃)된 고객을 말한다.

Guest Questionnaire ☞ Suggestion Card

Guest Relation Officer 〈客〉〔顧客相談 : GRO〕

GRO는 일반적으로 외국인 고객들의 편의를 제공하기 위하여 고객 상담 및 안내를 맡은 직종을 말한다.

Guide Rate 〈客〉〔가이드요금〕

여행단체를 받아들이는 호텔측과 여행알선업자 사이에 적용되는 특별요금제도를 말한다.

Guinness 〈飮〉〔기네스〕

아일랜드산의 기네스 흑맥주 (상표명).

Gulyas 〈食〉〔굴리야스〕

헝가리의 쇠고기, 감자, 토마토, 파프리카를 주재료로 만든 수프.

Hacher 〈食〉〔아 세〕
야채를 잘게 써는 방법.

Hair of the Dog 〈飮〉〔아침 술〕
「개의 털」이라는 의미는 "먼 옛날 개에 물리면 그 개의 털을 상처 에다 대면 낫는다"는 미신이 있었기 때문에 "독에는 독으로 다스린 다"는 뜻이다.

Half and Half 〈飮〉〔하프 앤드 하프〕
칵테일용어로 서로 다른 두 가지 종류의 술을 소요량의 반분씩 제 공하는 경우로서 즉 벌머스의 스위트를 반반씩 채워 내는 말이다. 즉, 흑맥주와 에일의 혼합주, 우유와 크림을 혼합한 음료 등.

Half Slice 〈飮〉〔하프 슬라이스〕
절반으로 쪼갠 다음 다시 얇게 조각을 내는 형태로, Stemmed Glass의 Decoration(장식)에 적합하다.

Hall Porter 〈客〉〔홀 포터 : Bell boy〕
호텔의 출입구에서 손님의 화물이나 심부름을 하는 종업원.

Ham 〈食〉〔햄〕
소금에 절이거나 훈제한 육가공품을 말하는데, B.C. 1000년 경부터 고대 그리스에서 만들어졌다고 한다. 원래는 돼지고기의 넙적다리 살을 의미하였으나, 지금은 여러 부위를 사용하여 육제품을 만들고 있다.

Ham Rice 〈食〉〔햄 라이스〕
양식의 하나로 햄, 양파 따위를 넣어 기름에 지지고 토마토 케첩, 소금, 후추로 양념한 밥.

Hamburg Steak 〈食〉〔햄버그 스테이크〕
서양요리의 하나로 잘게 썬 쇠고기를 덩어리지어 졸이거나 프라이 한 음식. 독일의 함브르크식 구운고기 요리라고도 한다.

Hamburger 〈食〉〔햄버거〕
1차 세계대전 당시 함부르크 지방에 고립된 연합군들은 식량부족으 로 부대에서 나오는 찌꺼기 고기들을 버리지 않고 갈아서 조리한 후에 빵에 끼워 먹었다고 하며 그곳의 지명을 따서 영어식 표기로 햄버거라고 부르게 되었다.

Hand Shaker 〈飮〉〔핸드 셰이커〕

칵테일을 조주하는데 대표적인 기구이다. 칵테일 처방서(Recipe)에 따라 각종 재료를 넣어 그 재료들이 잘 혼합되고 용해되고 冷却시키기 위해서 흔들어 주는 기구이다.

Hand Shover 〈客〉〔핸드 쇼버〕

손으로 들고 샤워를 할 수 있는 분무기이다.

Handicap Room 〈客〉〔핸디캡 룸〕

객실에 비치된 시설장치, 구조, 가구 및 비품 등이 물질적으로 손상되어 있는 객실로 객실가격이 저렴한 것이 특징이다.

Handing Up 〈食〉〔핸딩 업〕

빵 반죽을 여러 형태로 만들거나 저울에 달아 분할하는 것을 말한다.

Handle with Care 〈客〉〔핸들 위드 케어〕

취급주의를 말한다.

Handling Charge 〈客〉〔핸드링 차아지 : 使用料〕

① 전화통화요금계산시 부과하는 수수료.
② 일반적으로는 물건이나 시설을 사용하는 대가로 내는 요금.

Hands Towel   ☞ Towel

Hang Over 〈飮〉〔행 오버 : 宿醉〕

원래는 「들고 간다」는 뜻이며, "숙취"라는 뜻의 미국식 표현이다.

Hanger Rod 〈客〉〔행거 로드〕

옷걸이 대.

Happy Hour 〈食〉〔해피 아워〕

호텔 식음료 업장에서(라운지, 칵테일 바 또는 펍) 하루중 고객이 붐비지 않은 시간대(보통 4時에서 6時 사이)를 이용하여 저렴한 가격으로 또는 무료로 음료 및 스넥 등을 제공하는 호텔 서비스 판매 촉진 상품의 하나이다.

Hard Board 〈客〉〔하드 보드〕

허리가 아픈 고객을 위하여 침대(Bed)와 메트리스(Mattress) 사이에 넣어 주는 나무판을 말한다.

Hard Sauce 〈食〉 [하드 소스]

버터, 설탕, 크림을 섞은 곤죽 같은 소스(파이, 푸딩에 얹음).

Hard-Wired System 〈電〉 [하드 와이어 시스템]

하드 와이어 시스템은 모든 객실문과 연결되어 있는 중앙집중식 마스타 콘솔(Master Console)을 통하여 객실문을 통제하는 시스템이다. 이 콘솔은 프론트 데스크(Front Desk)에 놓여 있어 고객의 체크인(Check- In)시 미리 암호화된 키 카드(Key Card)를 콘솔의 홈이파인 부분에 삽입함으로써 콘솔은 즉시 키 카드코드(Key Card Code)를 객실의 자물쇠에 보낸다. 이때에 비로소 체크 인(Check-In) 고객은 객실의 출입을 할 수 있다.

Hash House 〈客〉 [하쉬 하우스]

하쉬 하우스는 무질서한 서비스가 제공되는 곳의 은어로서, 트럭 정차장, 커피 숍이나 터무니 없이 음식값이 비싼 식당 등에서의 서비스를 일컫는다.

Hashed Brown Potatoes 〈食〉 [해시드 브라운 포테이토즈]

삶은 감자를 거칠게 다져서 양파, 베이컨, 소금, 후추, 파슬리를 넣고 튀긴 음식으로 주로 아침식사에 제공된다.

Hawthome Strainer 〈飮〉 [호도른 스트레이너]

Mixing Gress에서 조주된 칵테일을 칵테일 글라스에 따라 부을 때 얼음조각 등이 들어가지 않도록 사용하는 용수철을 써서 만든 기구.

Head Bartender　　　☞　Senior Bartender

Head Board 〈客〉 [헤드 보드]

객실안에 있는 침대(Bed)의 머리판을 말한다.

Head Waiter [Captain]　☞　Chef de Rang

Heating System 〈宿〉 [난방 시스템]

호텔의 난방은 에너지를 사용하며 이것은 건물 전체를 통하여 각 객실에 더운 열을 공급하는 하나의 난방 시스템이다. 이러한 시스템은 공기를 덥게 하는데 사용되며, 찬 공기를 더운 공기로 바꿀 수 있는 온도조절장치로 되어 있다.

Heavy Rum　　　　☞　Rum

Heine 57 Sauce 〈食〉 [하이네 57 소스]

토마토, 식초, 소금, 사과, 콩기름, 향초 Turmeric(상환뿌리, Curry가
루용), Onion Powder, Garlic Powder 등을 재료로 만들어진 소스로
서 스테이크나 Ground Beef, Barbecue Chicken 등에 제공된다.

Held Luggage 〈客〉〔헬드 러기지〕

숙박료 지급 대신에 고객의 물건을 담보로 잡아 두는 것을 말한다.

Herb 〈食〉〔허브 : 香草〕

식물의 꽃, 잎, 씨앗, 줄기, 뿌리 등을 재료로 요리할 때 양념으로
사용하는 식물로 에테릭(Etheric)이라는 성분을 가지고 있어 특이한
향과 맛을 내는 방향성 물질이다. 종류로는 월계수 잎(Bay Leaf),
쑥근초(Tarragon), 파슬리(Parsley), 민트(Mint), 샤프론(Saffron) 등
이 있다.

Hermitage 〈宿〉〔山 莊〕

내륙 관광지에서 산을 배경으로 남향방향으로 있으며 주로 휴양객,
등산객 그리고 스키어 등을 주 이용객으로 하는 소규모 숙박시설을
말한다.

Hide-a Bed 〈客〉〔하이어 베드〕

침대가 쇼파 밑에 있어 침대와 쇼파를 겸용할 수 있는 침대를 말한다.

High Balance Report 〈會〉〔未收最高 殘額報告書〕

투숙객에게 허용된 신용판매액의 한도액을 초과한 모든 상황을 종
합한 보고서이다. 호텔의 미수금 관리를 위해 고객의 성명, 도착과
출발의 일자, 정확한 청구금액, 예약형태와 투숙현황, 예상되는 해결
방법들이 이 보고서에 표시된다.

High Ball 〈飮〉〔하이 볼〕

칵테일의 일종으로 기주에 각종 부재료를 섞어서 High Ball Glass
로 제공하는 모든 음료

High Ball Glass 〈飮〉〔하이볼 글라스〕

Tom Collins Glass(보통 물잔과 비슷한 큰 원통 잔) 보다는 작으나
같은 형태로 되어 있으며 용량은 5~9온스이다.

High Season 〈宿〉〔하이 시즌 : Peak Season, Tourist Rush Season〕

관광객이 가장 많이 방문하는 계절.

High Tea 〈食〉〔하이 티〕

영국의 일부지역에서 Afternoon Tea 대신 초저녁(오후 4~5시)에 나오는 간단한 식사이다.

Highway Hotel 〈宿〉〔하이웨이 호텔〕

이것은 고속도로변에 세워진 호텔을 말한다. 자동차로 여행하는 사람을 위한 시설로 모텔과 유사한 호텔이라고 말할 수 있다.

Hilton 〈宿〉〔힐튼: Hilton Hotels Corporation, Hilton International Co.〕

힐튼은 1887年에 뉴멕시코주 산 안토니오의 가난한 일용잡화상 집안에서 태어났고 성장해서 아버지가 시작한 역전호텔을 가족이 경영했던 것이 인연이 되어 호텔업에 뛰어들어 1920년대에의 전국적인 호텔건설 붐속에서 텍사스주 달라스에 달라스 힐튼을 개업하게 되었다. 그 후 1929년에 시작된 대공항에도 꿈적 않고 1954년에는 1920년대에 호텔왕이라고 불리운 J.M.스타틀러가 남긴 체인의 지배권을 1억 1,100만 달러에 구입했다. 현재 힐튼의 이름을 가진 회사는 2개가 있으며 양사 모두 힐튼이 회장을 맡고 있다. 힐튼호텔의 경영합리화를 살펴보면, 시간 및 동작연구, 직무분석, 직무의 표준화, 안전계획, 철저한 예산관리, 정가계획들을 실시하고 과학적으로 경영 활동을 분석하고 예측함으로써 효율적인 경영을 도모하였으며 비용은 일별, 주별, 월별로 통제하였다.

Historical Revenue Report 〈會〉〔收益記錄 狀況報告書〕

호텔의 모든 부문 수익발생에 있어서 과거의 실적을 전반적으로 나타내는 보고서로 금년, 금월, 금일의 실적과 전년, 동월, 동일의 실적을 함께 볼 수 있도록 작성된다.

Hof 〈宿〉〔호프〕

건물 등에 둘러싸인 장소 또는 광대한 저택을 뜻하는데 Inn으로부터 Hotel로 발전하는 과정에서 과도기적인 명칭으로 쓰여졌던 호텔이다.

Hold for Arrival Stamp 〈客〉〔홀드 퍼 어라이벌 스탬프〕

우편물 도착 표시.

Hold Laundry 〈客〉〔洗濯料金의 保留〕

세탁을 의뢰한 고객이 갑자기 귀국한다든지, 타 호텔로 옮긴다든지 하여 보관하였다가 차후에 돌려 받을 때가 있다. 이 경우 保留計定으로 처리되는 것을 말한다.

Hold Over   ☞ Over Stay

Hold Room Charge 〈客〉〔홀드 룸 차아지〕

홀드 룸 차아지는 두 가지 경우로 살펴볼 수 있다.

① 현재 호텔에 투숙하고 있는 고객이 단기간의 여행을 떠나면서 手荷物을 객실에 그냥 두고 가는 경우이다. 이 때에 그 객실은 고객이 계속하여 사용하는 것이 되므로 실료는 고객의 請求書에 계산되고 奉仕料(Service Charge)와 稅金(Tax)도 가산된다.

② 고객이 객실을 예약하고 호텔에 도착하지 않았을 때, 그 객실을 타인에게 판매하지 않고 보류시킨 경우에 해당된다. 이것은 고객이 항공기 지연이나 개인의 업무상 사정으로 호텔 도착이 늦어질 때 당초의 예약대로 요금을 징수하게 된다.

Holder   ☞ Cradle

Holiday Coloney 〈宿〉〔헐리데이 콜로니〕

휴가시즌에 아이들의 그룹을 받아들이기 위한 목적으로 건설된 비영리 숙박시설을 말한다.

Holland Gin 〈飮〉〔네덜란드 진〕

향기가 강한 오일(Aromatic Oil)로 인해 야성적인 풍미가 풍부하며, 주로 Straight로 차게 하여 마신다.

예) Geneva, Bols V.O, Silver Top.

Hollandaise Sauce 〈食〉〔홀랜다이즈 소스〕

① 홀랜드(네덜란드)식의 황색소스.

② 식초(Vinegar), 부추, 달걀 노른자(Egg Yolks), 양파 등을 넣고 혼합하여 물을 넣고 레몬 주스, 소금, 미국 후추를 가미하여 양념한 다음 천으로 걸러낸다.

③ 야채나 생선에 많이 쓰인다.

Hollywood Bed 〈客〉〔헐리우드 배드〕

일반적인 호텔의 침대로서 훝 보드(Foot Board)만 없고 메트리스를 후레임(Frame) 속에 끼워 넣지 않고 후레임(Frame)과 같은 넓이로 만들어 위에 올려놓게 된 침대이다. 이것은 걸터앉기가 편리하고 그 높이를 조정하여 쇼파 대용으로 쓰기도 편리할 뿐만 아니라 두 개를 이어 놓으면 더블 베드가 될 수도 있는 것이다.

Hollywood Length 〈客〉〔헐리우드 렌즈〕

보통 여분이 긴 배드로서 240cm~250cm의 길이로 특별한 고객을 위한 침대이다.

Hollow Circular 〈宴〉〔空白式 타원형 配列〕

이 테이블은 Horse Shoe형과 같게 배치하며, 끝 부분만 2개의 부채형 테이블(Serpentine)로 덧붙여 양쪽을 밀폐시킨다. 굴절된 부분에 테이블크로스를 덮는데 주의하여야 하며, 테이블의 연결 부분도 잘 처리하여야 한다. 이 형도 안쪽에 드랩스(Drape's)를 쳐주어야 한다.

Hollow Square 〈宴〉〔空白 四角形 配列〕

U형 테이블 모형과 비슷하게 배열하나 테이블 사각이 밀폐되기 때문에 좌석은 외부쪽에만 배열하여야 한다. 테이블크로스는 반대쪽에서 고객의 다리가 보이지 않도록 길게 내리거나 드랩스(Drape's)를 쳐서 회의장 분위기를 돋우어 주어야 한다. 이 형태는 모든 사람들에게 같은 의자를 앉았다는 기분을 주게 되지만, 이 형태의 가장 큰 단점은 비디오 시설 등을 제대로 활용하지 못한다는 것이다.

Hollow Ware 〈食〉〔할로우 웨어〕

서비스용 각종 Cooper, Sauce, Boat 등의 기물류(속이 깊은 그릇).

Home Visit System 〈宿〉〔民 泊〕

민박이란 본래 숙식제공을 본업으로 하지 않는 민가가 방문객을 숙박시켜 영업활동을 하는 숙박시설로서 계절적·임시적으로 영업하는 민가 부업의 한 형태.

Hop 〈植〉〔홉〕

맥주 양조시에 사용되는 원료이다. 홉은 맥주의 특유한 芳香(Aroma)과 상쾌한 맛을 주고 방부보전의 성능을 가지고 있을 뿐만 아니라 맥주의 거품을 내는 구실도 하기 때문에 홉의 질과 사용법 여하에 따라 그 맥주의 질을 좌우하게 된다. 홉은 국화과에 속하는 자웅 이종의 식물로서 맥주에는 그 미수정의 숫꽃만이 사용된다. 최상질의 홉은 체코보헤미아에서 생산되며 우리나라 대관령 홉단지에서도 생산되고 있다.

Hors d'oeuvre 〈食〉〔前菜 : Appetizer〕

오르되브르는 食事前에 제공되는 식욕촉진의 역할을 하는 모든 요리를 총칭하여 오르되브르라고 한다. Hors는 앞이라는 뜻을 나타내고, Oeuver는 작업, 즉 식사를 의미한다. 오르되브르의 유래는 마르크폴로가 중국을 다니면서 중국의 냉채 요리를 모방하여 창안된 것이라고 말하며 이탈리아에서 시작하여 프랑스로 건너갔다는 설과 러시아의 쟈쿠스키라는 간단한 요리가 오늘날의 오르되브르로 발전되었다는 설이 있다.

◆ 오르되브르의 주요 요건 ◆

① 분량이 작아 한입에 먹을 수 있는 요리.
② 앙뜨레의 양보다 소량이고 맛이 좋아야 한다.
③ 짠맛이나 신맛을 내어 타액분비를 촉진시킨다는 작용을 하여야 한다.
④ 계절감이나 지방색이 풍부하여 고객에게 특별한 고유미를 풍겨야 한다.

◆ 종 류 ◆

① Barquette(브랑켓) : 밀가루반죽으로 배모양같이 작게 만들어 여기에 생선알이나 고기를 갈아 채워서 만든 것.
② Bouche'e(보우세) : 얇게 밀가루로 반죽하여 사보리 같은 형이나 치즈나 달걀 같은 재료를 넣어 만두처럼 만들어진 것이다.
③ Canape(카나페) : 빵을 얇게 여러 가지 모양으로 잘라 튀기거나 토스트하여 버터를 바른 다음 그 위에 여러 가지 재료 등을 얹어 조그마하게 만든 것.
④ Carolines(칼로리느) : 술통같은 모양으로 조그마하게 만들어 그 속에 여러 가지 재료를 넣어 익혀낸 것.
⑤ Gre'que a la(그리꾀 알라) : 쌀이나 피멘토우나 건포도를 이용하여 만든 것.
⑥ Strasbourgeoise(스트라스보르그) : 거위간을 갈아서 빠떼형식(Pate 묵처럼)으로 만든 것.
⑦ Brochet(브로쉐) : 생선이나 야채 따위 기타 유류 등을 꼬치를 사용하여 만드는 것.

Horse Shoe 〈宴〉〔말굽 座席形 配列〕

U形과 같이 배치하여 양쪽 귀퉁이 테이블 끝부분에 반월형 테이블을 배열한다. 좌석의 외부쪽에서만 配列하여 안쪽으로 드랩스를 쳐

주어야 한다. 굴절되는 부분을 처리하는데 약간의 어려움이 있으므로 테이블 크로스를 잘 조정하여야 한다.

Horseradish 〈植〉〔호올스래디쉬 : 양고추냉이〕

겨자과의 관상용 식물의 한 종류인 서양 매운 냉이로 중앙 유럽과 아시아가 원산지이다. 특이한 향과 톡 쏘는 매운 맛을 가지고 있다.

Horseradish Sauce 〈食〉〔호올스래디쉬 소스〕

양고추냉이와 식초, 빵가루를 혼합한 뒤 설탕, 소금, 후추로 양념하여 휘핑크림과 잘 섞어서 만드는 소스를 말한다.

Horwath Method 〈宿〉〔호워드 方法〕

이 방법은 1930년대 호워드 앤드 호워드(Horwath and Horwath) 호텔회계 법인에 의해 이용된 객실결정방법으로 제일 처음 적용된 호텔이 미국 시카고의 파머 하우스이다. 그 이후 대부분의 호텔들이 이 방법을 이용하였으며, 우리나라에서는 국제관광회사가 설립되기 이전에 반도호텔과 조선호텔에서 이 방법을 채택하여 사용되었다. 이 방법은 객실당 건축비에 따른 요금결정방법이라 할 수 있는 것으로 객실당 총 건축비의 1,000分의 1이 평균객실료(Average Room Rate)가 된다는 이론이다.

Hospitality Industry 〈宿〉〔歡待産業〕

관광산업 또는 호텔산업의 동의어 개념으로 사용되고 있으나, 실직적인 환대산업은 서비스산업에 있어서 숙박산업(Lodging Industry), 관광산업(Travel Industry), 식음산업(Food Industry), 레스토랑 산업(Restaurant Industry)을 말하는 것이다.

Hospitality Room 〈客〉〔호스피텔리티 룸〕

호스피텔리티 룸은 총지배인이나 객실담당 지배인의 허락하에 단체의 수하물을 임시 보관한다든지 일반고객이 의상을 잠시 동안 갈아 입는 등의 목적으로 제공되는 객실이며, 객실요금은 징수하지 않는다.

Hospitality Suite 〈客〉〔歡待室〕

호텔(Hotel) 또는 모텔(Motel)에서 일반적으로 숙박목적이 아닌 오락 및 연회(Convention or Meeting) 목적으로 사용되는 객실을 말한다.

Host 〈宿〉〔(宴會 등의)主催者〕

고객을 영접하거나 환영하는 사람으로서 손님의 특별한 요구를 돌보아줌으로써 그들을 편안하게 만든다.

Host Bar 〈會〉〔호스트 바 : Open Bar, Sponsor Bar〕

객실내에 설치되어 있고 스폰서에 의해 미리 지급이 되어 있기 때문에 무료로 마실 수 있는 바로써 스폰서 또는 Open Bar로도 소개된다.

Hostal 〈宿〉〔호스탈〕

스페인이나 포르투갈에서 흔히 볼 수 있는 저렴한 서민용 숙박시설이다. 특히 스페인에는 빠라도르(Parador)란 고전적 시골풍의 숙박시설을 국가에서 지정 보호 육성하고 있다.

Hostel 〈宿〉〔호스텔〕

도보여행자나 자동차 여행자용의 값이 싼 숙박시설로 청소년, 클럽회원 또는 여행자와 같은 특정한 이용자의 단체를 위해 가끔 운영된다.

Hostelry 〈宿〉〔여 관〕

식사를 제공하는 장소로서 다소 문어적인 표현이나, 하숙 또는 여행자를 위한 여인숙을 말한다.

Hostellerie Du Chateau 〈宿〉〔別莊 호텔〕

고대 프랑스 왕족들이 즐긴 휴가처로서 미식가의 전당으로 변모한 호텔형태이다. 오래된 성을 개조한 이 호텔은 성스러운 성가가 울려퍼지는 작은 성당 같은 격조 높은 호텔형식이다.

Hot Cake 〈食〉〔핫 케이크〕

밀가루와 계란, 우유, 설탕, 버터, 베이킹 파우다 등을 혼합 반죽하여 후라이팬에서 양면을 익힌 빵 케이크의 일종이다.

Hot Dessert 〈食〉〔핫 디저트〕

더운 디저트에는 조리방법에 따라 다음과 같은 조리법이 있다. 즉오븐에 굽는 법, 더운 물 또는 우유에 삶아 내는 법, 기름에서 튀겨내는 법, 알코올로 플랑베(Flambèe)하는 법 등이 있다.

Hot Drink 〈食〉〔핫 드링크〕

인간의 체온보다 온도를 높인 음료를 말한다. 즉, 사람의 체온(36.5℃)보다 25~30℃가 높은 약 62~67℃ 정도로 해서 마신다.

Hot List 〈會〉〔取消名單 : Cancellation Card Bulletion〕

크레디트 회사에서 발행한 카드의 무효자 명부로 카드의 분실 또는
도난된 것의 취소를 알리는데 사용된다.

Hot Plate 〈食〉〔핫 플레이트〕

요리용 철판, 요리용 전기 히터.

Hot Pot 〈食〉〔핫 포트〕

소고기(양고기)와 감자를 냄비에 넣고 찐 요리.

Hot Sauce 〈食〉〔핫 소스〕

잘 익은 고추에 식초, 소금 등을 흰 오크(Oak)통에 넣어 숙성(夙成)
시킨다. 각종 요리에 매운 맛을 낼 때 사용하는 소스이다.

Hot Souffle 〈食〉〔핫 수플레〕

크림소스(Cream Sauce)에 스위스 치즈나 가루 치즈를 혼합하여 양
념과 함께 오븐에 넣어 구워낸 것.

Hotel 〈宿〉〔호 텔〕

오늘날 호텔이란 단순히 숙박과 음식만을 제공하는 시설이 아니라
하나의 기업이다. 기업으로서의 호텔은 이익을 목적으로 숙박과 음
식물을 생산하여 판매하는 것은 물론 사적시설이 아닌 공공에 기여
하는 사회적 시설인 동시에 불특정 다수의 일반고객을 대상으로 하
는 영업체이다. 관광진흥법 제3조 제2항에서는 "관광객의 숙박에 적
합한 시설을 갖추어 관광객에게 이용하게 하고 음식을 제공하는
업"이라고 규정하고, 김충호 교수는 "일정한 지불능력이 있는 사람
에게 객실과 식사를 제공할 수 있는 시설을 갖추고 잘 훈련되고 예
절이 바른 종사원이 조직적으로 봉사하여 그 대가를 받는 기업체"
라고 정의했다. 호텔의 어원은 라틴어의 Hospitalis라는 형용사의
'환대'를 뜻하는 의미에서 중성어인 '순례자, 참배자, 나그네를 위한
숙소'를 뜻하는 Hospital에서 출발하였으며 이 Hospital이 고대 중세
의 프랑스어로 Hotel로 되어 근대의 영어로 받아들여져 "S"의 음이
사라지면서 Hotel로 바뀌어 현재의 호텔로 쓰여지게 되었다.

Hotel Billing Information Center 〈電〉〔호텔 電子交換시스템 :
                                                    HOBIC〕

HOBIC시스템은 손님이 장거리 전화를 걸 때마다 요금을 기록하는
수단을 제공하는 전화회사에 의해 공급된 서비스이다. 고객의 전화들

은 특별 전화선을 설치하여 HOBIC으로 전화한다. 어떤 고객이 이러한 시설을 통해 전화를 걸면 전화회사 교환원이 나와서 고객의 객실번호를 물어 보게 된다. 객실번호를 받자마자 그 교환원은 그 전화가 통화되도록 허락한다. 그 전화가 끝나면 호텔은 교환원이 호텔로 전화해 주거나 아니면 프론트 데스크 텔레타입머신(Teletype Machine)으로 전화회사의 전송을 받아서 그 시간과 요금을 받게 된다.

Hotel Charter 〈宿〉〔호텔憲章〕

호텔경영의 기본적인 사항에 대하여 국제적인 통일기준을 만들려고 하는 움직임이 있는데 그 기준을 말한다.

Hotel Classification 〈宿〉〔호텔 等級〕

관광호텔에 대한 등급은 1970년에 처음 이루어졌는데 당시 교통부는 1968년 8월에 마련한 「관광진흥을 위한 종합대책」의 일환으로 등급제 작업에 착수하여 4등급으로 운영하다 1986년 12월 31일자로 관광사업법이 관광진흥법으로 개정되면서 관광숙박업 등급을 5등급으로 세분화하였다. 즉 특1급, 특2급, 1급, 2급, 3급이다. 관광호텔에 관한 등급조정은 3년마다 실시하는 정기조정과 장관이 필요하다고 인정할 때에는 업체가 신청할 경우에 실시하는 수시조정으로 구분되며, 신규호텔의 경우에는 등록후 3개월이 경과한 다음부터 6개월 이내에 실시하기로 되어 있다. 「관광호텔 등급결정에 관한 요령」에 의하면 관광호텔 등급결정 신청은 특2등급 이상은 문화체육부장관에게 1등급 이하는 관할 도지사에게 제출하여야 하며 신청을 받은 등급결정 권자는 등급평정 기준에 의하여 등급평정을 위한 조사를 실시하여야 한다. 관광호텔의 등급결정은 문화체육부장관이 따로 정하여 고시한 관광호텔 등급평정기준에 따라 결정하되 평정기준의 만점을 기준으로 하여 특1등급은 90% 이상, 특2등급은 80% 이상, 1등급은 70% 이상, 2등급은 60% 이상, 3 등급은 50% 이상이어야 한다.

Hotel Cost Analysis System 〈會〉〔호텔 原價分析制度〕

호텔 식음료의 원가관리 방법으로 식음료의 원가를 그 성분에 따라 부문별 혹은 원가요소별로 원가분석을 한다. 합리적인 식음료원가관리 개념에 가장 기본이 되는 3가지는 표준량 목록, 1인 표준량, 1인 표준가격 등이다. 3가지 기본요소를 근간으로 메뉴의 구조 및 가격, 재고관리 등을 세분화하여 식음료의 품목별 총판매금액에 대한 원가율을 계산할 수 있을 뿐만 아니라 단위품목의 제조원가분석과 부문원가분석을 하는 것으로서 호텔 원가관리의 한 방법이다.

Hotel Crew 〈宿〉〔호텔 크루우〕

유람선내 객실 승무원을 말하며, 대부분의 유람선에서 선원보다 더 많은데 그것은 특히 다양한 서비스와 오락활동에 종사하는 직원이 많이 필요하기 때문이다. 유람선은 흔히 선상에서 쥰 호텔 서비스를 원활하게 운영하는데 책임지는 호텔지배인을 고용하고 있다. 호텔 지배인은 육지의 투어 에스코트와 유사한 기능을 담당하는데 고객의 사교적·오락적 활동을 준비하고 감독한다. 그는 항상 수많은 부하직원들의 도움을 받는다.

Hotel Direct Cost 〈會〉〔호텔 直接費〕

호텔 직접비는 원가요소에 있어서 어느 특정부문에 직접적으로 부과되는 원가로 직접재료비, 물품비, 부문인건비, 직접경비 등으로 구성된다.

Hotel Exchange Rate 〈會〉〔호텔 換率〕

호텔 프론트 캐쉬어(Hotel Front Cashier)의 환전원은 정부 지정통화의 당일 환율거래를 거래 외국환은행으로부터 통보받아 이를 고객에게 告示하고(일반적으로 정오 기준) 이를 적용하여 환전하며 환전액(電信煥 賣渡率)의 100분의 1의 범위내에서 換錢手數料를 받을 수 있게 되어 있다.

① 호텔현찰 買入率 : 銀行現札 買入率−(電信煥 賣渡率×1/100)
② 호텔주화 買入率 : 基準率−(基準率×10/100)−(電信煥 賣渡率× 1/100)

Hotel Fix Cost 〈會〉〔호텔 固定費〕

호텔의 매출액 또는 업무량에 관계없이 소비되는 원가로서 정규 종사원의 인건비, 재산비, 공공장소(Public Space)의 전열비 등과 같은 비용을 말한다. 호텔업은 특히 고정비의 비율이 높은 특성을 가진다.

Hotel Guest Cycle 〈會〉〔호텔 顧客循環週期〕

호텔 고객순환주기는 고객이 처음 호텔에 도착하여 상품과 서비스를 제공받고 그 대가로 요금을 지급한 뒤 호텔을 떠날 때까지의 전체 과정을 말한다. Kasavana & Cha는 호텔 고객순환주기를 다음과 같이 설명하고 있다. 즉 販賣前(豫約管理시스템) → 販賣時點(판매관리시스템) → 販賣後(판매후 고객관리시스템)로 연계되는 시간적 연속체로 성립되는 것이라 했다.

Hotel Indirect Cost 〈會〉〔호텔 間接費〕

호텔에서 2종 이상의 수익부문에서 영업활동이 수행되므로 2종 이
상의 제품을 제조하거나 2종 이상의 수익부문에서 공통으로 발생하
는 원가를 간접비라 한다. 즉, 발생된 원가나 비용을 특정한 부문에
직접 배부할 수 없는 성질의 원가이다. 예를 들면, 경비원의 임금이
나 보험료, 감가상각비 등이 이에 속한다.

Hotel Information Control System 〈電〉〔호텔 情報處理시스템 : HICS〕

회계처리시스템, 고객관리시스템, 예약정보시스템을 중심으로 한 호
텔의 서비스 향상이 목적이다. 이것은 동시시간(Real-Time)에 의한
처리가 주기능이 되는 시스템과 관리 또는 후방 업무의 자료처리를
위한 각종 자료작성과 경영관리 업무보고에 중점을 둔 시스템이다.

Hotel Package 〈宿〉〔호텔 패키지〕

종종 호텔에서 교통편의와 객실 및 기타 부대시설의 사용을 포함한
일괄적인 서비스를 말한다.

Hotel Package Sales 〈宿〉〔호텔 패키지 販賣〕

호텔 판매촉진의 한 방법이다. 호텔이 적극적인 고객유치를 위해서
항공사, 여행사 혹은 호화여객선회사와 공동으로 단일요금으로 된
여행상품을 개발하여 판매하는 것이다. 이러한 상품은 호텔 객실요
금, 식음료, 쇼(Show), 그리고 항공편이나 여객선을 이용하도록 하
여 일괄 요금으로 판매한다.

Hotel Pay 〈客〉〔호텔 料金〕

호텔 객실의 요금계산 기준시간이며 우리나라는 정오부터 그 다음
날 정오(Check-out time)까지이다.

Hotel Personal 〈宿〉〔호텔 從業員〕

호텔이나 모텔 등과 같은 숙박업소에서 근무하는 종사원(Hotel
Man).

Hotel Poter 〈客〉〔호텔 포터〕

호텔에서 손님의 짐을 운반하는 일을 하는 종업원.

Hotel Price Policy 〈宿〉〔호텔 料金政策〕

호텔경영에 있어서 객실요금을 책정하는 문제는 가장 중요한 경영 정책의 의사결정이다. 객실요금을 적정하게 책정하는 것은 판매증진 을 위한 최선의 方法이며, 기업의 수익성을 향상시키는 요건이라고 할 수 있다. 호텔의 요금정책은 객실요금뿐만 아니라 식음료 요금에 있어서도 판매가의 결정이 식음료 원가계산을 기초로 하여 적정한 요금으로 책정되어야 한다.

Hotel Representative 〈宿〉〔호텔 中間販賣者〕

호텔의 소재지 이외의 멀리서 호텔체인을 대표하여 예약을 받거나 선전업무를 행하는 사무소의 일 또는 행하는 자로 업계에서는 「호 텔 렙(Hotel Rep)」으로 약칭해서 쓰고 있으며 호텔 렙에는 단순히 하나의 호텔대표에서 여러 개 또는 호텔체인 전체의 예약업무를 취 급하는 사무소도 있다.

Hotel Sale and Marketing Association International 〈宿〉〔호텔 販促 및 마케팅 國際聯合 : HSMAI〕

HSMAI 단체는 스타틀러 호텔의 사장인 Jhon C.Burger에 의해 1927년도에 창립한 협회로서 호텔판촉 및 마케팅담당자 협력조직체 로서 워싱턴 D.C에 본부를 두고 있으며 회원은 약 6천명이다.

Hotel Variable Cost 〈會〉〔호텔 變動費〕

호텔의 매출액, 업무량, 조업도에 따라 변동하는 성질의 비용으로서 식음료의 재료비는 변동비에 속한다.

Hotel Video Tech 〈客〉〔호텔비디오텍〕

호텔의 신상품으로 독일 아이히백 호텔 호젠사를 중심으로 세계 각 국에 확산되어 가는 중인데 호텔 프론트(Hotel Front)에 비디오 테 입을 진열하여 자동대여기를 설치 운영하는 것으로 투숙고객이 자 기 취향에 맞는 비디오를 선택하여 자기 객실에 가져가 보게 하는 서비스이다. 리조트 호텔(Resot Hotel)에 많이 적용하고 있다.

Hotel Voucher 〈會〉〔호텔 回數券〕

모든 선불여행에서 비용이 납부되었다는 것이 명기된 관광업자에 의해 발행되는 회수권으로 고객은 호텔 투숙 수속시 이 회수권을 제시하며, 호텔측은 후에 관광업자에게 비용을 요구하는 계산서를 이 회수권과 함께 발송한다.

Hotelier 〈宿〉〔호텔인 : Hotelkeeper〕

호텔경영자 또는 호텔支配人, 管理人, 所有主를 총칭한다.

House Bank 〈會〉〔하우스 뱅크〕

환전업무를 용이하게 하도록 일정금액의 현금을 Front Cashier에게 전도하여 책임지우고 보관하여 놓은 것을 말한다.

House Call 〈客〉〔하우스 콜 : 會社職員의 業務用 電話〕

호텔 종사원이 업무용으로 외부에 전화하는 것으로 개인에게 요금을 부과되지 않는다.

House Count 〈客〉〔하우스 카운트 : House Earning〕

등록된 고객의 인원수.

House Doctor 〈客〉〔하우스 닥터 : Hotel Doctor〕

호텔과 특약되어 있는 담당의사로 급한 환자가 발생하였을 때 이 의사를 부른다.

House Emergency Key ☞ Key

House Exchange 〈宿〉〔交換住宅〕

서로 다른 지방에 있는 각자의 주택을 서로 교환해서 이용할 수 있는 주택을 말한다.

House Expense 〈會〉〔하우스 익스팬스〕

고객에 대한 현금 입체로서 지출하는 외에 호텔 자체의 소액 영업경비를 지칭한다.

House Keeper 〈客〉〔하우스키퍼〕

호텔 하우스키핑의 책임자로서 객실청소 및 정비책임자이며 프론트 기술부문과 연결하여 객실의 관리유지를 말한다.

House Keeping 〈客〉〔하우스키핑 : 客室整備〕

하우스키핑이란 일반적으로 가사, 가정, 가계를 뜻하는 말인데 호텔의 'Housekeeping'이란 객실의 관리 및 객실부문에서 제공되는 서비스의 모든 것을 가리킨다. 일반적으로 객실정비의 업무를 보면 객실청소와 객실의 설비, 가구, 비품류의 정비 그리고 객실용의 린넨류, 소모품류의 관리를 말한다.

House Laundry 〈客〉〔하우스 라운드리〕

호텔이 계약을 맺고 외부 세탁업자에게 세탁물을 맡기는 것이 아닌 자체내에 설비를 갖춘 세탁시설을 말한다.

House Limit 〈會〉〔하우스 리미트〕

고객의 외상거래한도를 말한다.

House Man 〈客〉〔하우스 맨〕

하우스키핑에서 근무하는 종사원으로 힘든 청소업무나 물건을 옮기는 작업을 수행한다.

House Patrol 〈宿〉〔호텔巡察, 호텔의 全地域巡視〕

야간지배인(Duty Manager)은 수시로 공공지역(Public Area) 및 각 영업장 등을 순찰하여 모든 야간종사원들이 당직업무를 성실히 수행하고 있는지 확인하고, 도난방지, 화재예방, 에너지 절약 등에 필요한 조치를 취해야 한다. 아울러 객실의 맨 윗층으로부터 로비까지, 그리고 기계실, 전기실, 업장이 있는 지하층까지 일정시간마다 호텔의 전관을 순시하는 것을 말한다.

House Phone 〈宿〉〔하우스 폰 : 內線電話〕

호텔 로비(Hotel Lobby)에 놓여 있는 구내 전용전화를 말한다.

House Profit 〈會〉〔하우스 프로피트 : House Income〕

호텔의 순이익. 소득세를 공제한 영업부문의 순이익. 점포 임대 수입은 제외되나 세금, 임대료, 지급이자, 보험 및 감가상각비는 공제된다.

House Use Room 〈客〉〔하우스 유스 룸 : House Room〕

호텔 임원의 숙소로 사용되거나 사무실이 부족하여 객실을 사무실로 사용하는 경우, 침구류를 저장하는 Linen Room이나 객실 비품을 저장하는 Store Room 등을 말한다.

Housekeeping Manager 〈客〉〔客室管理支配人〕

객실관리지배인은 자기의 업무 자체가 호텔의 경비절감에 크게 이바지한다는 점을 분명하게 인식하고 있어야 하며, 각 부문책임자와의 부단한 접촉과 하우스키핑의 모든 부분의 작업에 대해 관리 및 통제자적 위치에 있으므로 남다른 관리자적 자질이 요구된다 하겠다. 아울러 호텔의 제반 방침에 의거 하우스키핑의 기본업무인 객실정비, 유지관리, 비품집기관리에 중점을 두고 하우스키핑의 전직원에게 작업을 지시하고 감독하고 작업실시 결과를 확인하며, 린넨관리 및 막대한 호텔의 재산을 보호하는데 최선을 다해야 한다. 특히 화재 및 도난·인사사고 등의 긴급사태에 대비하여 항상 만반의 준비자세를 잊어서는 안된다.

Housekeeping's Report 〈客〉〔하우스키핑 報告書〕

하우스키퍼의 보고서로 객실상태에 관한 린넨 룸(Linen Room)의 일람표이며, 룸 랙(Room Rack)의 효과적인 관리를 확인하기 위해 프론트 오피스(Front Office) 안에서 사용되는 보고서이다.

Housing Bureau 〈宿〉〔宿泊 案內所〕

정부가 후원을 하며 대규모 회의나 기타 중요 행사 때 숙박문제를 알선하고 조정하는 안내소를 말한다.

Howard Dearing Johnson 〈宿〉〔호워드 죤슨 : 1989~1972〕

호워드 죤슨은 식당산업에서 가장 두각을 나타낸 인물이다. 그의 이름이 간판으로 되어 있는 미국의 주요 고속도로상에 있는 수천개의 식당을 모르는 사람은 거의 없다. 500개 이상의 자동차여행자를 위한 모우터 로지(Moter Lodges)가 그의 이름을 또한 사용하고 있으며 수퍼마켓에 가면 여러 가지 호워드 죤슨 상표의 냉동 식음료들이 진열되어 있고 입간판, 신문광고, TV 광고 등에서 그의 이름을 계속하여 듣고 보게 된다. 1935년에 호워드 죤슨의 상호를 사용하는 식당이 35개소로 증가하였고 1940年에는 100개가 넘었다. 이들 식당들은 모두 오렌지색 지붕을 한 흰 건물에 호워드 죤슨 아이스크림을 판매하였으며 똑같은 건물에 동일한 품질의 식사를 제공하게 되었다. 1954년에 첫번째 모우터 로지를 개업하였고, 1972년 세상을 떠나자 그의 아들이 회사를 인수한 후 식당은 10,000개소, 모우터 로지는 500개로 성장하였다. 그는 식당 프랜차이즈(Franchise)의 선구자였다.

Hubbart Room Rate Formular 〈會〉〔후버드 客室料金方式〕

Roy Hubbart에 의해 연구되어 미국 호텔 및 모텔협회(American Hotel and Motel Association)에 의해 전파된 객실료 산정방법이다. 이 방법에 의한 객실요금 계산은 연간 총경비, 판매가능한 객실 수 및 객실 점유율 등을 기초로 계산한 연간 목표이익을 근거로 한다.

IATA-UFTAA-IHA Voucher System 〈宿〉〔國際運送協會(International Air Transportation), 國際旅行業協會聯盟(Universal Federation of Travel Agent's Associations), 國際호텔協會(International Hotel Association), 바우처시스템〕

호텔과 여행사간의 거래 촉진 및 상호 이익추구와 고객에게 안전하고 편리한 서비스 제공을 목적으로 만들어졌다. 그동안 호텔과 여행사간의 거래에서 발생되었던 수수료, 노-쇼(No-Show), 객실료 지급 등 여러 가지 문제점을 보다 명확하게 처리하여 줄 뿐만 아니라 고객도 안전하고 편리한 서비스를 제공받을 수 있는 제도이다. 이 바우처는 1991년 9월부터 벨기에 여행사에서 예비 테스트 형태로 운영되었는데 운영방법은 현재 여행사에서 항공권을 발권하는 것과 같이 스위스 제네바에 있는 중앙자금정산방법(Central Funds Cleaning System)과 연결된 IATA B.S.P.(Bank Settlement Plan : 은행정산제도)를 통해 발권하게 된다. 발권여행사는 IATA가입 여행사에 한하여, 여행사는 예약시 이 바우처에 의한 호텔예약을 수락하는 호텔에 한하여 발권하게 되고 정산은 한 달에 두번씩 B.S.P.를 통해 여행사의 커미션을 공제한 금액으로 한다. 호텔에 대한 정산은 IATA 중앙바우처 관리소(Central Voucher Management)가 지급책임을 지며, 호텔은 여행사의 커미션 및 바우처 운영비로 바우처 1매당 2ECU(European Currency Unit Rate : 약 US $2.7)가 공제된 금액을 호텔 관할 B.S.P. 정산은행을 통해 30일 이내에 지급받거나 또는 제네바로부터 수표를 받음으로서 정산하게 된다.

Ice Box 〈食〉〔아이스 박스 : Ice Bucket〕

얼음 담는 통.

Ice Carving 〈食〉〔얼음 彫刻〕

아이스 카빙은 얼음을 재료로 하여 작가의 상상력과 창의력 그리고 독특한 테크닉에 의해 완성되는 작품이다. 다양한 모양으로 연출된 투명한 얼음작품에 총천연색의 조명이 비추어지고 서서히 녹아 내리는 물방울과 어우러지게 되면 사람들로 하여금 신선감과 황홀감을 맛볼 수 있게 하여 준다. 현재까지도 우리나라에서는 호텔의 조리사들에 의하여 기술이 전수되고 있는 실정이다.

Ice Crusher 〈飮〉〔얼음 깨는 器具〕

한번에 많은 양의 얼음이 필요할 때 사용하는 장비로서 큰 파티나 컨벤션에 사용한다.

Ice Pail 〈飮〉〔얼음통〕

얼음을 넣기 위한 용기로서 금속제품과 유리제품이 있다.

Ice Pick 〈飮〉〔얼음 깨는 송곳〕

얼음을 깰 때 사용하는 기구이다.

Ice Tong 〈飮〉〔얼음 집게〕

얼음을 집기 위한 기구로서 끝부분의 톱니부분이 만들어져 있다.

Icecream 〈食〉〔아이스크림〕

16세기경 이태리의 부호인 메디치가의 한 요리사가 샴페인을 마시다가 문밖에 놔눈 채 잠이 들었다. 이때는 매우 추웠던 겨울철이라 다음날 아침에 얼어 붙어 있는 샴페인을 맛본 후 그 새로운 맛에 감격을 하였다. 그 이후 메디치가의 딸 캐더린은 프랑스의 앙리 Ⅱ세와 결혼할 때 만찬석상에 얼음과자를 선보인 후 그 후 과즙, 우유, 주류 등을 가미하여 샤벳에서 본격적인 아이스크림을 선보였다. 1904년 미국 세인트 루이스의 만국 박람회에서는 아이스크림이 일반대중에게 처음 선을 보였다.

Icing 〈食〉〔아이싱〕

케이크에 바르거나 장식하는 설탕크림.

ID 〈客〉〔아이 디(Identity Card) : Identity〕

개인 신분증

I.H.A 〈宿〉〔國際호텔協會 : International Hotel Association〕

1964년 런던에서 설립된 각국의 호텔협회의 연합체로 국제호텔업, 국제관광, 그 밖의 호텔에 관한 모든 문제점을 연구하고 회원에 대한 정보제공을 주업무로 하고 있다. 사무국은 프랑스 파리에 있다.

IMF 〈會〉〔國際通貨基金 : International Monetary Fund〕

1944년에 설치된 국제금융결제기관으로 1946년에 업무를 개시하였다. 외국환의 안정을 도모하는 것을 목적으로 하고 있으며, 가맹국은 107개국, 본부는 워싱턴에 있다.

Imprest Petty Cash 〈會〉〔少額現金 前渡金〕

특별히 少額現金을 조정하는 기술로서 소액환은 최소한의 현금지급을 위해 사용되어지고 정기적으로 상환하는 것을 말한다.

In Order Room 〈客〉〔인 오더 룸〕

호텔 객실의 정리정돈이 완료되어 판매를 할 수 있는 객실.

In Season Rate 〈客〉〔盛需期 價格〕

수요가 급증하는 계절에 호텔의 최고 객실요금이다.

Incentive Pay 〈宿〉〔인센티브 페이 : Incentive Bonus〕

(종업원 등에 대한) 생산성 향상 장려금.

Inclusive Term 〈客〉〔包括된 價格〕

이 단어는 유럽에서 사용되는 용어로서 아메리칸 플랜(American Plan)을 표시하기 위한 문구이다. 즉, 가격에 稅金(Tax)과 奉仕料 (Service Charge)가 포함되어 있음을 암시한다.

Income Audit 〈會〉〔收入監査〕

수입감사는 전일의 매상 및 현금수입의 집계와 감사이다. 따라서 수입감사·업무는 전일 발생한 각 영업장 부문별의 당일 매상보고서 및 감사보고서를 근거로 하여 호텔의 수입금이 회계처리규정에 의하여 현금관리 및 매상집계가 타당하게 처리되었는지를 확인하고 오류, 탈루가 없는지를 감사하는 것이다.

Income Controller 〈會〉〔營業會計管理者 : Income Auditor〕

영업회계관리자는 호텔의 다양한 모든 수입에 대한 최종적인 감사의 책임을 진다. 일반적으로 수입회계는 프론트 오피스의 출납원 또는 야간감사에 의해 처리된다. 객실수입은 Room Count Sheet에 의해 확인되며, 각 부문별 수입금액은 부문별 수입일계표나 전표를 토대로 수입관리를 한다. 또한 감사자는 숙박카드와 같은 증빙서류, 식당계산서, 전화전표 등을 검증하고 확인하는 일을 한다.

Income Statement 〈會〉〔損益計算書 : I/S〕

손익계산서는 일정기간 동안의 기업의 경영성과를 나타내주는 회계보고서이다. 경영성과는 일정기간의 수익과 그 수익을 얻기 위하여 사용된 비용을 대응시켜 계산한다. 수익과 비용의 차액은 기간손익이다. 수익이 비용보다 큰 경우에는 (純)利益이, 비용이 수익보다 큰 경우에는 (純)損失이 나타난다.

Incompatible Function 〈카〉〔非兩立機能〕

회계관리 목적으로 특정인 또는 특정부서가 정상적인 업무수행과정에 있어 잘못이나 또는 부정행위를 저지르거나 숨길 수 없도록 하는 기능.

Indefinite Departure Date 〈客〉〔不明確한 出發日字 : IND〕

보통 약자로 IND라고 표기하여 고객의 Check-out(퇴숙) 날짜를 정확히 알 수 없을 때에 사용한다.

Independent Hotel 〈宿〉〔單獨經營호텔 : Independent Operation〕

단독경영의 호텔이란 개인이 호텔 하나만을 운영하는 경우와 그룹사의 경우 호텔업에 투자를 하여 관리인으로 하여금 단독경영을 하게 하는 경우이다. 즉 호텔경영주가 단독적으로 수행해 나가는 것을 의미한다. 장점으로는 경영협약 비용, 또는 체인본부에서 부과되는 제 비용을 지불할 필요가 없어 비용이 절감되고, 고유의 경영기법을 개발할 수 있어 독창적인 경영기법을 개발하여 합리성을 기할 수 있다. 단점으로는 호텔 스스로가 시설 확대 및 경영기술개발에 노력해야 하며, 해외선전비 및 광고비의 부담으로 많은 경비가 지출된다.

Indicator 〈客〉〔인디케이터 : 狀況表示板〕

호텔 하우스키핑 부서로부터 객실정비가 완료된 후 프론트에 객실정비가 완료된 것을 알리는 시스템이다.

Information Clerk 〈客〉〔案內係〕

여행, 관광자원, 명소, 도시 등에 관해 소상하고도 정확한 정보 및 공항, 열차 등의 교통수단에 관한 정확한 지식을 갖고 고객의 질의 요청에 대해 즉시 응답해 주는 일을 전담하는 직종이다.

Inn 〈宿〉〔인〕

초기적 현상의 숙박시설, 간결하고 소박한 숙박시설로 비교적 작은 호텔을 말하여 왔지만, 최근 미국에서 「Inn」의 명칭을 사용하는 호텔이 상당히 많이 설립되어 호텔과 다름없이 훌륭한 것이 많다.

Inside Call 〈宿〉〔인사이드 콜 : 호텔內部의 構內電話〕

전화교환을 통한 호텔내 전화 사용.

Inside Room 〈客〉〔인사이드 룸 : 內向客室〕

안뜰로 향하고 있는 객실을 말하며, Outside Room의 반대 개념이다.

Inside Selling 〈宿〉〔社內販賣〕

기업의 어떤 팔 물건과 고객이 접촉할 때 추가적 제품이나 서비스가 판매되도록 모색하는 전략으로서, 호텔의 고객에게 호텔 이발관을 이용하도록 유도하거나 레스토랑 단골 고객에게 식사와 함께 포도주를 들도록 권유하는 경우이다.

Inspector   ☞ Floor Supervisor

Intangible Product 〈宿〉〔無形의 商品, 人的서비스〕

호텔내의 여러 부서의 종업원들이 제공하는 상품(만질 수 없는 상품), 즉 흔히 인적인 서비스가 합쳐져서 제공된다고 할 수 있다.

Inter-American Hotel Association 〈宿〉〔美洲호텔協會 : IAHA〕

1941년 멕시코에서 미국 호텔협회, 록펠러 위원회의 제창에 의해 설립되었다. 이 기구는 지역내 호텔업의 우호, 이해의 촉진, 호텔운영, 건설, 기타 정보의 교환을 주목적으로 하고 있다. 회원은 지역내 22개국의 협회 내지는 호텔로 구성되며, 본부는 콜롬비아에 있다.

Inter Unit transfer 〈食〉〔食飮料 資材 代替〕

호텔 내부에서 레스토랑의 수가 많으면 서로 필요한 식음료 자재를 주고 받는 경우를 말한다.

Intercontinental Safari 〈食〉〔인터컨티넨탈 사파리〕

잉글리쉬 조식(English Breakfast)과 아메리칸 조식(American Breakfast)의 비슷한 형태이다.

Interface 〈電〉〔인터페이스〕

자료처리 시스템이나 시스템의 부분들 사이의 공통경계부분. 통신과 데이터 시스템에서 접속기는 코드, 형식, 속도 등의 변화를 행하는 기능을 포함한다.

Internal Sales 〈宿〉〔內部販賣〕

호텔에서 판촉을 위하여 많은 다른 요소로 이용되고 있으며, 회사전체 또는 종사원들이 호텔상품의 판매를 촉구하는 활동이다.

Internal Transactions 〈會〉〔內部去來〕

내부거래는 기업 내부에서 발생한 거래로 외부자와의 관련이 없는 거래이다. 영업부문별 원가계산, 결산시의 정리분개사항 등은 내부 거래이다.

International Congress and Convention Association 〈宿〉〔國際會議 컨벤션協會 : ICCA〕

관광사업에서 중요성이 더해가고 있는 회의산업 관계기구로서 설립 목적은 각종 국제회의의 유치 및 편의제공, 국제회의에 관한 전문적인 서비스 제공, 국제회의 개최에 따른 회원의 균등제 등이며, 본부는 네덜란드의 암스테르담이다.

International Union of National Associations of Hotel, Restaurant and Cafe Keepers 〈宿〉〔國際호텔. 레스토랑. 카페 經營者協會聯盟 : IUNA Ho-Re-Ca〕

동업자협회의 국제기관으로 1949년 설립되었다. 21개국의 협회가 가맹하고 본부는 스위스의 쮜리히(Zurich)에 있다.

International Youth Hostel Federation 〈宿〉〔國際유스호스텔聯盟 : IYHF〕

본 연맹은 청소년 학생들의 여행을 장려하기 위하여 많은 청소년들이 저렴한 가격으로 이용할 수 있는 숙박시설, 즉 유스호스텔 업자들이 1964년 영국 런던에서 본부를 두고 창설되었다.

Interphone 〈客〉〔인터폰〕

객실내 욕실에 설치되어 있으며 받을 수만 있는 수신용전화기.

Intuition Pricing Method 〈宿〉〔直觀的 價格決定方法〕

직관적 가격결정방법은 많이 이용되는 방법으로 깊은 판단이나 추리를 하지 않고 감각적으로 이만한 가격이면 공평하면서도 적정한 가격이 될 것이라는 직관에 의해 결정되는 방법이다. 이 방법은 어떠한 적정가격이 일정한 비용과 이익을 창출할 수 있을 것이라는 예측에 의해 결정된다.

Inventory 〈宿〉〔인벤토리〕

재고조사, 재고품 조사, 재고품 명세서.

Invoice 〈會〉〔送帳. 送品帳 : Food Invoice〕

거래품목의 명세 표시와 청구의 기능을 갖는다. 이것에는 거래당사자, 목적물, 거래가액, 부가가치세액, 거래일자, 주문서의 일련번호 등을 표시한다. 송장 원본은 검수보고서 작성의 자료가 된 후 원가 관리부로 회송, 심사 및 원가 삽입을 거쳐 다시 경리부로 보내어 대금지급을 의뢰한다. 그리고 검수부, 재료수령처(창고 또는 주방), 구매부, 납품업자에게는 그의 사본을 보내어 재료관리, 통계, 증빙용으로 쓰게 한다.

IOHRA 〈宿〉〔國際組織호텔, 레스토랑協會: International Organization of Hotel and Restaurant Association〕

각종 대중 서비스의 향상을 위해 호텔, 레스토랑, 카페 등의 정치와 종교를 초월한 국가기구로서의 종합. 1949년에 설립되었으며 본부는 파리에 있다. 회원국은 18개국.

Irish Coffee 〈飮〉〔아이리쉬 커피〕

아일랜드산 위스키가 커피와 조화를 이루는 다소 남성적인 커피로 몸의 피로를 풀어주는 효과가 있다. 제조법은 레몬으로 Irish Coffee Glass Rim에 설탕으로 Rim을 하여 컵에 설탕을 넣은 후 아이리쉬 위스키를 넣고 발화되기 전까지 불로서 데운 후 커피를 살며시 그 위에 붓고 휘핑된 크림을 얹는다.

Irish Mist 〈飮〉〔아이리쉬 미스트〕

히이스 꽃의 꿀을 함유한 아일랜드산 담갈색의 리큐르로서 그 제조법은 공개되지 않고 있으며 알코올 도수는 40°이다.

Irish Stew 〈食〉〔아이리쉬 스튜〕

양고기(쇠고기), 감자, 홍당무, 양파 등을 넣은 스튜이다.

Irish Whisky 〈飮〉〔아이리쉬 위스키〕

보리로 만드는 위스키. 즉, 몰트의 디아스타제를 사용하여 당화된 "Cearial Grain"의 Mash를 醱酵하여 Nothern Ireland에서 蒸溜에 의해 얻은 Sprit를 증류가의 창고내의 술통 또는 보세창고 내의 술통 안에서 최저 3년간 숙성(夙成)한 것이다.

ISD 〈客〉〔國際다이얼通話 : International Subscriber Dialing〕

국제다이얼통화의 사용방법 : International Code＋Country Code＋Area Code＋Telephone No.

ISO 9000 〈宿〉〔國際標準化機構 : International Organization for Standardization〕

국제표준화 기구에서 제정한 품질보증에 관한 국제규격으로 제품(서비스) 자체에 대한 품질확인보다는 제품(서비스)을 만들어 내는 프로세스(품질 시스템)에 대해 품질확인을 하기 위한 기준인데, 조직의 책임과 권한은 물론 업무수행의 절차와 방법을 규정화하고 이를 반드시 이행하는 시스템을 말한다.

Italian Coffee 〈飮〉〔이탈리안 커피〕

블랙으로 제공하나 별도의 생크림을 준비하여 Espresso식으로 추출한다.

Italian Dressing 〈食〉〔이탈리안 드레싱〕

식초, 마늘, 올리브유, 레몬주스, Oregano, Basil, Dill 등으로 만든 드레싱.

Item Void 〈會〉〔品目取消〕

주문된 항목이 고객에게 서비스 전 혹은 서비스과정에서 주문 품목의 변경을 말한다. 레스토랑에서 품목취소의 경우를 살펴보면 다음과 같다.

① 고객이 주문을 한 후 부득이 변경 또는 취소할 경우.

② Bill의 Print Miss로 등록된 상태의 항목을 알아볼 수 없을 경우.

③ 메뉴 등록시 메뉴항목 적용 오류, 수량, 등록 오류이다.

Japan Hotel Association 〈宿〉〔日本호텔協會 : JHA〕
1941년에 설립하여 호텔업자 상호간의 협조, 호텔시설 및 외래객 접대의 개선을 도모하고 국제관광사업의 발전에 공헌하는 것을 목적으로 한다.

Japan Restaurant Association 〈宿〉〔國際觀光 日本레스토랑協會 : JRA〕
외국인 관광객의 이용에 적합한 시설과 식사, 종업원, 서비스를 제공할 수 있는 일류 레스토랑을 회원으로 하는 단체로 일본 운수성이 인가하는 사단법인이다.

Jar 〈食〉〔자〕
주둥이가 넓게 만들어진 단지모양

Jardiniere 〈食〉〔잘딘저얼 : Shar-Deene-Air〕
같은 모형의 길이, 넓이를 가장 얇게 자르는 것을 수프 건더기나 소스 등에 넣는 형태.

Jelly 〈食〉〔젤 리〕
젤라틴, 계란흰자, 설탕, 레몬, 백포도주, 물을 섞어서 가열한 후 차갑게 응고시킨 것이며, 이외에 각종 과일 또는 향신료를 첨가하여 만든 것도 있다.

Jet Powder 〈客〉〔젯 파우더〕
카페트 세탁시 사용되는 수용성 세제이다.

Jigger 〈飮〉〔지거 : Measure Cup〕
칵테일을 만들 때 용량을 재는 기구로서 보통 30㎖(1oz), 45㎖(1.5oz)를 잴 수 있는 삼각형이 두 개 붙어 있다.

Job Description 〈宿〉〔職務明細書〕
직무명세서는 각 직책에 있는 사람이 수행하여야 할 의무나 책임을 세부적으로 나열한 것을 말한다. 이것은 각 조직원에 대한 업무지시서일 뿐 아니라 교육의 보조자료로도 사용될 수 있다.

Jockey Service 〈宿〉〔代理運轉서비스: Valet Parking. Parking Boy〕
호텔의 현관 서비스의 일종으로 호텔고객의 차가 도착하면 직원이 직접 운전하여 전용주차장에 駐車해 주는 서비스이다. 또한 고객의 신속한 호텔出入을 위한 주차대행 서비스이다.

Johnson 〈宿〉 〔존슨 : H.D.Johnson, 1898~1972〕

존슨은 담배판매원으로 일을 하다 1925년에 부친이 사망한 뒤 조그만 잡화상을 물려받아 신문배달업과 함께 아이스크림도 팔게 되어 식당업에 손을 대기 시작하였다. 즉, 존슨은 호텔업자보다 식당업자로서 널리 알려지게 되었다. 1930년대에 와서는 그 사업이 번창하여 Franchise 경영으로 전국에 수십개의 식당을 Chain화 하고, 계속하여 설비의 단순화, 조리방법의 표준화로 과학적인 관리방법을 도입하여 외식산업에 성공하게 되었다. 그 후 1954년에 존슨은 숙박시설 (Motor Lodge)에 손을 대기 시작하면서, 1972년에는 전국에 500여개의 Motor Lodge를 경영계약, 혹은 그의 소유로 운영하게 되었다. 존슨은 1972년 7월에 뉴욕에서 75세를 일기로 사망하였으나, 그는 식 당 Franchise의 선구자였으면서 고속도로변의 식당과 모터 로지 (MotorLodge)로서 세계적으로 유명한 사업가였다. 존슨의 경영철학은 5대 이념으로 함축할 수 있다.

① 상품의 표준화.
② 보다 나은 효율성, 공급, 서비스, 관리를 위한 제한된 규모.
③ 독특하고 편리한 음식물에 대한 제한된 서비스.
④ 합리적인 가격정책.
⑤ 그 지역에 맞는 이익형태의 운영체계.

Johnson Pledge 〈客〉 〔존슨 프레지〕

가구 광택제로서 먼지나 물기 제거 후에 조금씩 뿌려가며 마른 천으로 가볍게 문지른다.

Journal Entry 〈會〉 〔분개 : Journalizing〕

분개란 발생한 거래를 최초로 분개장 등 장부에 기록하는 과정이다. 일반적으로 분개는 분개장이란 장부를 이용하나 거래가 많은 경우에는 분개장 대신에 보조장부, 전표, 증빙(Voucher) 등을 이용하여 기록하고 별도의 분개장에 기록하지 않기도 한다. 분개를 하기 위해서는 각 거래마다 계정과목과 금액을 결정하고 차변과 대변중 어디에 기입할 것인가를 결정하여야 한다. 즉, 분개는 구체적인 계정과목, 금액, 기록장소를 결정하는 과정이다.

Jug 〈食〉 〔저그〕

주둥이가 넓고 손잡이가 있는 주전자, 단지, 항아리

Juice Joint 〈카〉〔Wire Joint〕

Wager를 걸어 들이기 위한 방법으로, Player를 속이기 위해 특별히 고안된 전자기(Electromagnetic)로 게임하는 스타일을 가진다.

Juicer 〈飮〉〔주서 : 과즙짜는 機械〕

과일을 짜낼 때 스쿼저(Squeezer)나 믹서로 짜지 못하는 파인애플과 같은 껍질이 특이하고 두꺼운 과실을 짤 때 사용한다.

Juilenne 〈食〉〔쥴리엔느〕

야채를 5cm 길이로 가늘고 길게 써는 방법.

Junior Suite 〈客〉〔쥬니어 스위트 : Petit Suite. Mini Suite〕

큰 객실에 응접실과 침실 및 가구가 구비되어 있으며 칸막이로 구분 되어 있다.

Juniper 〈植〉〔쥬니퍼〕

이탈리아, 체코, 루마니아가 산지인 참나무과에 속하는 나무로서 관목 상록수이다. 검푸른 열매는 완두콩만하고 열매가 나오기 시작해서 두번째 계절에 따기 시작한다.

Junk Food 〈食〉〔정크 푸드〕

① 칼로리는 높으나 영양가가 낮은 스넥풍의 식품.
② 식물 대체물이 든 즉석식품.

Junket 〈카〉〔정키트〕

① 유람여행, 관비여행.
② 카지노의 방침에 의해 결정된 무료 서비스를 제공받을 수 있는 Gambling 단체.

Jus 〈食〉〔쥐〕

① 고기, 야채, 과일의 즙을 말한다.
② 뼈의 스톡(Stock)을 넣고 끓여 누렇게 만든 국물이다. 여기에는 밀가루가 들어가지 않는 것이 루(Roux)와 차이점이다. 영국에서 육류음식을 조리하는 대표적인 방법이다.

K

Kahlua 〈飮〉〔칼루아〕

멕시코에서 생산되는 담갈색의 커피 리큐르로써 Coffee Beans, Cocoa, Beans, Vanilla 등으로 만든 술.

Kava 〈飮〉〔카버 : Cava〕

폴리네시아산 관목의 뿌리 등으로 만든 토속주.

Kebob 〈食〉〔케이바브〕

터키의 대표적 요리로 꼬챙이에 야채, 생선, 고기, 닭 따위를 꿰어서 샤프론 라이스 등과 같이 먹는 요리.

Keep Room Charge 〈客〉〔킵 룸 차아지〕

호텔에 투숙한 고객이 단기간의 지방여행을 떠날 때에는 짐을 객실에 남겨 두고 가는 경우가 있다. 이때 그 客室은 고객이 계속하여 사용하는 것이 되므로 비록 고객이 객실을 사용하지 않았어도 요금을 부과시키는 것을 말한다. 아울러 봉사료(Service Charge)와 세금(VAT)도 가산된다.

Ketchup 〈食〉〔케 첩〕

토마토, 식초, 소금, 양파, 파우더, 향초 등을 재료로 하여 만든 소스.

Key 〈客〉〔열쇠 : Room Key. Hotel Key〕

열쇠의 종류를 살펴보면 다음과 같다.

① Guest Key : 각 객실에 하나씩 주어지는 숙박객용의 열쇠이다.

② Pass Key(Submaster Key) : 이 열쇠는 각 층별로 주어지는 것으로서 해당되는 층의 모든 객실은 어느 것이든 열 수 있도록 되어 있는 비상용인 동시에 룸 메이드가 객실 청소 때에 사용하기도 한다.

③ Master Key : 게스트 키(Guest Key)를 분실하였거나 객실내부에 이상이 발생되었을 경우에 어느 객실이나 쉽게 열 수 있는 글자 그대로 만능열쇠인 것이다. 아울러 Connecting Room의 사잇문을 여는 데에도 사용된다.

④ Grand Master Key : 이는 Shut Out Key 또는 Double Lock Key라고도 부른다. 주로 특별한 목적이나 중요한 고객에게 사용되는 열쇠로, 즉 저명한 고객이거나 비밀을 지켜야 할 고객의 주문에 의하여 특별한 장치를 한 이중문의 객실이 제공되는데, 이러한 객실문은 이 키(Key)만이 열 수 있게 되어 있다.

호텔용어사전 정오표

p	오	정
210	**Kahlua** 〈飮〉〔칼루아〕 멕시코에서 생산되는 담갈색의 커피 리큐르로써 Coffee Beans, Cocoa, Beans, Vanilla 등으로 만든 술.	**KAHLUA** 〈飮〉〔깔루아〕 깔루아(KAHLUA)는 더 앱솔루트 컴퍼니의 등록상표이다. 깔루아는 멕시코의 베라크루스(Veracruz) 지역에서 생산되는 커피리큐어로서 1936년부터 생산되었다. 깔루아는 100% 아라비카 커피원두와 사탕수수의 혼합으로 만들어진 증류주에 바닐라와 캐러멜을 더하여 특별한 맛을 낸다. 깔루아는 칵테일의 종류 중 하나인 에스프레소 마티니(Espresso Martini)의 최고의 재료로 사용되기도 한다.

⑤ House Emergency Key : 모든 객실을 열 수 있는 만능열쇠로 극단적인 상황에서 필요한 것으로서 고객의 위험시나 극한 상황에서 호텔과 상의하에 사용하게 된다.

Key In 〈電〉〔키 인〕

컴퓨터 작동가능 여부를 알려주는 기능.

Key Inventory 〈客〉〔客室열쇠 點檢〕

프론트의 나이트 클럭이 결산을 하기 전에 빈 객실(Vacant Room)과 투숙 중인 객실(Occupied Room) 열쇠의 유무를 파악하는 것을 말한다.

Key Rack 〈客〉〔키 랙〕

각 객실의 열쇠를 넣어 두는 상자.

Key Space 〈客〉〔키 스페이스〕

투숙객이 열쇠를 소지하고 자유롭게 다닐 수 있는 범위.

Kick Back 〈客〉〔킥 백〕

대금의 일부를 반환해 주는 것을 말한다. Rebate와 같은 뜻이다.

King 〈客〉〔킹〕

약 120~240cm 크기의 특별히 길고 넓은 침대가 비치되어 있는 객실을 말한다.

Kiosk 〈宿〉〔키오스크 : Kiosque〕

원래의 뜻으로는 역전 광장이나 지하철 등의 신문판매대, 간이판매대, 광고판 개념으로 쓰이나 현 시대 호텔에서는 고객들을 위한 안내정보로서 이용되고 있다.

Kirschwasser 〈飮〉〔키르시바서 : 버찌술〕

Kirsch는 버찌, Wasser는 물이란 뜻으로 버찌와 그씨를 부수어서 醱酵 증류하여 만든 무색 투명한 술로서 독일과 네덜란드산이 유명, 강력한 향기와 톡특한 風味를 가진 술로서 알코올도수는 40도 이상이다.

Kitchen Helper ☞ Cook Helper

Kitchen Test 〈食〉〔키친 테스트〕

廚房(kitchen)에서 요리에 사용되는 食料 材料의 標準算出庫 試驗(standard yield test)을 말한다.

Kiwi 〈植〉〔키 위〕

사바나 기후 과일로 뉴질랜드, 호주에서 재배되며 양다래라고 한다.
그 맛은 딸기, 바나나, 복숭아가 복합된 맛이다.

Knead 〈食〉〔니드〕

① 빵, 도자기 등을 빚어 만들다.
② 압축하고 접고 늘려서 빵 반죽 공기를 제거하는 것.

Knish 〈食〉〔키니쉬〕

감자, 쇠고기 등을 밀가루 반죽으로 싸서 튀기거나 구운 것.

Knock Back 〈飮〉〔노크 백〕

손이나 기계를 사용한 발효중의 가스 빼기 작업.

Kohlrabi 〈植〉〔양배추(샐러드用)〕

순무와 유사한 커다란 줄기를 가진 양배추과의 야채.

Korean Style Room   ☞ Ondol Room

Kro-Kets   ☞ Croquettes

Kuchen 〈食〉〔쿠 헨〕

① 건포도를 넣은 독일식 과자.
② 달콤한 이스트 반죽으로 만든 독일 케이크.

Kummel 〈飮〉〔퀴멜주〕

발트해 동쪽 연안지방의 명산품으로서 브랜디에 아니스(Anise)와 회
양초(Caraway)로 着香시킨 무색 리큐르, 酒酊 도수는 30~40도이다.
1575년 네덜란드에서 처음 생산되었으나 지금은 독일을 비롯하여
여러 나라에서 생산된다.

Kumquat 〈植〉〔쿰쿠아트 : 금귤〕

올리브와 유사한 모양과 크기를 가진 감귤류. 매우 작은 오렌지를
닮았다.

L

La Newburg 〈食〉〔라 뉴버그〕

달걀 노른자, 크림, 와인 등으로 만든 소스(새우를 넣을 때에는 달걀 노른자를 넣기 전에 넣음).

La Seine 〈飮〉〔라세느〕

프랑스의 C.F.G.V사를 통하여 직접 병입시켜 만든 Demi-sec 스파 클링 와인이며 (주)동양맥주 제품이다.

Ladder 〈客〉〔래 덜〕

사다리.

Ladyfinger 〈食〉〔레디 핑거〕 ① 손가락 모양의 카스텔라식 과자, ②

야채 종류의 일종으로서 손가락 모양으로 생겼으며 점액질이 많다.

Lager Beer 〈飮〉〔라거 비어 : 貯藏麥酒〕

제조과정에서 발효균을 살균하여 병에 넣은 맥주(저온에서 6주 내지 6개월 저장한 것으로 Ale보다 약함)를 말한다.

Lake Trout 〈食〉〔호주産의 연어, 송어〕

연어과에 속하며 알을 낳기 위해 강을 거슬러 올라가는 이주성 물 고기를 말한다. 어린연어가 소화에 용이하다.

Lamb 〈食〉〔양고기〕

양고기는 2가지가 있는데 1년 이하의 어린 양고기는 램(육질이 부드 럽고 맛이 담백), 1년 이상의 양고기는 뮤톤(Mutton : 섬유질과 근 육이 발달하여 질기고 맛도 담백하지 못함)으로 분류한다. 양고기 요리 종류에는 Rack of Lamb, Lamb Chop 등이 있다.

Lamb Chop 〈食〉〔램 찹〕

1년 이하의 양고기 로스 부분을 얇게 잘라서 적포도주, 양파, 셀러 리, 올리브 기름으로 잰후 고기를 소테(Saute : 살짝 튀긴 고기요리) 한다음 백포도주로 조리해서 둥글게 썰어 놓는다.

Lamb's Fry 〈食〉〔램스 프라이〕

(프라이, 튀김용의) 새끼양의 睾丸(내장).

Lambic 〈飮〉〔램 빅〕

벨기에의 브뤼셀에서 양조되고 있는 몇몇 상면발효 타입 맥주중의 하 나로 60%의 맥아와 40%의 밀을 原料로 하여 제조된다. 호프를 많이 사용하면서 야생효모, 젖산균 및 브레타노마이세스(Brettanomyces)

등의 균을 사용하여 자연 발생적으로 발효를 시킨다. 이 맥주는 같은 하나의 용기에서 발효시키고 저장하여 2~3년 이상 후숙을 시킨다.

Lame 〈食〉〔라 므〕

레몬 등 얇게 자르는 방법.

Lamington 〈食〉〔래밍턴〕

네모난 카스테라에 초콜릿을 바르고 코코넛을 뿌린 과자.

Lamp 〈客〉〔램 프〕

전구.

Lamp Cover 〈客〉〔램프 커버〕

욕실 거울에 부착되어 있는 전구커버.

LAN 〈電〉〔企業內 情報通信網 : Local Area Network〕

수 킬로미터 이내의 소도시, 대학, 건물 등 좁은 영역안의 컴퓨터를 연결하는 컴퓨터망을 말함. 광역 컴퓨터망에 비해 자료 전송 속도가 빠르고 전송매체로 동축선을 이용한다.

Lanai 〈宿〉〔라나이 : Veranda〕

하와이언(Hawaiian) 개념으로 발코니나 스페인식 주택 앞뜰의 정원 (Patio), 테라스가 있어 강이나 바닷가를 조망할 수 있는 주로 리조트 호텔(Resort Hotel)에서 볼 수 있는 객실형태이다.

Lard 〈食〉〔라드 : 돼지기름〕

돼지 비계를 정제한 반 고체의 기름.

Lasagna 〈食〉〔라자냐〕

치즈, 토마토 소스, 파스타, 저민고기 따위로 만든 이탈리아 요리.

Last 〈客〉〔라스트〕

가장 최근에 프론트 임무를 완료한 벨맨(Bell Man)을 칭한다.

Last In First Out Method 〈會〉〔後入選出法 : LIFO〕

후입선출법은 매입역법이라고도 하며 선입선출법(FIFO)과 반대로 최근에 매입한 것부터 소비해 가는 것으로 보고 계산하는 방법이다. 이 방법에 의하면 인플레이션(Inflation)시의 가공이익의 배제에 유리하며 비용수익의 대응에 의한 손익계산에도 합리적이다.

Late Arrival 〈客〉〔레이트 어라이벌 : 延着顧客〕

늦게 도착하는 고객. 예약을 한 고객이 예약 유보시간을 지나서 호

텔에 도착하는 것으로 이때 미리 호텔에 통보하여야 하며, 그렇지
않은 경우는 자동적으로 예약이 취소되는 경우가 많다.

Late Charge 〈會〉〔레이트 차아지 : L.C, After Departure, A.D〕

손님이 Check-Out, 즉 퇴숙 후에 늦게 프론트 회계(Front Cashier)
에 들어 오는 전표에 의한 移延計定을 말한다.

Late Charge Billing 〈會〉〔追加計算書〕

이미 퇴숙한 고객이 요금을 지급하지 않고 떠난 경우에 추가요금을
계산하는 것으로 이 계정도 자동으로 원장에 부기되어 요금청구를
하게 된다.

Late Check-Out 〈客〉〔레이트 체크-아웃〕

호텔의 퇴숙시간이 지나면 추가요금을 지급해야 하지만, 만약 프론
트 데스크(Front Desk)의 許可로 퇴숙시간이 지나서 출발하는 고객
으로 이 경우에는 추가요금이 부과되지 않는다.

Laundry 〈客〉〔洗 濯〕

호텔 투숙중인 고객의 세탁물, 직원 유니폼 세탁, 외부 수주 세탁물
등의 모든 세탁업무를 말한다. 세탁의 종류를 살펴보면 다음과 같다.
① Laundry Service : 물세탁 서비스.
② Dry Cleaning : 드라이 크리닝 서비스.
③ Pressing : 프레싱 서비스.

◆ 洗濯 서비스方法 ◆

① Regular Service(當日 서비스) : 오전 10시까지 수거된 세탁물은
고객의 별다른 요구가 없는 한 당일 서비스로 간주하고 당일 오
후 6시까지 배달하게 되는 서비스이다.
② Special Service(特別 서비스) : 고객으로부터 빠른 서비스를 요구
받을 때에는 일반적으로 세탁요금에 100%가 가산된다는 안내를
하고 「SPECIAL」스탬프를 찍어 시간내에 배달하도록 조치한다.

Laundry Bag 〈客〉〔라운드리 백〕

세탁물을 담는 비닐 주머니.

Laundry Slip 〈客〉〔라운드리 슬립〕

세탁신청서.

Laundry Manager 〈客〉〔洗濯支配人〕

세탁지배인은 고객용 세탁과 호텔용 세탁을 원활하게 수행시키는 책임자로서 모든 세탁물 관리와 각종 세탁기계의 유지 및 수리관리 는 물론 세탁실의 세탁물 분류부문, 물세탁부문, 드라이크리닝부문, 프레싱부문 등의 종사원들을 지휘·감독하는 사람이다.

Laurel 〈植〉〔로렐 : 월계수〕

월계수 잎, 악취제거용으로 쓰이며 상쾌한 방향을 갖고 있다. 소스, 수프, 피클, 생선 등에 사용되며, 주로 생선에 쓰인다.

Lavatory ☞ Chamber-Pot

Leading Hotels of Korea 〈宿〉〔리딩 호텔즈 오브 코리아〕

리딩 호텔즈 오브 코리아는 국내의 경주 도큐호텔, 쉐라톤 워커힐 호텔, 내장산 호텔, 제주 그랜드 호텔, 롯데월드 호텔 등 6개의 호텔 이 공동 판매촉진 및 서비스 제공을 위한 상호 협조와 이익증진을 통하여 한국관광산업의 발전에 기여하고자 1983년 7월 1일 맺은 체 인조직을 말한다. 이 체인그룹의 약정을 살펴보면 다음과 같다.

① 각 호텔의 투숙객에 대하여 회원사로의 최우선적 예약편의를 도 모한다.

② 각 호텔은 회원사에 대하여 투숙객의 도착일로부터 7일 이전에 는 매일 2실을 해당 호텔에 사전 요청 없이 고객에게 판매할 수 있도록 하고 있다.

아울러 객실의 할인에 대한 규정은 다음과 같다.

① 회원사는 각사의 고객선에 대하여 20% 이상의 할인혜택을 부여 한다.

② 각 회원사의 부사장 이상이나 판매직원이 이 회사의 판촉활동을 위하여 투숙할 경우는 50% 이상의 할인혜택을 부여한다.

③ 그리고 회원사의 해외 체인호텔의 임직원이나 회원사의 그룹사 임원에게는 정규요금의 30% 이상을 할인한다고 규정하고 있다.

Leaf Salad ☞ Rum

Leaflet 〈宿〉〔리플릿 : Flyer, 전단〕

리플릿은 포스터의 축소판이다. 대체적으로 16절지 정도의 크기이 다. 리플릿의 내용은 포스터에 삽입하기 어려운 잡다한 문구를 삽입 한다든지 또는 포스터에 들어 있는 문구를 삭제하여 간략히 할 수도 있다.

Lease Accounting 〈會〉〔賃貸會計〕

리스란 계약된 금액을 정기적으로 지급하는 것을 대가로 타인이 갖고 있는 자산의 사용권을 임차인(Lessee)이 획득하는 즉 임대인(Lessor)과 임차인 사이의 계약을 가리킨다. 미국에서는 이 리스가 사업상 아주 인기가 있는데 특히 환대산업에서는 더욱 그러하다. 식당은 쇼핑센터에서 공간(Space)을 리스하고, 숙박회사는 호텔을 리스하며, 도박산업(Gambling Casinos)은 Slot Machines을 리스한다.

Lease Management   ☞ Chain Hotel

Leek 〈植〉〔리크 : 부추, 파〕

양파의 한 품종으로 단 냄새가 나는 통통하고 짧은 흰 뿌리는 맛이 달콤하고 맵다. 영국과 미국에서는 파로서 야채속에 포함시키지만 프랑스 요리에서는 Spice로 취급한다.

Legume 〈植〉〔레 귐〕

야채, 채소(Vegetable).

Lemon 〈植〉〔레 몬〕

운향과에 속하는 상록 교목으로 인도와 서부 히말라야 원산으로 아열대 각 지역에서 재배된다. 과즙은 향기가 좋고 구연산과 비타민 C를 함유하여 음료나 향수 등에 널리 쓰인다. 호텔에서는 생선류에 많이 사용되는 것으로 그 향을 사용할 때도 있으나 조리시 조미료로도 많이 사용된다.

Lemon Cheese 〈食〉〔레몬 치즈〕

레몬에 설탕, 달걀 등을 넣어 가열하여 잼 모양으로 만든 식품으로 빵에 바르거나 파이에 넣음.

Lemon Dressing   ☞ Dressing

Lemon Lime 〈食〉〔레몬 라임〕

무색 투명한 탄산음료.

Lemon Soda 〈飮〉〔레몬 소다〕

레몬 맛이 나는 탄산음료.

Lemon Sole 〈食〉〔가자미의 一種(유럽産)〕

머리는 작고 껍질은 부드러우나 벗기기는 어렵다. 육질의 맛은 우수하나 살이 약해 저미기에는 너무 약하고 힘이 많이 든다.

Lemonade 〈飮〉〔레모네이드, 레몬水〕

레몬즙에 설탕이나 시럽, 물, 탄산 등을 넣어 만든 청량음료의 일종
이다.

Lettuce 〈植〉〔래티스 : 상치, 양상치〕

엉거시과에 속하는 1년생 또는 2년생 풀로 키는 약 1m이고, 뿌리잎
은 크고 타원형이다. 서아시아, 지중해 지방이 원산으로 세계 각 지
역에서 재배되고 있으며 잎은 식용으로 쓰인다.

Liaisons 〈食〉〔리에종 : 농후제〕

리에종은 소스나 수프를 걸쭉하게 하여 농도를 내며 풍미를 더해
주는 것으로 여러 종류가 있다.
① Roux Liaison : 버터와 밀가루 혼합물.
② Egg Liaison : 노른자, 우유, 크림, 육수 혼합물.
③ Butter Liaison : 버터, 크림 혼합물.
④ Butter and Flour Liaison : 버터와 밀가루 반죽 혼합물.

Light Baggage 〈客〉〔手荷物이 적은 顧客 : L.B.〕

고객이 휴대한 수하물이 크기가 너무 작아서 고객에 대한 신용이
불충분하다고 판단될 경우 미리 선수금을 받는 것을 말한다. 최근에
는 짐과는 상관없이 워크 인(walk in guest) 고객에 대해서는 先受
金을 청구하는 것이 보편적이다.

Light Beer 〈飮〉〔라이트 비어〕

Low Alcoholic Beer와 Low Caloric Beer로 크게 나누며 Low
Alcoholic Beer는 원맥즙의 당도를 낮게 하여 알콜 함량이 1.8~2도
정도이며, Low Caloric Beer는 맥주의 당도를 낮게 하여 맥주 칼로
리를 낮게 한 맥주이다.

Light Rum   ☞ Rum

Light Whisky 〈飮〉〔라이트 위스키〕

알콜분이 적고 향기가 순한 미국산 위스키.

Lima Bean 〈植〉〔리마 콩(강낭콩의 一種)〕

푸른색의 크기가 약간 큰 콩, 생선요리에 Hot Vegetables에 사용된다.

Lime 〈植〉〔라임科〕

운향과에 속하는 상록 작은 교목. 열매는 둥글고 황록색이며 향기가
높으며, 인도가 원산지이다. 레몬과 외형은 비슷하며 작고 맛이 시
며, 색깔은 녹색이다. 주스나 샤벳(Sherbet)을 만드는데 사용한다.

Limit Switch 〈客〉〔리미트 스위치〕

객실안 옷장문에 설치되어 있으면서 문이 열리면 전등이 켜지고 문
을 닫으면 전등이 꺼지는 장치이다.

Limited Service 〈宿〉〔리미티드 서비스〕

제한된 서비스만 공여하는 호텔 또는 모텔로 객실을 제외한 다른 서
비스는 제공되지 않는다. Budget Hotel 또는 모텔이 여기에 속한다.

Line Organization 〈宿〉〔直系式組織〕

직계식조직은 관리자와 노무자와의 관계가 직선조직으로 연결되고
노무자는 직접 상사에 대해서만 업무 하달 및 책임을 지는 부문관
리조직이며, 계선조직이라고도 한다. 또한 이 조직은 각 조직원의
상호관계가 마치 군대에 있어서의 지휘·명령의 종속관계와 비슷하
다고 하여 군대식 조직이라고도 부른다. 그러므로 라인조직은 관리
자의 지휘·명령의 일관성이 확립되어 있고 연대책임의 한계가 명
확히 되어 있으므로 그 업무의 진행과정을 신속하게 처리할 수 있
는 것이 특징인 반면, 부문관리자가 모든 관리직능을 총괄하고 있기
때문에 분업에 의한 관리활동의 전문화가 부족한 것이 그 결점이
된다.

Line & Staff Organization 〈宿〉〔直系參謀式組織〕

과학적 관리법의 운동을 적극적으로 지원한 에머슨(H.Emerson)이
테일러의 기능식 조직의 형태를 변형·개발시킨 이 조직은 조직의
기능화원칙과 명령의 일원화원칙을 조화시켜 스탭의 권한을 조언권
에 한정시킨 상태에서 제안된 조직형태라고 할 수 있다. 따라서 이
는 참모식 조직이라고 부르기도 하며, 이 조직형태에서 스탭은 기획
·조사·연구부문에서 라인활동에 조언하는 권한을 부여하며 라인
에게는 라인의 전형적인 명령과 집행을 할 수 있는 권한을 규정·
부여함으로써 근본적인 기능식 조직의 단점을 보완하고 있는 셈이
다. 그러므로 양기능은 상호 보완·의존관계에 있다고 하지 않을 수
없다.

Linen 〈客〉〔린 넨〕

린넨이란 의미는 마직류를 말하는데, 호텔에서의 린넨이란 면류나 화학직류로 만들어진 타올, 냅킨, 시트, 담요, 유니폼, 커튼, 도일리 (Doily) 등을 말하고 있다. 아울러 호텔에서 린넨류의 적정재고수준에 관하여 확고한 기준이 設定되어 있는 것은 아니나, 일반적으로 4~5회전의 수량이 필요하다고 볼 수 있다. ① 使用中 린넨, ② 各層 린넨과 倉庫에 보관중인 린넨, ③ 洗濯을 위해 待期中인 린넨, ④ 洗濯中인 린넨, ⑤ 緊急事態의 對備用(예비) 린넨이 있다.

Linen Room 〈客〉〔린넨 룸〕

하우스키핑을 지원하기 위한 린넨 보관장소를 말한다.

Linen Shooter 〈客〉〔린넨 슈터〕

객실 각 층에 설비되어 린넨류를 구내 세탁장까지 운반할 수 있도록 되어 있는 장치.

Liqueur 〈飮〉〔리큐르〕

영미에서는 보통 코르디알(Cordials)이라고도 부르는 이 리큐르는 라틴어의 리큐파세르(Liquefacere: 녹는다)에서 그 어원이 유래되었다고 한다. 리큐르는 과일이나 곡류를 발효 증류하여 만든 주정을 기주(Base Liquor)로 하고 대개 정제한 설탕이나 꿀을 사용하여 단맛을 낸다. 거기에다 약초(Herbs), 과일, 식물 껍질(Peels), 씨, 뿌리 (Roots) 등을 添加하여 향미와 색깔을 갖게 한 건강을 강조한 混成 酒이다. 그러므로 대개 스트레이트 하여 食後酒(After Drink)로 널리 애음되고 있으며, 또한 색깔이나 높은 향미 때문에 칵테일이나 펀치류 조주시에 香을 내거나 맛을 가미하기 위하여 자주 사용된다.

◆ 리큐르 製造法 ◆

① 蒸溜法(Distillation) : 香料나 재료를 일정기간 동안 酒酊에 적셔 침출액을 넣고 증류하여 향과 맛을 내서 착색하는 방법이다.

② 侵出법(Maceration or Infusion) : 蒸溜하면 변질되기 쉬운 과일이나 약초, 향료 따위에 증류주를 가해서 향미 성분을 溶解시키는 방법이다. 열을 가하지 않으므로 골드방식이라고도 한다.

③ 에센스(Essence)법 : 독일에서 가장 보편적으로 채택되고 있는 방법으로 일종의 향주혼합법이다. 향주는 천연향료와 인공향료가 있다. 그외에 계란 노른자나 동물의 모유를 사용한 것도 있다.

Liquor 〈飮〉〔리 컬〕

모든 알코올류의 총칭이다.

Lobby 〈客〉〔로 비〕

◆ 현관 Lobby의 면적 ◆

※ 120실 미만 : 객실 수용인원 × 0.5m^{2}이상.

※ 120실 이상 300실 미만 : 객실 수용인원 × 0.4m^2 + 40m^{2}이상.

※ 300실이상 500실 미만 : 객실 수용인원 0.3m^2 + 100m^{2}이상.

※ 500실 이상 : 객실 수용인원 × 0.2m^2 + 200m^{2}이상.

Lobby Displays 〈客〉〔로비 디스플레이〕

로비 표시판.

Lobster 〈食〉〔롭스터 : 바다가재, 대하(大蝦)〕

보리 새우과에 속하는 새우의 하나. 바다 밑바닥의 벌에서 서식한다. 민물 게와 비슷하고 두개의 집게 발이 있다. 육질은 풍미가 있고 우수하여 고가로 팔린다. 보통 산채로 삶아서 저장하였다가 요리한다.

Local Call 〈客〉〔로컬 콜〕

시내통화.

Lock Out 〈會〉〔락 아웃〕

Bill을 정산하지 않은 고객의 객실 출입을 차단하는 것이다.

Lockset 〈客〉〔락 셋〕

문을 잠그는 자물쇠 장치.

Lodge 〈宿〉〔로지 : Logis〕

로지는 빵숑과 별로 차이는 없으나 명칭이 풍기듯 독특하고 아름다운 이미지를 갖는 고전적인 프랑스의 시골 숙박시설이다. 이 숙박시설의 특징은 맛좋은 요리와 꽃과 아름다운 원시적인 장식으로 순박한 맛을 풍기는데 있다. 규모는 객실 35~50실 정도이다.

Log 〈客〉〔引受引繼臺帳 : Log Book〕

업무일지로 몇몇 영업부문에서 사용하는 업무활동 기록대장이다. 근무중에 일어난 분쟁, 손님의 의뢰사항, 기타 근무중에 완료하지 못한 업무 등은 「Log Book」에 기록하여 다음 근무자에게 업무를 인계한다.

Logo 〈宿〉 〔로 고〕

(표지, 의장, 상표의), 활자, 심볼 마크, 상표 혹은 상징 그림.

Loin 〈食〉 〔로인 : 허리고기〕

육류의 등심으로, 갈비뼈가 끝나는 부분에서 엉덩이까지의 허리고기를 말한다.

London Gin 〈飮〉 〔런던 진 : Dry Gin〕

도회적 감각의 Gin이라 말할 수 있으며, "Cocktail의 왕자"라고 불리울 만큼 '칵테일용'으로 압도적으로 애용된다.

품질이 우수하여 현재 Gin을 총칭할 정도로 유명하다.

예) Beefeater, Gilbey's, Gordon's, Boord, Booth's High & Dry.

Long Distance Call 〈客〉 〔長距離 電話〕

보통의 가입구역 이외의 특정 장거리지역과 통화할 수 있는 전화이다.

Long Drink 〈飮〉 〔롱 드링크〕

칵테일에 있어서 알코올과 비알코올성을 혼합한 것을 말한다.

Long Spoon   ☞ Bar Spoon

Lost and Found 〈客〉 〔顧客의 紛失物 拾得申告 및 保管센터〕

객실 및 호텔의 부대시설을 포함하는 호텔의 건물내에서 호텔고객의 소지품이나 수하물을 호텔 고객이 분실하고 타인 또는 호텔 종사원이 습득했을 때 이의 신고를 받고 그 습득물을 관리하여 소유주가 나타났을 때에 이를 확인하고 정당하게 반환하여 주는 업무를 말한다.

Lost Bill 〈會〉 〔紛失計算書〕

식음료계산서 처리시 등록되지 아니하고 사용중 관리 부실로 분실된 계산서이다.

Lounge 〈食〉 〔라운지〕

고객의 휴게실과 만남의 장소로서 커피, 칵테일, 술 종류 등의 서브와 여흥(Entertainment) 제공을 하는 장소이다. 예컨대 피아노 반주, 가수의 노래와 춤, 공연 등이 행하여진다.

L/T 〈客〉 〔書信電報 : Letter Telegram〕

(국제전보의)서신전보로 요금은 싸나 보통전보보다 배달이 늦다.

Luggage Tag   ☞ Baggage Tag

Lunch 〈食〉〔점심 : Lunchon〕

영국에서는 아침과 저녁사이에 먹는 것을 Lunchon이라고 말하며, 미국사회에서는 12：00부터 아무때나 간단하게 먹는 것을 Lunch라고 하는데, 비교적 Table D'hote 순서에 따라 3~4코스, 즉 수프 (Soup), 앙트레(Entree), 디저트(Dessert), 커피(Coffee) 등으로 구성된다.

Lunch Counter 〈食〉〔런치 카운터〕

카운터를 식탁으로 대신 준비하여 놓고 고객은 카운터에 앉아서 직접 주문하여 먹는 식당으로 고객은 직접 조리과정을 볼 수 있어 기다리는 시간의 지루함을 덜어줄 수 있는 식당이다.

Macaroni 〈食〉〔마카로니〕

이탈리아 음식 파스타의 일종으로 대표적인 Soft Pasta이다.

Macaroni Cheese 〈食〉〔마카로니 치즈〕

마카로니에 치즈가루를 뿌리고 구운 요리.

Macaron 〈食〉〔마카롱〕

달걀흰자, 아몬드, 설탕으로 만든 작은 고급 쿠키인데 철판 위에서 파이핑하여 구워내며 아몬드 대신에 헤이즐럿이나 땅콩을 넣기도 한다.

Mace 〈植〉〔메이스 : 육두구 껍질로 말린 香料〕

인도네시아의 Molucca섬이 원산지인 열대상록수 Nutmet 나무의 꽃이나 껍질에서 얻는 것으로 Nutmet보다 더 향기가 짙으며 적황색의 것이 좋다.

Macedoine 〈食〉〔마세드안〕

과일을 1~1.5cm 크기의 주사위 모양으로 썰어서 Fruit Salad에 사용.

Maceration or Infusion ☞ Liqueur

Mackerel 〈食〉〔고등어(北大西洋産)〕

해수어의 일종으로 육질의 색은 불그스레한 색으로 살의 조직력이 좋고 맛이 좋다.

Made Dish 〈食〉〔메이드 디쉬〕

고기, 야채 그 밖에 여러 가지를 섞어 조리한 요리.

Madeira 〈飮〉〔마데이라〕

대서양상에 있는 포르트갈령 군도인 마데이라도에서 생산되는 흰 포도주의 일종으로 셰리(Sherry)와 포트(Port)의 사촌 정도의 와인이다. 마데이라주는 사용되는 포도의 종류에 따라 4가지로 분류된다. 「Secial」은 드라이한 것으로 냉각하여 Aperitif로 마시며, 「Verdelho」는 약간의 甘味가 있는 것으로 수프 코스에(특히 자라 수프에), 「Bual」은 감미가 약간 높은 것으로 디저트 와인으로, 「Malmsey」는 가장 단 종류로서 After Dinner用으로 애음된다.

Madeira Sauce 〈食〉〔마데이라 소스〕

양파, 당근, 마늘을 Saute하다가 Medeira Wine을 넣고 조린 후 Roux

Blanc을 넣고 Saute한다. Fond de Veau을 넣고 끓인 후 거른다.

Madeleine 〈食〉 〔마들린 : 작은 카스텔라〕

프랑스의 아주 오래된 과자중의 하나로 프랑스 로렌지방에서 처음 만들어져 18세기에는 베르사이유에서부터 파리까지 유행했으며 금세기 전세계의 버터 케이크가 되었다.

Maid Card 〈客〉 〔메이드 카드〕

객실청소를 행하는 중이라는 표시로서 룸 메이드가 청소를 하고 있는 문 옆이나 문 손잡이에 걸어 놓는다.

Maid Cart 〈客〉 〔메이드 카트〕

룸 메이드(Room Maid)가 객실 청소에 필요한 모든 비품을 담는 구루마.

Maid Station 〈客〉 〔메이드 스테이션〕

객실, 정비원, 검사원, 청소원들이 사용하는 사무소.

Maid's Report 〈客〉 〔메이드 보고서〕

객실의 상황 상태 보고서로서 린넨 사용에 대한 보고서이다.

Maigre 〈食〉 〔메그르〕

고기가 들어 있지 않은 음식이나 기름기가 없는 고기를 의미한다.

Mail and Key Rack 〈客〉 〔메일 앤 키 랙〕

우편 및 열쇠 랙. 열쇠 및 우편물을 보관하기 위하여 객실번호 순으로 제작한 프론트 오피스(Front Office)의 한 비품이다.

Mail Clerk 〈客〉 〔메일 클락〕

우편물을 고객에게 전해주고 객실 손님의 우편물을 보관 또는 운송하는 업무를 말한다.

Mail Service 〈客〉 〔메일 서비스〕

호텔의 우편물을 집배하거나 발송하는 서비스이다.

Main Dish 〈食〉 〔메인 디쉬〕

주요리(Main Course) 식사 단계중 가장 으뜸이 되는 요리로 일명 앙뜨레(Entree)라고 부른다.

Main Kitchen 〈食〉 〔메인 키친: Production Kitchen. Central Kitchen〕

호텔에서 음식을 조리 생산하는 곳으로 요리의 기본과정을 준비하여 영업주방(양식주방, 커피숍 등)을 지원하는 곳이다. 또한 메인 주방은 주로 Banquet, Catering 등을 관리하여 각 업장에서 필요로 하는 음식, 기본적인 음식, 가공식품 등을 준비하여 공급한다. 메인주방에는 Hot Kitchen(주로 뜨거운 음식을 조리하는 곳으로 육류, 생선, 소스, 수프) 및 Cold Kitchen(주로 찬 음식을 준비하는 곳으로 전채요리, 가공식품, 야채)을 가지고 있다. 시설면에서는 조리용 장비, 기물 등을 갖추고 위생면에서도 식품위생, 환경위생, 개인위생 등을 철저히 유지해야 한다. 메인주방은 음식을 생산하는 조리구역(Cooking Area), 식기류 세척구역(Pot Wash Area), 세척장(Washer Area)으로 구분한다.

Maitre D'Hotel 〈宿〉〔메트르 도 오뗄〕
대형 호텔에서 모든 식당을 관리하는 중간 관리자.

Maitre D'Hotel Sauce 〈食〉〔메트르 드 오뗄 소스〕
① 버터, 레몬 주스, 파셀리(Parsley)가 주재료가 되어 만들어진 소스의 일종으로 주로 스테이크 위에 얹어낸다.
② 육류에 많이 사용된다.

Majoram 〈植〉〔마조림〕
박하과 식물의 잎으로 다른 향료와 조합하여 사용되나 특히 소시지, 수프 등에 사용된다. 주로 생선에 쓰이며 프랑스, 칠레가 주산지이다.

Majuang 〈飮〉〔마주앙〕
1977년 시판되기 시작한 독일 모젤와인 타입의 색이 맑고 향기가 은은한 Medium Sweet Wine으로 (주)동양맥주 제품이다.

Majuang Special 〈飮〉〔마주앙 스페셜〕
1984년부터 제조된 리스링 포도를 주원료로 한 마주앙보다 수준이 높은 와인을 말한다.

Make Bed 〈客〉〔메이크 베드〕
사용한 베드(Bed)의 시트(Sheet)를 갈아 끼우고 새로 베드를 만드는 것을 말한다.

Make-Up 〈客〉〔메이크업〕
① 고객이 客室에 등록되어 있는 동안 침대의 린넨을 교환하거나 객실을 청소하고 정비 정돈을 하는 것.
② 청소를 요하는 객실.
③ 주간 객실정비원(Room Maid)이 퇴근시까지 정비 못한 객실.

Make Up Card 〈客〉〔메이크업 카드〕

고객 객실의 문에 걸어 놓는 카드로써 객실 청소원에게 우선 청소를 해달라는 표시로 호텔과 고객간의 의사전달 도구이다. 반대쪽에는 Do Not Distrub(방해금지) 카드이다.

Malt 〈食〉〔麥芽. 엿기름〕

밀, 보리 따위에 물을 부어 싹이 나게 한 다음에 말린 것으로 디아스타아제 따위의 효소를 다량으로 갖고 있어 엿이나 식혜를 만드는데 쓰이며, 맥주의 양조에도 쓰이어 특수한 색과 풍미를 준다. 주로 발아된 맥아로서 효소(Enzyme)가 포함되어 있다.

Malt Spirits   ☞ Spirits

Maltaise Sauce 〈食〉〔말타이즈 소스〕

홀랜다이즈 소스(Hollandaise Sauce)에 오렌지 주스와 줄리안한 오렌지 껍질을 넣어서 만든다.

Mandarin Liqueur 〈飮〉〔만다린 리큐르〕

만다린 오렌지 향을 착향시킨 밝은 적색의 리큐르로서 酒酊 도수는 약 25 도이다.

Mango 〈植〉〔망 고〕

① 오이절임의 일종.
② 옻나무과에 속하는 상록 교목. 적도 근방지역에서 재배되는 과일로 녹색과 노란색, 오렌지색까지 여러 종류가 있으며 디저트로 이용된다.

Manhattan 〈飮〉〔맨해턴〕

칵테일류의 일종으로 위스키 1⅓온스, 스위트 베르무트 ⅓온스, 앙고스 트라 비터 1 Dash를 혼합 글라스에 얼음과 함께 넣고 잘 저어서 칵테일 글라스에 걸러서 따라 준 후 체리를 하나 넣어 제공한다.

Manual 〈宿〉〔메뉴얼〕

호텔에서의 메뉴얼이란 Q.S.C.(Quality, Service, Cleaness)에 근간을 두고 표준을 설정하여 작업의 방법을 구체적으로 지시하는 지침서이다. 즉 작업동작이나 수순을 도식화하는 것이 메뉴얼이다. 일반적으로 호텔의 메뉴얼은 6가지로 나누어진다. ① 調理메뉴얼(Cooking Manual), ② 서비스 메뉴얼(Service Manual), ③ 淸掃 매뉴얼

(Cleanliness Manual), ④ 運營 메뉴얼(Operations Manual), ⑤ 部署 메뉴얼(Department Manual), ⑥ 教育 메뉴얼(Training Manual) 등 이다.

Manual System 〈宿〉[메뉴얼 시스템]

메뉴얼 시스템은 전표나 장표를 작성하고 웨이터 전표(Waiter Order Slip), 송장(Invoice)과 같은 원시기록을 하게 되며, 일기장, 원장에 기록을 하는 기장제도이다. 이 제도는 매월 총계를 집계하고 분석하여 정확한 기장이 되도록 해야 한다.

Maple Syrup 〈食〉[메이플 시럽]

단풍나무에서 축출하여 와플(Waffles : 밀가루, 달걀, 우유를 섞어 말랑하게 구운 케이크)이나 프렌치 토스트(French Toast)를 제공할 때 Butter와 함께 제공한다.

Maraschino 〈飮〉[마라스키노]

원래 유고슬라비아 달마티아(Dalmatia) 지방에서 생산되는 야생 버찌(Wild Cherry)를 사용하여 만든 씁쓰름하면서도 단맛을 내는 무색 투명한 체리 리큐르이다. 혼성주의 하나이다.

Marble 〈客〉[마 블]

대리석.

Marble Cake 〈食〉[마블 케이크]

마블 케이크는 흰색과 검은색의 반죽을 엇갈리게 넣어 대리석의 자연 무늬와 비슷한 모양이 되도록 하는 것이다.

Marbling 〈食〉[마블링]

고기가 근육 섬유질이 늘어날 때 약간의 수분과 살코기의 단백질이 脂肪으로 변하는 것을 말한다. 이것은 고기 조직 사이에 서리가 내린 것처럼 흰색의 지방이 희끗희끗하게 박힌 정도로 상강도라고 하는데 한우가 수입고기에 비해 상강도가 낮은 특성이 있다. 이 마블링은 지방이 연하고 고기의 風味와 품질을 높여 준다.

Marengo 〈食〉[마렝고]

나폴레옹이 이탈리아의 마렝고에서 오스트리아 군사와 싸워 크게 이기고 난 뒤에 공복을 느껴 요리사를 재촉해서 급히 만든 요리를 먹었는데 맛이 뛰어나 나폴레옹이 요리장에게 그 요리의 이름을 물었더니 요리장이 그 곳의 지명을 따서 즉석에서 이름을 붙였다. 마렝고는 닭고기를 기름에 튀겨서 백포도주, 버섯, 마늘, 토마토를 넣어 조린 요리를 말한다.

Marina 〈宿〉[마리너]

마리너라 함은 유람선(Pleasure Boat)을 위한 정박지 또는 중계항으로서의 시설 및 관리체계를 갖춘 곳을 말하는데, 기본적인 시설에는 선박출입을 위한 외곽시설, 정박지, 정차(배를 넣어 보관하는 장소), 급수시설, 수리장, 관리사무소, 정화시설 및 각종 유관설비가 있다.

Marinade 〈食〉[마리네이드]

고기, 생선, 야채 등을 요리하기 전에 와인, 올리브기름, 식초, 과일주스, 향신료 등에 절여 놓는 것을 말한다.

Marinara 〈食〉[마리나라]

토마토, 양파, 마늘, 향신료로 만드는 이탈리아의 소스.

Marjoram 〈植〉[마요라나 : 박하의 種類]

지중해 지역이 원산지인 마요라나는 단맛과 야생의 아린 맛을 내는 2종류가 있다. 영국, 프랑스, 독일, 체코슬로바키아 등에서 재배되며 이초본에 연한 장미빛 꽃이 피면 잘라 건조시킨다.

Marker 〈카〉[略式借用證書]

카지노의 지정양식으로 고객의 가입서명으로서 Bank 인출이 가능해지는 환전증서.

Market Average Rate System 〈會〉[市場平均換率制度]

시장평균환율제도는 원화의 대미 달러 환율을 전일의 외국환은행의 평균환율로서 산출된 시장평균환율로 결정하여 외국환은행들의 대고객거래 및 은행간 외환거래에서 기준환율의 역할을 수행하도록 하는 제도이다.

Marmalade 〈食〉[마멀레이드]

신선한 오렌지나 레몬 종류의 껍질과 속을 같이 설탕에 조린 것으로 껍질과 씨에서 쓴맛이 나고 그 쓴맛과 단맛이 어울린 것이 마멀레이드의 특징이다. 조식에 있어 토스트(Toast)에 발라먹는다.

Marmite 〈食〉[마마이트]

① (금속 또는 도자기의) 큰 요리 냄비.
② 고기, 수프의 조미료로 쓰는 이스트(Yeast).

Marrow 〈食〉〔마알로우 : 뼈골, 골수(骨髓)〕

쇠고기나 송아지 고기의 뼈 중심부에 위치한 부드러운 섬유.

Marsala 〈飮〉〔마르살라〕

이탈리아의 시실리(Sicily)섬의 마르살라에서 생산되는 흰포도주를 말한다.

Marseillais 〈食〉〔마르세예〕

다진 양파, 마늘을 기름에 볶아 붉은 포도주와 안쵸비(Anchovy : 멸치젓), 토마토 소스(Sauce)를 혼합한 것을 말한다.

Marsh Mallow 〈植〉〔마시멜로〕

① 양아욱(Geranium).

② 전분, 젤라딘, 설탕 따위로 만드는 연한 과자를 말한다.

Maryland 〈食〉〔매릴랜드〕

육류나 가금류를 밀가루, 계란, 빵가루를 발라 기름에 튀긴 다음 크림 그레이비(Gravy : 고기 국물 소스)를 넣은 요리를 말한다.

Mashed Potato 〈食〉〔매시드 포테이토〕

삶아서 짓이긴 감자와 버터, 우유를 섞어서 만든 음식을 말한다.

Masking 〈食〉〔마스킹〕

케이크시트에 잼, 크림, 버터 등을 바르고 호두, 잣, 건포도, 초콜릿 썰은 것 등으로 케이크 전부를 뒤덮는 것을 말한다.

Master Account 〈會〉〔그룹元帳 : Master Folios〕

그룹원장을 말하며 컨벤션 및 관광단체를 위해 작성되는 원장으로 여기에 단체 고객에게 청구할 수 있는 요금인 외상매출금을 기장 계산한다. 이것을 또한 Master Folios라고도 한다.

Master Key　　　　　　☞　Key

Matelote 〈食〉〔매털오우트〕

술, 양파 따위가 든 생선 스튜이다.

Material Cost 〈會〉〔材料費〕

재료비는 호텔이나 레스토랑 사업체에서 식음료 비용을 말하는 것으로 음식, 술 등의 비용을 말한다.

Mattress 〈客〉〔메트리스〕

베드(Bed) 위에 놓는 쿠숀을 말함.

Mayonaise Sauce 〈食〉〔마요네즈 소스〕

계란, 겨자를 넣고 소금, 후추, 우스터셔 소스(Worcestershire Sauce : 한국의 간장과 비슷한 서양의 조미료)를 혼합하여 레몬 주스를 넣고 샐러드유를 서서히 부으며 같은 방향으로 젖는다. 어느 정도 저으면 마요네즈 소스(Mayonaise Sauce)가 된다.

MBO 〈宿〉〔目標管理 : Management by Objects〕

오늘날 조직의 목표달성은 그 어느 때보다 행정부의 중요한 관심거리로 인정되고 있다. 행정부는 광범위한 구성원의 참여를 통하여 조직의 목표를 설정하고 효과적인 관리를 통하여 이 목표를 달성하려고 한다. MBO는 바로 이러한 목표달성 문제를 관리적 측면에서 중점적으로 다루려고 하는 하나의 관리전술로서 테일러(F.Tayler)의 집단적 노력에 정신혁명을 계승한 것이라고 말할 수 있다. 따라서 목표에 의한 관리는 구성원의 권고와 참여의 조장을 통하여 조직목표를 달성하려고 하는 하나의 모험적 시도라고 말할 수 있다.

Mead 〈飮〉〔미드 : 벌꿀酒〕

꿀에다 맥아, 이스트(Yeast : 효모, 누룩), 향료, 물 등을 넣어 발효시킨 리큐르로서 일종의 꿀술이다. 이 술은 신혼부부의 영원한 사랑의 맹세를 교환하는 술로도 유명하다. 알코올 도수는 약 40도이며 영국, 네덜란드산이 유명하다.

Meal Coupon 〈客〉〔食券 : Meal Ticket〕

단체고객 중 인원수가 적은 단체나 관광일정, 행사일정 등이 여유가 있는 단체는 "식권"을 발행하여 개개인이 원하는 시간이나 취향에 맞는 식사를 자유롭게 선택하여 즐길 수 있도록 하기도 한다.

Measuring Cup 〈飮〉〔計量 컵, 눈금을 새긴 컵 : Jigger〕

바(Bar)에서 사용하는 알코올 음료의 분량을 측정하기 위한 기구로서 30㎖(1oz), 45㎖(1.5 oz)용과 30㎖(1 oz), 60㎖(2 oz)용 두 가지가 있다.

Meat Breakfast 〈食〉〔미트 브렉퍼스트〕

일반적으로 영국과 아일랜드에서 행해지고 있는 아침식사로 주로 곡물, 고기, 달걀, 빵, 음료로 이루어져 있다.

Meat Formation 〈食〉〔肉類構成〕

육류구성은 살코기, 근육조직, 지방조직, 뼈, 연결부위(고기의 질기고 연한 것 결정), 연골, 근육 섬유질(고기의 질, 육즙, 연한 맛 결정)로 구성되며, 영양 구성원은 수분 70%, 단백질 20%, 脂肪 9%, 기타 1%로 나타난다.

Meat Grading 〈食〉〔肉類等級〕

육류등급은 크게 품질등급(Quality Grading)과 산출량등급(Yield Grading) 2가지로 나누어진다. 산출량등급은 도살육에서 고기와 뼈의 양으로 산출하는 방식이고, 품질등급을 살펴보면 아래와 같다.

① Prime (프라임) : 최상급 등급으로 호텔에서 사용하고 양이 제한되어 생산되며, 맛과 육즙이 뛰어나고, 하얀 크림색 脂肪이 발달하여 성숙시키기에 가장 적합한 고기이다.

② Choice (초이스) : 프라임보다 지방질이 적으나 좋은 조직 그물을 가지고 있어 현재 우리나라의 호텔에서 가장 널리 사용하고 소비량도 가장 많다.

③ Good & Standard : 脂肪 함량이 적고 맛이 약간 떨어지며 일반 식당용으로 널리 이용.

④ Commercial : 성숙한 동물에서 많이 생산되며 천천히 오래 삶고, 익히는 것이 요구된다.

⑤ Utility. Cutter. Canner : 위의 등급보다 맛과 질이 떨어지며 일반적으로 가공하거나 기계에 갈아서 이용된다.

Meat Salad   ☞ Rum

Meat Scaughtering 〈食〉〔도살육〕

도살과정은 고기의 질에 영향을 끼치므로 정확한 방법이 요구된다. 실온에서 보존된 도살육은 고기 표면과 내부에서 부패 박테리아가 성장하며 4~5일 정도 지나면 부패한다. 도살육의 부패는 먼저 뼈부터 시작(Bone Taint)된다. 도살육을 취급하는 모든 설비는 0℃~2℃ 사이에서 이루어져야 한다.

Meat Tag 〈食〉〔肉類 꼬리표〕

호텔에 육류가 입고되면 고기에 꼬리표를 붙여서 무게, 입고일자, 단위당 가격, 등급, 그리고 공급자에 대한 정보를 기록한 표로서 일반적으로 육류 중에서 저장고에 저장되는 고기로서 단가가 높은 육류에 대해서 이용 관리한다.

Meat Tenderizing Process 〈食〉〔肉類 軟化過程〕

도살 직후 근육의 섬유질이 경직되는 과정에서 단단해지므로 고기를 부드럽게 하기 위하여 고기를 뼈와 함께 냉장고에 20일 정도 걸어 두는 것을 말한다. 로스트(Roast)와 스테이크(Steak)는 약 10~14일 정도 숙성시키고 삶을 때는 4~8일 정도 숙성시킨다.

Medi-, Medio- 〈食〉〔미 디〕

중간 길이의, "중간의"의 뜻의 결합사.

Medium 〈食〉〔미디움〕

중간으로 익힌 요리, 알맞게 익힌 요리.

Medium Rare 〈食〉〔미디움 레어〕

Rare보다는 좀 더 익히며 Medium보다는 좀 덜 익힌 것으로 역시 자르면 피가 보이도록 하여야 한다. 조리시간은 약 3~4분 정도이고 고기 내부의 온도는 55℃ 정도이다.

Medium Roasting 〈食〉〔미디움 로스팅〕

커피 콩을 중간으로 볶는 것을 말하는 것으로 향기와 맛, 빛깔이 좋아서 부드러운 맛을 느낄 수 있다.

Medium Rum   ☞ Rum

Medium Well-Done 〈食〉〔미디움 웰 던〕

자르면 가운데 부분에만 약간 붉은색이 보이도록 거의 익히는 것으로 조리시간은 약 8~9분 정도이고 고기내부의 온도는 65℃ 정도이다.

Meeting Planner 〈宿〉〔미팅 企劃者 : MP〕

호텔 및 컨벤션 업계에 영향력 있는 담당자로서 컨벤션을 유지하는 데 있어서 호텔, 컨벤션 등 장소 결정에 주요한 결정권을 가지고 있는 사람이다.

Melange 〈飮〉〔멜랑즈〕

비엔나식 조식(Vienna Breakfast)에서 먹는, 커피(Coffee) ½과 우유(Milk) ½을 섞은 음료를 말한다.

Melba Toast 〈食〉〔멜바 토스트〕

흰 식빵을 엷게 썰어 오븐(Oven)에 갈색이 나도록 바삭바삭하게 구워낸 소형 토스트 빵(두께 2mm, 가로 3cm, 세로 5cm)을 말한다.

Melon 〈植〉〔멜론 : 양참외〕

참외의 한 품종으로 박과의 1년생 식물이다. 주로 유럽과 북미에서 재배하는데 영국에는 머스크멜론(Musk Melon), 미국에는 칸탈로우프(Cantaloupe), 허니듀(Honey Dew) 등의 종류가 있다. 모양은 참외와 비슷하며 열매는 타원형 또는 구형이고 표면에 그물 모양의 무늬가 있다. 향기와 단맛이 있고 살이 연하여 과일 중에 최고로 친다. 따뜻한 지방의 습기가 적은 곳에서 잘 되며, 세계 각지에서 온실재배를 한다. 호텔에서는 에피타이져(Appetizer), 디저트(Dessert)에 이용된다.

Melting 〈食〉〔맬 팅〕

열을 가하여 용해.

Member's Only 〈宿〉〔會員制 : Membership Club〕

일반적으로 특정인이 호텔의 레스토랑(Restaurant), 스포츠 시설, 휘트니스 센터(Fiteness Center), 리조트 클럽(Resort Club) 등의 회원에 가입함으로써 회원에 한하여 이용이 가능하다.

Menthe Green 〈飮〉〔멘트 그린 : Creme de Menthe〕

① 박하(Mint). ② 박하 향미의 녹색 리큐르(Liqueur)주.

Menu 〈食〉〔메뉴 : Carte. Bill of Fare〕

메뉴는 1498년경에 프랑스의 어느 귀족이 아이디어에서 착안된 것으로 서기 1540년 프랑스의 「그랑위그」라고 하는 후작이 자기 집에 손님을 초대하여 준비한 요리의 내용과 순서를 메모하여 식탁위에 놓고 차례로 요리를 즐기고 있었는데 이것이 다른 후작이나 백작들에게 좋은 평을 받아 이로부터 귀족간에 유행하게 되어 차츰 유럽 각국에 정식식사의 차림표로 사용하게 되었다. 메뉴는 본래 프랑스말로서 카트(Carte)라고도 불리나 메뉴는 세계 공통어로 사용되고 있다.

메뉴를 우리나라에서는 차림표 또는 食單이라 하고
　　영국에서는 Bill of Fare,　　　일본어로는 獻立表(곤다테효)
　　독일에서는 Speise Karte,　　　스페인어의 Minuta
　　중국어로는 菜單子로 불리고 있다.

Menu Tent Card 〈食〉〔메뉴 텐트 카드〕

천막식으로 접어서 식탁에 세워 놓은 메뉴 카드.

Menu Type 〈食〉[메뉴 타입]

메뉴타입은 일반적으로 세가지로 나누어진다.

① 固定 메뉴(Static Menu, Fix Menu)

② 循環 메뉴(Cycle Menu)

③ 마켓 메뉴(Market Menu)

Meringue 〈食〉[머 랭]

설탕과 달걀 흰자위를 살짝 구워 만든 껍질에 크림(Cream)을 넣은
과자를 말한다.

Message Lamp 〈客〉[메시지 램프 : Message-Light Indicator]

나이트 테이블(Night Table)에 설치되어 있는 작은 램프로서 손님에
게 메시지가 있을 때 프론트 데스크(Front Desk)에서 작동시킨다.

Messenger Boy 〈客〉[메신저 보이]

고객의 체재기간중 Check-out(퇴숙)하는 경우 전화, 편지 이외에 직
접 인편에 의해 의사를 전달하는 경우에 대비한 심부름꾼이다.

Metal Polish 〈客〉[메탈 파리쉬]

마른걸레에 묻혀 문질러 사용하며, 금속류를 광택나게 한다. 유의사
항으로 금속류 이외에는 묻지 않도록 하여야 한다.

Metelote 〈食〉[메트로트]

양파를 잘게 썰어 버터에 졸여 생선을 넣고 소금, 후추, 마늘, 향초
를 가하여 포도주를 생선이 잠기도록 붓고 약한 불로 25분 정도 졸
인 것이다.

Metropolitan Hotel 〈宿〉[메트로폴리탄 호텔]

대도시에 위치하면서 수천 개의 객실을 보유하고 있는 맘모스호텔의
무리를 말한다. 이 호텔은 동시에 많은 숙박객을 수용할 수 있고 대
연회장과 전시장, 그리고 대집회장과 주차장 등을 모두 갖춘 컨벤셔
날 호텔이라고 칭할 수 있는 것이다. 그러므로 이 호텔은 회의와 비
즈니스상에 필요한 시설 및 서비스가 철저히 구비되어 있어야 한다.

Meuniere 〈食〉[뮈니에르]

Pan Fry하는 방법의 일종으로서 밀가루를 생선에 발라서 버터를
Pan에 넣은 후 구워내는 방법이다.

Mico-Fitted System 〈客〉〔마이크로 피트 시스템〕

이 방식은 Stand-Alone형태의 시스템으로 개인별로 키카드(Key Card)를 사용하여 비교적 단순하다. 즉 객실문에 키카드(Key Card)의 코드를 감지할 수 있는 마이크로 칩(Chip)을 장치하여 카드(Card)를 객실문의 홈에 삽입함으로 객실이용을 할 수가 있다.

Microwave Cooking 〈食〉〔마이크로웨브 쿡킹〕

초단파 전자오븐으로 고열로 짧은 시간에 조리할 때 사용하는 방법이다. 이것은 동시에 내외부가 같은 열로 투시하면서 조리되기 때문에 빨리되며, 단 금속제 그릇으로 사용해서는 절대 안된다.

Midnight Charge 〈客〉〔미드나이트 차지 : 夜間料金〕

미드나이트 차지란 예약을 신청한 고객이 당일영업을 마감한 이후 한밤중에 도착하거나 다음날 새벽에 도착하였을 경우 호텔측은 그 고객을 위하여 전날부터 객실을 판매하지 않고 기다렸으므로 야간요금을 징수하게 된다. 이러한 제도는 호텔의 퇴숙시간이 정오이므로 전날의 정오부터 다음날의 정오까지를 1일 객실요금으로 계산하기 때문이다.

Mignon 〈食〉〔미 뇽〕

쇠고기의 안심 끝부분을 스테이크(Steak)용으로 토막 내서 베이컨을 감은 것을 말한다. 일반적으로 필레 미뇽(Filet Mignon)이라는 이름의 요리로 판매되고 있다.

Milk Shake 〈飲〉〔밀크쉐이크〕

우유에 얼음, 달걀, 설탕 또는 아이스크림을 넣고 거품이 나도록 저어 만든 음료를 말한다.

Mincing 〈食〉〔민싱 : Mince〕

① 식품을 다져서 Grinding(음식물을 갈아 가루로 만든다) 보다는 크고 Chopping(칼이나 예리한 도구로 잘게 하는 것) 보다는 잘게 커팅.
② 가늘고 작게 다지는 것.

Mincemeat 〈食〉〔민스미트〕

다진고기에 사과, 건포도, 지방, 향료 등을 섞은 것. 파이속에 넣음.

Mineral Water 〈飮〉〔미네랄 워러 : 鑛泉水〕

광천수는 칼슘, 인, 칼륨, 라디움, 염소, 마그네슘, 철 등의 무기질이 함유되어 있는 인공광수를 말한다.

Minestrone Soup 〈食〉〔미네스트론 수프〕

이탈리아의 대표적인 수프로 베이컨, 양파, 샐러리, 당근, 감자, Tomato Paste(토마토 페이스트)를 볶아 Stock(스톡)에 넣은 후 향료를 첨가하여 끓인 야채수프의 일종이다. 식성에 따라 치즈를 넣어 먹기도 한다.

Mini Bar 〈客〉〔미니바〕

Mini는 "작은, 소형의" 뜻으로 Mini Bar는 객실내의 냉장고에 간단한 주류나 음료를 구색을 맞추어 전시하여 고객이 Self Service로 이용하는 일종의 Small Bar이다.

Mini Suite   ☞ Junior Suite

Minimum Rate 〈客〉〔미니멈 레이트〕

모든 예약을 받음.

Minisuite 〈客〉〔미니 스위트〕

쥬니어 스위트와 같은 개념이다.

Minor Departments 〈宿〉〔마이너 部署 : Minor Dept.〕

Valet, 세탁 및 전화와 같은 소규모 영업부문(객실 및 식음료는 제외됨)이다.

Mint 〈植〉〔민트 : 薄荷(Peppermint)〕

박하잎은 그냥 또는 말려서 특수한 수프 또는 음료 과자 등에 사용된다. 스피아민트(Spearmint : 양박하)는 유럽이 원산지로 영국과 미국 전역에서 재배되며 특이한 향과 짧은 잎사귀, 꽃 등으로 구별된다. 작살모양의 잎사귀를 가진 스피아민트는 향이 있고 메탄올을 함유한다. 가장 인기있는 종류로는 붉은 꽃술을 가지고 있는 English Spearmint이다.

Minute Steak 〈食〉〔미뉴트 스테이크〕

짧은 시간에 요리되는 ½인치 두께의 작은 스테이크(Steak)를 말한다.

MIP 〈宿〉〔엠 아이 피 : Most Important Person〕

MIP는 VIP(Very Important Person) 고객보다 한단계 귀한 고객을 말한다.

Mire Poix 〈食〉〔미르푸아〕

18세기 Mirepoix 공작의 요리장이 개발한 것으로 Bouillon Stock을 만들 때 꼭 필요한 재료(당근, 양파, 샐러리, 월계수잎, 백리향 등을 주사위 모양으로 자른 것)를 버터에 볶아 놓은 기본재료.

Miroton 〈食〉〔미로통〕

① 쇠고기에 양파를 넣은 스튜(Stew).
② 냉육을 데우는 것.

Mirror Holder 〈客〉〔밀러 홀더〕

거울을 위와 아래에서 고정시키는 장치.

Miscllaneous 〈會〉〔雜收益 : MISC〕

호텔에서 발생되는 잡수익(MISC)계정은 주 상품이 아닌 부대상품 판매시 금일 수입금이 아닌 전일 마감된 수입을 추가로 부과할 때, 임시계정으로 대체할 때, 발생빈도가 적거나 금액이 적을 때, 특별 행사를 위한 Ticket 판매대금 및 Member Fee 등에 사용하는 계정 을 말한다.

Mise-en Place 〈食〉〔營業場準備〕

레스토랑에서 종업원이 고객에게 식사를 제공하기까지는 모든 사전 준비가 완벽하여야 하는데 이것을 Mise-en Place라고 한다.

Mixed Grill 〈食〉〔믹스드 그릴〕

고기 콩팥, 베이컨 소시지, 토마토, 버섯, 풋고추를 혼합해서 굽는 것을 말한다.

Mixed Transactions 〈會〉〔混合去來〕

혼합거래는 교환거래와 손익거래가 동시에 발생하는 거래이다.

Mixing 〈食〉〔믹 싱〕

두 개 이상의 요리 재료를 결합하여 섞는 것.

Mixing Glass 〈飮〉〔믹싱 글라스 : Bar Glass〕

쉐이커(Shaker)와 같이 술을 섞을 때 사용하는 것이나 쉐이커를 사용하는 것과는 다른 맛의 칵테일을 만들고자 할 때 사용한다.

Mobile Home 〈宿〉〔모빌 홈〕

일반 가정의 모든 시설, 장비가 갖추어져 있어 여행에 편리하며 또한 일상 거주형태로 비교적 쉽게 이동할 수 있는 이동식 주거형태를 말한다.

Mocha 〈飮〉〔모 카〕

마일드(Mild) 커피의 일종으로 흔히 아라비아라고 부르는 예멘 지방
에서 생산되며, 원두는 황록색이다. 신맛과 단맛이 좋으며 뛰어난
향기를 지니고 있어 "커피의 귀족"이라고 불린다.

Mocha Cake 〈食〉〔모카 케이크〕

제노와즈(Genoise)반죽에 시럽과 모카, 버터크림 등을 커버하여 만
들며 본 반죽에서도 모카 제노와즈 반죽에 커피가루를 첨가한다.

Mock Turtle 〈食〉〔목 터틀〕

자라 맛을 낸 수프(Soup)를 말한다(송아지 머리로 만듦).

Modified American Plan 〈宿〉〔수정식 아메리칸 플랜〕

수정식 아메리칸 방식은 손님에게 부담이 큰 아메리칸 플랜 제도를
수정하여 3식을 제외하고 주로 아침식사와 저녁식사 요금은 실료에
포함시켜 실료로 계산하는 요금제도이며 이를 Half-Pension 혹은
Demi-Pension이라 부르기도 한다.

Mom and Pop 〈宿〉〔맘앤팝 : Ma and Pa〕

제한된 자본으로 가족에 의해 운영되는 소규모 영업단위체이다.

Monitor System 〈宿〉〔모니터 制度〕

일반적으로 기업이 외부의 사람들에게 기업의 제품이나 서비스 등
에 대해 비판이나 의견을 제시하도록 의뢰하고, 이를 기업의 방침에
반영하거나 혹은 제품 또는 서비스의 개선에 활용하는 제도이다.

Month to Date 〈客〉〔먼스 투 데이트 : MTD〕

당월 합계로 특정 월별, 특정 일별을 위한 수입과 지출을 나타내는
회계상의 합계이다.

Morel 〈植〉〔모렐 : 食用버섯의 一種〕

원추형의 갓으로 색깔은 어두운 갈색에 가까운 황토색이나 갈색이
다. 4월과 5월 사이가 제철이다. 각종 소스에 이용되기도 하며
Stuffing(계란, 가금류, 생선류 등의 내부에 다른 부재료를 넣어 조
리하는 것)하여 사용하기도 한다. 매우 고가품이다.

Mornay Sauce 〈食〉〔모르네 소스〕

① 이 소스는 고안자의 이름을 딴 것이다.

② 흰색 소스(White Sauce)를 베샤멜 소스(Bechamel Sauce) 버터
와 치즈를 갈아 넣어 만든 소스다.

③ 야채에 사용된다.

Morning Call 〈客〉〔모닝 콜 : Wake-up Call〕

고객이 요청한 시간에 전화교환원이 고객을 깨워주는 서비스이다.

Mosel 〈飮〉〔모 젤〕

독일에서 생산되는 유명한 백포도주의 명산지로서 레이블에 표기된다.

Motel 〈宿〉〔모 텔〕

모텔은 명칭이 표시하는 바와 같이 자동차 여행자들을 대상으로 하
여 도로변에 건설된 새로운 형태의 호텔이다. 1908년 미국 아리조나
주 교외의 마을에서 시작되었으며, 처음에는 주차장과 침실을 1단위
로 시설하였으나, 최근에는 호텔 이상으로 호화롭게 시설하고 있다.

◆ 特 徵 ◆

① 주차의 제약이 없다.

② 「No Tip」제도이다.

③ 이용과 행동이 자유스럽다.

④ 객실 예약이 불필요하다.

Motor Hotel 〈宿〉〔모토 호텔〕

모텔(Motel)과 유사하지만 보다 호화스런 시설을 갖추고 있는 숙박
시설.

Motor Inn 〈宿〉〔모토 인〕

일반적인 저요금 모텔과는 다른 보통 호텔에 가까운 설비와 분위기
를 가진 고급 모텔이다.

Mousse 〈食〉〔무 스〕

계란, 생크림, 설탕, 럼(Rum)을 혼합한 다음 글라스에 차갑게 한 것
이며 부재료에 따라 종류를 다양하게 할 수 있다.

Mousseline 〈食〉〔무슬린〕

계란 흰자와 크림의 혼합물 또는 휘핑(Whipping) 크림 ½과 마요네
즈 ½의 혼합물을 말한다.

Movillage 〈宿〉〔모빌리지〕

자동차(Mobile)와 마을(Village)을 하나로 묶은 신조어로 자동차 이

용 여행자를 위해 계획된 캠프장을 말하며, 그의 목적을 위해 특히 설치된 시설을 Auto-Camping장이라고 한다.

Moving Average Method 〈會〉〔移動平均法 : MAM〕

이동평균법은 매입하였을 때에는 수량 및 금액을 먼저의 잔액에 더하여 새로운 평균단가를 산출한다.

Ms 〈宿〉〔미 즈〕

여성 고객의 신분을 모를 경우 넌지시 알리기 위해 사용하는 경어로서 Miss(미스)와 Mrs(미시즈)의 합친 여성의 경칭이다.

MTD 〈客〉〔當月合計, 月累計 : Month To Date〕

특정월별, 특정일별을 위한 수입과 지출을 나타내는 회계상의 합계.

※ Last Month To Date : 전월 동일의 누계.

※ Last Year Month To Date : 전년 동월 동일의 누계.

※ Today Last Year : 전년의 동일.

※ Year To Date : 본 연도의 누계, 연 누계(YTD)

※ Year To Date Last Year : 전년도 동일의 누계.

Muddler 〈飲〉〔휘젓는 막대 : Stirrer〕

원래는 재료를 으깨거나 섞는데 사용하는데 최근에는 각양각색의 색깔을 가지고 칵테일 장식용으로 사용되고 있다. 긴 막대기 모양이며 끝부분이 가늘고 작으면 적합하지 않은 머들러이다.

Muffin 〈食〉〔머 핀〕

옥수수가루 등을 넣어서 살짝 구운 빵.

Mug 〈飲〉〔머 그〕

글라스의 한 종류로 손잡이가 달린 소형 맥주잔을 말한다.

Mulligatawny Soup 〈食〉〔카레가 든 수프〕

송아지고기, 옥파, 당근, 토마토, 피망, 카레분을 주재료로 하여 만든 수프.

Multilevel Zoning 〈宿〉〔多面地區〕

지하는 주차시설, 1층은 상점, 중간층은 사무실 그리고 맨 위층에는 호텔시설 등이 동일 지대내에 존재하며 수평적・수직적으로도 사용된다.

Murphy Bed 〈客〉〔머피 베드 : Closet Bed, Fold Bed〕

호텔객실의 침대 종류로서 벽 또는 벽장 속에 붙이는 침대형태이다.

Mushroom 〈植〉〔버섯, 양송이〕

담자균류에 속하는 고등균류의 총칭. 대개 우산처럼 생겼는데 홀씨로 불어나며 독이 있는 것과 없는 것이 있다. 잎파랑이가 없어 산과 들의 그늘이나 썩은 나무 따위의 습한 곳에 붙어서 생활을 한다. 송이, 석이, 싸리버섯, 파리버섯, 밤버섯 등이 있다.

Mussel 〈食〉〔홍합, 마합류〕

홍합과에 속하는 바닷조개. 얕은 물의 자연뚝에서 양식을 한다. 길쭉하고 검푸른 색의 쌍각 연체동물로 속은 홍색이다.

Mustard 〈植〉〔머스터드 : 겨자〕

겨자과에 속하는 1∼2년생 풀. 키는 약 1m, 잎은 어긋맞게 나며, 무잎과 비슷하나 가장자리가 톱니 같음. 봄에 누른 빛의 작은 네 잎꽃이 핌. 씨는 작은데 황갈색으로 맵고 향기로운 맛이 있어서 양념과 약제로 쓰이며 잎과 줄기는 식용하는데 맛이 쓰며, 아시아가 원산지이다. 최고급용으로서는 마요네즈에 쓰이며 기타 샌드위치, 햄, 핫도그 등에 맛을 더해 준다. 식초와 혼합하여 향미를 돋구는 수도 많다.

Napery 〈食〉〔네이퍼리 : Table Linen〕

식탁용 린넨류로서 테이블 크로즈(Table Cloth), 냅킨(Napkin) 등이 있다.

Napkin 〈食〉〔냅 킨〕

① 냅킨의 칫수는 50×50cm의 정도가 이상적이다. 이는 손님의 목에 걸고 식사 중에 사용한다. 주로 양식을 먹을 때에 가슴을 가리거나 무릎 위에 펴놓으며, 손이나 입을 닦기도 하는 수건이나 종이.

② Arm Towel이라 해서 냅킨으로 대용하여 왼손목에 걸고 뜨거운 음식을 운반할 때 받쳐 이용되기도 한다. 또는 쟁반에 깔아 그릇이 부딪치는 소음을 방지하고 미끄러지는 것을 방지하기 위해서 쓰인다.

Napoleon 〈食〉〔나폴레옹〕

① 퍼프페이스트의 층을 크림퐁당으로 분리하고 퐁당아이싱을 씌운 프랑스의 페스트리.

② 크림과 잼 따위를 여러 겹에 넣은 파이.

Napoleon Cognac 〈飮〉〔나폴레옹 코냑〕

코냑 브랜디는 나폴레옹 1세가 가장 즐겨 마신 술로서 100년 이상 저장 숙성시킨 코냑 제품에 대한 별칭으로서 나폴레옹이란 이름이 붙여지고 있다. 그러나 나폴레옹이란 명칭이 붙은 것은 전부 100년 이상 Age된 것인지는 확실하지 않다. 어쨌든 「Napoleon」이라고 표시되어 있는 것은 그 제조회사에서 생산되는 제품 중 최상품이라고 인정하면 된다.

NCR 〈會〉〔電子式 金錢登錄機 : Electronic Cash Register〕

National Cash Register 회사에 의해서 제작된 호텔 계산기로 프론트 캐쉬어(Front Cashier)가 사용하며 이 기계로 호텔 고객의 제반 요금을 전기 및 누적 계산하여 송출시 그 절차를 간편하게 한다.

Nego Ciant 〈飮〉〔네고 시앙〕

다른 말로 와인상(Shipper's Wine)이라고 하는데 자기의 포도원을 소유하지 않은 주상(酒商)들이 숙성되지 않은 와인을 여러 포도원으로부터 구입하여 저장해 두었다가 숙성이 되면 자기의 이름 또는 상사의 이름으로 병의 라벨에 표기하여 출고하는 와인으로 각 주상들의 독특한 블렌딩과 저장기술이 와인 질에 영향을 미친다.

Net Profit 〈會〉〔純利益 : Net Net〕

① 總收益(Gross Profit) − 費用(Expenses) = 純利益(Net Profit)

② 總利益 − (人件費＋間接費) = 純利益.

③ 販賣價格 − (食飮價格＋人件費＋間接費) = 純利益.

Net Rate 〈客〉〔넷 레이트〕

수수료에 의해 할인된 객실가격이다.

Neutral Sauce 〈食〉〔뉴트럴 소스〕

고기 스톡(Stock)이 들어 있지 않은 소스로서 브레드 소스, 마요네
즈 소스(Mayonnaise Sauce) 등을 말한다.

Neutral Spirits 〈飮〉〔뉴트럴 스피릿 : 中性스피릿〕

95℃ 이상의 순수 알코올로서 보통 다른 술과 섞어서 마심.

Newburg Sauce 〈食〉〔뉴버그 소스〕

① 뉴버그는 생선의 집산지로 유명한 곳이다.

② 이 소스는 황색바탕으로 Fish Veloute Sauce에 계란, Cream,
Sherry Wine 등을 넣고 만든 소스이다.

③ 생선에 사용한다.

News Letter 〈宿〉〔호텔社報〕

호텔에서 주별, 월별, 계절별 등으로 발간하는 호텔의 사업홍보와
광고, 사내 뉴스를 내용으로 하는 책자이다. 호텔사업에 있어서 뉴
스레터는 전문성을 지니고 있으며 그 내용이 정보제공의 역할을 하
여야 하며 기존고객과 잠재고객을 끌어들일 수 있는 마케팅 도구로
서 널리 이용되고 있다. 특히 호텔의 부대시설과 새로운 호텔상품
소개에 널리 이용된다.

Night Audit 〈會〉〔夜間監査〕

호텔은 1일 24시간 영업을 하기 때문에 정기적으로 당일의 영업 판
매금액에 대한 감사가 필요하다고 할 수 있다. 그러므로 야간근무중
수취계정금액(Accounts Receivable)을 마감하여 잔액의 일치를 검사
하는 야간회계감사 업무를 말한다.

Night Audit Formula 〈會〉〔會計監査公式〕

호텔에서의 야간감사 공식은 거의 같다고 할 수 있다.

Opening Balance(前日殘高)+Charges(借邊)−Credits(貸邊) =Net Outstanding Balance(今日殘高). 이 공식을 이해하기 위해서는 다음과 같은 狀況의 예를 들면 이해하기가 쉬울 것이다. 먼저 OB가 $280, 각 부서에서의 요금(객실, 식음료, 기타 부대시설)이 $60, 지급이 $12.80이라고 가정을 하면 야간감사자는 전일잔고인 $280을 가지고 시작하여 여기에다 당일 去來되어진 부서에서의 요금을 합하면 $340이 된다. 그리고 지급되어진 금액을 빼면 $327.20이 된다. 「PB+DR−CR = NOB」 즉, 「$280+ $60− $12.80 = $327.20」

Night Auditor 〈會〉〔夜間監査者〕

야간감사자는 수입감사실의 지시를 받으며 영업장 부문별로 당일의 매상수입을 마감하여 정산하는 일을 맡는다. 야간감사자의 고유기능을 살펴보면 다음과 같다.
① 수취계정의 총잔액과 개별원장의 비교 검증.
② 개별원장의 대변·차변기록과 청구액의 정확한 검증.
③ 당일 수입일람표 작성.

Night Auditor's D Card 〈會〉〔夜間監査者의 디카드〕

야간감사자가 체킹 리스트(Checking List)에 따른 점검 도중 오기나 기장누락 등 잘못을 발견해낸 경우 작성하여 제출하는 카드를 말한다. 즉 당일 총 미수금, 借邊 代替額, 前日殘高 未收金, 當日 未收金 回收額, 當日 未收金 殘高表示.

Night Cap 〈客〉〔나이트 캡〕

여자들이 머리에 쓰고 잘 수 있도록 제공되는 위생적인 모자를 일컫는다.

Night Clerk 〈客〉〔나이트 클럭〕

나이트 클럭은 야간에만 근무하는 자로서 야간내에 일어나는 업무만이 아니고 프론트 오피스(Front Office)에서 주간에 발생되었던 업무의 연장으로 보다 축소 이전되어 맡아보는 일까지도 하여야 한다. 근무시간은 23:00~07:00까지로 Graveyard Shift라고도 한다.

Night Clerk's Report 〈客〉〔나이트 클럭 報告書〕

수입 일계표가 작성되기 전에 각 부서 지배인에게 가능한 빨리 영업성과의 통계수치를 보고하기 위한 목적으로 작성되는 보고서이다. 이 보고서는 판매된 객실수나 매출액을 기록하는 것보다는 경영자에게 객실판매에 관한 보다 세밀한 경영자료와 경영성과를 보고하기 위한 것이다.

Night Clothes 〈客〉〔나이트 클로스 : Night Dress, Night Wear, Night Gown〕

잠옷. 즉 잠을 잘 때 입는 옷.

Night Club 〈宿〉〔나이트 클럽 : Night Spot〕

야간에 전문적인 스테이지 쇼를 위주로 하여 술과 음료를 판매하는 시설로서 대개 무도를 즐길 수 있는 장소를 구비하고, 바(Bar) 영업을 주종으로 하는 것이며 사교장소로도 이용된다.

Night Spread 〈客〉〔나이트 스프레드 : 寢臺 덮개〕

담요를 보호하고 각 고객에게 청결한 카버를 제공하기 위해 밤에 침대에 사용하는 덮개를 일컫는다.

Night Stand 〈客〉〔나이트 스탠드〕

더블 침대 양 옆 나이트 테이블과 베드사이드 테이블 위에 각각 등이 한개 짜리가 설치된 스탠드나 혹은 트윈 침대 중간 나이트 테이블 위에 설치된 쌍둥이 스탠드를 말한다.

Night Table 〈客室〉〔나이트 테이블〕

호텔 침대 머리맡에 있는 작은 테이블로 전화, 전기 스탠드, 재떨이 등이 놓여지며 취침시에도 침대에서 손이 닿을 수 있도록 위치해 있다. 최근에는 이 테이블 안에 붙박이식 라디오, 전기 스위치, 에어컨 스위치, 텔레비전 스위치 등이 설비되어 있는 것이 보통이다.

No Arrivals 〈客〉〔노 어라이벌〕

호텔의 예약상황이 특별기간의 예약 때문에 특별기간에 예약을 받지 않는 것을 말한다.

No-Show 〈客〉〔노 쇼우〕

고객이 예약을 해놓고 예약취소의 연락도 없이 호텔에 나타나지 않는 객을 말한다. 원래는 항공회사의 업무상 용어이다.

※ No-Show% = No Show의 數 / 豫約된 顧客의 數 × 100

No-Show Employee 〈宿〉〔無斷缺勤 從事員〕

예정 근무일에 회사에 출근하지 않고 결근의 이유도 알리지 않은 종사원을 말한다.

No-Tax 〈客〉〔免 稅〕

우리나라에 주재하거나 파견된 외교관 또는 외교사절이 국세청장이 정하는 바에 따라 소관 세무서장의 지정을 받은 사업장에서 외무부 장관이 발행하는 Tax Exemption Card(외교관 면세카드)를 제시하여 공급받은 다음에 해당하는 재화 또는 용역에 대하여 면세의 적용을 받는 것을 말한다.

No Through Booking 〈客〉〔노 드루 북킹〕

호텔의 예약상황에서 손님의 체류가 특별기간 내내 계속될 때 어떠한 예약도 받지 않는 것을 No Through Booking이라 말한다.

No Vacancy ☞ Full House

No Voucher 〈會〉〔노 바우쳐〕

전표를 분실하였을 때 「傳票없음」이라는 표시를 함으로써 보충전표를 받기 위한 표시이다.

Noble Wine 〈飮〉〔노블 와인〕

프랑스의 보르도 타입의 레드, 로제, 화이트 3종류의 와인을 생산하고 있으며 해태 제품이다.

Noisette 〈食〉〔누아제뜨〕

야채를 자르는 방법으로 지름 3cm 정도의 둥근 형으로 자르는 것.

Non Alcoholic Beverage 〈飮〉〔비알코올성 飮料〕

비알코올성 음료란 알코올이 전혀 들어 있지 않은 음료를 총칭한다.

Non Alcoholic Coffee 〈飮〉〔비알코올성 커피〕

술이 첨가되지 않은 순수 커피로서 만드는 방법이나 재료의 종류에 따라서 명칭을 달리한다.

Non-Guest Folios 〈會〉〔非顧客 元帳〕

호텔내에서 외상구매권을 갖고 있지만 호텔에 고객으로 등록되어 있지 않은 개인들을 위하여 작성한 것으로 이러한 개인들은 헬스클럽 회원, 단골회사 고객, 특별회원, 지역유지들이 포함된다.

Non-Smoking Area 〈宿〉〔禁煙地域〕

호텔의 로비, 레스토랑, 기타 부대시설에서 담배를 피우지 말 것을 위해 지정해 놓은 장소를 말한다.

Non-Smoking Room 〈客〉〔禁煙 客室〕

호텔을 이용하는 고객층의 다양화와 전 세계적인 금연운동의 확산
으로 담배를 피우지 않는 고객의 투숙이 늘고 있어 그들을 위한 서
비스 차원에서 금연객실 및 금연층(Non-Smoking Floor)을 지정하
여 객실 배정을 하고 있다.

Nougat 〈食〉〔누가 : 호도 따위가 든 캔디의 一種〕

설탕과 꿀을 끓여 기포한 계란 흰자에 넣고 견과류, 안제리카 등을
혼합한 과자인 누가 몬테리아, 끓인 설탕에 아몬드 슬라이스를 넣어
반죽 상태로 만든 것과 부서서 초콜릿을 혼합한 것을 지칭한다.

Novelty 〈宿〉〔노벨티〕

노벨티는 호텔이용객에게 제공하는 호텔측의 선물인 동시에 호텔광
고를 목적으로 한 판촉물로서 원칙적으로 무료로 폭넓은 고객을 대
상으로 배부하는 것이다. 호텔이용객에게 제공하는 노벨티의 종류로
는 볼펜, 메모지, 재떨이, 달력, 수첩 등이 있다. 이외에도 전화번호
부, 성냥, 우편엽서, 편지봉투를 이용한 호텔의 광고가 있다.

Number of Guests 〈客〉〔定員稼動率〕

객실이용 인원 및 정원가동률을 계상한다.

※ 定員稼動率 = 當日客室 使用客數/ 總客室定員 ×100.

Number of Rooms Unit 〈客〉〔유니트 客室數, 公稱 客室數〕

① 객실의 칸 수, 즉 객실의 단위 수에 의해 계산되는 객실수를 말
   한다. 물론 여기에는 호텔의 임원 숙소나 창고 등으로 사용되는
   House Use Room까지도 포함되는 객실수인 것이다.
② 호텔기업이 보유하고 있는 객실수를 대외적으로 공표하는 경우,
   즉 호텔을 정부기관에 등록하거나 호텔의 판매촉진을 위한 선전
   과 광고 등에 있어서 이 유니트 객실수를 공표하게 된다. 왜냐하
   면 호텔의 객실수가 호텔의 규모를 결정짓기 때문이다.

Numbering Stand 〈宴〉〔넘버링 스탠드〕

연회행사나 컨벤션시 참석자가 본인의 테이블을 찾기 쉽도록 하기
위하여 각 테이블마다 표시한 번호를 말한다.

Nut Cracker 〈食〉〔호두 까는 器具〕

보통 호두나 껍질이 딱딱한 것을 깨기 위한 집게이다. 음식에는 특
히 바닷가재, 게(Crab) 종류를 깨기 위해 사용된다.

Nutmeg 〈植〉〔너트 맥 : 육두구(香味料)〕

육두구과에 속하는 상록 교목. 모루카 제도 원산으로 열대지방에서 널리 재배된다. 꽃은 누른 백색이며 꽃덮이는 방향이 있음. 짙은 적 갈색의 이 열매를 굵은 분말로 갈아서 Hot Whisky, Egg, Nog, Alexander 등의 위에다 뿌려서 그 높은 향을 즐긴다. 보관시에는 반드시 건조한 곳에 보관하여야 한다.

Nutritious Drink 〈飮〉〔營養飮料 : Non Alcoholic Beverage〕

영양음료란 사람이 마셔서 건강에 도움을 줄 수 있는 영양성분이 많이 들어있는 음료를 말하는데 일반적으로 각종 주스류와 우유류가 있다.

Oatmeal 〈食〉〔오트밀〕

우유와 설탕을 섞어 아침에만 먹는 곡물요리(cereal)의 일종으로 귀리가 재료로 사용된다.

Oblong 〈客〉〔오브롱〕

① 직사각형 모양.

② 영업장세팅 마무리 단계에서 준비하는 꽃 수반의 모양으로 Round, Bud Base 등이 있다.

Oblong-Shape 〈宴〉〔l자형 配列 또는 理事會形 配列〕

예상되는 참석자 수에 따라 테이블을 배열하며 $60'' \times 30''$, $72'' \times 30''$ 테이블을 2개 붙여서 배치하는데, 의자와 의자의 간격은 60cm의 공간을 유지하도록 하며 특히 고객의 다리가 테이블 다리에 걸리지 않게 유의한다. 이 형태는 작은 모임에 많이 사용된다.

Occupancy 〈客〉〔客室利用率 : Room Occupancy〕

객실수입에서 사용객실수를 찾아서 객실 이용률을 산출하여 기입한다. 룸 어큐펀시는 호텔에 있어서 객실 경영상황을 판단하기 위하여 가장 보편적으로 사용되는 지표이다. 객실이용률의 산출방법은 판매된 객실수를 판매가능한 객실수(總客室數－故障客室數)로 나누어 값을 퍼센트로 나타낸다.

※ 客室利用率(occupancy percentage) = 販賣된 客室數 / 販賣可能한 客室數 × 100

Occupied 〈客〉〔아큐어파이드〕

고객이 현재 사용하고 있는 객실을 말한다.

Octopus 〈食〉〔문 어〕

낙지과에 속하는 연체 동물. 고기는 연하고 맛이 좋아서 말려서 식용한다. 수심이 $100 \sim 1,000m$ 정도의 바다에 살고 여름에는 얕은 바다로 나온다.

Oeuf 〈食〉〔외 프〕

계란.

Oeuf a la Coque 〈食〉〔외프 아 라 코크〕

껍질째 삶은 계란 반숙.

Oeuf au Lard 〈食〉〔외프 오 라르〕

베이컨을 곁들인 계란 요리.

Oeuf en Cocotte 〈食〉〔외프 앙 코코트〕

작은 耐火性 접시에 담아서 조리한 계란 요리.

Oeuf sur le Plat 〈食〉〔외프 쉬르 르 플라〕

작은 접시에 담아 구워 그 접시째 제공하는 계란 요리.

Off-Day 〈宿〉〔오프 데이〕

비번 날, 쉬는 날.

Off.J.T. 〈宿〉〔職場外訓練 : Off-the-job Traning〕

직장에서의 실무 또는 작업을 떠나서 전문적으로 실시하는 훈련으로서 보통 단체적으로 행한다.

Off Line 〈電〉〔오프라인〕

① 주변기기의 작동이 중앙처리장치의 제어하에 있지 않은 시스템에서 그 주변장치 또는 시스템을 기술할 때 쓰이는 말이다.

② 컴퓨터의 입출력 정보의 전송에 사람의 손이 필요한 상태.

Off-Premise Dining 〈食〉〔오프 프레미지즈 다이닝〕

가게에서는 음주를 금하는 주류 판매.

Off-Season Rate 〈客〉〔비수기 料金 : Off-Peak Rate〕

비수기의 경영대책으로 호텔의 이용률이 낮은 계절에 한하여 공표요금에서 할인해 주는 요금을 말한다. 우리나라 외래 관광객의 계절별 입국 추세를 보면 3월, 4월, 5월, 9월, 10월, 11월이 성수기를 이루고 있으며, 겨울철인 12월, 1월, 2월이 가장 저조한 비수기를 이루고 있다. 그러나 여름 바캉스철인 7월, 8월은 리조트 호텔은 성수기라고 볼 수 있다. 우리나라의 호텔경영은 도시호텔이나 휴양지 호텔에서 비수기 경영정책으로 계절별 할인요금을 적용하는 호텔이 많다.

Official Check 〈會〉〔오피셜 책 : Special Treatment Bill〕

사내 직원의 시식 및 외부손님 방문시 접대의 이유로해서 사원 및 간부들이 사용하는 계산서이다.

Oignon au Gratin 〈食〉〔오뇽 오 그라탱〕

프랑스의 양파 수프로써 세계적으로 유명하다.

Oil 〈食〉〔오 일〕

기름류로 대두유, 올리브유, 참기름, 호두기름, 돼지기름, 버터, 쇠기름 등이 있다.

O.J.T 〈宿〉〔職場訓練 : On-the-job Training〕

직장훈련은 감독자가 일하는 과정에서 부하 종업원을 개별적으로 실무 또는 기능에 관하여 훈련시키는 것을 말한다. 이러한 교육은 사고율을 감소시키고, 결근·이직률을 감소시킨다. 또한 낭비 및 기물 파손율이 낮아지며, 아울러 사기, 생산성, 직무지식이나 판매능력이 높아지고, 고객 만족도를 높일 수 있다.

Okra 〈植〉〔오크라〕

아욱과에 속하는 1년생 야채로 곧은 줄기에 큰 잎을 달고 5~6마디째의 잎 겨드랑이에서 꽃술이 붙은 노란 꽃이 핌. 꽃이 핀 후 7~10일 되는 어린 꼬투리를 이용하는데, 여기에는 펙틴(Pectin), 갈락탄(Galactan), 아라반(Araban) 등이 들어 있으며 점질로서 수프(Soup), 스튜(Stew) 기름볶음 등을 하며 여문 열매는 볶아서 커피 대용으로 쓰기도 함.

Old Fashioned Glass 〈飮〉〔올드 패션드 글라스〕

짧고 두터운 글라스로 아래보다는 위가 약간 넓은 것이 특징이며 용량은 4~6온스이다.

Old Wine 〈飮〉〔묵힌 와인 : Aged Wine〕

포도주를 만들어서 5~10년 혹은 15년 이내에 마시는 포도주를 말한다.

Olive 〈植〉〔올리브〕

목서과에 속하는 상록 교목, 키는 6~10m 가량. 황백색의 향기 있는 네잎 꽃이 피고, 꽃이 진 뒤 거꾸로 된 알 모양의 암록색 핵과가 여묾. 소아시아 지방의 원산지로 지중해 연안 이탈리아, 아메리카 등지에서 산출됨. 심은지 8년 후에 열매가 열리고 수명은 100년 가량됨. 열매는 50~60%의 지방질을 함유하고 있다.

Olive 〈食〉〔올리브〕

야채를 Chateau(샤토 : 작고 둥글게 잘라내는 방법)보다 작은 올리브형으로 자르는 방법.

Omelet(te) 〈食〉〔오믈렛〕

계란요리의 하나로 계란을 깨뜨려 흰자와 노른자를 잘 섞은 후 프라이팬에 기름을 두르고 약한 불로 스크램블식으로 휘저어 타원형으로 말아서 제공하는데 고객의 기호에 따라서 오믈렛안에 하나 또는 여러 가지를 넣을 수 있다.

① Plain Omelette : 계란을 깨어 포크나 Whipper로 저어서 흰자와 노른자가 물처럼 완전하게 풀어진 다음, 이것에 우유를 넣고, 후라이팬을 뜨겁게 달구어 버터를 깔고 계란을 부어 구석으로 익혀 가면서 타원형으로 볼륨있게 말아낸 것. 계란만을 사용했을 때 Plain Omelette이라 부른다.

② Mushroom Omelette : 양송이 버섯을 가미시킨 오믈렛.

③ Rossini Omelette : 거위간(Foie Gras)과 송로(松露)를 가미시킨 오믈렛.

④ Ham Omelette : 햄을 가미시킨 오믈렛.

⑤ Cheese Omelette : 치즈를 가미시킨 오믈렛.

⑥ Kidneys Omelette : 콩팥을 볶아 소스에 버무린 것을 가미시킨 오믈렛.

⑦ Spinach Omelette : 삶은 시금치를 가미시킨 오믈렛.

On Change 〈客〉〔客室 整頓中〕

고객이 객실에서 Check-out(退宿)을 하였으나 아직 객실청소가 완료되지 않은 객실.

On Change Room 〈客〉〔온 체인지 룸〕

하우스키핑 부서에 의해서 정리정돈을 요하는 객실.

On Line 〈電〉〔온 라인〕

① 컴퓨터의 中央處理裝置(CPU)와 떨어진 장소에 설치된 단말기가 통신회선으로 결합되어 있는 상태.

② 정보의 전송과정에서 인간의 개입을 필요로 하지 않은 상태.

On Line Real Time System 〈電〉〔온라인 실시간 處理시스템〕

원격지의 정보를 즉시 처리하여 단말기로 보내는 시스템.

On Request 〈客〉〔온 리퀘스트〕

예약담당자가 예약을 확인하거나 거절하기 前에 호텔과 의논을 필요로 하는 것을 말한다.

On the Rocks 〈飮〉〔온더락 : On the Ice Cubes〕

① "바위 위에" 라는 뜻인데, Glass에 얼음을 2~3개 넣어 그 위에
술을 따르면 마치 바위에 따르는 것처럼 보인다는 표현이다.

② "On the Rocks"라는 숙어는 손때 묻은 느낌이 들어, 최근에는
"Over the Rocks" 또는 "Over Ice", 그냥 Over라는 말이 젊은
층을 중심으로 유행하고 있다.

On the Table System 〈會〉〔온더 테이블 시스템〕

온더 테이블 시스템이란 레스토랑에서 웨이터, 웨이트레이스가 고객
으로부터 받은 주문에 대해 1조 3매의 계산서에 항목을 기록하여
직접 요금계산서를 발행하는 시스템 방식으로 좌석 회전이 빠르고
고객의 착석시간이 대체로 짧으며 메뉴수도 적고 고객에게 신속한
서비스를 제공하기 위한 경식당 등에서 주로 사용되고 있는 시스템
방식이다.

Ondol Room 〈客〉〔韓室 : Korean Style Room〕

한국 고유의 객실로서, 일반가정과 같이 방바닥이 온돌(요즈음
Steam) 형태로 한국의 정취를 느끼게 하는 객실로 19m² 이상으로
규정하고 있다. 침구는 보료, 요, 이불 등으로 갖추고 가구는 한국전
통의 나전칠기로 준비하며, 문(門)의 형태나 모양, 조명기구 등도 우
리 고유의 것으로 설비된다.

One(Two) Pull Dialing 〈客〉〔원 풀 다이어링〕

룸 서비스(Room Service), 벨 데스크(Bell Desk)와 같이 호텔 서비
스를 하기 위하여 교환원과 연결되어 있는 전화 숫자 시스템이다.

One Shot Key 〈客〉〔1회용 열쇠〕

단 1회만 가능하며 Room Showing를 한다든지 객실에 이상이 생겼
을 경우 신분이 확인된 사람에게 발행한다.

One Shot or One Finger 〈飮〉〔원 숏 오아 원 휭거〕

한 잔이라는 뜻으로 대개 1온스를 기준으로 한다.

One Waiter System 〈食〉〔원 웨이터 시스템: Station Waiter System〕

원 웨이터 시스템의 편성은 대개 계절적으로 영업을 하는 계절식당에
서 가장 많이 사용되는 시스템으로 한 식당에 헤드 웨이터(Head
Waiter)를 두고 그 밑에 한명씩 정해진 웨이터가 스테이션(Station)에
근무하면서 직접 손님에게 식사와 음료를 주문 받아 서비스를 하는

것으로 비교적 능숙한 접객원으로서 모든 업무에 숙달하여야 한다.

Onion 〈植〉〔양 파〕

백합과에 속하는 다년생 풀. 잎은 가늘고 길며 속이 빈 원기둥 모양임. 땅속에 덩이로 된 비늘줄기가 마늘모양으로 잘 발달하여 공 모양을 이루며 이 비늘줄기에는 매운 맛과 당질, 인분, 칼슘, 염분, 비타민 C 등이 함유되어 있어 식용으로 애용된다. 서아시아가 원산으로 현재는 우리나라에서도 전국적으로 재배하고 있다. 큰 양파는 둥글고 약간 넓적하거나 혹은 배모양으로 되어 있다. 그리고 우유같은 액즙이 나온다. 양파는 견고하며 작고 마른 꼭지를 가지고 있다. 꼭지가 두껍고 딱딱한 심이 있거나 싹이 튼 양파는 버린다. 서양요리에 주로 사용하는 야채지만 향신료로서는 용도가 넓다. 육류 요리의 고기 특유의 냄새를 없애고 맛을 더한다. 유화 알카리분이 함유되어 있다.

Onion Bread 〈食〉〔마늘 빵〕

옥파를 잘게 다져 빵반죽에 넣거나 성형된 반죽을 프루핑 박스에서 꺼낸 다음 그 위에 뿌려서 굽는 빵을 말한다.

Open Bar 〈食〉〔오픈 바〕

(결혼, 피로연 따위에서) 무료로 음료를 제공하는 바를 말한다.

Open Bed 〈客〉〔오픈 베드〕

베드 스프레드(Bed Spread)가 씌워진 채로 있으면 고객이 베드를 사용할 때 불편함으로 고객이 베드를 사용하기 이전에 일정한 시간을 정하여 이 베드 스프레드를 벗겨서 고객이 베드에 들어가기 쉬운 상태로 만드는 것을 말한다. 오픈 베드의 시간은 호텔에 따라 다른데 보통 오후 6시부터 8시경 사이에 하고 있다. 이와 같은 서비스를 Turn Down Service라고 한다.

Open Market Buying 〈食〉〔公開市場購入〕

대부분의 식당에서는 특히 변질되기 쉬운 식품은 공개시장에서 구입한다. 이를 위하여 한명 이상의 상인으로부터 받은 견적서를 가지고 품질과 서비스가 철저하고 가장 낮은 가격을 제시한 사람에게 주문한다. 공개시장구입은 보통 전화로 하지만, 외판원과 직접 접촉하거나 혹은 시장을 방문해서 직접구매 방식을 취할 수도 있다.

Opener 〈飮〉〔병따개〕

병마개를 따는 기구로서 바(Bar)용으로는 크기가 큰 것이 좋다.

Opener 〈카〉〔오푼너〕

각 게임 테이블마다 새 교대시간, 시작시점에 있어서의 테이블집기 일체를 목록화 한 테이블 Inventory.

Opening and Closing Stock 〈會〉〔期初 期末在庫〕

식음료 가격을 결정하는데 있어서 재고품의 가치가 결정되어야 한다. 그리고 재고품가치 파악 후 주방으로 들어오는 음식가격을 추가하여야 한다. 음식을 제공하고 난 뒤 남은 재고가치는 공제되어야 하며 이것이 재고마감이다. 한 기간의 재고마감은 다음기간의 재고 개시이다.

　※ 期初在庫(Opening Stock) + 購買(Purchases) - 期末在庫(Closing Stock) = 飮食原價(Cost of Food Sold)

Operating Department 〈宿〉〔營業部署〕

대고객 서비스와 직접 관련되는 부서이며, 즉 커피숍, 레스토랑, 프론트 데스크, 뷔페식당, 라운지, 사우나 등으로 인사부, 경리부 등의 관리부서와는 다른 개념이다.

Operating Equipment 〈宿〉〔運營備品〕

호텔의 운영비품은 린넨, 은기류, 도기류, 유리제품, 유니폼 같은 것들이다. 이러한 운영비품은 호텔 서비스에 직접 사용되는 물품으로서 영업장 서비스를 위해 적정 재고량을 유지해야 한다.

Operation Hour 〈食〉〔營業時間 : Opening Time〕

호텔 식당(Hotel Restaurant)의 영업시간.

Optional Rate 〈客〉〔未決定 料金 : Opt.-R.〕

객실의 예약시점에서 정확한 요금을 결정할 수 없을 경우에 사용되는 용어이다. 예를 들면, 다음 연도의 객실을 예약할 경우 인상될 다음 연도의 객실요금이 결정되지 않았을 경우, 또 예약신청자가 할인요금을 요구하여 왔지만 결정권자가 부재중이어서 요구사항을 확약해 줄 수 없을 경우 사용된다.

Orange 〈植〉〔오렌지〕

아라비아 Naranj와 페르시아의 Narong으로부터 유래된 열대성 과일이다. 비타민 C가 풍부한 껍질과 함께 Marmalade 등을 만들어 사용하기도 한다.

Orange Bitters 〈飮〉〔오렌지 비터즈〕

칵테일이나 기타 드링크 조주시에 사용되는 씁쓰름하고 단맛을 가지고 오렌지 향을 가진 착향제이다.

Orange Flower Water 〈飮〉〔등화수(橙花水)〕

오렌지 꽃에서 채취하여 증류시킨 향료.

Orange Peel 〈飮〉〔오렌지 껍질〕

① 설탕에 절인 과자 재료, 또는 약용.
② 와니스, 레커 등 속건성(速乾性) 도료를 칠한 표면이 오렌지 껍질처럼 도톨도톨한 상태.

Order for Credit 〈카〉〔오더 휘 크래디트〕

Gaming Chips, Coin, Plague 등을 Gaming Table로부터 Banker로 옮기기 위해 카지노 계장이 작성하는 Manual Credit System의 서식.

Order for Fill 〈카〉〔오더 휘 필〕

Fill의 준비를 승인하는데 사용되는 서식.

Order Pad System 〈會〉〔오더 패드 시스템〕

호텔의 고급식당이나 일반적인 전문식당 혹은 메뉴가 많고 Full Course의 식사가 제공되는 식당에서 일반적으로 식료가 추가 주문도 있으므로 주문을 직접 계산서에 기입하지 않고 고객의 주문을 웨이터나 웨이트레스가 주문서(Order Pad, Order Slip)에 기재하는 시스템으로 주문서와 계산서를 분리 처리하는 시스템이다.

Order Slip 〈食〉〔注文書 : Order Pad〕

웨이터, 웨이트레스가 작성하는 식음료의 주문 전표이다.

Order Taker 〈客〉〔오더 테이커〕

오더테이커의 업무는 고객으로부터 각종 주문을 접수 처리케 하는데 있지만, 그 중에는 호텔 전반에 걸친 인포메이션도 포함되어 있기 때문에 호텔 각부서로부터 영업 전반에 걸쳐 매일 같이 정보를 수집하여 새로운 것이 있을 때에는 연구검토하여 고객으로부터 언제, 어디서, 어떠한 전화문의가 있다 해도 항상 자신있는 대답을 하여 줄 수 있는 준비가 되어 있어야 한다.

Ordering System 〈會〉〔오더링 시스템 : Auto Bill System〕

적외선 Ordering System이란 주문 자동시스템이라고도 말할 수 있

으며 웨이터, 웨이트리스에게 주문을 하면 주문을 접수한 어느 위치
에서도 Handy Terminal(Hand-Held Terminal)로 주문내용을 입력
하면 Receiver(R.C)를 통하여 주방과 식당회계기에 주문내용이 자동
전송처리되는 시스템이다.

Oregano 〈植〉〔오레가노〕

박하와 비슷한 향을 갖고 있는 향신료. 멕시코, 스페인, 이탈리아가
주산지로 스파케티, 미트소스에 최적합하다. 멕시코, 이탈리아 요리
에는 중요한 조미료로서 그레이비, 오믈렛, 비프스틱 등에 사용된다.

Organization Expenses 〈會〉〔創業費〕

새로운 호텔의 설립준비에 소요된 기초적 지출로서 정관 및 제 규
칙 작성비, 설립등록비, 창립사무비, 창립총회비 등 외에 주식발행비
가 포함되는데 이것은 이연자산에 속한다.

Orgeat 〈食〉〔올쟈트〕

쌉쓰름하고 단맛을 가진 알몬드(Almond)향의 시럽이다.

Ounce 〈飮〉〔온스 : oz〕

1온스를 1포니(Pony) 또는 1샷(Shot)이라 하여 1온스의 중량은 4℃
일 때 28.35g이 된다.

Out of Order Room 〈客〉〔販賣 不可能한 客室 : OOO〕

호텔의 예상치 않았던 사고나, 객실의 상태가 수리중이거나, 또는
객실에 문제가 생겼을 경우 판매할 수 없는 경우를 말한다.

Out of Town 〈客〉〔아웃 오브 타운〕

객실 투숙중 타지역으로 출장간 손님의 객실.

Outlet Manager 〈食〉〔食堂部門의 業務支配人〕

식음료부장(F & B Director)의 하위직으로 업장지배인.

Outside Call 〈客〉〔外部電話〕

호텔 외부로부터 전화교환대로 들어오는 전화를 말한다.

Outside Catering 〈宴〉〔出場宴會〕

연회주최자가 자신의 건물에서 연회를 베풀고자 하는 경우로 여러
가지가 있을 수 있으며 형태, 스타일, 규모가 다양하다. 즉, 결혼 피
로연, 생신연, 가족모임, 회사의 특별행사 등 다양하다. 출장연회란
연회행사를 부득이하게 호텔내의 연회장에서 하지 못하고 고객이

원하는 장소나 시간에 행하는 행사이다. 요리, 음료, 식기, 테이블 등 모든 호텔기물을 고객이 원하는 장소에 운반하여 고객이 만족할 만한 연회행사를 실시하는 것을 말한다.

Outside Laundry 〈客〉〔外部 洗濯서비스 : Valet Laundry〕
호텔 내부 고객서비스가 아니라 외부에서 들어오는 세탁업무를 말한다.

Outside Room 〈客〉〔아웃사이드 룸〕
호텔건물의 외측이 시가지나 정원쪽을 향하고 있어서 전망이 좋은 객실을 가리킨다. 이것은 Inside Room과 반대개념이다.

Oval Plate 〈食〉〔오우벌 플레트〕
중간이 약간 들어간 타원형의 접시.

Oval Shape 〈宴〉〔Oval形 配形〕
I형 테이블 모형과 비슷하게 배열하나, Oval형은 양쪽에 Half Round를 붙여 사용한다.

Ovaltine 〈食〉〔오발틴〕
우유 음료를 만들기 위한 분유 또는 着香된 몰트와 분유의 상표를 말한다.

Oven 〈食〉〔오 븐〕
열을 가하여 만들어 조리하는 식음 기자재로서 종류에는 Range(레인지), Dock(도크), Roasting(로스팅), Rotary(로터리), Convection(컨백션), Microwave(마이크로 波), Infrared(적외선) 등이 있다.

Over & Short 〈會〉〔오버 앤 숏트〕
캐쉬어(Cashier)가 갖고 있는 현금과 계산상의 현금이 많고 적음이다. 항상 실제 현금과 계산상의 현금은 일치하여야 한다.

Over Booking 〈客〉〔超過豫約 : Over Sold〕
호텔에서 객실 보유수 이상의 초과예약 접수를 말한다. 호텔 객실의 예약은 판매하지 못한 것에 대해 시간적으로 재판매가 불가능하므로 예약이 취소되는 경우와 예약 손님이 나타나지 않는 경우에 대비하여 호텔의 전가동을 위해 실제 판매가능 객실보다 최소 10% 정도의 예약을 초과접수하고 있다. 그러나 현재 호텔에서는 자사 호텔의 Cancel(취소)율과 No Show율을 고려하여 초과예약률을 결정한다.

Over Charge 〈客〉〔超過料金〕

초과요금이란 호텔이 정하고 있는 退宿時間(Check-out Time)을 넘겨 객실을 사용할 경우에 부과되는 요금을 말한다. 또한 Late Departure Charge라고도 한다. 호텔의 일반적인 규약을 살펴보면 다음과 같다.

※ 12시부터~PM 3시까지 객실료의 30%
　 PM 3시부터~PM 6시까지 객실료의 50%
　 PM 6시 이후~객실료의 100%

Over Easy 〈食〉〔오버 이지〕

계란요리 명칭으로 앞·뒤를 다 익힌 것으로 속을 완전히 익히지 않을 것.

Over Heat 〈食〉〔오버 히트〕

석쇠 위에 고기를 얹어 직접 熱을 받게 하여 뒤집어 가며 굽는 요리법이다. 열원으로는 숯불, 가스, 코크스, 전기 등이 쓰이고 조리할 때는 소금, 후추, 香料 등을 뿌려 가면서 굽는다.

Over Night Stay 〈客〉〔오버나잇 스테이〕

1박하는 일로 Part Day에 대응하는 용어이다.

Over Night Total 〈客〉〔오버 나잇 토탈〕

당일 숙박계산서의 총합계 금액 즉 그날의 객실 매출액을 말한다.

Over Stay 〈客〉〔滯留延長 : Hold Over〕

고객이 머물고자 하는 체재일보다 초과하여 연장하는 고객을 말한다.

※ 顧客의 宿泊延長率 = 宿泊延長顧客의 數 / 全體 豫想 退宿人員數 × 100

Over Time 〈宿〉〔오버 타임 : 超過勤務手當〕

오버 타임이란 호텔 종사원이 정상 근무시간보다 더 많은 시간을 근무한 경우를 말한다. 호텔측은 오버 타임 근무시간에 해당하는 근무 수당을 지급하게 된다. 현재 호텔종사원들의 정상 근무시간은 주 44시간으로 규정하고 있다.

Override 〈客〉〔오버라이드〕

호텔에 많은 예약을 한 대가로 격려하기 위하여 표준비율보다 더

많은 커미션을 지급하는 형태로, 원래 오버라이드란 무효화시킨다는
의미로 우선순위가 높은 객실료에 우선하여 적용한다고 해석할 수
있다. 먼저 객실료는 호텔에서 표준적으로 정한 Rack Rate가 있으
며 호텔의 할인정책에 따라 여러 객실료가 정해질 수 있다. 호텔에
있어서는 대개 Market Segment에 따라 가격을 차별화하며 특히 그
룹 고객은 다른 시장보다 파격적인 할인을 하는 것이 보통이다.

Ox-Tail 〈食〉〔옥스테일〕

소꼬리.

Ox-Tail Soup 〈食〉〔옥스테일 수프〕

영국의 수프로 Ox-Tail, Bacon, Tomoto Puree 등을 넣은 수프이다.

Oyster 〈食〉〔굴〕

굴과에 속한 쌍패류의 총칭.

PABX 〈電〉〔自動式 構內電話交換: Private Autoatic Branch Exchange〕
외선과 접속되어 있는 전화의 자동화를 말한다.

Paella 〈食〉〔파엘랴〕
쌀, 고기, 어패류, 야채 등에 사프란향(Saffron香)을 가미한 스페인
요리.

Paella Valenciana 〈食〉〔파엘라 바란시아나〕
스페인 고유의 요리로서 새우, 조개, 게살, 양념된 해산물, 닭, 스페
인 소시지, 양파, 스페인 붉은 고추, 야채, 사프란(Saffron)으로 양념
한 것에 스페인 와인을 곁들인다.

Paging Service 〈客〉〔대고객 호출 서비스 : Paging〕
① 호텔의 고객이나 외부 고객의 요청에 의해 필요한 고객을 찾아
주고 메시지 전달을 해주는 것을 말한다.
② Page를 영어의 동사로는 「이름을 부르면서 사람을 찾는다」는 의
미가 있다.
③ 최근에는 Paging Board를 들고 작은 종을 울려서 고객의 주위를
끌어 찾는 방식보다는 실내방송을 통해 사람을 호출하는 방식으
로 운영하기도 한다.

Paid 〈會〉〔現金決濟〕
現金計算으로, 호텔 요금의 현금지급을 뜻한다.

Paid Bar 〈食〉〔페이드 바〕
제공되는 모든 음료가 미리 지급되어 있는 바(bar).

Paid Call 〈客〉〔페이드 콜〕
요금 통화신청자 지급통화.

Paid In Advance 〈會〉〔先納金 : PIA〕
휴대품이 없는 호텔고객에 대하여 호텔요금을 미리 청구하여 받는
금액을 말한다. 호텔 회계상 선납금은 발생 직후 서비스 비용이 뒤
따라 발생 전의 판매수익으로 대체되는 호텔수입금이다. 이 경우 고
객이 숙박하고자 하는 일수에 1.5배의 요금을 청구하는 것이 일반적
이다.

Palour (Suite) 〈客〉
응접실을 겸한 객실, 특실의 응접실.

Pan-Broiling 〈食〉〔팬 보올링〕

뜨거운 팬 위에 뚜껑을 덮지 않은 채 요리, 기름은 제거되고 다른 액체는 추가되지 않음.

Pancake 〈食〉〔팬케익〕

프랑스의 전통적인 후식으로 밀가루, 계란, 우유, 설탕 등을 혼합한 후 프라이팬을 이용하여 종이처럼 얇게 익힌 것이며, 과일 브랜디, 리큐어 등으로 만든 내용물과 소스를 곁들여서 여러 가지 모양으로 만든다.

Pancake Roll 〈食〉〔팬케익 롤〕

표고, 고기, 부추 따위로 만든 속을 넣고 빚어 튀긴 중국만두.

Pane Tone 〈食〉〔빠네 토네〕

이탈리아의 대표적인 빵으로 식품점, 제과점 등 어디서나 볼 수 있다. 빠네는 빵, 토네는 달다는 뜻인데 이 빵은 종류도 많고 맛과 모양도 다양하다.

Paning 〈食〉〔패 닝〕

반죽을 밀고 말아서 성형하여 팬에 올려 놓는 과정인데 팬의 온도는 32℃가 이상적이다. 팬에는 셀러드 오일, 팬오일, 쇼트닝 등을 알맞게 발라야 하고 또 팬의 용적률을 고려해야 한다.

Pannier 〈飮〉〔패니어 : Panier〕

「와인용 바구니」를 뜻한다. 와인병 하나를 뉘어 놓을 수 있는 바구니로 와인을 따를 때 앙금이 생기지 않도록 하기 위한 도구인데, 악세서리로 사용하기도 한다.

Pantry Room 〈客〉〔팬트리 룸 : Service Room〕

레스토랑(Restaurant) 영업을 위한 모든 집기를 정리해 둔 룸이다.

Pantry Towel 〈食〉〔食器를 닦는데 使用하는 타올 : Cleaning Towel〕

◆ 기물(Cutlery)닦는 방법 ◆

닦을 때는 우선 기물을 종류별(Spoon, Knife & Fork 등)로 구분하여, 왼손에 잡을 수 있는 적당량을 Cleaning Towel로 감싸 잡고서 오른손으로 Cleaning Towel을 엄지와 둘째손가락으로 겹쳐서 그 사이에다 기물을 살짝 잡으면서 닦아준다.

Pao 〈食〉〔빵 : Pain〕

밀가루와 물, 이스트(Yeast), 정제된 소금, 설탕, 지방분, 우유 등의 재료로 미생물인 酵母가 유기물에 작용해서 일으키는 醱酵현상을 이용하여 만든 것이 빵이다. 빵의 분류는 Hard 빵류 : 무가당 빵, 식빵류 : 빵 덩어리가 50~150g, 단과자 빵류로 구분하고 명칭에 의한 분류는 롤(50g 이하), 번스(Buns : 50~225g 사이), 브래드(Bread : 225g 이상)로 분류한다.

Papaya 〈植〉〔파파야〕

① 파파야과에 속하는 열대 아메리카 원산의 교목줄기는 연하고 가지가 뻗지 않음. 잎은 줄기 끝에 나는데, 긴 잎자루를 가지며 손바닥 모양으로 갈라진다. 다섯잎꽃이 피는데 수꽃은 황색 육질, 암꽃은 뭉쳐나고, 열매는 누른빛이며 길이 20~30cm의 타원형인데 많은 씨가 들어 있고 芳香이 있어 식용 또는 단백질 소화제와 구충제, 맥주, 간장의 청정제로 쓰인다.

② 고기류를 부드럽게 하기 위하여 사용되는 酵母를 만드는데 쓰인다.

Paper Work 〈宿〉〔文書業務〕

서류에 관한 일, 탁상업무.

Papillote-Paper 〈食〉〔기름종이 : Frill Paper〕

① 가금류(닭, 칠면조, 오리)나 생선류 등을 종이로 덮어(주로 알미늄 호일)요리를 하여 서브할 때 장식의 종이로 모양 있게 내는 요리.

② (Sp). Roast Chicken 등에 장식한 주름종이 장식.

Paprika 〈植〉〔파프리카 : 단맛이 나는 고추의 一種〕

① 서양고추를 말려서 씨를 빼고 가루로 만든 향신료.

② 피망(Sweet Pepper)으로 선홍색의 열매이며 이 열매는 야채, 피클, 샐러드 등에 이용하고 이 씨의 피막을 제거하여 말려 분쇄한 것이 파프리카다. 스페인산 파프리카는 빨간색이고 단맛을 내고 순하며 헝가리산 파프리카는 검붉은 색이며 매운 맛을 낸다.

Par 〈客〉〔파아〕

침대당 필요한 린넨의 기준량 혹은 고객당 타올의 수이다.

◆ 침대를 꾸밀 때 필요한 린넨의 기준량 ◆

① Bed Pad(누비요) 1매.

② Bed Sheet 2매.

③ Blanket 2매(하절기 1매).

④ Pillow & Pillow Case(싱글 베드 : 2매, 더블 베드 : 4매)

⑤ Bed Spread 1매.

Par Boiling 〈食〉〔파아 보오링〕

물에 끊여 부분적으로 요리하고 다른 방법에 의하여 완전히 요리하는 방법이다.

Par Stock 〈食〉〔파스톡〕

파스톡이란 바(Bar) 등 주류영업장에서 물품공급을 원활히 함으로써 신속한 서비스를 도모하기 위한 목적에서 일정수량의 식료재고를 저장고에서 인출해서 업장의 진열대나 기타의 장소에 보관하고 필요한 때 사용하는 재고를 지칭한다. 즉, 저장되어 있는 적정재고량을 말함이다.

Parador 〈宿〉〔파라도〕

호텔 형태의 하나로서 스페인 말로 성(Castle)이라는 뜻으로 이것이 숙박시설로 이용되기 위하여 복구되었다.

Parent 〈宿〉〔House Parent〕

Youth Hostel의 관리자(지배인).

Parfait 〈食〉〔파르페〕

과일 시럽과 달걀, 크림을 휘핑(Whipping)하여 만든 풍미 있는 빙과 後食.

Parfait Amour 〈飮〉〔파르페 어무얼〕

시트런(Citron) 열매로 만든 자주색 혹은 보라색을 가진 甘味가 높은 리큐르류로서 프랑스와 네덜란드산이 유명하다.

Parisienne 〈食〉〔빠리지엔〕

둥근 구슬형으로 자르는 것.

Parking Boy   ☞ Jockey Service

Parlor 〈客〉〔파러 : Parlour〕

호텔의 특별 휴게실. Studio와 비슷하며 Living Room이라고도 하는데 Suite에 달려 있다.

Parlor Maid 〈客〉〔파러 메이드〕

고급 객실인 스위트와 공공장소의 청소와 정리 정돈을 담당하는 종
사원을 말한다.

Parmentier 〈食〉〔빠르멘티에〕

이것은 감자요리의 이름이다. 서기 1786년 「루이 16세」때에 「Antenio
Augastine Pormentier」라는 사람이 처음으로 프랑스에 감자를 가지고
왔고 또한 감자 요리를 20가지 가르쳤다고 한다.

Parmesan Cheese 〈食〉〔파르마 치즈〕

전통 이태리 치즈로 대표적인 경질 치즈이기 때문에 갈아서 쓴다.
이탈리아 음식에 많이 들어간다.

Parsley 〈植〉〔파슬리〕

미나리과에 속하는 2년생 풀로 줄기는 골이 있고 키는 30~60cm,
진 겹잎이며, 윗면은 광택이 난다. 2년째에 20~50cm의 꽃줄기가 나
와 황록색의 꽃이 복산형 꽃차례로 피며, 알 모양의 삭과가 열림.
주로 서양 요리의 장식용으로 다른 요리의 곁들임으로 사용되는 두
가지의 약한 향료들 중의 하나이다. 지중해연안국들이 원산지인 파
슬리는 작은 정원초로 밝은 녹색식물이며, 일년에도 몇 번씩 수확할
수 있다. Curly Parsley가 최상품이며 특이한 향을 가지고 있다.

Parsnip 〈植〉〔파르스닙〕

① 네덜란드, 미국이 원산지인 방풍나무로 뿌리는 식용으로 사용.
② 양파와 파슬리 뿌리의 교잡종으로 모양은 당근과 비슷하고 속은
　부드럽고 백색이며, 가느다란 나뭇결로 되어 있다. 맛은 달고 고
　소하며 Spice(향료)향을 가지고 있어 셀러리향과 비슷하다.

Party for Fund Raising 〈宴〉〔募金 파티〕

미국에서는 각종 선거가 가까이 오면 특정후보를 위하여 자금을 모
금하기 위한 파티가 성행하게 되는데 모임은 정당주최, 개인주최 등
다양하다. 민간단체에서도 화이트 엘러펀트 세일(White Elephant
Sale)이라고 부르는 파티가 있다. 화이트 엘러펀트는 흰 코끼리란
뜻으로 이를 유지하는데는 비용이 많이 드는 무용의 거물이라는 뜻
이다. 즉 불용품 교환회가 이러한 모임의 일종이다. 술을 못먹는 사
람에게 위스키는 불용품이나 다른 사람에게는 가치있는 사장품인
것이다. 헌 원피스, 액세서리 등 이러한 것들을 지참케 하여 일정한

장소에 모아 경매에 붙여서 그 판매 대금을 모금하게 된다. 우리나라도 정치인들의 모금운동이 법적으로 보장되면서 이런 종류의 특정 후보를 지원하기 위한 각종 모금행사가 선거시기와 관계없이 개최되고 있다.

Pasha Turkish 〈飮〉〔파샤 터키〕

커피 리큐르(Coffee Liqueur).

Pass Key　　　　　　　☞　Key

Pasta 〈食〉〔파스타 : 면류料理의 總稱〕

이탈리아 전통요리에 사용되는 것으로 밀가루와 계란으로 만들어지며 보통 곱게 잘 갈라진 단단한 밀 종류인 세모리나(Semolina : 듀럼 밀 Durum Wheat : 마카로니)에서 정제하여 밀가루로 만든 것으로 고은 것, 중간 것, 거친 것으로 만들어지며 색은 연크림색이고 건조하다. 이 밀은 글루틴 (Gluten)을 가지고 있기 때문에 모양과 조직 형성에 도움을 준다.

Paste 〈食〉〔페이스트〕

① 생선, 닭고기, 간, 토마토 등을 갈아서 이긴 식품으로 빵에 발라서 먹는다.
② 밀가루에 버터, 우유 또는 물을 섞어 반죽한 식품. 파이(Pie) 요리에 사용된다.

Pasteurization 〈飮〉〔파스테우리제이션〕

파스퇴르가 발명한 살균방법으로 저온살균법이다.

Pastry 〈食〉〔패스트리〕

① 밀가루 반죽으로 만든 과자류(Pie, Tart, Turnover 등).
② 만두, 파이 따위의 껍질.

Pastry Bag 〈食〉〔패스트리 백〕

작은 끝부분이 금속조각이 부착된 원추형의 천으로 만든 가방으로 이것은 식품을 장식할 때 사용한다.

Pate 〈食〉〔파 테〕

고기나 간을 갈아 반죽하여 Double Boiling하여 만든 것으로, 식욕촉진제로 많이 사용된다.

Patent Still 〈食〉〔패턴트 스틸 : 連續蒸溜〕

① 위스키 증류법으로서 대량을 증류시키는 연속식 증류법.

② 높은 온도에서 연속적으로 대량 생산할 수 있는 증류법으로 생산 원가가 단식증류보다 적게 든다. 순수한 알코올에 가까운 이점이 있으나, 반면에 높은 온도에서 증류하기 때문에 중요한 성분을 잃게 되고 현대적인 자동시설을 하여야 하므로 시설비가 많이 든다.

Patty 〈食〉〔패 티〕

작은 파이.

Patty Pan 〈食〉〔패티 팬〕

파이를 굽는 작은 냄비를 말한다.

Patty Shell 〈食〉〔패티 쉘〕

파이 껍질로 만든 패류형에 생선류로된 조리물을 넣어서 오븐에서 구워내는 것.

PAX 〈客〉〔人員數 : Passenger, PSGR〕

사람의 수를 말할 때 사용하며, PSGR로도 쓰인다.

Payout 〈카〉〔支給, 支出〕

게임 테이블이나 Slot Machine에서 고객이 Win한 금액을 지급하는 것.

Paysanne 〈食〉〔페이쟌느〕

Domino(얇은 직사각형 모양으로 약 1~2cm 두께로 자르는 방법) 보다는 작은 장방형으로 약 1cm 크기로 써는 방법.

PBX 〈客〉〔사설 구내 교환대 : Private Board Exchange〕

호텔의 전화교환실(Switch Board)에서 사용하는 외선과 접속되어 있는 전화의 자동화를 말하며, "전화도수 자동등산기(電話度數 自動登算機)의 설치로 호텔에서 통화의 신뢰성과 징수의 정확성을 기할 수 있다.

PC-POS 〈電〉〔피시-포스 : Personal Computer Based Point of Sales〕

상품의 판매시점에서 買入·賣出管理, 在庫管理, 豫約·顧客管理, 利益管理, 매장관리 등의 경영분석자료를 신속하고 정확하게 제공해주는 휴먼테크로 완성된 첨단 경영관리 시스템이다.

PCO 〈宿〉〔國際會議用役業 : Professional Convention / Congress Organizer〕

국제회의용역업체는 각종 國際會議, 展示會 등의 개최 관련 업무를 행사주최측으로부터 위임받아 부분적 또는 전체적으로 대행해 줌으로써 회의 개최에 따른 인력과 예산의 효율적 관리, 시간과 자금의 절약, 세련된 회의진행을 가능하게 해준다.

Peak Load Pricing Theory 〈宿〉〔피크로드 價格理論〕

호텔 객실가격 결정방법의 하나로서 수요를 근거로 한 이론이다. 이 이론은 효율적인 가격결정이 변동되는 수요를 가지고 있는 객실상품에 대해 결정되도록 토대를 제공한다. 이러한 가격결정방법은 경제적 분석의 전적인 목표와 일치한다. 이 이론은 호텔 객실료를 결정하는데 있어서 비공식가격 결정(Informal Approach)으로 다음과 같다.

① 直觀的 價格決定方法(Intuition Pricing Method)
② 競爭價格에 의한 價格決定方法(Competitive Pricing Method)
③ 試驗的 價格決定法(Trial and Error Pricing Method)
④ 先頭 호텔에 의한 價格決定方法(Follow Leader Pricing Method)
⑤ 心理的 要因에 의한 價格決定方法(Psychological Pricing Method)

Peak-Power-Demand Control 〈宿〉〔(美國의 IBM會社가 開發한) 最高 動力 需要統制〕

객실현황 시스템과 전기회로로 연결되어서 고객이 Check-Out하거나, 객실에 없을 때에는 공기조절, 냉·난방, 환풍시설이 자동으로 꺼지고 켜지는 설비와 전등이 자동으로 들어오게 되는 장치나 전등의 광도를 자유롭게 조정할 수 있는 장치로서 에너지(Energy)를 효율적으로 사용하기 위한 통제기구인 것이다.

Peeling 〈食〉〔피일링〕

껍질을 벗긴다는 뜻. 레몬이나 오렌지의 껍질을 벗겨 칵테일 조주시에 글라스 장식을 하면서 향기를 내게 한다.

Pendent Lamp 〈客〉〔펜던트 램프 : Chandelier〕

천정에 매달아 늘어뜨린 전등.

Pension 〈宿〉〔빵숑 : 洋風民宿〕

유럽에서 발생된 전형적 하숙식 여인숙으로 저렴한 숙박시설에 장기체재형이며, 주변에 레스토랑, 음식점이 많은 데서 조식은 제공되지만 석식은 제공되지 않는 것이 통례이다. 소규모의 객실을 보유하고 손님의 접대도 극히 제한된 서비스 외에는 하지 않는다. 비교적 저렴한 숙박비가 매력이다.

Penthouse 〈客〉〔팬더하우스〕

① 객실의 한 형태로 보통 스위트 룸이 호텔 맨 꼭대기 층에 위치.

② 「옥상주택」이란 뜻에서 유래된 것으로 호텔이나 호화여객선 등의 "최상층에 꾸민 특별객실"

Pepper 〈植〉〔페퍼 : 후추나무〕

후추과에 속하는 상록 교목. 줄기는 지름 2cm 가량의 둥근 기둥 모양으로 조금 덩굴지는 성질이 있고 잎은 어긋매껴 나며 끝이 뾰족한 둥근 달걀 모양임. 동남아시아가 원산지인 덩굴식물로 열매들은 길게 매달리고, 완전히 익으면 붉은색으로 변한다. 열매는 채 익기 전에 따서 말리면 검어지는데, '후추'라 하며 맵고 향기로운 특이한 풍미가 있어서 조미료 및 향신료, 구풍제, 건위제 등에 널리 이용된다.

Pepper Grass 〈植〉〔페퍼 글레스〕

다닥냉이 무리의 식물로 샐러드용 야채로 쓰인다.

Pepper Mill 〈食〉〔페퍼 밀〕

식탁기물의 하나로 후추가루를 만들기 위한 즉석 후추 분쇄기이다.

Peppermint Schnapps ☞ Creme de Menthe.

Perch 〈食〉〔농어 : 농어류의 食用 淡水魚〕

육식성, 해수 및 담수성, 비늘이 많고 날카로운 지느러미를 가지고 있다. 육질이 희고 탄력이 있으며 맛이 좋고 부드럽다.

Percolator ☞ Coffee

Permanent Guest 〈客〉〔長期滯留顧客〕

① 장기 체류객. 즉 체재기간이 긴 고객으로 임대조건으로 체류할 수도 있다.

② 대체로 7일 이상 체류하게 되면 장기 체류객에 속한다.

Permanent Hotel 〈宿〉〔퍼머넌트 호텔〕

이것은 아파트식의 장기 체류객을 전문으로 하는 호텔이다. 그러나 최소한의 식음료 서비스 시설이 있는 것이 보통이다. 이 호텔은 단순히 아파트와 다른 것은 메이드 서비스가 제공되는 것이다.

Permod ☞ Absinthe

Perpetual Inventory Card ☞ Bin Card

Person Call 〈客〉〔指名通話〕

통화 상대자를 직접 연결하여 통화하게 하고 상대자와 직접 연결되지 않으면 요금을 계산하지 않는 방법이다.

Person Night 〈客〉〔日日顧客收入〕

당일 객실 사용한 수입통계로 고객 한 사람의 일일 숙박비를 말한다.

Person to Person 〈客〉〔受話者 指定通話〕

통화 상대자를 직접 연결하여 통화하게 하고 상대자와 직접 연결되지 않으면 요금을 계산하지 않는 방법.

Petit 〈食〉〔쁘 띠〕

불어로 작은, 소형의 의미가 있다.

Petit Dejeuner 〈食〉〔뿌띠 데죄네〕

스몰 런취란 뜻으로 아침식사 그 중에서도 Continental Breakfast를 말한다.

Petit Four 〈食〉〔뿌띠 푸르 : Petits Fours〕

식후에 커피와 함께 제공되는 작은 케이크류(작은 과자)로 오븐에 구워낸 과자이다.

Petit Four Glace's 〈食〉〔뿌띠 푸르 글라세〕

제노와즈나 롤케익 반죽을 얇게 구워 잼을 발라 포개서 폰당을 씌우고, 초콜릿이나 잼으로 장식한 것.

Petit Knife 〈飮〉〔작은 칼〕

칵테일을 만들 때 또는 장식용 과일을 자르거나 간단한 오드볼을 만드는데 사용하는 소형의 칼이다.

Petit Marmite 〈食〉〔쁘띠 마르미트〕

강력한 콘소메(Consomme)와 닭고기 국물을 함께 합치고 다이아모양으로 잘라 삶은 야채, 쇠고기 그리고 닭고기와 함께 차려낸 것.

Petit Marmite Henry IV 〈食〉〔쁘띠 마르미트 앙리 4세〕

쇠고기 보다 닭고기를 많은 비율로 끓인 Petit Marmite Soup.

Petit Sales 〈食〉〔쁘띠 살레〕

짭짤한 맛이 나는 요리용 또는 칵테일 파티용 스넥. 퍼프페스트리에 훈제 연어나 치즈 등을 올려 놓고 구워 내는 것.

Petit Suite ☞ Junior Suite

Phone Cab 〈客〉〔Call Taxi〕

전화로 부르는 택시.

Pick Up 〈會〉〔픽 업〕

회계상 픽업이라 함은 전 잔고의 이월을 뜻하며, 새로운 요금을 산정하기 이전에 사전의 서류상 균형을 기계에 입력함으로써 균형유지를 위한 프론트 오피스(Front Office)의 포스팅 기계(Posting Machine)에 사용되어지는 과정을 말한다.

Pick-Up Service 〈客〉〔픽업 서비스〕

예약 고객의 요청에 의해서 공항 터미널에서 영접하여 호텔에 체크-인(Check-In) 시키는 서비스를 말한다. 체크-아웃(Check-Out) 때도 이 서비스는 가능하다.

Pickles 〈食〉〔피클즈〕

① 서양식 김치로 오이와 양파 등의 야채를 식초, 설탕, 소금, 향신료를 섞어 만든 액체에 담아 절여서 만든다. 고기, 생선, 빵 등에 곁들여서 먹는다.

② 단수의 Pickle은 초나 소금물을 말하는 것이고, 복수의 Pickles는 절인 음식물을 말한다. 야채, 과일과 고기종류도 초 또는 소금에 절인다. 초만 사용한 것은 Vinegar(食醋)라 하고 설탕과 초를 같이 사용한 것을 Sweet 또는 Sour(시큼한, 신)라고 한다. 또 여러 가지를 섞어서 절인 것은 Mixed Pickles라고 한다.

Pigeon Box System 〈會〉〔피전 박스 시스템〕

웨이터, 웨이트레스가 고객으로부터 받은 주문에 대해 1조 3매의 Order Pad(오다 패드)를 작성하여, 주방용은 주방에 전달하여 음식을 준비하고, 수납원용은 수납원에게 인계하여 빌(bill)에 내용을 移記하고 영업장 회계기에 등록하고 프린트한다. 프린트 된 빌(Bill)은 Pigeon Box에 보관하고 있다가 고객이 식사를 끝내고 정산을 요청하면 빌을 마감하여 영수증을 교부하고 수납 받는다.

Pilau 〈食〉〔필로 : Pilaw, Pilaff〕

쌀의 요리로서 동양적 또는 터키식이라고 하는데, 쌀에다 날짐승의 고기 또는 간, 후추를 섞어 만든 요리로 볶음밥 같은 것이다.

Pillow 〈客〉〔베 개〕

베개는 딱딱한 것, 부드러운 것, 높은 것, 낮은 것 등이 있으나 대체

적으로 내용물에 따라서 다르다. 스폰지(Sponge), 메밀 껍질(Buck-
wheat), 깃털(Feather) 등이 있는데, 호텔에서는 깃털 베개를 많이
사용하고 있다. 베개로 싱글 침대에는 2개, 더블 침대에는 4개가 준
비되어 있다.

Pillow Case 〈客〉〔베갯잇〕

베갯잇은 Case란 말과 같이 주머니로 되어 있으며, 이 속에 베개를
넣어 입구를 접어 넣어 쓰고 있다. 그러므로 베갯잇 길이는 베개 길
이보다 약 3분의 2가량 길어야 한다.

Pilsner 〈飮〉〔필 젠 : Pilsener〕

① 길고 좁은 형태의 글라스.
② 체코슬로바키아 필슨 지방에서 생산되는 맥주형으로서 홉향이
   강하며 엷은 색을 가진 「Light Bodied Beer」이다.

Pimento 〈植〉〔피 망〕

① 맵지 않고 단맛이 나는 고추 품종의 총칭.
② 가지과에 속하는 1년생 풀로 맛이 단 고추의 하나. 열매는 타원
   형으로 꽈리와 비슷한데 매운 맛이 없음. 풋것은 고기 등과 함께
   여러 가지로 조리해서 먹으며 붉은 것은 주로 향신료로 쓰인다.

Pineapple 〈植〉〔파인애플〕

아나니스(Ananas)과에 속하는 다년생 풀의 열매로 향기가 좋으며
단백질을 소화시키는 작용이 있고 통조림에 쓰인다. 열대 아메리카
원산으로 온실에서 품종이 개량됨.

Pink Wine   ☞ Rose Wine

Piquant 〈食〉〔피컨트〕

(맛 따위) 얼얼한 뜻으로, 향미를 곁들인 양념을 많이 가한 요리를
말한다.

Pit   ☞ Cashier's Well

Pit 〈카〉〔賭博用卓子가 있는 곳〕

카지노가 정한 바에 따라 Gaming Table(도박대)의 배열로 애워싼
카지노의 영업구역으로서 그 안에서 카지노 직원이 구역 바깥 주변
의 고객과 일을 진행한다.

Pit Boss 〈카〉〔피트 보스 : Floorman〕

주임급부터 계장, 대리, 과장급까지 게임 테이블을 운영할 책임이 있는 간부로서 Dealer의 관리, 근무배치, 교육 등을 담당하고, 담당 테이블의 상황을 위 상사에게 보고한다.

Pizz 〈飮〉〔피 즈〕

탄산가스가 물에서 떨어져 나갈 때 피익하는 소리에서 비롯된 의성어이다. 주로 스피릿이 기본이 되며 과즙이나 감미를 가미해서 소다로 희석한다.

Pizza 〈食〉〔피 자〕

이탈리아식 파이로 토마토, 치즈, 고기, 양념 등을 혼합한 후 이스트 (Yeast)를 넣어 반죽한 밀가루 떡을 얇고 평평하게 민 것 위에 담아 오븐에 넣어 구운 것을 말한다.

Place Plate 〈食〉〔플레이스 플레이트〕

식탁용 장식용 접시.

Plain 〈食〉〔플레인〕

아무것도 가미하지 않은 음식이나 음료의 본래 그대로의 상태를 말한다.

Plain Eggs 〈食〉〔플레인 에그 : Raw Eggs〕

생계란, 날계란.

Plants Liqueur 〈飮〉〔프랜츠 리큐르〕

초목을 재료로 하여 만든 리큐르로서 주로 브랜디에다 약 2일간 놓아 두어 향이나 색이 배어나면 Pot Still法으로 蒸溜하여 카라멜 색소를 넣어서 착색시키는 동시에 단맛을 첨가시키고 나무 술통에 넣어서 1년간 숙성시킨다.

Plat du Jour 〈食〉〔플라 뒤 주르〕

메뉴의 일종으로 호텔 레스토랑에서 그 날의 특별요리를 말한다.

Plate 〈食〉〔플레이트〕

① 보통 납작하고 둥근 접시.
② 요리의 한 접시, 요리의 1인분.

Plate Service 〈食〉〔플레이트 서비스〕

경양식을 제공하는 레스토랑에 있어서 보편적으로 행해지고 있는 서비스방식이다. 주방의 요리를 담은 플레이트(접시)를 웨이터, 웨이트레스가 손으로 들고가서 손님 앞에 제공한다. 이는 테이블 서비스 가운데서 가장 간략화된 서비스인데, 신속한 서비스를 할 수 있는 것이 특징이다.

Plug 〈客〉〔마 개〕

물이 못내려 가도록 막아주는 마개.

Plum 〈植〉〔플럼 : 西洋자두〕

앵두과에 속하는 낙엽 작은 교목.

Pneumatic Tube ☞ Air Shooter

Poaching 〈食〉〔포우칭〕

원형을 상하게 하지 않은 채 뜨거운 물에서 삶는 것(달걀 요리).

Poached Eggs 〈食〉〔깨어삶은 鷄卵〕

① 계란을 깨어서 약한 불로 끓는 물에 대략 3~5분이면 계란 흰자위가 노른자를 둘러싸며 익는다.
② 삶은 水卵 즉 "껍질 없이 반숙한 계란요리"로 소형 토스트위에 얹어 서브된다.
③ 노른자가 달걀모양같이 터지지 않게 살짝 익힌 것을 말한다.

Poche 〈食〉〔포 셰〕

끓는 액체에 넣어 데치거나 반죽하는 조리법이다.

Pocket 〈客〉〔포 켓〕

Room Rack Slip Pocket를 말하며, 룸 랙 슬립을 꽂을 수 있도록 제작된 룸 랙의 한 부분으로 객실 숙박의 기록과 실료를 기재한다.

Podere 〈飮〉〔뽀데레〕

이탈리아의 포도원을 의미한다.

Poeler 〈食〉〔Poelage〕

이 방법은 Oven을 조절해 가면서 많은 양의 Butter속에 고기를 조리하는 방법으로, Oven속에서도 계속 위에 버터를 발라가면서 조리하다가 뚜껑을 벗겨서 색깔을 낸 다음 고기와 Brown Stock, Wine을 분리시켜 조린다.

Poisson ☞ Fish

Polivit Plate 〈食〉〔폴리비트 플레이트〕

앙뜨레(Entree)나 채소 요리 등을 담는 납작하고 큰 은기물.

Pomelo 〈植〉〔자몽, 왕귤나무類〕

Pony Glass 〈飮〉〔작은 잔〕

　　Liqueur 등 혼성주를 마실 때 쓰이며 Stem이 짧고 대단히 작은 글
　　라스이다. 용량은 ¾~1온스이다.

POP 〈宿〉〔購買時點廣告 : Point of Purchase Advertising. In-store
　　　　　광고〕

　　식음료부서, 연회장소, 선물가게 등의 서비스를 광고할 때 많이 사
　　용하며, 눈에 띄는 장소, 즉 엘리베이터, 객실, 로비 등에 광고문을
　　붙여 놓음으로써 고객에게 알리는 광고라고 말할 수 있다.

Poppy 〈植〉〔포피 : 楊貴妃〕

　　양귀비과에 속하는 1년생 또는 2년생 풀. 극동 아시아와 네덜란드에
　　서 재배된다. 양귀비나무에서 얻은 것으로 열매속에 들어 있는 씨를
　　쓰기 위해서 재배된다. 씨는 빵, 롤케이크, 과자 위에 붙여 장식으로
　　도 쓰이며, 샐러드, 국수에도 사용한다. 미성숙한 캡슐은 우유 같은
　　액즙이 있으며 아편의 원료가 되기도 한다.

Port Wine 〈飮〉〔포트 와인〕

　　포르투갈 와인으로 Douro강 상류 계곡에서 생산되는 포도로 양조한
　　강화 된 포도주(Fortified Wine)이다. 포도를 수확한 후에 12시간 동
　　안 맨발로 계속 밟아 색깔을 낸 후 양조한다. 포르투갈 최대의 수출
　　국이었던 영국에 수출할 때 도중에 변질되는 것을 방지하기 위하여
　　40°짜리 Brandy를 첨가하여 효모의 발효를 중지시켰기 때문에 달
　　고 독하다.

Pork 〈食〉〔돼지고기〕

　　돼지고기 요리로는 Pork Chop, Pork Cutlet 등이 있다.

Porridge 〈飮〉〔포리지〕

　　곡물을 삶아서 죽으로 만들어 놓은 더운 간편식으로 반드시 더운
　　우유와 설탕을 곁들여 제공해야 한다.

Porter 〈客〉〔포 터〕

　　벨 보이(Bell Boy)의 업무와 비슷하지만, 호텔의 고객이 투숙하여
　　퇴숙할 때까지 짐을 보관, 운반해 주어야 할 때 이러한 서비스를 담
　　당하는 사람을 말한다.

Porter House Steak 〈食〉〔허리 등심 스테이크〕

허리부분, 윗부분에 안심과 뼈를 같이 잘라낸 부위를 말한다. 이 스테이크를 잘라낸 후 조그마하게 잘라낸 것을 본 스테이크(Bone Steak)라 한다.

Porterage 〈客〉〔포터이지〕

Porter Service에 대한 팁(Tip).

Portion Control 〈會〉〔포션 콘트롤〕

영리적인 식당업체에서 이용되는 관리방법으로 식음료의 원가통제와 모든 고객에게 균등량을 제공하기 위한 통제수단이다.

Portion Cost 〈會〉〔포션 코스트〕

1인분 식료에 대한 표준원가로 1인분 혹은 1회 분량의 재료의 원가를 말한다.

POS 〈電〉〔販賣時點 情報管理 : Point of Sales〕

점포에서 매상시점에 발생한 정보를 컴퓨터가 수집할 수 있도록 입력하는 기기이다. POS는 어디까지나 점포에서의 매상기록에 준해 컴퓨터처리함으로써 경영판단에 필요한 정보자료를 작성하려고 하는 것이다.

◆ POS System의 특징 ◆

① On-Line System이다. 즉 현장의 각종 데이터를 거래발생과 동시에 직접 컴퓨터에서 전달하므로 수작업이 필요없다.
② Real Time System이다. 모든 거래정보 및 영업정보를 즉시 파악할 수 있으므로 정보의 변화에 즉시 대응할 수 있다.
③ 분산, 집중관리 시스템이다.
④ 거래에 관한 모든 정보 파악이 가능하다.
⑤ 종합 정보시스템으로서의 발전성을 가진다.

Posting 〈會〉〔포스팅 : 轉記〕

분개한 것을 각 계정에 옮겨 기록하는 것을 전기라 하며, 전기하는 방법은 차변과목은 해당 계정 차변에, 대변과목은 해당 계정 대변에 기입한다. 전기는 통상 총계정원장상의 해당 계정에 계정계좌로 거래자료를 이전시키는 과정이다.

Posting Machine 〈會〉〔포스팅 머신〕

거래업무에 따른 금액을 기록하는데 사용되는 등록기계를 말한다.

Pot au Feu 〈食〉〔포토푀〕

쇠고기와 뼈를 채소 등과 함께 고아서 만든 육수이다.

Pot Pie 〈食〉〔포트 파이〕

고기를 넣은 파이, 고기만두 스튜.

Pot-Roasting 〈食〉〔포트-로스팅〕

큼직하게 자른 고기를 Braising(고기나 야채를 기름으로 살짝 튀긴 후 약한 불에 끓이다)으로 요리하는 것. 찜구이 한 쇠고기 덩이.

Pot Still 〈食〉〔포트 스틸〕

위스키 蒸溜法으로서 소량을 증류시키는 단식 증류법.

Potable Water   ☞ Chilled Water

Potage 〈食〉〔포타지〕

수프를 뜻하는데 이는 포타지 클레어(Potage Clair)와 포타지리에(Potage Lie)로 나누어진다.

Potage Clair 〈食〉〔포타지 클레어〕

이것은 맑은 수프를 뜻하는데 즉 콩소메(Consomme)를 말하는 것으로, 주재료를 소나 닭, 생선, 자라 등 어느 것이나 한 가지 재료만을 사용한다

Potage Creme 〈食〉〔포타지 크림〕

부용에다 밀가루를 버터에 볶아 우유를 넣어 만든 수프로서 화이트 스톡을 사용하거나 기타 스톡으로 만든다.

Potage Lie 〈食〉〔포타지 리에〕

포타지 리에는 진한 수프를 말하며, 주재료는 부용(Bouillon)에다 야채, 밀가루, 생선, 닭고기나 쇠고기를 버터에 볶아 양념하여 넣은 탁하고 농도가 진한 것을 말한다.

Potage Puree 〈食〉〔포타지 뿌레〕

야채수프가 그 대표적인 것인데, 화이트스톡(White Stock), 생선 스톡(Fish Stock), 포우트리 스톡(Poultry Stock)으로 만들 수 있으며 여기에다 각종 야채를 버터에 볶아 넣고 만든 것이다.

Potage Velute 〈食〉〔포타지 벨루떼〕

부용(Bouillon)에다 밀가루를 버터에 볶아 넣은 것을 기본으로 하고 여기에 달걀과 야채를 섞어 만든 것이다.

Poter   ☞ Beer

Potluck Dinner 〈食〉〔포트럭 디너 : Covered-Dish Supper〕

미국인들이 고안해 낸 파티이다. 각자 일품식사를 지참하여 한자리에 모여 다같이 즐기는 파티로서 이를 코오퍼레이팅 파티(Cooperating Party)라고도 한다. 주최자가 음식 목록을 작성하여 주요리, 셀러드, 디저트로 분류하고 참석자들에게 그 중 한 가지의 음식을 지참케 하는 것이다. 이러한 파티는 주로 개인적인 성격의 파티로서 서로의 친분이 두터운 것을 전제로 가능하다.

Poulet 〈食〉〔뿌레 : Poultry〕

닭, 칠면조, 오리 등 가금류의 통칭.

Poulet A La Marengo 〈食〉〔뿌레 아 라 마렝고〕

닭을 잘라서 버터로 튀겨 계란을 곁들인 요리이다. 이 요리는 「나폴레옹」이 이탈리아의 「마렝고」에서 오스트리아의 군사와 싸워서 크게 이기고 난 뒤에 空腹을 느껴 요리사를 재촉해서 급히 만들게 했다고 한다. 그 때 그 요리가 하도 맛이 있어서 나폴레옹이 요리장에게 이것이 무슨 요리냐고 물었는데 요리장이 급하게 만든 요리가 이름이 있을리 없고 그래서 그곳의 지명인 「마렝고식의 닭요리」라고 대답했던 바 지금까지 내려오고 있다고 한다.

Poultry Salad   ☞ Rum

Poultry Stock 〈食〉〔포우트리 스톡 : Pond de Volaille〕

각종 가금류나 엽조류의 뼈나 날개목 다리를 야채 다발과 향료를 넣고 2~3시간 끓인 후 백포도주와 후추, 소금으로 양념하여 걸러 낸다.

Pourer or Pouring Lip 〈飮〉〔포우러 혹은 포우링 립〕

술병의 입구에 부착하여 술을 따르고 술의 커팅(Cuting)을 용이하게 하고 술의 손실이 없게 하기 위하여 사용한다. 그러나 과당이 된 리큐르나 그리나딘에는 사용을 금한다.

Pousse-Cafe 〈飮〉〔오색주〕

커피와 함께 내는 작은 잔의 리큐어 술.

Powder Room Maid 〈客〉〔파우다 룸메이드〕

공공 여성용 화장실을 청소하는 메이드.

Powder Suger 〈飮〉〔파우다 슈가〕

분당은 백사탕을 분쇄해서 미세한 결정을 만든 것이다. 이와 같이 음료에 사용되는 사탕은 알코올에는 용해되지 않지만 물에는 잘 용해된다. 따라서 믹싱 드링크(Mixing Drink)를 만들 때 알코올 도수가 높을수록 사탕은 용해되지 않으므로 칵테일 조주시, 특히 주의해야 한다.

PP Card 〈宿〉〔先拂카드 : Prepaid Card〕

사용대금을 미리 내고 물품을 살 수 있는 카드로 영어의 Prepaid Card를 줄여 PP카드라고도 한다. 현재 사용되고 있는 공중전화 카드와 지하철 정액권 등이 선불카드 성격을 띠고 있다. 선불카드는 현재 통용되고 있는 신용카드가 물품을 먼저 사고 사용대금은 나중에 내는 후불카드라는 점과 구별된다. 또 물품을 사는 것과 동시에 대금을 내는 직불카드와도 다르다.

Pre-Registration 〈客〉〔事前登錄〕

사전등록으로 고객이 도착하기 전 호텔이 등록카드를 사전에 작성하는 절차로 그룹이나 관광단체가 도착하여 프론트 데스크(Front Desk)에 혼잡을 피해 등록을 마칠 수 있도록 하기 위해 사용되어지는 것이다.

Pre-Assign 〈客〉〔프리어사인〕

고객이 도착하기 전에 예약이 할당되고 특별한 객실은 블럭(Block)을 시키는 예약 직원의 작업이다.

Premium Beer 〈飮〉〔프리미엄 비어〕

양질의 원료를 사용한 고급 맥주로서 알코올함량을 5% 정도 높인 맥주로서 하이네켄 맥주가 대표적이다.

Pressing Service 〈客〉〔프레싱 서비스〕

고객 세탁 서비스의 다림질 서비스를 말하며 하우스키핑(House-keeping)의 라운드리(Laundry)에서 일임하고 있다.

Pricasseing 〈食〉〔프리세잉〕

닭, 송아지 고기, 토끼 따위의 가늘게 썰은 고기의 Stew(스튜) 또는 Fry한 프랑스 요리.

Prime   ☞ Meat Grading

Printaniere 〈食〉〔푸린타니에르〕

약 1cm 크기의 주사위 모양으로 자르는 방법.

Priority Hot Line 〈客〉〔優先直通電話〕

우선 직통전화는 고객에 대한 신속한 서비스를 目標로 하루 24시간 응답할 수 있는 프론트 데스크(Front Desk)나 하우스키핑(House-keeping Office)으로 전화벨이 직접 울린다. 이는 손님의 요구를 즉각적으로 만족시키기 위한 방안으로 전화를 받은 담당 직원은 다른 직원이나 다른 부서로 전화를 돌려서는 안되며 항상 손님의 요구에 직면한 사람이 직접 책임을 지도록 하는 것이다.

Private Bill 〈會〉〔個人領收證 : Restaurant Bill〕

각 영업장에서 개별적으로 발행하는 계산서를 말한다.

Private Room 〈客〉〔個人 專用室〕

특별실, 사실(私室).

Prix Fixe 〈食〉〔프리 픽스〕

정식(Table D'hote)의 가격, 다른 것으로 대치하거나 변경할 수 없는 고정된 가격을 말한다.

Processor 〈電〉〔프로세서〕

처리장치 하드웨어 관점으로는 보통 중앙연산 처리장치를 말하고, 소프트 웨어 관점으로는 BASIC 등의 프로그램 언어로 쓴 프로그램 기계어로 변환하는 번역기 즉 인터프리터, 컴파일러, 어셈블러를 총칭해서 프로세서라고 하는데, 다시 말해서 하드웨어, 소프트웨어의 어떠한 처리를 하는 것을 프로세서라고 부른다.

Production Kitchen   ☞ Main Kitchen

Profit and Loss Statement 〈會〉〔損益計算書〕

기업의 경영성과를 명확히 하기 위하여 한 회계기간에 발생한 모든 수익과 이에 대응하는 모든 비용을 기재하고 그 기간의 순이익을 계산 표시하는 회계보고서이다.

Proof 〈飮〉〔프루프〕

미국에서 사용되는 알코올 도수의 표시방법으로서, 온도 60°F(15.6 ℃)의 물 0에 에틸알코올 200을 Proof로 계산한다. 즉 100 Proof는 국내 도수의 50°와 동일하다. 그러나 국내와 유럽 대다수의 국가에 서는 Gay Lussac이 고안된 용량 배분율(Volume by Percent)을 사 용한다. 온도가 15℃일 때 용량 100 분 중에 함유하는 알코올의 함 유량은 도수라 한다. 즉 알코올의 용량이 50일 때 50%이나 이것을 50°로 표시한다.

Professional Congress Organizer 〈宿〉〔國際會議用役業 : PCO〕

각종 전시회 및 국제회의 등의 개최 관련업무를 행사 추최측으로부 터 위임받아 부분적 또는 전체적으로 대행하여 주는 조직체로서 보 다 효율적인 컨벤션 준비와 운영을 위한 전문회의 기획자이며 국제 회의에 대한 각종 전문용역을 대행한다. 우리나라에서는 1987년부터 국제회의용역업(PCO)을 관광사업에 포함시켜 육성시키고 있다.

Profit & Loss Transactions 〈會〉〔損益去來〕

손익거래는 收益이나 費用이 발생하는 거래이다. 따라서 손익거래는 당기순이익에 영향을 미치는 거래이다. 손익거래는 收益이 발생하는 收益去來, 費用이 발생하는 費用去來, 收益과 費用이 동시에 발생하 는 收益費用 同時去來로 나누어진다.

Property 〈會〉〔호텔 資産〕

인적 물적 요소를 포함하는 호텔에서의 모든 자산.

Property to Property Reservation 〈宿〉〔호텔과 호텔의 豫約〕

이것은 체인호텔에서 주로 사용하고 있으며, 고객이 호텔과 체인을 맺고 있는 호텔에 투숙하기에 앞서서 호텔측으로부터 사전에 무료 로 예약 서비스를 받을 수 있는 서비스를 말한다.

Property Management System 〈電〉〔資産管理시스템 : PMS〕

프론트 데스크(Front Desk)와 백 오피스 사이에 원활한 기능을 위 해 고안된 호텔 컴퓨터시스템이다.

Property Maintenance 〈宿〉〔프로퍼티 메인트넌스〕

주로 대규모 호텔에만 있는 부서로서 건물의 전위와 후위의 힘든 청소업무를 행하며, 흔히 야간청소원을 포함하여 건물 외곽과 호텔 대지를 보존하는 책임을 맡는다.

Provence Sauce 〈食〉〔프로방스 소스〕

① 프로방스는 프랑스 남동부 지방에 있던 왕국의 이름을 딴 것이다.

② 흰색소스(White Sauce)로 약초, 안쵸비(Anchovy), 버섯(Mushroom)에 백포도주를 가미하여 만든 것이다.

③ 육류에 많이 사용한다.

Prunelle 〈飮〉〔푸룬엘〕

서양 살구 Prune 혹은 Plum의 향미를 가미한 酒酊 도수 25° 도의 갈색 리큐르.

Prunier Restaurant 〈食〉〔푸루니에 레스토랑〕

어패류 요리를 전문적으로 서비스하는 레스토랑을 말한다. 이 유래는 1930년대 초 일본의 제국호텔(Imperial Hotel : 일본에서 최고급 호텔 중의 하나)에서는 당시 파리에 있던 「Prunier」라는 생선요리 전문점에 쿡을 파견하여 생선요리를 익혀 오도록 하였다. 이 쿡이 요리수업을 마치고 귀국하자 제국호텔에서는 어패류 요리전문의 레스토랑을 개업하게 되었는데 쿡이 수업한 레스토랑의 이름을 따서 「푸루니에」로 이름을 붙이게 된 것이다.

Psychological Pricing Method 〈宿〉〔心理學的 價格決定方法〕

심리학적 가격결정방법은 한정되어 있거나 희소가치가 있는 시설과 서비스에 대해 호텔의 경영진이 의식적으로 가격을 결정하는 방법이다. 가령 이름난 휴양지에 경쟁지가 없는 유일한 휴양지 호텔의 경우, 또는 제한된 회원자격을 가진 클럽. 즉, 회원제 서비스업 부문에서 이용되어질 수 있는 방법이다.

Pub Bar 〈宿〉〔펍바 : Pub Restaurant. Pub〕

대중적인 사교장을 말한다. 펍(Pup)은 Public House의 약어로서 아일랜드와 영국인들이 사람을 만나고 새 친구를 사귀던 전통적인 선술집이다. 현시대의 호텔산업에 있어서 펍의 형태는 호텔의 종합 사교 오락장으로 디스코텍, 생음악 라운지, 당구룸, 레스토랑, 닷트(Dot)게임, 전자오락 등을 즐길 수 있는 호텔의 레저 공간 장소로 이용되고 있다. 특히 펍바의 성격을 규정짓는 데는 호텔의 입지환경이 많은 작용을 한다.

Public Area 〈宿〉〔퍼블릭 에리어 : Public Space〕

공유 지역, 공공 장소.

Public Room 〈宴〉〔公共室 賣上〕

무도회, 강연회, 세미나, 전람회 등을 위해 빌려준 연회장, 회의실 등의 수입을 말한다.

Published Rate ☞ Rack Rate

Pudding 〈食〉〔푸 딩〕

밀가루에 과일, 우유, 달걀 등을 넣고 향료와 설탕을 넣어 구워 만든 것으로 식후에 먹는 말랑말랑한 케익의 일종을 말한다.

Pulque 〈飮〉〔풀 케〕

Agave란 용설란으로 만든 멕시코산 토속주이다. 멕시코 사람들은 이 술을 맥주처럼 널리 음용하며 여기에 레몬이나 소금 또는 콜라 등을 타서 마시기도 한다. 이 술을 증류하면 테킬라(Teguila)라는 증류주가 된다.

Pumpkin 〈植〉〔호박 : Squash〕

박과에 속하는 1년생 덩굴풀. 동인도 원산으로 오래 전부터 각지에서 널리 재배함. 열매는 '호박'이라 하며 장과식물로서 중요하고 잎과 순을 식용한다. 어린 것을 '애호박', 여물어서 잘 굳은 것을 '청둥호박'이라 한다.

Punch 〈飮〉〔펀 치〕

레몬즙, 설탕, 포도주 등의 혼합 음료이다.

Purchase Order 〈宿〉〔購買發注書〕

구매청구서(Purchase Request)가 물품을 청구한 부서로부터 구매부서의 담당자에게 도착하면 구매발주서가 작성되는 것으로 물품을 청구하는 부서에 원하는 물품을 제공하는 단계이다.

Purchase Request 〈宿〉〔購買請求書〕

저장창고에 필요한 아이템 구매시 의뢰서를 작성하여 구매부서에 전달하는 양식서이다. 구매청구서는 필요한 아이템과 필요한 수량의 질, 주문한 아이템 입고 날짜, 구매를 요구하는 부서가 기록되어 있다.

Purchase Specification 〈宿〉〔購買明細書〕

호텔 식음 자재 및 기자재의 특정한 아이템의 질, 크기, 등급 등을 표준화하여 그 내력을 기록한 것으로 육류, 생선, 과일, 야채 등에 많이 쓰인다. 구매명세서를 이용함에 있어서의 장점은 아이템 주문이 용이하며 주문상에서 생기는 실수와 오해를 해소시키며, 고객에게 제공되는 음식의 질을 계속 유지하며, 원가관리가 용이하며, 구매업무를 효율적이고 신속하게 할 수 있다.

Purchasing 〈宿〉〔購買〕

호텔의 모든 식음료 및 기자재, 가구, 비품류 등을 구입하는 것으로 최대한의 가치효율을 창출하기 위하여 호텔 전부서의 긴밀한 의사소통과 엄격한 통제의 바탕에서 이루어진다. 상품구매는 상품의 질이 좋고 필요한 양을 저렴한 가격으로 구매하는 것이 구매부의 주요 업무이며 구매된 물품은 검수실에 의하여 구매청구서에 따라 품목, 수량, 가격, 질 등을 검사하는 절차가 필요하다.

Puree 〈食〉〔퓌 레〕

포타지리에(Potagelie)의 기본 수프로 각종 야채, 고기를 삶아 걸쭉하게 만든 수프의 일종.

2

Quad 〈客〉〔퀴 드 : Quadruple, Twin Double〕

호텔의 객실형태로 4인이 이용할 수 있는 객실이다.

Quail 〈食〉〔메추라기〕

들새과에 속하며 수렵조 중 제일 작다. 길이는 약 20cm로 깃은 갈색, 벼슬은 황색점 무늬, 다리는 황적색의 털로 덮여 있고, 고기의 맛은 좋다.

Quality Assurance 〈宿〉〔서비스질 保障 : QA〕

호텔에서 고객에게 끊임없는 최상의 서비스를 제공하기 위한 운영적이며 관리적인 접근방법이다. 호텔 메뉴얼에 따라서 각 부서의 평가와 측정에 의해서 관리되어지고 있다.

Quality Control 〈宿〉〔品質管理〕

호텔에서의 품질관리는 최고의 서비스를 위해서는 표준적인 상품의 질을 유지하여야 하기 때문이고 더 나아가 서비스 개선점을 발견하는 데 용이하다. 이는 고객에게 그들의 기대하는 만큼의 표준적인 품질의 서비스 상품을 제공함으로써 고객의 만족도를 극대화할 수 있다.

Queen 〈客〉〔퀸〕

일반적으로 190~200cm 정도의 특별히 길고 넓은 더블 베드(Double Bed) 형태이다.

Quetsch 〈飮〉〔큐 치〕

알라스 지방에서 생산되는 오얏(Blue Plum)으로 만든 蒸溜酒.

Queuing Theory 〈宿〉〔큐닝理論 : Waiting-Line Theory〕

관리측면에서 고객의 흐름에 따라 최적의 요금을 산출하기 위한 수학적 관리시스템이다.

Quick Lime 〈食〉〔生石灰〕

생석회로서 흡수성이 강한 물질이다. 설탕으로 만드는 작품의 방습제 및 보존제로 쓰인다.

Quick Reference 〈宿〉〔早見表〕

시간, 요금 등을 나타내는 표이다.

Quince 〈植〉〔마르멜로(의 열매)〕

장미과에 속하는 낙엽 교목. 키 5~8m. 잎이 난형 또는 타원형이고 잎 가장자리에 톱니가 없다. 봄에 흰빛 또는 연붉은 꽃이 햇가지 끝에 한송이씩 핀다. 열매는 서양배 모양인데 노랗고 단맛과 향기가 있어 날로 먹거나 잼으로 만들어 먹는다. 중앙 아시아가 원산으로 스페인에 분포되어 있다.

Quinquina 〈植〉〔퀴잉퀴 : 기나수(幾那樹)〕

키니네(Quinine)와 약초들로 착향시킨 적갈색의 방향성 와인 (Aromatic Wine) 그 독특한 향미 때문에 아페리티프(Aperitif)로 애음된다.

Quinta 〈飮〉〔퀜타〕

포르투갈의 포도원

Rack   ☞ Room Rack

Rack of Lamb 〈食〉〔렉 어브 램〕

허리부분의 뼈달린 부분을 잘라서 양념을 뿌려 소테(Saute)한다. 오븐에서 익혀 껍질을 벗긴 다음 버터를 바른 뒤 香料를 양고기(Lamb)에 덮어서 Salamander(철판, 풍로)에 색깔을 내어 조리하는 것이다.

Rack Rate 〈客〉〔公表料金 : Published Rate〕

호텔에 의해 책정된 호텔 객실기본요금이다. 또한 룸랙(Room Rack)에 할당된 요금이나 이것은 할인되지 않은 공식화된 요금이다.

Raclette 〈食〉〔라클렛〕

삶은 감자에 녹인 치즈로 맛을 낸 스위스 요리.

Radish 〈植〉〔무 우〕

겨자과에 속하는 1년생 풀로 키는 60~100cm 가량 자라고, 중앙 아시아가 원산으로 아시아, 유럽 등지의 온대에서 많은 품종이 재배된다. 뿌리는 잎과 함께 식용으로 쓰이고 비타민, 단백질의 함유량이 많아 약재로도 쓰인다.

Ragout 〈食〉〔라구 : Stew, Fricot〕

진하게 風味 있는, 진하게 양념한 고기 졸임. 이것은 영어의 스튜(Stew)인데 쇠고기를 불에 데친 것으로 일반에 잘 알려져 있다.

Rainbow Trout 〈食〉〔레인보우 트라우트 : 무지개 松魚〕

맑고 서늘한 오염되지 않은 깨끗한 물에 서식한다. 머리부터 꼬리까지 양쪽면에 붉은 띠가 뻗어 있으며 무지개 빛이다. 육질은 최상급이다.

Raisin Bran 〈食〉〔레이진 브란〕

콜드 시리얼(Cold Cereal)의 하나로 건포도와 밀기울을 섞은 것이다.

RAM 〈電〉〔等速抽出 記憶裝置 : Ramdom-Access Memory〕

램(RAM)이란 임의의 주소를 찾아가는데 걸리는 시간이 모두 일정한 기억장치를 말한다. 일반적으로 모든 주기억장치는 이러한 특성을 가지고 있다. 반면에 테이프와 같은 기억장치는 자료의 위치에 따라 이를 찾아가는데 걸리는 시간이 다르다. 근래에 와서 반도체가 주기억장치로 사용됨에 따라서 롬과 상반되는 개념으로 사용되고

있어서 전원이 없어지면 기억된 내용을 잃어버리는 반도체 주기억
장치를 의미한다.

Rare 〈食〉〔레 어〕

육류를 요리할 때 색상과 촉감으로써 그 익은 정도를 나타내는 용
어의 하나로서 완전 날고기를 따뜻하게 데운 정도를 표시하는 용어
이다. Rare 다음 단계로 익을수록 색이 진해지고 딱딱한 정도가 커
지는데 Rare, Medium-Rare, Medium, Medium-Well, Well Done 이
렇게 5단계로 나누어지며 우리나라 여성들은 Well Done보다 더 많
이 익힌 고기를 주문할 때 Very Very Well Done이라는 말을 만들
어 쓰고 있다.

Raspberry 〈植〉〔라스베리 : 나무딸기(열매)〕

장미과에 속하는 낙엽 관목. 가시가 빽빽하게 나고 잎은 3~5개가
모여난다. 열매는 털이 많고 가을에 붉게 여문다. 딸기와 비슷하며
색깔은 빨강, 검정, 보라 3종류가 있다. 제리, 잼, 파이, 무스를 만드
는데 이용된다.

Rate 〈客〉〔價 格〕

가격 혹은 서비스가 제공된 가격의 원가로서, 호텔 객실요금을 일정
기간가격(貨幣)으로 정하다의 뜻이다. Charge와는 쓰이는 의미에 차
이가 있다.

Rate Cutting 〈宿〉〔價格切下〕

새로운 고객창출이나 시장개척보다는 경쟁 호텔로부터 고객을 끌어
들이는 사업방법이다.

Rate Change 〈客〉〔客室料金 變更〕

객실요금이 변경되는 경우는 현재 투숙중인 고객의 Room Rate이
변경될 때 발생한다.

① 체크-인 후 할인의 혜택을 주어야 할 고객으로 판명될 때 상사
　 의 결정에 따라 요금 변경을 한다.

② 객실요금이 다른 객실로 Room Change할 때 변경된다.

③ 체크-인 후 요금 적용이 잘못 되었을 때 요금 변경을 해준다.

④ Package Rate이었으나 투숙 연장으로 Regular Rate로 변경되었
　 을 때 요금변경을 한다.

⑤ 주중요금과 주말요금이 다르게 적용될 때 요금변경을 한다.

⑥ 단체요금(Group Rate)이었으나 투숙 연장으로 개인요금으로 변경되었을 때 적용한다.

⑦ Special Rate으로 숙박한 고객이 특별요금의 유효기간이 지났는데도 계속해서 숙박을 원할 경우 요금변경을 한다.

⑧ Up-grading된 고객이 翌日 객실변경을 원하지 않고 계속 현재의 객실을 사용하고자 할 경우 요금변경을 한다.

Ravigote 〈食料〉〔라비고트〕

찬 소스(Cold Sauce)로서 계란, 오이, 식초 또는 마요네즈로 만든 것이다.

Ravigotte ☞ Dressing

Ravioli 〈食〉〔라비올리〕

이탈리아 만두로 져며서 양념한 고기를 얇은 가루 반죽에 싼 요리.

RCI 〈宿〉〔알 시 아이 : Resort Condominium International〕

미국 인디아나폴리스에 본사를 둔 세계적인 휴양지 시설교환업무를 대행해 주는 전문적인 콘도미니엄 조직회사를 말한다.

Re-Exchange 〈會〉〔再換錢 : Reconversion〕

재환전이라 함은 비거주자가 입국하여 외국환을 원화로 환전한 후 사용하고 남은 원화잔액을 출숙시 다시 외화로 환전하는 것을 말한다.

Ready Food 〈食〉〔레디 푸드〕

간이음식의 한 형태로 식품을 데우거나 익혀서 먹을 수 있는 단계까지 처리, 준비되어 있는 식품으로 통조림 제품이나 냉동제품이 대부분이다. 이 레디 푸드는 RTC(ready to cook)와 RTE(ready to eat)로 나눈다.

Real Time 〈電〉〔리얼 타임〕

충분히 빠른 시간내에 응답을 주어 실제 시간내에 반드시 문제를 해결하게 하는 것을 말한다. 어떤 프로세스로부터 자료를 받아서 계산을 실행한 결과가 그 일이나 프로세서의 진행에 영향을 주고 제어할 수 있도록 빠른 응답을 되돌려 보내는 온라인 처리에 관련된 것. 예를 들면, 컴퓨터에 의한 공급제어체제, 메시지 교환체제 및 예약체제는 실시간으로 운영된다.

Rebate ☞ Allowance

Receipt 〈會〉〔領收證 : Bill. Check〕

고객에게 주는 영수증이다.

Receiving 〈食〉〔食品檢水〕

식품검수의 주요 목적은 공급업자로부터 배달된 상품을 주문한 대로 정확한 「質」과 「量」을 「見積價格」대로 확실하게 수령하는데 있다.

Reception 〈客〉〔리셉션〕

프론트 데스크(Front Desk)의 전통적인 어원으로 영국에서 생성된 단어이다.

Rechaud 〈食〉〔레차우드 : Warming Stand〕

요리된 음식이 식지 않게 냄비나 접시를 올려놓은 뜨거운 쇠판 또는 데우는 기구이다.

Recipe 〈飮〉〔레시피 : 量目標, 處方, 調理法, 製造法〕

① 처방이나 제조법을 말하며 조리나 칵테일에 있어 재료 배합의 기준량과 만드는 순서를 총칭하여 양목표(量目標)를 레시피라 한다.

② 보통 1인분의 고기의 양은 200g정도이다.

Recommend 〈食〉〔레코멘트〕

호텔 레스토랑(Hotel Restaurant)에서 주문을 받을 때 고객에게 레스토랑 메뉴를 추천하는 것을 말한다.

Record Clerk 〈客〉〔레코드 클럭〕

호텔 고객에 관한 카드, 계산서, 각종의 랙 슬립(Rack Slip)에 기록을 유지하고 관련부서에 송달해 주며 룸 클럭(Room Clerk)의 업무를 보조하면서 현관의 움직임을 기록으로 유지하는 업무, 각종 서류 제작, 정리 및 고객의 신상카드를 정리 및 기록·보관하며, 감사편지 및 생일축하 카드 등을 제작 발송하는 업무를 담당한다.

Red Cabbage 〈植〉〔레드 캐비지〕

양배추의 일종으로 색은 붉거나 보라색으로 되어 있다. 속은 단단하고 꽉 차 있다.

Red Pepper 〈植〉〔레드 페퍼 : 고추〕

열대 아메리카, 아프리카의 서인도제도 및 일본에서 재배된다. 식물의 열매는 선홍색이고 크기와 모양이 다양하다. 햇볕에 말리며 Cayenne Pepper를 건조시킨 열매로 가루를 만든다. Red Pepper는 강한 향을 낸다.

Red Snapper 〈食〉〔적 도미〕

바다 숭어과의 일종으로 일명 "바다의 도요새"라고 한다. 육질이 희고 향기가 좋다.

Reduce 〈食〉〔리듀스〕

액을 농축시키기 위해 서서히 끓이는 것을 말한다.

Reception Desk 〈食〉〔리셉션 데스크〕

일반적으로 고급 레스토랑의 입구에 놓여 있는 단이 높은 책상으로서 주로 접객수장이나 리셉셔니스트가 고객의 예약을 받거나 식당에 오는 예약손님의 안내를 위해서 예약장부, 전화기, 고객명부 등을 비치하여 놓고 사용하고 있다.

Referral Group ☞ Chain Hotel

Refreshment Center 〈食〉〔리프레쉬먼트 센터〕

미니바(Mini Bar)에서 사용한 것들을 새로운 것으로 계속 바꾸어 주는 등 미니바를 관리하는 것.

Refreshment Stand 〈食〉〔輕洋食, 가벼운 飮食〕

주로 경식사를 미리 준비하여 진열해 놓고 고객의 요구대로 판매하며 고객은 즉석에서 구매해 사서 먹을 수 있는 식당이다. 다시 말해서 우리나라 고속도로 휴게실에 간단한 식사를 준비하여 놓고 바쁜 고객들이 서서 시간내에 먹고 갈 수 있도록 되어 있는 식당이다.

Refrigerated Storage 〈食〉〔冷藏倉庫〕

과일, 야채, 난류, 가공식품, 제과, 유제품, 신선한 육류, 신선한 가금류, 생선과 어패류 등을 보관하기 위한 곳으로 아이템 별로 각각 분류하여 보관하는 것이 이상적이다.

Refund 〈會〉〔返還金, 償還金〕

고객이 호텔에 보관한 선납금(Advance Money) 중에서 고객이 퇴숙(Check-out)하고자 할 때 남은 금액을 되돌려 받는 것을 말한다.

Regina or Reigne 〈食〉〔레지나〕

어린 닭을 끓여 만든 수프(Soup)를 말한다.

Register 〈客〉〔入室登錄過程〕

호텔에 도착한 고객이 등록카드(Registration Card)에 고객의 인적

사항을 기재하고 서명함으로써 고객이 되기 위한 절차 및 과정이다.

Register Reading Report 〈會〉〔레지스터 리딩 리포트〕

식당회계 시스템에서 전날까지의 판매고와 당일까지의 판매합계를 기록한 회계보고서.

Register Sheet 〈會〉〔레지스터 시트〕

회계처리에 대한 감사를 하기에 편리하도록 한장씩 낱개로 만든 회계등록 양식이다.

Registered Not Assigned 〈客〉〔登錄未入室 : R.N.A.〕

호텔에 등록한 고객이 특별히 원하는 객실이 준비될 때까지 기다리는 것을 말한다.

Registration 〈客〉〔登 錄〕

숙박등록, 숙박계약.

Registration Card 〈客〉〔登錄 카드 : Reg. Card〕

호텔고객의 숙박절차로서 소정의 카드에 필요한 사항을 기재한다. 대개 호텔의 이름, 주소, 카드 넘버, 고객의 성명, 주소, 객실번호, 요금, 도착시간, 출발예정시간, 취급 계원의 성명 등이 기재된다.

Regular Chain ☞ Chain Hotel

Regular Sandwich 〈食〉〔레귤러 샌드위치〕

식사대용, 간식용 또는 야외용으로 먹을 수 있는 순수한 샌드위치를 말한다.

Rehabilitation 〈宿〉〔리허빌리테이션〕

업무를 올바르게 행할 수 있도록 재훈련시키는 것이다.

Relief Cook 〈食〉〔릴리프 쿡 : Chef Tournant〕

주방 조리사들 중에서 와병, 비번, 혹은 휴가로 결원이 생겼을 때 그 사람의 업무를 대행하는 경험있는 조리원으로 세프 투르낭(Chef Tournant)이라고도 한다.

Relish 〈食〉〔레리쉬〕

① 각종 야채들이 이에 속한다. 주스와 같이 가니쉬(Garnish)로서 서브된다.

② 맛, 풍미, 흥미, 조미료, 양념 등의 뜻을 가진다.

Reminder Clock 〈客〉〔리마인더 클럭〕

호텔 객실에 있는 특수한 알람 시계로서 모닝 콜(Morning Call)을 위해 주로 사용한다.

Rennet 〈食〉〔레 넷〕

송아지 제4번째 위의 내막에 들어 있는 액으로서 응고 효소를 함유하고 있으며 치즈나 우유를 응고시킬 때 쓴다.

Rennin 〈食〉〔레 닌〕

응유 효소(Rennet)의 일종으로 송아지 제4위 내막의 위액에서 추출하여 조제한다.

Repeat Guest 〈客〉〔再來客, 단골顧客〕

되풀이하여 방문하는 고객.

Report Form 〈會〉〔報告式 貸借對照表〕

借邊, 貸邊의 구별없이 먼저 자산항목을 기재하여 합계를 산출하고 다음에 부채항목을 기입하여 그 합계를 산출하고 다시 계속해서 자본을 기입하여 그 합계와 부채의 합계를 가산하여 자산의 합계에 일치시키는 것을 말한다.

Representative 〈宿〉〔호텔 代理人〕

호텔의 대리인의 자격으로 공항, 터미날 등 외국인 여행자나 관광자가 많이 왕래하는 곳에 근무하며 호텔 투숙객들을 위하여 객실상황에 관한 정보를 제공하며 바로 그곳에서 예약의 접수를 하기도 한다.

Requisition Form 〈宿〉〔請求書〕

청구서는 호텔 물품을 받기 위한 양식으로 청구서에는 허가를 받은 사인이 있어야 하며 물품 청구 후 하루에 한번 담당부서에 보내져 엄격한 재고변동관리에 필요하다.

Reservation 〈客〉〔豫 約〕

객실예약은 타제품과는 달리 예약을 거치지 않고는 거의 판매가 불가능하다. 왜냐하면 다른 일반제품의 경우 대개가 직접 그 제품을 보고 거래가 성립되지만, 객실의 경우에는 신용과 편리한 시설, 홀륭한 인적 서비스 등을 바탕으로 예약에 의해 판매되기 때문이다. 객실예약은 주로 전화, 서신 등을 통하여 접수되기 때문에 제반사항을 정확하게 접수·기록·정리·보관하여 고객이 숙박하는 과정에서 불편한 사항이 발생하지 않도록 세심한 주의를 기울여야 할 것이다.

Reservation Clerk 〈客〉〔客室豫約員 : Book Clerk〕
객실 예약원은 고객이 객실상품을 주문할 때에 적절하게 응하며 사무처리를 하게 되므로 이곳은 최초의 상품전시장이나 마찬가지이므로 담당자는 판매에 실수없이 정중하게 대하여야 한다.

Reservation Confirmation 〈客〉〔豫約確認〕
호텔을 이용하기 전 예약이 확실히 되어 있는지를 재확인 하는 것을 말한다.

Reservation Department 〈客〉〔豫約部署〕
고객의 예약상황을 신속하고 정확한 응답기능을 수행하는 부서로서 새로운 예약을 위한 정확한 데이터를 수집하고 보존하여 원활한 예약을 수행한다.

Reservation Rack 〈客〉〔레저베이션 랙〕
고객이 요구한 서비스 내용의 요약, 도착예정 일시, 고객의 성명 등을 알파벳 순서와 날짜별로 정리되어 있는 상황판이다.

Reservation Status 〈客〉〔豫約條件〕
고객이 호텔예약시 상호 협정한 조건으로서 지급방법, 서비스 요구 사항 등의 조건을 말한다.

Residential Hotel 〈宿〉〔居住用 호텔〕
이 호텔은 주로 장기체류객을 대상으로 하는 주택용 호텔이다. 객실구조는 침실, 거실, 응접실, 부엌, 욕실, 화장실 등이 편리하게 갖추어져 있으며 객실요금은 1주·1개월 요금지급방식을 채택하고 있다.

Resort Hotel 〈宿〉〔休養地 호텔〕
관광지 호텔로 보양, 휴양 또는 레크리에이션을 목적으로 한 호텔로 해안이나 경치 좋은 곳에 있는 별장식 호텔을 일컫는다. 이 휴양지 호텔은 호텔이 위치한 지역의 기후와 계절에 따라 Summer Resort Hotel과 Winter Resort Hotel로 나뉜다.

Rest Room 〈宿〉〔化粧室, 休憩室〕
화장실만이 아니라 휴게실의 의미도 있다.

Restaurant 〈食〉 [레스토랑]

레스토랑이란 이름의 식당은 1765년 몽 블랑거(Mon Boulanger)가 처음으로 파리에서 스테미너 수프를 팔기 시작하였다. 이 수프 이름이 레스토래티브(Reatoratives)이었다. 당시 신비적인 스테미너 음식으로 각광을 받아 다른 일부 사람들도 이 수프의 이름으로 간판을 걸고 영업함으로써 레스토랑의 어원으로 자리잡게 되었다. 그 말의 뜻은 프랑스어의 "Restaurer"란 동사에서 유래한 말인데 "回復한다(영어의 Restore와 같은 뜻)"라는 의미이다.

일반적으로 레스토랑은 대중에게 식사나 음료수를 제공하는 시설인데, 정식의 식사와 서비스가 수반된 호텔의 메인(Main)식당으로서 식당내에 식탁과 의자가 설비되고 테이블 셋팅(Table Setting)이 된 식당이다. 이 식당은 웨이터와 웨이트레스가 음식을 서브하며 고급요리와 정중한 서비스가 수반되어 있는 식당이다.

Restaurant Cashier   ☞ Food & Beverage Cashier

Restaurant Cashier's Report 〈會〉 [레스토랑 캐쉬어 리포트]

식당 매출수익 현황을 파악하기 위하여 식당 현금출납원이 작성하는 일일식당 영업보고서이다.

Restaurant Manager 〈食〉 [레스토랑 支配人]

레스토랑의 식음료 캡틴이나 웨이터나 웨이트레스 등을 지휘·감독하고 또한 레스토랑 전체의 서비스, 종사원의 근무태도, 스케줄, 교육, 인사 및 고용 등을 관리감독하는 사람이다.

Return Check 〈食〉 [리턴 체크]

식당 경영상의 엄격한 전표통제를 위하여 사용하는 제도로서 한번 쓰여진 전표는 재 이용될 수 없도록 하는 것이다. 만약 고객에게 주어졌던 상품이 어떤 이유로서 주방이나 바(Bar)로 되돌려 보내질 때 다른 새 전표를 발행해서 「Return」이란 표시를 하여 그 음식과 함께 보내어진다. 이때 이 리턴 전표(Return Check)는 반드시 정당하다는 헤드 웨이터(Head Waiter)의 사인을 얻어야 한다.

Revenue Center 〈會〉 [收益部門]

수익부문은 호텔영업의 결과, 직접적으로 수익을 가져오게 하는 영역들을 가리킨다. 이러한 수익부문은 서비스를 제공하여 수익을 발생시킨다는데 공통적인 특징이 있다. 예를 들면 식당, 바, 라운지,

교환, 객실부서 등과 같이 매출액을 수익으로 계상하는 영업부문이
라고 하겠다.

Revenue Report 〈會〉〔收入報告書〕

야간감사자가 작성하는 것으로 객실점유율, 평균객실요금, 2인이상
사용객실률 등을 주된 내용으로 하는 보고서이다.

Rib Steak 〈食〉〔갈비등심 스테이크 : Prime Rib〕

소 등쪽에 있는 부위로서 두터우며 脂肪이 많다. Rib Steak로는 Rib
Eye Steak, Roast Beef(Prime Rib) 등이 있다.

Right Joint 〈카〉〔라이트 조인트〕

Cheater들을 철저히 다루어 접근을 허용치 않으며, 공정하고 신뢰할
수 있는 Gambling 시설과 System을 갖춘 공인된 곳이다. 현재 우
리나라의 카지노 대부분이 Right Joint라고 볼 수 있다.

Risotto 〈食〉〔리조토〕

쌀에 치즈, 버섯, 샤프론(Saffron), 아스파라거스(Aspasagus) 따위를
넣어 만든 이탈리아 요리의 일종이다.

Rissoles 〈食〉〔리솔레〕

닭 또는 그외의 날짐승의 내장을 져며서 파이 껍질에 싸서 기름에
튀겨낸 요리이다.

Rissolette 〈食〉〔리솔레트〕

다진 고기를 싸서 구운 빵 혹은 고기만두를 말한다.

Ritz 〈宿〉〔리츠 : Cesar Ritz(1850~1918)〕

리츠는 1850년 스위스의 농촌에서 가난한 양치기 집안의 열세번째
아들로 태어났다. 어렸을 때에는 가축 돌보는 일을 해 왔는데, 15세
때 호텔업에 있어서 길드의 도제로서 호텔맨의 수업을 시작하였다.
그러나 교사로부터 호텔맨으로서의 재능이 전혀 발견되지 않는다는
질책을 받고 그곳을 떠났다. 그는 17세 되던 해 당시 호텔산업의 중
심지였던 파리로 나왔다. 그후 이름도 없는 작은 호텔에서 레스토랑
웨이터로부터 시작하여 당시 파리에서 가장 유명했던 레스토랑인
보와상(The Voison)의 웨이터가 되었다. 1877년에는 27세의 젊은
나이로 당시 스위스에서 가장 규모가 크고 호화로운 리조트호텔이
었던 루체른(Lucerne)의 "호텔 그랜드 내셔널"의 지배인이 되었다.
리츠가 호텔맨으로서 성공을 거둔 다른 이유는 "조르쥬 오규스트

에스꼬 피에"(Georges Auguste Escoffier)와의 만남이라 할 수 있다. 리츠는 平生을 이 에스꼬피에와 함께 호텔업에 전념하게 되었는데, 당시 에스꼬피에의 요리솜씨는 "요리사의 황제인가 황제의 요리사인가"라 할 정도로 有名했다. 그후 두 사람은 1889년 런던에서 개업한 "사보이호텔"(The Savoy Hotel)에서 전성기를 맞이하게 된다. 1897년 파리에서 "호텔 리츠"(Hotel Ritz)를 개업하여 성공을 거두었고, 1899년에는 런던의 "칼톤"(The Carlton)을 오픈시켰다. 1918년에 리츠는 세상을 떠났는데 그의 뜻을 이어받은 회사가 호텔경영 사상 처음으로 프랜차이즈에 의한 체인화를 추진하였다.

Roast 〈食〉〔로스트 : Rotis〕

이것은 일반적으로 家禽類나 엽조류를 재료로 하여 긴 쇠꼬챙이에 끼워 숯불이나 직열로 구워내는 것으로 요즘은 오븐에서 굽고 있다. 식품의 가치와 맛을 완전히 보존하는 조리법 중에서 가장 우수한 방법이다.

Roast Beef 〈食〉〔로스트 비프〕

쇠고기를 요리한 음식중의 하나로 크게 자른 쇠고기 덩어리를 소금으로만 양념을 하여 석쇠나 팬에 구운 것을 말한다. 이렇게 구운 후 여러 가지 소스(Sauce)를 뿌리거나 찍어서 야채 등과 함께 먹는다.

Rock & Rye 〈飮〉〔록 앤 라이〕

과일 주스, 얼음 사탕(Rock Candy) 라이보리 위스키 등으로 만든 리큐르로서 병속에 과일 조각이(Fruit Slices) 들어 있는 것이 특징이다.

Rocks or on the Rocks 〈飮〉〔록 온 더 록〕

소형 각 얼음(Cubed Ice)을 뜻하며 「On The Rocks」이라고 할 때에는 글라스에 얼음 몇 덩어리를 넣고 그 위에 蒸溜酒 따위의 술을 부어 제공하는 것을 뜻한다.

Roll 〈食〉〔롤〕

빵의 무게가 60g 이하인 것을 말하며 German Hard Roll, Soft Roll, Breakfast Roll 등이 있다.

Roll Cake 〈食〉〔롤 케이크〕

롤 케이크는 양과자의 기본적인 품목으로 만드는 법은 케이크와 동일하여 기포상태에 따라 등급을 나눈다. 이 케이크는 필링을 채워 말아서 다시 윗면에 장식하는 등 다양한 대중제품이다.

Roll In 〈客〉〔로울 인〕

객실에 이동침대를 투입시키는 과정을 말하며, 반대개념으로는 롤아웃(Roll Out)이다.

Rollaway Bed 〈客〉〔로올어웨이 베드 : 접 寢臺〕

일반적으로 30~72인치 정도의 크기로 운반가능한 침대를 말한다.

Rollar 〈客〉〔롤 라〕

롤라는 대형 세탁물, 즉 시트(Sheet), 베드패드(Bed Pad), 담요(Blanket) 등을 다리는 기계를 말한다.

Romano Cheese 〈食〉〔로마노 치즈〕

이탈리아 원산의 초경질 치즈로 로마 주변의 Latium지방에서 양유로 만들어졌다 한다. 현재는 우유나 산양유로 만들어지고 있다.

Rondelle 〈食〉〔론 델〕

둥글게 자르는 방법.

Room 〈客〉〔객 실〕

① 고객들의 숙박을 위한 방.
② 건축물이나 구조물의 내부에 다른 부분들로부터 칸막이를 하거나 벽으로 분리시킨 공간의 일부.
③ 식음료, 연회, 집회, 문화, 레저, 스포츠, 쇼핑, 오락, 비즈니스 등의 기능과 고급의 인적 서비스 기능을 갖춘 영리 사업체가 고객에게 편안한 휴식과 조용하고 안락한 잠자리 장소로 제공하는 건축물 공간의 일부.

Room Assignment 〈客〉〔客室配定〕

객실배정이란 개개의 예약에 대하여 객실을 할당하는 것이며 당일 예약된 고객이 도착하기 사전에 객실을 준비하여 도착시 객실배정에 따른 시간을 단축시킴으로써 효율적인 업무를 수행함에 있다. 객실배정은 일정한 방법과 순서에 의하여 실시해야 하며 주의사항을 숙지하여 차질이 없도록 하여야 한다.

Room Attendance 〈客〉〔客室淸掃員 : Room Maid〕

호텔고객의 객실을 안전하고, 쾌적하게 또한 청결한 객실상품을 제공하기 위하여 호텔의 모든 객실을 정리 정돈하는 호텔종사원이다.

Room Change   ☞ Accommodation Change

Room Clerk 〈客〉〔룸 클럭〕

객실의 예약, 판매, 객실준비 담당직원으로 현관 실무진에서 가장 중요한 위치이다.

Room Count 〈客〉〔룸 카운트〕

판매된 호텔의 객실수.

Room Count Sheet 〈客〉〔룸 카운트 시트 : Daily Room Report. Room Charge Sheet〕

야간에 기록하는 룸랙(Room Rack)의 기록이며 객실의 점유 통계를 정확성을 증명하는데 사용한다.

Room Demand 〈客〉〔所要客室〕

호텔 객실경영에 있어서의 算出量管理(Yield Management)의 하나로서 기존객실 공급량 혹은 미래에 필요한 호텔 객실수의 소요량을 말한다. 소요객실은 호텔의 잠재적인 수요를 분석하여 결정하며 경쟁관계를 평가하게 된다. 그리고 고객의 숙박객 및 도착객 통계를 분석하여 미래의 호텔객실의 수요를 결정한다.

Room Income 〈客〉〔客室收入〕

※ 客室收入 = 客室數×利用率×實際 平均客室料金.

Room Inspection 〈客〉〔룸 인스펙션〕

객실정비원(Room Attendence, Room Maid)의 객실청소, 정리 정돈 후 고객에게 객실을 판매하기 전에 최후로 객실을 점검하는 것이다. 객실을 점검하는 직원을 Room Inspector라 한다.

Room Inspection Report 〈客〉〔룸 인스펙션 리포트〕

객실점검자(Room Inspector)에 의해 준비되어지는 객실상태의 점검 기록장이다.

Room Inventory 〈客〉〔客室調査〕

객실조사라고 하는 것은 계속해서 객실에 대한 현재의 상황, 즉 재실, 숙박 연장, 객실변동, 고장난 객실, 가용객실 등을 하우스키핑, 예약, 영선실과 상호 연결시켜서 프론트 오피스(Front Office)에서 객실을 판매하는데 있어서 아무 지장이 없도록 도와주는 것이다.

Room Key Tag System 〈客〉〔客室自動全減裝置〕

호텔의 에너지 절약차원에서 객실 입실시 키를 키 센서(Key Sensor)에 꽂으면 객실이 자동적으로 점등되고 외출이나 퇴숙(Check-Out)시 키를 빼내면 자동으로 점멸되는 시스템 방식을 말한다.

Room Number Key 〈會〉〔룸 넘버 키〕

현관회계기(NCR)에서 객실의 번호를 찍기 위한 버튼을 말한다.

Room Occupancy Rate 〈客〉〔客室占有率〕

당일 판매객실수를 판매가능 객실수로 나눈 비율, 즉 전객실수에 대한 당일 판매객실수의 비율을 말한다.

Room Rack 〈客〉〔룸 랙 : Rack〕

호텔 전체의 객실 이용상황을 알 수 있게 하는 현황판으로 룸 인디케이터(Room Indicator)와 연결되어 있는 프론트 오피스(Front Office)의 비품중의 하나이며 금속성으로 제작된 포켓(Pocket)이 객실 번호순으로 배열되어 있어 층별, 객실종류, 객실요금, 객실형태, 현재의 객실상태 등을 마크나 색깔로 나타내고 있다. 현대 호텔의 전산화에 의해 룸랙이 설치되어 있다.

Room Rack Slip 〈客〉〔룸 랙 슬립 : Room Rack Card〕

객실 투숙객 개개인의 인적사항이 기록되어 있는 등록카드로부터 중요한 내용을 발췌한 양식으로, 여기에는 고객의 성명, 국적, 투숙일자, 투숙기간 등이 기록되어 있으며, 룸 랙(Room Rack)의 포켓(Pocket)에 꽂아둠으로써 객실의 판매 여부를 식별하는 작은 카드를 말한다. 일반적으로 카드의 색깔로 구분하는데 백색은 단기고객, 황색은 장기고객, 청색은 단체고객으로 분류하기도 한다.

Room Rate Sales Mix 〈客〉〔客室販賣率의 믹스〕

객실 판매와 관련된 사항들을 경영자에게 제공하는 것으로 고객의 수, 객실형태, 객실요금 등을 타 호텔과 비교한 통계자료 즉 세분화된 정보자료이다.

Room Renovation 〈客〉〔客室의 修理〕

객실수리에 있어서는 일반적인 객실수리와 전반적인 객실수리로 나누어 생각할 수 있겠다. 일반적인 객실수리는 평상시에 발생되는 부분적인 객실의 고장(Out Of Order Room)을 수리하는 것을 말하고, 전반적인 객실수리는 객실시설의 노후로 5년 혹은 10년 등의 간격으로 새로운 설계로부터 시작하여 객실의 디자인·가구·전기·기계 등의 시설을 완전히 새로운 시설로 교체하는 전반적인 객실의 개·보수를 의미한다.

Room Revenue 〈客〉〔客室賣出額〕

당일의 객실매출액을 Room Earning에서 찾아서 총객실매출액 비율을 산출한다.

※ 客室賣出額率 = 當日客室賣出額 / 客室總賣出額 ×100

Room Service 〈食〉〔룸 서비스〕

호텔 객실에 고객의 요청으로 음료, 식사 등을 보내주는 종사원 또는 호텔의 객실에서 하는 식사 서비스로 보통 메뉴 요금보다 10~15%정도 높은 요금으로 되어 있다.

Room Status Report 〈客〉〔客室現況報告書〕

객실상황에 대한 보고서는 객실의 종류 및 형태별로 판매가능 객실수, 수리중인 객실, 빈객실, 이미 팔기로 예정된 객실수, 청소완료 객실수 등의 사항을 알 수 있다.

Room Tray 〈客〉〔룸 트래이〕

침실의 마호병과 컵을 올려놓는 쟁반.

Room Type 〈客〉〔客室種類〕

호텔 객실의 종류는 침대의 수와 크기에 따라 기본적인 4가지 종류로 분류된다.

① Single Bed Room : 1인용 객실 또는 싱글베드가 있는 1인실을 말한다. 침대의 표준규격은 길이 195cm×넓이 90cm 이상이고, 담요규격은 길이 230cm×넓이 170cm 이상이어야 한다. 또한 기준면적이 13m² 이상이다.

② Double Bed Room : 더블 침대가 있는 객실로 두 사람이 사용할 수 있는 넓은 형태의 객실이다. 이 침대의 폭은 보통 싱글 베드의 1.5배로 표준규격이 길이 195cm×넓이 138cm 이상이고, 담요규격은 길이 230cm×넓이 200cm 이상이어야 한다.

③ Twin Room : 객실에 1인용 베드 2개를 넣어서 두 사람이 동시에 투숙할 수 있는 객실을 말한다.

④ Suite Room :

Rooming 〈客〉〔入 室〕

입실을 뜻하며, 호텔에 도착하는 고객은 프론트 데스크에서 입실절차와 영접을 받게 되고 객실 배정이 끝나면 벨맨이 고객을 객실로 안내하는 제반 과정을 뜻한다.

Rooming Control 〈客〉〔客室販賣管理〕

호텔의 효율적인 객실판매로서 최고의 가격으로 최대의 객실을 판매하는 판매관리를 말한다.

Rooming House 〈客〉〔루밍 하우스〕

음식이 제공되지 않는 것을 제외하면 하숙집과 유사하다. 하루저녁 이상 빌릴 수 있으며 가격이 저렴하다.

Rooming List 〈客〉〔入室名單〕

단체고객이 도착하기 전에 단체객의 인적사항을 기록한 고객의 명단을 미리 받아 단체객의 사전 등록과 사전 객실배정을 하기 위한 단체객의 명단이다.

Rooming Slip 〈客〉〔入室 書類樣式 : Rooming Card〕

Room Cleck과 Bell Man 그리고 고객사이의 의사소통기능 즉 호텔 시설물 이용정보와 부대시설 이용을 유도하는 마케팅활동, 호텔의 규칙 등이 포함되어 있는 카드이다.

Roquefort 〈食料〉〔로크포르〕

프랑스 남부 Nimes 서쪽 70마일의 Roquefort 마을에서 유래된 치즈로 1,000년 이상의 역사를 가지고 있다. 1666년에는 프랑스 법률로 이 지방의 치즈만 Roquefort라 한다. 이 치즈는 강한 자극성 냄새와 푸른곰팡이의 대리석 무늬가 특징인데 이같은 타입의 타지방 치즈는 Blue Cheese라고 한다.

Rose Wine 〈飮〉〔로제 와인 : Pink Wine〕

분홍색 포도주로 양식 코스중 어느 코스에도 잘 어울리는 식탁용 와인이다. 이 와인의 색깔은 포도주를 담글 때 검은 포도를 사용하여 껍질채 담갔다가 발효 도중에 껍질을 제거하면 껍질의 색이 완전히 우러나지 않은 핑크색이 되는데 여기서 색깔이 생겨난 것이다. 로제 와인은 10℃정도로 차게하여 서브하면 더욱 좋은 맛과 향을 즐길 수 있다.

Rosemary 〈植〉〔로즈메리〕

① 상록 관목으로 충실, 정조, 기억의 상징.

② 지중해 연안이 원산지인 로즈메리는 솔잎을 닮았으며 은녹색잎을 가진 키큰 잡목으로 이 잎을 말려서 그대로 또는 가루로 만들어 사용한다. 신선한 향을 갖고 있는 마늘 형태의 향료이다. 감자 요리에 많이 쓰이며, 수프, 로스트 비프 수프, 스톡의 향미에 쓰인다.

Rotel 〈宿〉〔로 텔〕

로드호텔(Road Hotel)의 줄임 말로 도로상에 위치하여 이용객이 편리하도록 교통 및 숙박시설을 갖춘 서비스 형태의 호텔로서 1916년 독일의 슈투트 가르트(Stuttgart)에서 처음으로 생겨났다.

Rouge 〈食〉〔루 즈〕

프랑스어로 붉은 것을 뜻한다(Red).

Roulette 〈카〉〔룰 렛〕

룰렛은 카지노 게임의 여왕이라 불리우며, Wheel 안에 Ball이 회전하다 Pocket 안에 들어간 번호가 Winning Number이다. 그 Number라든가 High, Low, Color, 홀수, 짝수 등에 Bets하며 승부하는 게임이다.

◆ Roulette의 기본용어 해설 ◆

○ Mucking : Chips를 양손으로 집어 올려 손에 20개를 잡을 수 있도록(Picking)하는 동작.

○ Matching(Cutting) : 같은 Unit별로 자르는 동작(3개, 4개, 5개)

○ Stacking : 흐트러진 Chips를 세우는 동작.

○ Counting : 각 Zone Bet의 배수, 수치 읽기.

○ Arranging : 금액 및 Setting Stack의 Color별 정리 Pay off.

○ Pushing : 40, 50, 60, 70, 80, 100, 120, 140개 등의 숫자로 Chips를 Rack에서 꺼내서 Set하여 Player에게 밀어주는 동작.

○ Layout : 1~36번 0,00 등이 그려져 있는 Player가 Betting 할 수 있는 판을 말한다.

○ Wheel : Layout과 똑같은 번호가 있는 Ball이 돌아갈 수 있게 한 기계.

○ Marking : 프라스틱 또는 금속으로 된 Marker로 표시하는 동작.

○ Rack : Bank Roll과 Play Chip를 정리해 두는 곳.

○ Color Chips : Play 할 수 있는 Chips.

○ Apron : 딜러가 Chips를 Sweeping한 다음 Chipping하는 장소 또는 Helper가 있는 곳.

○ Drag : Pay 할 때 한 Stack에서 필요하지 않은 수량의 개수를 위에서 집어서 떼어놓는 동작.

○ Tidy Bet : 어수선하다고 느껴져 딜러가 인위적으로 단정하게 만든 것.

○ Obscut Bet : 분명치 않게 놓여진 Bet.

○ Push off Bet : Ball이 떨어진 상황에서 Bet를 하거나 아직 Pay 가 끝나지 않아 Marker를 Take off 하지 않은 상황에서 Bet.

Round Table Shape 〈宴〉〔圓形 테이블〕

많은 인원을 수용하여 식사와 함께 제공하는 디너쇼나 패션쇼 등의 테이블을 배치할 때 많이 쓰이며, 테이블과 테이블의 간격은 3.3m 정도, 의자와 의자 사이의 간격은 90cm 정도로 하고, 양쪽 통로는 60cm 공간을 유지하도록 한다. 테이블은 무대를 중심으로 중앙 부분을 고정한 뒤 앞줄부터 맞추면서 배열하면 되나 뒷줄은 앞줄의 중앙부분이 보이도록 지그재그식으로 맞추기도 한다. 원형테이블은 2~14인용까지 있다.

Roux 〈食〉〔루〕

밀가루와 버터를 무게를 기준으로 1:1 비율로 넣고 볶은 것을 말하고 각종 소스와 수프를 만드는 재료로 사용된다.

① Roux Blanc : 밀가루를 흰색이 되도록 살짝 볶은 것.

② Roux Blond : 밀가루를 엷은 갈색이 되도록 볶은 것.

③ Roux Brun : 밀가루를 진한 갈색이 되도록 볶은 것.

Roy Hubbart Method 〈宿〉〔로이 휴버드 方法〕

로이휴버드 방식은 1960년대 후반 미국호텔·모텔협회(American Hotel & Motel Association)에서 채택한 방법으로 1970년대 후반에 우리나라의 호텔에서도 채택하기에 이르렀다. 이 방법은 목표이익을 미리 설정하고, 이 설정된 목표이익을 달성할 수 있는 객실매출원가, 기타 부문이익, 영업비 및 자본을 추정하여 평균객실요금을 산출하는 방법인 것이다. 다시 말하면 이 휴버드 방식은 호텔의 사업예산을 역산하여 평균객실요금을 산출하는 것이라고 할 수 있다.

※ 平均客室料金 = 豫想運營費用＋投資還收金額 / 豫想販賣客室數.

Royalty 〈宿〉〔로얄티〕

광의로는 特許權使用料, 著作權使用料, 上演料, 印稅, 鑛口使用料 등 전용권을 가진 사람의 허락을 받아 이러한 권리를 행사함으로써 이익을 얻는 자가 권리권자에 대해 지급하는 요금을 말한다.

R.T.E 〈食〉〔調理完了狀態 : Ready to Eat〕

원가요인(Cost Factor) 분석에서 요리 또는 식사로 제공되기 직전 단계까지 준비된 원재료의 원가.

※ Cost Factor = 1kg당 RTE價格 / 1kg당 買入價格.

Ruban 〈食〉〔루 반〕

야채를 리본 모양으로 자르는 방법.

Rubber Mat 〈客〉〔고무발판〕

욕조 바닥이 미끄러워 사고의 방지로 사용되는 것.

Rug Joint 〈카〉〔러그 조인트〕

융단을 깔듯이 화려하게 치장한 부대시설, 특색있고 다양한 게임 및 게임장비, 이에 걸맞는 품위있는 방, 그리고 연회장은 물론 여흥 프로그램까지 완벽하게 갖춘 카지노이나 많은 경비부담을 지니고 있다. 또는 Carpet Joint라고도 한다.

Rule-of-Thumb Rate 〈宿〉〔建築費에 의한 客室價格〕

객실가격 구성에 대해 1/1,000 비율로 부가하는 호텔에 객실요금을 정하는 것에 대한 유도지표이다. 이것은 Horwath Method(호워드 방법)의 객실요금 결정방법이다.

Rum 〈飮〉〔럼 : Rhum(佛). Ron(獨)〕

사탕수수를 원료로 하여 만든 증류주이다. 이것의 어원은 원산지인 프에르토리코(Puertorico)의 원주민의 언어인 럼불리언(Rum-bullion : 홍분)이란 단어에서 생겨났다고 한다.

◆ 럼(Rum)의 분류 ◆

(1) 맛에 의한 분류

① Heavy Rum : 甘味가 강하고 색이 짙은 갈색으로 자마이카 산이 대표적이다.

② Medium Rum : 감미가 강하지 않고 색이 연한 갈색으로

Martinique가 有名하다.

③ Light Rum : 부드럽고 텔리케이트한 맛으로 청량음료와의 칵테일 혼합에 적당하다.

⑵ 色에 의한 분류

① Dark Rum : 색이 짙고 갈색이 나는 것으로 자마이카산이 이에 속한다.

② Gold Rum : 엠버 럼(Amber Rum)이라고 불리어지며 카라멜 색소로 착색한 것이다.

③ White Rum : 백색 또는 무색으로 실버 럼(Silver Rum)이라고 불리며 칵테일용.

Run of The House Rate 〈客〉〔런 오브 더 하우스 레이트〕

단체용으로 설정된 호텔 실료방식으로 스위트를 제외한 모든 객실에 있어서 단체 투숙을 위한 최소요금과 최대요금 사이에 평균요금으로 결정하는 협정가격으로 객실지정은 일반적으로 "最低 利用可能한" 객실을 기준으로 한다.

Runner 〈食〉〔런 너 : Helper〕

① 저장실에서 식음료를 식당에 운반하는 사람을 말한다.

② 객실 복도에 까는 좁고 기다란 카페트.

Rush Periods 〈食〉〔러시 피어리어드〕

일반적으로 다른 시간대보다 많은 고객들이 밀어 닥치는 때를 가리킨다. 예를 들면, 레스토랑에서는 점심시간이나 저녁시간이 된다.

Russian Bear 〈飮〉〔러시안 베어〕

보드카, 크림드 카카오(Creme de Cacao), 크림의 칵테일.

Rusk 〈食〉〔러스크〕

살짝 구운 빵이나 비스킷.

Russian Service 〈食〉〔러시안 서비스〕

러시안 서비스는 가끔 French Service와 혼돈되기도 하지만, 호텔이나 고급 레스토랑에서 폭넓게 사용되는 서비스 형태이다. 러시안 서비스는 음식이 주방에서 준비되고 요리사에 의해 은쟁반에 올려지면, 웨이터가 고객에게 서비스한다. 러시안 서비스는 연회행사에 많이 이용되는 형태로 일정한 시간에 많은 인원을 서비스할 수 있다.

Rye 〈植〉〔라이 : 호밀〕

포아풀에 속하는 1년생 또는 2년생 풀로 밀과 비슷하며 잎은 밀보다 작고 짙은 녹색이다. 뿌리가 잘 발달하고 추위에 견디는 성질이 강하다. 유럽 남동부와 중앙 아시아 원산으로 유럽 각지와 시베리아, 미국, 아르헨티나, 아시아 대륙 등지에서 널리 재배되며 열매의 가루는 빵, 국수 등을 만들어 먹으며 양조용 또는 사료용으로도 사용된다.

Rye Whisky 〈飮〉〔라이 위스키〕

51% 이상의 호밀(rye)을 원료로 하여 만든 蒸溜酒로서 색깔에 있어서는 버본과 아주 유사하나 그 맛과 향이 다르다.

S

Sabra 〈飮〉〔사브러〕

초콜릿 맛을 느끼게 하는 이스라엘산의 오렌지 리큐르.

Sachet 〈食〉〔사 셰〕

부케 가드니(bouquet garni), 향낭, 香料 주머니.

Safe-Deposit Boxes 〈客〉〔貴重品 保管所〕

호텔객실에 투숙하는 고객의 귀중품을 보관해 주는 금고로 프론트 캐쉬어(Front Cashier)가 관리한다.

Saffron 〈植〉〔사프란〕

붓꽃과에 속하는 다년생 풀로 마늘 비슷한 비늘 줄기가 있고 잎은 길이 35cm의 바늘 모양으로 가늘고 길며 꽃이 핀 후에도 계속 자라서 겨울을 나고 이듬해 봄에 시든다. 10월경에 엷은 자주빛의 향기 높은 여섯 꽃잎이 키 15cm 가량의 꽃줄기 끝에 핀다. 샤프란은 스페인, 이탈리아, 프랑스 등에서 재배하며 요리에 사용되는 샤프란은 이 꽃의 암술만을 색에 따라 분류한 것이다. 100g을 만들기 위하여 암술 15,000개를 모아 말려야 하기 때문에 가격이 무척 비싸다. 스페인의 요리 및 황색계통의 과자를 만들 때 쓰이며 황금색과 향미를 가하는데는 최량의 향료이다. 만들기 전에 색을 더운물에 풀어서 여러 가지 과자류에 쓰인다.

Saffron Cake 〈食〉〔사프란 케이크〕

영국 Cornwall 지방의 전통적인 과자.

Sage 〈植〉〔세이지 : Sagebrush〕

① 샐비어(Salvia : 쑥)의 일종.
② 유럽 및 미국에서 재배되는 정원초로 높이 90m까지 자라고, 꽃은 푸른색이며 잎은 흰녹색이다. 건조시킨 Sage는 잎부분만 사용하며 향은 강하고 약간의 쑵슬한 맛이 있다. 미국에서는 가장 대중적인 향미로서 쓰여지고 있으며, 돼지고기에는 특히 조화가 잘되어 소시지나 생선구이 브로이라 등에 최적의 향료이다.

Saint-Marcellin 〈食〉〔생 마르슬랭〕

프랑스산 연질치즈로 지방함량은 50% 정도이다. 원료는 우유나 염소젖이며 소형의 원반형이고 껍질에는 청회색 곰팡이가 피어 있다.

Saint-Maure 〈食〉〔생 모르〕

프랑스산 염소젖 치즈로 막대 모양이다.

Salad 〈食〉〔샐러드 : Vegetable〕

야채요리 즉 샐러드란 라틴어의 「Sal」소금에서 비롯된 말로서 싱싱한 야채를 주재료로 하여 소금을 가미하면 되는 것이다. 샐러드의 의미는 여러 가지 종류의 야채와 과실, 생선, 육류, 조류 등을 주재료로 하여 여러 가지 특성의 드레싱(Dressing)과 함께 제공되기도 한다. 샐러드는 크게 Simple Salad(순수한 야채로만 구성되는 샐러드)와 Combined Salad(여러가지 야채와 함께 과실, 생선, 육류, 조류 등이 혼합된 샐러드)로 나뉘어진다.

◆ Simple Salad ◆

① Green Salad : 순수한 그린색으로 구성된 야채 샐러드.
② Leaf Salad : 먹을 수 있는 잎으로 구성된 야채 샐러드.
③ Vegetable Salad : 여러 가지 야채를 혼합하여 만든 샐러드.

◆ Combined Salad ◆

① Fruit Salad : 야채와 함께 과실이 제공되는 샐러드. Fresh Fruit Salad.
② Fish Salad : 야채와 함께 생선이 제공되는 샐러드. Tuna Fish Salad.
③ Meat Salad : 야채와 함께 육류가 제공되는 샐러드. Beef Salad.
④ Poultry Salad : 야채와 함께 조류가 제공되는 샐러드. Turkey Salad.

Salamander 〈食〉〔셀러맨더〕

그리스 로마 신화에 나오는 신의 이름에서 따온 조리기구로 음식 내용물 위에서 불을 쬐여서 조리하는 것.

Salami 〈食〉〔살라미〕

돼지고기나 쇠고기를 원료로 레드 와인과 진한 양념을 넣어 만든 이탈리아식 훈제 소시지(Sausage)의 일종이다.

Sales Promotion 〈宿〉〔販賣促進〕

기업이 자사제품이나 서비스의 판매를 촉진하기 위해 수행하는 모든 촉진활동을 포함한다.

Salisbury 〈食〉〔살리스버리〕

햄버거와 유사한 것으로, 갈은 고기(Ground Beef)와 빵가루, 우유 등에 양념하여 만들어 2cm정도 두께와 넓이로 뭉친 고기를 말한다.

Salmon 〈食〉〔연 어〕

산란기는 10~12월이고 강 상류에 산란한다. 산란 전에는 살이 붉고 중량감이 있으며 산란 후에는 중량감이 줄어든다. 수컷보다 암컷이 좋다.

Salmon Caviar 〈食〉〔살몬 캐비아〕

태평양 연안에서 잡히는 연어알.

Salon Room 〈客〉〔陳列客室〕

파러 룸(Parlor Room)에 대한 유럽 스타일의 개념을 말한다.

Salpicon 〈食〉〔살리콘〕

야채를 네모 반듯하게 자르는 방법.

Salsa 〈食〉〔살 사〕

이탈리아어로 소스(Sauce)라는 뜻이다.

Salt and Pepper 〈食〉〔솔트 앤 페퍼〕

식염과 후추를 말한다. 식당에서는 보통 이것을 용기에 담아 테이블 중앙에 놓기 때문에 센터 피스(Center Piece), 혹은 솔트 앤 페퍼 셰이커(Salt & Pepper Shaker), Caster Set이라고도 한다.

Sample Room 〈客〉〔展示用 客室 : Display Room〕

판매용 객실이 아니라 어떤 회사가 자사의 상품을 전시, 진열할 목적으로 임대한 호텔의 객실을 일컫는다.

Samsoe 〈食〉〔삼 소〕

덴마크산 경질치즈로 가온 압착하여 만든다. 중형의 원반형이거나 입방체인데 약간 작거나 중간 정도의 구멍이 있고 맛은 온화하다.

Sancerre 〈食〉〔상세르〕

프랑스산 염소젖 치즈로 원추의 꼭대기를 잘라낸 모양이다.

Sanitary Bag 〈客〉〔衛生주머니〕

여성 고객의 Clean Pad나 일반적으로 눈에 보이지 않게 처리하여야 할 물건들을 넣기 위한 주머니를 대부분 호텔 욕실에 비치하고 있다. 내부에서 밖으로 불순물이 새어 나오지 않도록 비닐 코팅이 되어 있다.

Sanitary Tape 〈客〉〔衛生 테이프〕

위생상 변기 청소는 철저해야 한다. 빈번히 교체되는 고객들이 사용하는 관계로 고객들은 위생적인 청소 여부에 크게 신경을 쓰고 있다. 그러므로 메이드가 위생적으로 청소가 끝나면 변기 커버와 시트를 함께 위생 테이프로 감는다. 이 위생 테이프는 변기 커버를 열면 터지도록 되어 있어 재사용할 수 없다.

Sapsago Cheese 〈食〉〔삽사고 치즈〕

경질치즈로 스위스에서 약 500년 동안 만들어지고 있는 치즈로 원추대형으로 만드는 것이 특징이며, 흐린 연두색을 띠고 있다. 이 치즈는 분말상태인 것을 식용하는데 버터와 섞어서 빵에 발라 먹는다.

Sardine 〈食〉〔정어리〕

청어과의 일종으로 등푸른 생선이다. 단백질이 풍부하고 기름을 많이 함유하고 있다.

Sauce 〈食〉〔소 스〕

소스는 라틴어의 Sal(소금)에서 나온 것으로 이는 소금을 기본으로 하여 만들어졌다는 데서 유래되었다고 한다. 소스는 크게 뜨거운 소스와 찬 소스로 나뉘어진다. 가장 기본이 되는 소스의 종류를 살펴보면 다음과 같다.

① Bechamel Sauce(베사멜 소스): Sauce Mornay, Sauce Creme, Sauce Soubise.
② Espagnoll Sauce(에스파놀 소스): Sauce Dianne, Sauce Madere, Sauce Piquance.
③ Veloute Sauce(베루떼 소스): Sauce Aux Capres, Sauce Champion.
④ Tomato Sauce(토마토 소스): Sauce Portugaise, Sauce Provencale.
⑤ Hollandise Sauce(홀랜다이즈 소스): Sauce Mousseline, Sauce Maltaise.
⑥ Mayonnaise Sauce(마요네즈 소스): Tartar Sauce, Tyrolien Sauce.

Sauce Boat 〈食〉〔소스 보트〕

테이블 서비스(Table Service)를 할 때 음식과 함께 나가는 소스를 담는 보트 모양의 용기.

Saucer 〈食〉〔사우서(받침 접시) : Underliner〕

보올(Bowl)이나 컵(Cup) 및 핑거 볼(Finger Bowl) 등을 받치는 접시이다.

Sauer Braten 〈食〉〔사워 브라튼〕

식초에 절인 쇠고기, 돼지고기(독일 남부의 요리).

Sauerkraut 〈食〉〔獨逸 김치〕

잘게 썬 양배추에 식초를 쳐서 마요네즈로 버무린 독일식 김치.

Sausage 〈食〉〔소시지〕

곱게 다진 고기에 양념과 야채를 섞은 송아지, 돼지 등의 창자 속에 넣고 삶아서 만든 음식을 말한다. 초대형 소시지인 볼로냐(Bologna), 훈제한 소시지(Smoked Sausage), 쇠고기, 돼지고기를 섞어 만든 프랑크푸르터(Frank Furter) 등이 있다.

Saute 〈食〉〔소테〕

표면이 연한 육류의 간이나 내장 또는 야채를 약한 불에서 뜨겁게 달구어진 Pan에서 급히 익혀내는 방법으로 고기나 야채의 표면 조직을 익혀 내부의 영양분이 밖으로 흘러나오지 않도록 하는 방법이다.

Sauternes 〈飮〉〔쏘 턴〕

프랑스 보르도(Bordeaux)지방의 지역으로 세계적으로 유명한 Sweet White Wine을 생산하는 산지.

Savory 〈植〉〔세이버리 : Savoury〕

① 유럽의 원산지인 차조지과의 식물로 요리에 쓰인다.

② 식전, 식후의 짭짤한 맛이 나는 요리. 향신료 식물.

③ 디저트 코스에 입가심용으로 나오는 짜거나 매콤한 요리를 따끈한 카나페(Canape) 위에 놓아 서브한다. 치즈 종류가 주종을 이루고 있다.

Savoury Type　　　　　☞　Bouchee

Savoy 〈植〉〔사브아〕

양배추의 일종.

Savoy Cabbage 〈植〉〔사브아 캐비지〕

초록, 황색 잎들의 섬유조직이 곱슬곱슬하여 분별하기가 쉽다. 녹색 양배추보다 봉오리가 더 넓게 퍼져 있고 부드럽다.

Sawdust Joint 〈카〉〔소더스트 조인트〕

규모가 작고, 품위없는 Gambling 시설로 이용자 형태를 작은 금액으로 Play하는 고객을 유치, 그들이 단골로 애호하는 Gaming Style로 시설투자 및 제경비 부담을 경감하는 효과가 있으나, 삼류라는 이미지를 벗어나기 힘들다.

Scalding 〈食〉〔스콜딩〕

비등점에 오르지 않게 가열하여 밀크를 데우는 것.

Scaling 〈食〉〔스케일링〕

계량작업.

Scallop 〈食〉〔스칼롭〕

① 가리비과에 속하는 대합.
② 패류껍질이나 팬에 요리를 담아 빵가루나 버터를 뿌려 조리하는 것.

Scaloppine 〈食〉〔스칼로삐네〕

이탈리아 요리로 송아지 다리부분에서 잘라낸 작고 얇은 고기로서 소금, 후추로 양념하여 밀가루를 뿌린 후 소테(Saute)하여 마테리아소스(Madere Sauce)를 곁들인다.

Scampo Lobster 〈食〉〔스캄포 랍스터〕

긴 촉수, 머리와 가슴에 가시가 있지만 집게발은 없는 갑각류로서 속살은 매우 맛있으나 바닷가재보다는 건조한 맛이 있다. 온·냉제 요리에 널리 사용하며 보일링(Boiling)할 때는 몸통을 나무꼬챙이로 고정시켜야 한다.

SCEECHH Spirit 〈宿〉〔스키즈 精神〕

① 호텔 종사원이 지켜야 할 자격요건.
② 식당 종사원이 갖추어야 할 7대 요건인 "스키즈 정신"
  a. Service : 奉仕性
  b. Cleanliness (Cleanness) : 淸潔性
  c. Efficiency : 能率性, 效率性
  d. Economy : 經濟性
  e. Courtesy : 禮節性
  f. Honesty (Trust) : 正直性
  g. Hospitality (Service-manship) : 歡待性

Schwarzwalder 〈飮〉

체리(Cherry)를 원료로 하여 만든 Kirschwasser(버찌술)로서 독일산의 최상품 상표이다.

Scoop 〈食〉〔스 쿱〕

① 설탕, 소맥분 등을 퍼내는 삽. 아이스크림을 푸는 기구.
② 국자.

Scotch Whisky 〈飮〉〔스카치 위스키〕

스코틀랜드의 토탄 맥아와 전통적인 단식 증류방법(Pot Stills)에 의하여 생산되는 스코틀랜드 특산 위스키로서 최소한 3년 이상 숙성한 80~86 proof로 하여 수출된다.

Scrambled Eggs 〈食〉〔스크램블 에그〕

계란을 깨어 잘 휘저어서 후라이팬에 버터를 치고 계란을 깨어 익는대로 휘저으면서 볶는 것이다. 물론 우유, 소금, 후추 및 기타 조미료도 가미한다. Loose, Moist, Well Done.

Scrapple 〈食〉〔스크래플 : 기름에 튀긴 料理의 一種〕

잘게 저민 돼지고기, 야채, 옥수수가루 따위로 만든다.

Screw-Capped Wine 〈飮〉〔스크류 캡 와인〕

스크류 캡 와인은 오래 보관하지 않고 생명이 짧은 것으로 빨리 소비돼야 하는 와인이다.

Screw-Driver 〈飮〉〔스크류 드라이버〕

보드카(Vodka)와 오렌지 주스(Orange Juice)를 섞은 칵테일이다.

Screw Top 〈飮〉〔스크류 탑〕

술병 등의 "돌려서 막는 마개".

Sea Cucumber 〈食〉〔海 蔘〕

해삼류에 속하는 극피동물. 몸길이는 40cm 가량, 몸은 보통 밤색과 갈색이 서로 엇갈리어 얼룩얼룩한 무늬를 이룬다. 입 둘레에는 많은 촉수가 있고, 무르고 연한 외피 속에는 자디잔 골편이 있음. 살은 식용하는데 맛이 좋고 영양가도 좋다.

Sealed Bid Buying 〈宿〉〔秘密入札購買〕

필요한 상품의 목록을 입찰신청서와 함께 업자들에게 보내면 업자들은 거기에 가격을 기입해서 봉함우편으로 다시 우송한다. 일반적으로 업자들은 입찰신청서와 함께 보증수표나 계약보증금을 우송하도록 되어 있다. 만약 입찰자가 낙찰되지 않을 경우 수표를 돌려보내고 낙찰되었을 경우에는 그의 계약을 만족스럽게 완수하였을 때 되돌려 보낸다. 공개입찰을 할 경우에는 최저가격의 입찰자에게 낙찰된다.

Seamstress 〈客〉〔재봉사〕

호텔 린넨류의 파손품의 수리와 고객용 세탁의 파손부분 보수 및 유니폼 보수가 주요업무이다.

Seaport Hotel 〈宿〉〔港口 호텔〕

항구호텔은 선박이 출발하고 도착하며 정박하는 항구 부근에 위치하고 있으며 여객선이나 크루즈(Cruise)를 이용하는 선객과 선박에서 근무하는 승무원 및 선원들이 주로 이용하는 호텔이다.

Seasonal Menu 〈食〉〔季節別 메뉴〕

1년중 계절의 과일, 채소, 특산물 재료를 가지고 만드는 메뉴 구성을 말한다.

Seasonal Rate 〈客〉〔季節別 料金〕

동일한 제품과 서비스에 대해 계절에 따라 가격의 변동을 허락하는 차별 요금제도를 말한다.

Seasoned 〈食〉〔시즌드 : 調味한〕

고객의 식성에 맞게 양념과 조미료를 넣어 맛을 맞춘 음식을 말한다.

Seasoning 〈食〉〔시즈닝〕

양념하기, 조미(調味).

Seat No. 〈食〉〔싯 넘버〕

영업장 테이블(Restaurant Table)의 좌석번호로 Service(서비스)에 만전을 기하기 위해 편리하게 정한다.

Second Class Hotel 〈宿〉〔이등호텔〕

1급 호텔보다 낮은 서비스이지만 편의가 1급으로 제공되는 경제적 관광호텔을 말한다.

Second Cook 〈食〉〔料理師〕

요리장을 보조하고 일반 요리지도와 요리준비상황을 확인하고 주방의 모든 업무를 확인조사 후 보고하는 것이 주요 임무이다.

Security 〈宿〉〔警 備〕

호텔 경비업무로서 외·내부의 도난, 파괴행위로부터 종사원과 고객을 안전하게 보호하는 업무이다.

Security Department 〈宿〉〔安全部署〕

호텔의 안전부서는 고객에게 안락한 호텔분위기를 제공하는 데에 있어서 중요한 역할을 수행하는 부서이다. 이 부서의 직무역할로는 객실열쇠의 관리, 소방대피 업무, 비상시 대피업무, 호텔직원 교육업무, 고객재산의 보호, 분실물 처리업무 등이 있다.

Sediment 〈飮〉〔세디먼트 : 沈澱物, 앙금〕

병포도주를 저장했을 때 병속에 발생하는 침전물.

Self Service 〈食〉〔셀프 서비스〕

호텔에서의 연회 서비스와 뷔페식당의 서비스 방식 또는 단체고객의 아침식사 및 브런치(brunch) 스타일로 각자 자기가 좋아하는 음식을 가져다 먹는 식이며, 만들어 놓은 음식을 직접 가져다 먹기 때문에 신속한 식사를 할 수 있으며 호텔측은 인건비를 절감해서 음식요금을 저렴하게 하는 것이 특징이다.

Self Service System ☞ Cash on Delivery System

Sell-Through 〈客〉〔셀 드로우〕

예약업무 용어로서 예약하지 않은 도착 손님을 받지 않는 날짜를 표시한 것, 그러나 사전 예약 손님은 받는다.

Selling Up 〈客〉〔셀링 업 : Up Grade Sale〕

호텔에서 판매촉진을 위해 이미 예약된 객실의 요금보다 높은 가격의 객실을 선택하도록 권유하는 경영방법이다.

Seltzer Water 〈飮〉〔셀처 워터〕

1820년경 독일의 위스바데 지방에서 용출되는 천연 광천수로서 위장병 등에 약효의 효과가 좋은 물질이다.

Semi-Double Bed 〈客〉〔세미-더블 베드〕

더블베드의 약 4분의 3 크기의 침대로서 「Three-Quarter Bed」라고도 한다. 일반적으로 크기는 세로 195cm~200cm, 가로 110cm~130cm, 높이 35cm~48cm가 적당할 것이다.

Senior Bartender 〈食〉〔시니어 바텐더 : Head Bartender〕

Bar 영업장에 종사하고 있는 여러 종사원, 즉 바텐더, 바 보이(Bar Boy)를 지휘·지도·감독할 임무를 띠고 있으며, 아울러 칵테일 조주법도 능통해야 하고, 가격조정과 원가계산도 할 수 있어야 하는 동시에 월말 재고조사(Monthly Inventory)도 할 수 있는 상급 바텐더를 말한다.

Serial Call 〈宿〉〔시리얼 콜〕

고객이나 직원들의 오피셜 콜(Official Call)로 외국에서 요금부담으로 걸려올 때 정확한 통화시간을 알기 위하여 사용하는 작동법으로 통화가 끝난 후 자동적으로 통화가 끝났음을 통보해 주는 신호이다.

Servery 〈食〉〔서버리〕

식당영업을 위한 식기실 혹은 상차리는 방.

Service 〈宿〉〔서비스〕

서비스란 가장 일반적인 용어이면서도 실천하기 어려운 용어인 것이다. 여기서 말하는 서비스란 어떤 서비스의 대가를 받을 만큼 제공하는 한정된 서비스가 아닌 인간미가 담긴 인적 서비스가 물적서비스에 부가된 서비스를 뜻한다. 호텔 식음료부문에서의 서비스는 고객에게 부담을 주지 않는 진심에서 우러나오는 서비스여야 한다. 호텔시설이 아무리 훌륭하고 뛰어났다 하더라도 그 속에서 일하는 종사원의 봉사정신이 결여된 상태에서 사무적이고 기능적인 서비스를 제공한다면 그 훌륭한 시설들은 빛을 잃고 말 것이다.

Service Bars 〈飮〉〔서비스 바〕

레스토랑과 같이 종업원이 주문을 받아 바텐더에게 전달하면 주문한 음료를 종업원이 고객에게 서빙하는 바를 말한다.

Service Charge 〈宿〉〔奉仕料 : Gratuity〕

구미의 호텔이나 레스토랑에서는 고객이 종업원의 서비스에 대하여 팁(Tip)을 지급하는 것이 일반적인 관례이다. 즉 구미에서는 종사원과 고객 사이에서 팁을 주는 상업상의 관습이 있다. 그러나 우리나라는 구미에서 볼 수 있는 것과 같은 팁의 관례는 없다. 따라서 우리나라 호텔의 봉사료는 독특한 제도로 고객의 숙박이나 식음료에 대한 소비액에 일률적으로 10%의 금액을 팁 대신 추가 청구하는 방식이 일반화되었다(표 참조).

區分	客室稅金	食飮料 稅金	서비스料
濠洲	없음	없음	드물다
中國	10~20%*	na	(주 참조)*
홍콩	5%	없음	10%
인도	0~20%	5~10%	10%
인도네시아	16%*	15~21%**	(주 참조)*
日本	6%	6%	10%
韓國	10%	10%	10%
마카오	5%	없음	10%
말레이시아	5%	5%	10%
네팔	10~15%**	10~15%**	na
뉴질랜드	없음	없음	普遍化 始初
필리핀	13.7%	4.2~8.7%	10%
싱가폴	4%	없음	10%
대만	5%	na	10%
泰國	11%	8.25~16.5%	10%

주) na : 미상 (not available)
  * 세금과 서비스료가 통상 한 항목으로 부과된다.
  ** 세율 일정치 않음. 호텔수준이 높을수록 세율 높아짐.

Service Elevator 〈宿〉〔從事員 昇降機 : Back Elevator〕

호텔 종사원들이 사용하는 승강기로서 룸 서비스, 객실청소 등 직원 전용 승강기를 말한다.

Service Plate 〈食〉〔서비스 플레이트 : Show Plate〕

서비스 플레이트는 주요리 접시(Entree Plate)와 같은 크기의 접시로서 일종의 장식 접시라고 할 수 있다. 그러므로 은(Silver)이나 놋쇠 등 고급재료를 사용하여 만들며 그 모양이나 디자인이 호화스럽게 제작된다. 접시에는 그 호텔이나 식당의 「로고」나 상징물 혹은 마크의 무늬를 넣어 만든다. 이 접시의 용도는 식탁차림(Table Set-up)시에 기준되는 것으로서 커버(Cover)의 중앙에 놓이게 되며, 그 후에 양쪽으로 식탁기물들이 식사의 역순으로 놓아진다. 때로는 오더블이나 수프 그릇의 밑접시 역할도 한다.

Service Room ☞ Pantry Room

Service Sequence 〈食〉〔서비스 順序〕

음식 서비스(Food Service) 순서를 말한다.

Service Spoon and Fork 〈食〉〔서비스 스푼 앤 포크〕

일반적인 디너 스푼이나 포크보다 크며, 접객원들이 음식을 덜어 내거나 서브할 때 사용하는 스푼과 포크를 말한다.

Service Station 〈食〉〔서비스 스테이션 : Side Board Set-Up〕

① 영업을 위해 사전 준비물을 갖추어 놓은 Table.

② 보통 크기는 가로가 180~200cm, 세로가 120~140cm 정도로서 위에는 선반을 부착하고 아래쪽에는 칸막이 서랍을 만들어 서비스 기물 및 양념과 Linen을 비치하게 된다.

Service Towel 〈食〉〔서비스 타올〕

식당접객원들이 사용하는 이 클로즈(Cloth)는 목면 천으로 된 수건으로 팔에 걸치는 수건으로 암 타월(Arm Towel)이라고도 한다. 이것은 수저류, 접시류, 글라스류를 마지막 손질(Polish)할 때 혹은 뜨거운 접시나 기물 등을 받쳐들 때, 음식을 엎질렀을 때, 혹은 식탁 위에 빵 부스러기를 쓸어낼 때 쓰이며, 이것은 위생수건이기 때문에 그 본래의 용도 외에 사용해서는 안된다. 사용치 않을 때에는 깨끗하게 접어서 접객원 왼팔에 걸쳐서 휴대하여야 한다.

Servidor 〈客〉〔서비도어〕

서비스 도어(Service Door)의 단축어로 우편물, 세탁물 따위를 넣어주기 위하여 호텔객실에 마련한 작은 창.

Sesame Leaf 〈植〉〔깻잎〕

참깨과에 속하는 1년생 풀로 밭에 심어 가꾸는 농작물이다. 인도 또는 아프리카가 원산이라 하는데 우리나라, 중국, 북미, 미얀마, 터키, 일본 등지에서 자란다. 씨는 '참깨'라 하여 볶아서 깨소금을 만들어 양념에 쓰이며, 기름으로도 짜서 요리에 쓰고, 어린잎은 식용으로 쓰인다.

Set-Up 〈食,飮〉〔세트 업〕

① 얼음과 컵 그리고 비알콜성 혼합용 물질을 손님이 집이나 다른 곳에서 사온 술과 함께 비교적 싼값으로 테이블에 제공하는 것

으로 흔히 레스토랑에서 술의 판매가 금지된 지역의 경우에 사용하는 방법이다.

② 각 테이블마다 손님이 스스로 이용하도록 술과 얼음 등을 충분히 놓아두는 것으로 흔히 사용된 모든 술에 대해 주인이 부담하는 파티에서 사용한다.

③ 정식식당에서 혹은 일반식당에서 메뉴(Menu)의 코스(Course)에 따라 혹은 고객이 주문한 음식의 순서에 따라 실버웨어(Silverware)를 손님이 사용하기 편리하도록 식탁 위에 나열하는 것을 말한다. 일반적으로 기본 Set-Up만 해 놓았다가 주문에 따라서 추가하기도 하고 치우기도 한다. 이럴 경우 테이블 셋팅(Table Setting)이라고도 한다.

Seven-Day Forecast 〈客〉〔一週日間의 需要豫測 : 7-day Forecast〕

호텔의 예약부서에서 예측하는 자료로서 예약고객에 대한 1주일간의 수요예측을 말하는 것으로 프론트(Front), 하우스키핑(Housekeeping) 등 관련부서에 자료를 제공한다.

Sewing Kit 〈客〉〔쏘잉 키트〕

Stationary Holder, 즉 문방구류를 넣는 케이스에 들어 있는 바늘쌈지를 말한다.

Shade 〈客〉〔쉐이드〕

전기 스텐드에 씌우는 갓.

Shake-Up 〈飮〉〔쉐이크 업〕

두 종류 이상의 위스키 등을 칵테일한 음료.

Shaker 〈飮〉〔쉐이커〕

1865년 이후에 만들어진 것으로 혼성음료를 섞을 때 사용하는 기구이며 잘 섞이게 하고 동시에 내용물을 제거하는 것이다. 쉐이커는 양은, 은도금, 스테인네스 등 금속성이 많으며 그 외에도 몸통이 유리제품인 것, 플라스틱제품인 것도 있다. 쉐이커는 세부분으로 나누어지는데 Cap(뚜껑), Strainer(걸름기), Body(몸통)로 구분된다. 보디에다 얼음과 재료를 넣고 스트레이너와 캡을 닫아 쉐이크한 뒤에 캡만 열어 스트레이너를 통하여 글라스에다 섞인 재료를 부어주는 것이다. 외국에서는 Boston Type Shaker라 하여 스트레이너가 없는 쉐이커가 있다.

Shaking 〈飮〉〔흔들기〕

칵테일을 주조할 때 얼음 덩어리와 주조한 물을 Shaker에 넣고 흔들어 배합하는 과정을 말하며, 내용물이 잘 섞이지 않는 재료, 즉 Liqueur, Juice, Sugar, Egg, Cream 등이 포함될 때 Shaker에 얼음과 같이 넣어서 세차게 흔들어야 한다.

Shallot 〈植〉〔쉐로트 : 골파류〕

양파의 변종으로 마늘같이 줄기는 하나가 아니고 여러 개가 송이처럼 되어 있다. 풍미는 양파와 별로 차이는 없으나 회색으로 향기가 있고 팬에 구우면 향내가 난다.

Shandy 〈飮〉〔샌 디〕

맥주와 레몬향을 혼합하여 알코올 함유량을 1~2도 정도로 한 음료용 맥주로서 유럽지역에서 여성용으로 많이 생산된다.

Shaved Ice 〈食〉〔세이브 아이스〕

가루 얼음, 깍아낸 얼음, 간 얼음, 즉 빙수용으로 쓰는 얼음과 같이 눈처럼 곱게 빻은 가루얼음.

Sheet 〈客〉〔시 트〕

메트리스(Mattress)와 담요 사이에 깔아 주는 홋이불로서 규격을 살펴보면 다음과 같다.

※ Single Sheet : 180cm × 220cm
　Double Sheet : 220cm × 240cm
　King Size Sheet : 240cm × 260cm

Sherbet 〈食〉〔샤 벹〕

① 불어로는 솔벹(Sorbet)이라고 불리우며 과즙과 리큐르(Liqueur)를 사용하여 만든 빙과를 말한다.

② 과즙, 설탕, 물, 술, 계란흰자 등을 사용하여 만드는 저칼로리 식품으로 시원하고 산뜻하여 생선요리 다음에 제공하거나 후식으로 제공하는데 이는 소화를 돕고 입맛을 상쾌하게 해주기 때문이다.

Sherry 〈飮〉〔세 리〕

스페인산 백포도주를 말한다. 이것은 포도 수확기에 포도의 잎을 쳐서 일광에 오래 건조시켰다가 통속에 담가 블로르(Flor)라고 하는 酵母를 醱酵하여 양조한 포도주이다. 엷은 짚색은 Dry하고 짙은

Brown색은 Sweet하다.

Shift 〈宿〉〔勤務組, 勤務時間 : Watch〕

호텔 종사원의 근무조 또는 근무시간을 나타내는 것으로 일반적으로 3가지가 있다.

A조(낮교대) : Morning Shift. Day Shift(07 : 00~15 : 00)
B조(오후교대) : Afternoon Shift. Swing Shift(15 : 00~23 : 00)
 C조 (야간교대) : Evening Shift. Graveyard Shift(23 : 00~07 : 00)

Shift Sheet 〈카〉〔시프트 시트〕

매 교대시 그에 따른 각 게임들에 대한 이득, 손실 계산기록.

Shllow Frying 〈食〉〔쉘로우 프라잉〕

깊이가 얕은 팬을 사용하며 팬을 뜨겁게 한 뒤 기름과 버터를 넣어 급히 익혀내는 방법으로 스테이크 조리시 고기의 표면조직을 수축시켜 내부의 영양분과 고기즙이 밖으로 흘러 나오지 않도록 조리하는 방법이다.

Shoe Horn 〈客〉〔슈 호른〕

구두 주걱.

Shoes Rag 〈客〉〔구두 닦기천〕

호텔에 따라 구둣솔을 비치하는 곳도 있으나, 구둣솔보다는 천이 사용되기에 편리하고 위생적이다. 천 종류나 얇고 부드러운 종이류로 주머니처럼 만들어져 속에 손가락을 넣어 닦을 수 있다.

Short Bread 〈食〉〔쇼트 브래드〕

부서지기 쉬운 카스텔라식의 과자. 즉 버터, 설탕, 밀가루로 만듦.

Short Cake 〈食〉〔쇼트 케이크〕

과일 따위를 카스텔라 사이에 끼우고 크림을 얹은 양과자.

Short Drink 〈飮〉〔쇼트 드링크〕

용량이 적은 60z(180ml) 미만의 칵테일 글라스에 제공되는 음료를 말하며 좁은 의미의 칵테일이다.

Shot 〈飮〉〔한 잔〕

술의 단위 1 ounce를 말한다.

Shot Glass 〈食〉〔쇼트 글라스 : 작은 유리잔〕

특정한 글라스의 일종인데 글라스의 내부에 눈금이 새겨진 것과 눈

금이 없는 것이 있는데 눈금이 새겨져 있지 않은 경우는 글라스의
가장자리를 기준으로 하여 양을 측정한다.

Show Plate ☞ Service Plate

Shower 〈客〉〔샤 워〕

호텔 객실의 욕조 벽에 부착된 분무기.

Shower Cap 〈客〉〔샤워 캡〕

호텔 객실의 욕실안에 여성들이 샤워(Shower)를 할 때 머리에 쓰는
모자를 일컫는다.

Shower Curtain 〈客〉〔샤워커튼〕

베스 터브(Bath Tub)에 들어 가거나 샤워를 할 때 물이 밖으로 튀
지 않게 하는 것.

Shrimp 〈食〉〔새 우〕

Shut-Out Key 〈客〉〔셔아웃 키〕

보석이나 귀금속을 다루는 고객의 필요에 의해 고객이 부재시 어떠
한 종사원도 개방, 출입 할 수 없도록 고안된 장치이다.

Siberia Room 〈客〉〔시베리아 룸〕

아주 사용하기 부적당한 객실용어로서 판매가 불가능한 객실이다.
그러나 판매시에는 고객의 동의가 있을 경우에는 판매 가능한 객실
이다.

Sico Bed 〈客室〉〔벽속寢臺〕

객실의 공간을 보다 많이 제공하기 위해 사용하지 않을 때는 보이
지 않도록 벽속으로 집어 넣는 침대.

Side Board / Tholleys 〈客, 食〉〔사이드보드/트롤리〕

① 객실의 침실과 응접실을 분리하여 침대가 보이지 않도록 침대
뒷면에 위치한 가구.
② 레스토랑이나 커피숍 등에 비치되어 있는 것으로 고객에게 음식
및 음료를 보다 원활하고 신속하게 서비스하기 위해 기물 및 사
전 준비물을 잘 갖추어 놓은 보조 테이블로서 치울 때도 편리하
게 이용된다.

Side by Side Room ☞ Connecting Room

Side Car 〈飮〉 [사이드 카]

1차 세계대전 당시 프랑스 파리의 목로주점 거리를 사이드카를 타고 달리던 군인이 처음 만들어낸 술이라 하여 지어진 이름으로 1923년에 파리의 Ritz에서 일하는 Frank라는 바텐더가 오늘날의 Recipe로 정립시켰고 오늘날 많은 사람들이 애호하고 있다.

Side Chair 〈食〉 [사이드 체어]

호텔 레스토랑 등에 놓는 팔걸이 없는 작은 의자.

Side Dish 〈食〉 [사이드 디시]

주요리에 곁들여 내는 요리.

Side Order 〈食〉 [사이드 오더]

코스 이외 요리의 추가 주문을 말한다.

Side Work 〈食〉 [사이드워크]

레스토랑이 영업을 개시하기 전에 테이블 정렬, 셋팅(Setting) 및 청결유지를 하며 레스토랑 오픈 후에는 구역내에서의 소금, 설탕, 후추 등을 보충하여 레스토랑 고객에게 공급하는 업무를 말한다.

Signature 〈客〉 [署 名]

서류 따위에 책임자가 손수 이름을 씀.

Silverware 〈食〉 [실버웨어]

식당기물 중에서 은으로 도금이 되어있는 식기류를 말한다. Flat Ware류를 도금한 것이 대부분이다.

Silvowitz 〈飮料〉 [실보위츠]

서양 살구(Blue Plum)를 원료로 하여 만든 술로서 루마니아와 유고슬라비아 일부의 국민주이다.

Simmering 〈食〉 [시멀링]

온도 섭시 85도의 약한 불에 부글부글 끓이는 것.

Simple Salad 〈食〉 [純粹 샐러드]

고전적인 순수 샐러드는 한 가지의 야채만으로 만들어졌으나, 현재는 순수 샐러드라 할지라도 단순하게 한 종류의 야채보다는 여러 가지 야채를 적당히 배합하여 영양, 색, 맛 등이 서로 조화되도록 변화·발전하였으며, 각종 향료나 향료류는 드레싱에 가미되어 곁들여진다.

Single 〈客, 飮〉〔싱 글〕

① 일반적으로 싱글이라고 하면 1 Ounce 즉 30㎖의 분량이다.

② 1인용의

Single Rate 〈客〉〔싱글 레이트〕

고객이 싱글룸을 예약하고 호텔에 들어왔을 때 호텔측의 사정으로 싱글 룸(Single Room) 제공이 불가능할 경우 호텔측은 고객에게 싱글 룸보다 가격이 높은 더블 룸(Double Room)이나 투윈 룸(Twin Room)을 제공해야 되며 요금은 싱글요금을 적용하는 경우를 말한다.

Single Room 〈客〉〔싱글 룸〕

1인용 베드(Single Bed)를 설비한 객실로 기준면적은 13m^2 이상이어야 하고 침대의 표준규격은 90㎝×195㎝ 이상이고, 담요의 규격은 230㎝×170 ㎝ 이상이어야 한다.

Single Service 〈食〉〔싱글서비스〕

① 단 한번 사용하기 위해, 즉 일회용 서비스로 한번 사용하고 버리는 종이나 냅킨 등을 말한다.

② 레스토랑에서의 1인분.

Single Supplement 〈客〉〔싱글 서플리먼트〕

호텔객실의 전체 가격을 더블 어큐펀시 객실 사용료에 기초했을 때 싱글 어큐펀시 사용료에 대해 할당한 투어 패키지 가격(Tour Package Rate) 이상의 특별요금이다.

Single Use 〈客〉〔싱글 유스〕

호텔 용어로 2인용의 객실을 1인이 투숙하는 경우로 보통 객실요금에 대하여 10% 정도 할인해주는 것을 말한다.

Sippet 〈食〉〔시피트〕

Soup에 넣거나 다진 고기에 곁들이는 굽거나 프라이(Fried)한 빵조각을 말한다. 대표적인 것으로 멜바 토스트(Melba Toast)를 들 수 있다.

Sirloin 〈食〉〔등 심〕

쇠고기의 등쪽으로 안심과 갈비 부위 근처에 있는 부위로 영국의 찰스Ⅱ세가 즐겨먹던 고기로서, 이 스테이크는 남작의 작위를 받을 만큼 훌륭하다 하여 Lion에다 Sir를 붙여 Sirlion이 되었다. 종류로는 Minute Steak, New York Cut, Double Texan 등이 있다.

Sitting Room Ensuite 〈客〉〔시팅 룸 엔스위트〕
침실과 연결된 객실, 즉 거실을 말한다.

Skewering 〈食〉〔스큐어링〕
요리하는 방법으로 육류나 어류, 가금류를 기다란 대나무, 혹은 쇠 꼬챙이에 다른 부재를 곁들여 꿰어서 조리하는 것.

Skip Account 〈會〉〔스킵 어카운트〕
미지급계정(未支給計定).

Skipper 〈客〉〔스키퍼 : Skip〕
호텔, 레스토랑, 기타 부대시설의 요금을 고객이 지급하지 않고 비 밀리에 도망가는 경우를 말한다.

Skirt 〈客〉〔스커트〕
① 벽지의 아래 부분을 보호하기 위하여 부착된 띠.
② 가구 따위의 가장자리 장식.

Sleep Out 〈客〉〔슬립 아웃(체재중 外泊한 顧客) : S/O〕
호텔에서는 고객에게 객실을 판매하였지만 고객은 그 객실안에 짐 과 옷은 놔두고 객실을 사용하지 않은 것을 말한다.

Sleeper 〈客〉〔슬리퍼〕
호텔이나 모텔이 실제로는 객실이 비어 있어서 판매할 수 있는 객 실이지만 고객이 투숙한 객실로 오인된 경우를 말한다.

Sleeper Occupancy 〈客〉〔슬리퍼 어큐펀시 : Bed Occupancy〕
판매할 수 있는 침대 수와 이미 판매한 침대 수와의 관계비율을 말 한다.

Slice 〈食〉〔슬라이스〕
레몬이나 오렌지의 껍질을 얇게 자르는 것을 말하며, 홀 슬라이스 (Full Slice)는 통째로 얇게 자르는 것을 말하고, 하프 슬라이스(Half Slice)는 절반으로 쪼갠 다음 다시 얇게 조각을 내는 형태를 말한다. 전자의 것은 목이 없는 글라스(Cylindrical Glass)에 데코레이션하면 좋고, 후자의 것은 목이 긴 글라스(Stemmed Glass)에 장식함이 적 당하다.

Sling 〈飮〉〔슬 링〕

① 독일어의 마신다고 하는 "Schingen"에서 비롯된 말이다.
② 증류주에다 단 맛과 신 맛을 더해 회석하는 것이 기본형이다.
③ 사용하는 Glass는 Hot과 Cold의 두 종류가 있다.

Sloe Gin 〈飮〉〔슬로진〕

자두술 즉 야생 오얏(Sole Berry)을 원료로 하여 만든 진한 적색의 리큐르이다. 여성들이 음미하기 좋은 술이다. Gin이라기보다는 Liqueur에 속한다고 할 수 있다.

Slot Machine 〈宿〉〔슬롯머신〕

슬롯머신이란 투입구에 동전을 넣고 투기의 수단으로 관광호텔에서 오락을 하는 것을 말한다. 세계 최초의 슬롯머신의 이름은 「리버티 벨」로 1895년 미국의 찰스페이(Chals Pay)가 만들었다. 이것을 모방하여 일본에서 만든 것이 파친코이다. 파친코는 동전을 사용하는 것이 아니라 구슬을 사용하는 구슬 치기의 일종이다. 우리나라 관광호텔 슬롯머신 법적 승률은 87%이며 3년마다 한번씩 한국 정기검사소에서 검증을 받고 승률을 결정하는 회로기 판을 봉인하게 되어 있다.

Small Charge 〈會〉〔스몰 차지〕

소전, 소액화폐, 잔돈을 말한다.

Smoked 〈食〉〔스모크〕

연한 생선을 주로 조리할 때 많이 쓰이는 훈제 조리방법으로서 연어, 장어, 송어 등의 종류가 해당된다. Smoked Box가 따로 있어 그 안에서 연기 냄새가 스며들도록 조리한다.

Smorgasbord 〈食〉〔스모가스보드〕

스모가스보드는 스칸디나비아에서 전래된 것으로 뷔페의 어원이며, Smor는 Butter를 의미하고, Gas는 Goos, 즉 거위, 다시 말하면 가금류(poultry)를 의미하고, Bord는 Board을 말하는 것으로 식탁위에 가금류 종류를 Roast하여 각종 Garnish(곁들인 요리), 빵, 버터 등을 함께 진열하고 먹고 싶은대로 먹을 수 있게끔 하는 것을 말한다.

Snack 〈食〉〔스 넥〕

간단한 식사, 경식사.

Snack Bar 〈食〉[스넥 바]

일반적으로 서서 식사를 하는 간이식당을 말한다. 주로 Count Service와 Self Service 형식으로 제공된다.

Sneeze Guard 〈食〉[스니즈 가드]

뷔페용 테이블 같은 음식물 주변을 기침이나 재채기로부터 음식물을 보호하는 유리나 보호 플라스틱막을 말한다.

Snifter 〈食〉[스니프터]

브랜디용 글라스로서 튜울립 꽃 모양으로서 끝부분이 오므라든 얄팍한 글라스이며 또는 윗부분이 좁은 서양배 모양의 기둥이 있는 글라스이다.

Snow Style 〈飲〉[스노우 스타일]

글라스의 가장자리에 Lemon 또는 Lime즙을 적신 다음 백설탕 가루를 묻히는 스타일.

Soda Water 〈飲〉[소다워터 : 소다수]

탄산가스와 무기염료를 함유한 천연광천수와 인공적인 제품이 있다. 위스키용 칵테일로 많이 쓰인다.

Sofa Bed 〈客〉[쇼파 베드 : Hide Bed. Convertible Bed]

표준 싱글 또는 더블 베드로 펼쳐지거나 앞 뒤로 접어서 이용할 수 있는 조립식 침대로 스튜디오룸에서 사용하고 있다.

Soft Drink 〈飲〉[淸凉飮料 : Non-Alcoholic Beverages]

알코올성분이 없는 음료로서 특히 칵테일 과정에서 없어서는 안될 재료이다. 이들을 종류별로 보면 탄산성 음료(콜라, 소다수, 진저에일, 토닉워터, 사이다) 및 비탄산성음료(광천수, 셀쳐워터), 영양음료(주스류, 우유류), 기호음료(커피, 차, 인삼차) 등이 있다.

Sommelier 〈飲〉[소멜리어 : Wine Waiter. Wine Butler. Drink Waiter. Wine Steward]

와인 전문가로서 와인 주문, 와인연도(Vintage Age), 와인 추천, 요리와 적합한 와인 추천(Cook Harmony with Wine), 와인 창고(Wine Celler) 관리, 와인 진열(Wine Display)과 고객으로부터 주문을 받고 직접 테이블에 서브하며 와인 시음과 테스팅을 하는 사람이다. 일반적으로 프랑스 레스토랑에서 업무를 수행한다. 현재 우리나라에도 한국 Sommelier협회가 조직되어 약 15명의 회원들이 활동 중이다.

Sontag Hotel 〈宿〉〔손탁호텔〕

1902년 독일 여인 Sontag(프랑스 혈통으로 제정 러시아에서 주로 거주)양이 건립, 프랑스식 식당이 처음 서울에 등장했다. 현재의 서울 정동 이화여고 자리에 최초로 건립. 서양가구, 장식품, 악기, 의류, 서양요리를 처음 도입하여 호텔을 운영하였으며 1908년경까지 존속하다가 없어진 것이다.

S.O.P 〈宿〉〔Standing(Standard) Operating Procedure〕

① 예산관리운영절차, 규정집.
② Study Organization Plan : 전산 시스템 설계법의 하나.

Sorbet 〈食〉〔소르베〕

원래 정식(Full Course)에서 생선요리나 앙트레(Entree) 다음에 나오며, 입안을 청결하게 할 목적으로 귤을 넣은 과즙을 얼린 것을 말하는데 와인, 향료 혹은 과즙을 넣어 만들기도 한다. 아이스크림(Ice Cream)과 다른 점은 밀크류를 사용하지 않는 것이다.

Souffle 〈食〉〔수플레〕

달걀의 흰자 위에 우유를 섞어 거품을 일게하여 구워 만든 디저트(Dessert)용 음식이다.

Soup 〈食〉〔수프 : Potage〕

수프를 정의하면 "수프는 고기뼈나 고기조각을 야채와 향료를 섞어서 끓여낸 국물, 즉 스톡을 기본으로 하여 각종 재료를 넣어 만들어진 것"이다. 수프는 본격 요리의 첫번째 코스로서 위에 부담을 적게 주며 영양가가 많아 건강에 좋은 요리가 되어야 한다.

Soup Stock 〈食〉〔수프 스톡〕

고기 뼈나 생선의 지느러미, 닭다리, 날개 등 즉시 가용할 수 없는 재료에 야채와 향신료 등을 넣어서 끓여낸 국물로 은근한 불로 장시간 끓여서 고운 천으로 거른다.

Soup Tureen 〈食〉〔수프 그릇〕

연회 행사 및 식당에서 여러 사람의 Soup를 담아서 제공하는 그릇.

Sour 〈食〉〔사워〕

신맛이 난다는 뜻으로 셰이커에 얼음과 함께 넣고 흔든 후 글라스
에 따른 후 레몬 조각과 체리로 장식하는 음료, 즉 산성음료.

Sour Cream 〈食〉〔사워 크림〕

스테이크에 같이 나오는 Baked Potato와 함께 먹는 양념으로 물, 기
름, Corn Syrup, 젤라딘, 소금, 젖산, 색소 등을 넣어 만든 소스이다.
이 때 베이컨(Bacon)과 Chive(Spring Onion, Green Onion)를 함께
곁들이면 더욱 좋은 맛을 즐길 수 있다.

Source Code 〈客〉〔原始코드〕

호텔 고객의 도착방법, 예약상황 등을 추적해 나가는 방법이다.

Source Document 〈電〉〔原始資料〕

거래의 기록을 위한 원시자료.

Sous-Chef 〈食〉〔수세프 : Assistant Chef〕

직속상관은 부총주방장이나 총주방장이며, 그의 주된 임무는 자기가
담당하는 서너 개의 주방에 대해서 조리작업을 직접 지휘·감독한
다. 각 조리장의 근무 스케줄을 체크하고 고객분석, 영업분석, 메뉴
연구 등을 하여야 하며, 각 주방간의 유대관계를 잘 유지하도록 하
여야 한다. 그리고 주방의 냉장고, 조리사의 위생상태도 점검한다.

Soy Sauce 〈食〉〔소이소스 : 간장〕

콩의 추출물과 설탕, 소금, 香料를 섞어 만들어진 액체형태의 소스
이다. 이것은 주로 일식과 한식요리에 사용된다.

Space Sleeper 〈客〉〔스페이스 슬리퍼〕

접는식의 침대로 낮에는 벽쪽으로 집어 넣어 미적인 「Wall Cabinet」
을 형성하여 벽의 장식품으로 전환되는 침대이다.

Spaghetti 〈食〉〔스파게티〕

이탈리아 음식에서 직경 0.3mm이하의 가장 대표적인 Long Pasta이
다.

Spanish Restaurant 〈食〉〔스페인 식당〕

스페인은 주위가 바다로 둘러싸여 해산물이 풍부하므로 생선요리가
유명하다. 또한 스페인요리는 올리브유, 포도주, 마늘, 파프리카
(Prprica), 사프란(Saffron) 등의 향신료를 많이 쓰는 것이 특색이

다. 특히 왕새우 요리는 세계적으로 유명하다.

Sparkling Beverage   ☞ Carbonated Drink

Spearmint 〈植〉 〔스피아민트〕

유럽이 원산지인 민트(Mint), 즉 양박하.

Special Attention 〈客〉 〔特別注意 : SPATT〕

특별한 주의와 접대를 위한 중요 고객에게 관심을 요하는 귀빈(VIP) 표시 부호이다.

Special Consumption Tax 〈會〉 〔特別消費稅 : S.C.T〕

특별소비세는 사치성 오락물품을 구입하거나 특정한 장소에 출입하는 행위 등에 대하여 과세하는 세금이다.

Special Menu 〈食〉 〔스페셜 메뉴〕

이것은 특별히 지정되거나 미리 예약된 사항에 의해서만이 짜여진 특별한 메뉴이다. 고객으로 하여금 예약주문에 한하여 고객 한 사람에 대한 책정된 예산에 의하여 고객과 연회지배인 그리고 Chef에 의하여 이루어진 메뉴를 가리켜 Special Menu라고 한다.

Special Use 〈客〉 〔스페셜 유스〕

스페셜 유스를 말뜻 그대로 해석하면 "특별히 사용한다"는 뜻이 되겠지만, 사실상 의미는 특별히 사용된다는 의미보다는 당연히 사용되는 객실로 해석하는 것이 옳을 것이다. 즉 각종의 행사 및 세미나를 주관하는 실무담당자나 행사의 진행요원, 단체를 안내하는 여행사의 가이드(Guide), 혹은 단체를 위해 수행하는 여행사의 직원 등에게 무료로 제공되는 객실을 말한다.

Specific Cost Method 〈會〉 〔個別法〕

개별법은 출고된 식품재료의 매입원가를 각각 소비단위로 계산하는 것이다. 이 방법은 같은 물품에 있어서도 매입단위가 다르면 별도로 보관하고 출고하여야 하는 불편과 그 계산이 복잡하므로 일반적으로 이용되지 않는다.

Spice 〈飮〉 〔스파이스〕

만들어진 칵테일의 맛을 더 내기 위하여 방향성의 식물을 첨가하는 것을 말한다. 스파이스는 천연인 것과 가공된 것이 있는데, 가공된 것은 대부분 분말로 된 것이 많다. 스파이스에는 시나몬(Cinamon),

너트맥(Nutmag), 민트(Mint), 클로브(Clove) 등이 있다.

Spices 〈食〉〔香辛料〕

향신료란 요리하는데 있어서 특유한 향기, 맛과 색깔을 내는데 매우 중요한 재료이다. 이것은 요리에 있어서 극적인 효과를 내어 요리의 목적을 달성한다. 일반적인 향신료로는 파, 마늘, 고추, 생강, 냉이, 후추, 계피 등이 있다. 일반적으로, 일반적인 향신료는 요리와 같이 사용하고 가루로 된 향신료는 요리 마지막에 사용한다. 즉, 양념 향미료, 양념류.

Spinach 〈植〉〔시금치〕

명아주과에 속하는 1년생 또는 2년생 풀. 줄기는 속이 비었으며 키는 30~60cm 가량, 뿌리는 빛이 붉음. 좋은 시금치는 짙은 초록색으로 부드러운 어린잎을 가지고 있으며 줄기는 없다. 종자 줄기가 생기고 나면 시금치는 딱딱해지고 퇴색하여 쓴맛이 난다. 아울러 잎에는 비타민과 철분이 많이 함유되어 영양가가 높다.

Spirits 〈飮〉〔스피리츠〕

양조주를 알콜의 비등점(약 80℃)을 이용하여, 단식증류(Pot Still)와 연속증류(Patent Still) 두가지 방법으로 증류한 酒酊이 강한 주류의 총칭이다.

◆ 酒酊의 分類 ◆

① Malt Spirits : 대맥이 발아된 것을 분쇄하여 뜨거운 물에 넣어 당액을 만든 다음 Yeast(이스트)를 넣어 醱酵하여 만든 술을 증류하여 만든 酒酊을 말한다.

② Grain Spirits : 옥수수, 호밀 등을 주원료로 하고 여기에다 15~20%의 대맥아를 사용하여 당화하고 이 즙을 醱酵하여 Patent Still이란 개량 솥으로 蒸溜하여 만든 酒酊을 말한다.

③ Blended Spirits : 상기 두 가지의 酒酊이나 위스키, 혹은(Neutral Grain Spirits)을 중성 酒酊을 조주가 자신의 규격으로 혼합 조제한 것. 스트레이트 위스키라고 표기되지 않은 것은 대개 블랜드된 것으로 간주하여도 무방할 것이다.

Split 〈飮〉〔스플리트〕

반잔, 반병이란 뜻으로 1 Spirit = 16온스.

Split Rate 〈客〉〔分割價格方法〕

객실의 몇몇 고객이 총 객실요금을 분할해서 지급하는 방법이다.

Split Shift System 〈食〉〔스플리트 시프트 시스템〕

호텔식당 경영상에 있어서 근무조의 시간을 연속이 아닌 두 개로
쪼개어 근무시키는 시스템이다. 이를테면, 오전 10시부터 3시까지
근무하게 하고, 식당문을 닫았다가 오후 6시에 다시 열어서 10시까
지 근무시키는 시스템이다.

S.P.O.R 〈宿〉〔에스피오알 : Small Profits and Quick Returns〕

박리다매(薄利多賣).

Spray Dried Coffee 〈飮〉〔噴霧 乾燥커피〕

원두를 배전하여 추출한 커피원액을 약 25m~30m의 높은 탑으로부
터 고압으로 분무시킨 후 그 사이에 뜨거운 바람을 통과시켜 수분
을 증발시킨다. 그 결과 탑밑에는 작은 입자의 분말이 남는데 커피
분무액이 수초내에 건조되기 때문에 커피의 맛과 향이 달아나지 않
는다.

Spread & Dips 〈食〉〔스프레드와 디프〕

이것도 카나페(Canapes)처럼 샌드위치와 같이 만들어지기도 하나,
재료는 역시 Crisp Cracker, Melba Toast, Bread Stick, Biscuit,
Potato Chip 등이 나누어지기도 한다.

Spread Rate 〈客〉〔團體顧客 客室割當價格〕

가격이 다소 랙 가격(Rack Rate)보다 떨어지지만, 단체고객이나 회
의참석 고객에게 표준요금을 적용한 객실가격이다

Spring Cleaning 〈客〉〔大淸掃 : General Clean〕

대청소는 호텔의 비수기를 이용하여 실시하여야 하며, 계획을 수립
하여 층단위로 순서에 의하여 실행한다. 아울러 대청소를 실시하는
동안에는 시설부와 협조하여 객실내의 각종 시설물의 점검과 가구
의 도색 및 벽지의 보수 등이 병행되어져야 한다.

Squash 〈植〉〔호 박〕   ☞   Pumpkin

Squeeze 〈飮〉〔스퀴즈〕

Squeezer를 이용해서 과일의 즙을 짜내는 것.

Spumante 이탈리아산 스파클링 와인을 의미한다.

Squeezer 〈飮〉〔스퀴져〕

레몬, 오렌지 등 과실을 짜낼 때 사용하는 기구로서 글라스제품이나
도기제품이 있다.

Stacking Chair 〈宴〉〔스태킹 체어〕

의자를 여러 개 포개어 쌓을 수 있도록 만든 의자로서 많은 양이
필요한 컨벤션이나 연회행사에 많은 양을 한꺼번에 이동할 수 있다.
즉, 플라스틱을 틀에 넣어 만든 것으로, 수직으로 쌓아 둘 수 있다.

Staff Canteen 〈食〉〔스탭 캔틴 : 職員食堂〕

종업원식당이며 대개 셀프 서비스 식당(Self Service Restaurant)으
로 운영된다.

Staff Organization 〈宿〉〔參謀式組織〕

참모식 조직은 경영활동이 원만한 업무수행을 돕고 각 부문간의 조
정을 도모하여 최고경영자를 보좌하기 위한 조직을 말한다. 이는 직
계식조직을 보강하는 제도로서 전문적 사항에 관해 직계식 조직을
보충하려는 것으로 집행기관을 제외하고는 지휘·명령의 권한이 부
여되지 않는다. 따라서, 이를 스탭라인 조직(Staff & Line Organiza-
tion)이라고도 한다. 스탭라인 조직은 집행업무가 정책에 반영되지
않을 경우에는 불만이 발생하기 쉽고 스탭조직의 참모부문의 직원
과 라인조직의 종사원들 사이에는 업무협조가 어렵게 될 수 있고
참모부문의 권한이 조언적 역할 이상으로 강화되는 경우에는 지휘
·명령의 통일성을 유지하기가 어렵다. 호텔경영의 조직이 이런 유
형에 속한다. 즉, 영업부문의 업무와 관리부문의 업무가 서로 협조
및 조언을 요하는 것으로 판매촉진부·예약과·기획실 및 일반관리
부가 바로 이와 같은 논리인 것이다.

Standard Cover ☞ Basic Cover

Standard Drink Recipe 〈飮〉〔標準飮料레시피〕

주로 Mixed Drink에 해당되는 것으로 어느 아이템을 만드는데 소요
되는 모든 혼합물 성분의 양과 원가, 만드는 방법, 사용하는 글라스
등을 기술한 표준 주조표를 말한다.

Standard Drink Size 〈飮〉〔標準飮料사이즈〕

음료의 서비스 단위별 표준크기는 메뉴에 수록된 식료나 음료 리스
트(Beverage List)에 있는 판매될 모든 종류의 음료에 대해서 결정

되어야 하며 이것은 무엇보다도 중요한 보조표준으로서 역할될 것이다. 즉 잔으로 음료를 판매할 경우에 해당하는 표준으로 정해진 한 잔의 분량을 말한다.

Standard Food Cost Report 〈會〉〔標準食料原價報告書〕

효과적인 식품관리 업무의 수행을 위해 작성하는 보고서로 당월의 식료원가의 실적과 총체적인 내용을 나타낸다.

Standard Glassware 〈會〉〔標準 글라스웨어〕

표준 드링크 레피시에 제시된 또는 표준 드링크 사이즈에 적절한 잔을 사용하기 위하여 특정한 아이템에 대하여 특정한 표준 잔이 필요하다는 것이다.

Standard Portion Size 〈會〉〔標準分量〕

표준분량은 고시된 가격으로 손님들에게 얼마만큼의 식품을 드려야 하는가 하는 것으로, 판매되는 각 식품별로 온스 혹은 그램수로 나타낸다. 표준분량은 전채, 앙트레, 감자, 채소, 샐러드, 디저트, 음료 등의 모든 품목에 적용되어야 한다. 표준분량의 설정은 크게 두 가지 이유에서 중요하다. 첫째, 식당의 고객들은 그들이 지급하는 금액만큼의 식품량을 동등하게 대접받아야 한다. 둘째, 표준량이 설정되었는데, 그것보다 많은 양을 계속 서비스한다면 그 식당은 손해를 보고있다고 할 수 있다. 즉, 과다한 식품원가를 형성하게 되어 목표이익을 달성하는데 어려워지게 된다.

Standard Purchasing Specification 〈會〉〔標準購買明細書〕

표준구매명세서는 호텔의 모든 물품에 대한 수요·공급을 정확하고 자세한 사항들을 명백하게 기록한 명세서이다. 이 명세서는 호텔 구매자·외부 공급자. 호텔 수령자가 필요하며 품질관리 통제에 가장 적절한 방법이고, 이를 통해 일관된 품질을 지속할 수 있다.

Standard Recipes 〈會〉〔標準調理基準〕

표준조리기준은 호텔레스토랑 사업에서 매우 중요한 Food cost에 필요한 항목이다. 이것은 일정한 품질의 양과 식음료를 만들기 위한 지침이고, 거듭된 정확한 시험을 거친 후 결정된다. 또한 이것은 재료의 수량을 기록하고, 조리 준비과정이나 메뉴를 완성함에 있어서 1인분의 양을 조절·통제하는데 아주 유용하다. 표준조리기준은 어떻게, 어디서 책정 지어지는가는 호텔 조리시설에 달려 있다.

Standard Yield 〈會〉〔標準算出量〕

조리나 준비과정상의 감소나 낭비를 최소화함으로써 재료의 원가를 관리하는 목적에서 수립되는 능률적인 생산량 표준이다. 즉, 한 품목이 준비단계, 카빙단계, 조리단계의 절차에 의해서 가공될 때 생기는 산출을 말한다.

Star Reservation 〈客〉〔主要顧客 豫約〕

중요한 고객이 호텔에 도착함을 가리킴.

Station 〈食〉〔스테이션 : Section Area〕

종사원에게 주어진 서비스 구역, 즉 호텔업장에서 고객에게 서비스하기 편리하도록 하나의 서비스 구역 그 자체를 말한다.

Station to Station 〈客〉〔番號 通話 : Station Call〕

장거리 전화가 통화자와 관계없이 원하는 전화번호에 연결시켜 주는 방법이다.

Station Waiter System ☞ One Waiter System

Stationary 〈客〉〔스테이셔너리 : 常備設備〕

호텔객실 비품중의 문구류로 봉투, 편지지, 엽서, 볼펜 등을 말한다.

Statler 〈宿〉〔스타틀러 : Ellsworth Milton Statler(1863~1928)〕

스타틀러는 1863년 독일계 이민의 아들로 태어났는데, 그의 아버지는 성냥 행상인겸 기독교의 전도사였다. 13세에 호텔의 보이가 되었고, 32세에 버펄로로 진출하여 레스토랑을 개업하여 대성공을 거두었다.

스타틀러는 그랜드 호텔시대의 호텔업의 상태를 근대산업의 위치로까지 끌어올린 인물이었다. 스타틀러의 호텔경영방식은 일반 대중이 부담할 수 있는 요금으로 세계 최고의 서비스를 제공하는 호텔건설을 목표로 하였다. 스타틀러가 건설·운영한 최초의 본격적인 호텔은 1908년에 개업한 버펄로의 스타틀러호텔(Buffalo Statler Hotel)이었고, 이 호텔을 "1달러 반으로 욕실 딸린 방을"(A Room and A Bath For A Dollar and A Half)라는 선전문구를 내걸고 당시로서는 파격적인 저렴한 가격으로 판매하여 성공하였다. 그가 1928년 65세로 타계할 때까지 7개 호텔에 9,050실을 소유. 경영하는 대기업으로 성장해 있었다.

Stay 〈客〉〔滯留〕

호텔에서 1박 이상을 체류한 모든 고객을 뜻한다.

Stay Over 〈客〉〔滯留延長 : Hold Over. Over Stay〕

고객의 Check-out(退宿) 예정 일자보다 고객이 체류기간을 적어도 1박 이상 연장하는 것을 말한다.

Steak 〈食〉〔스테이크〕

스테이크란 두껍게 자른 덩어리고기를 구어낸 것을 말한다. 특히 스테이크를 구어낼 때 드립(Drip : 고기 육즙이 떨어지는 현상)의 양을 줄이는데 주의를 기울여야 한다.

Steamed 〈食〉〔스 팀〕

식품을 Steamer에 넣고 식품을 수증기의 압력으로 조리하는 방법이다. 육류, 조류, 해삼물, 야채, 과일 등 모든 식품을 조리할 때 사용된다.

Steamed Foods 〈食〉〔스팀 푸드〕

찐 음식 또는 증기로 연하게 한 음식을 말한다.

Stew ☞ Regout

Stewan ☞ Casserole

Steward 〈食〉〔器物管理〕

호텔레스토랑 주방과 식당홀에서 사용되는 기물, 접시, 글라스 등을 세척하여 즉시 사용할 수 있도록 보관·관리하고, 주방바닥, 벽, 기기 등을 청소하여 주방내의 청결을 유지한다.

Still Wine ☞ Wine

Stillroom 〈食〉〔스틸룸〕

이곳에서는 간단한 스넥종류나 음료, 차, 커피, 빵, 버터, 주스류, 샐러드, 치즈, 과자류, 과일, 샌드위치, 아이스크림 등을 준비하고 호텔의 룸서비스와 커피숍에서 주로 사용하며 24시간 사용한다.

Stirring 〈食〉〔스터어링 : 휘젓기〕

칵테일 제조방법의 하나로 유리제품인 Mixing Glass에 얼음과 술을 넣고 바 스푼(Bar Spoon)으로 재빨리 조제하는 방법이다. Shake하면 불투명하고 묽어질 염려가 있을 때 사용하는 방법이다.

Stock 〈食〉〔스톡 : Fond〕

수프를 만들어 내는 기본적인 국물로서 고기뼈, 야채, 고기조각 등을 향료와 섞어 끓여낸 국물을 말한다. 또한 Stock은 모든 소스의 기본으로 쓰이는 재료이다. 스톡에는 White Stock, Brown Stock, Fish Stock, Poultry Stock로 구분한다.

Stock Card 〈客〉〔스톡카드〕

① Room Rack Pocket을 나타내는 칼라 코드로 命名되어 룸 랙이 길어 랙 운용이 불편할 때 룸 클럭(Room Clerk)이 사용하는 보조장치로 일명 Ducat(표)라고 부르기도 한다.

② 재고카드는 빈 카드(Bin Card)와 근본적으로 비슷한 목적을 가지고 있다. 그러나 재고카드는 재고량의 변화뿐만 아니라 가치의 변화까지도 기록한다는 점에서 차이를 가지고 있다. 즉, 재고의 가치가 유용한가를 나타내는 카드로서 매우 중요하다. 일명 Store Ledger Card라고도 한다.

Stock Ledger 〈會〉〔在庫元帳〕

호텔의 재고원장은 주로 창고에 저장되어 있는 식음료 및 집기류 등 재고시 원장으로 효과적인 재고관리를 위해서는 재고원장이 필요하다. 재고원장의 기장은 청구서를 수령하여 물품을 출고하였을 때에 재고기록과 물품을 구매하였을 때에 입고기록을 하며 재고원장의 잔고는 실제 재고수령과 동일해야 한다.

Stock Rotating 〈會〉〔在庫循環〕

재고순환이란 입고순에 의하여 판매하는 것을 말하는 것으로 오래 저장하여 그 맛과 향취를 잃게 해서는 안된다. 이때 입고된 상품에 입고날짜를 표시하여 날짜순으로 선입선출법을 사용하여 신선도를 유지하여야 한다.

Stool 〈客〉〔스 툴〕

화장대 테이블(Dressing Table) 앞에 놓여 있으며, 등받이가 없는 둥글고 푹신한 의자를 말한다.

Stopper 〈飮〉〔스토퍼〕

① 일시적으로 다량의 샴페인이 요구될 경우 코르크(Cork) 마개를 따는 시간을 절약하기 위하여 미리 마개를 따서 잠그는 역할을 한다.

② 마시다 남은 샴페인을 탄산가스가 누출되지 않도록 보존하는 역

할을 한다.

Store Issue Cost 〈食〉〔貯藏出庫原價〕

창고에서 조리장에 출고된 재료원가를 말한다.

Stout 〈飮〉〔스타우트〕

상면 발효맥주의 일종으로 약 6° 의 알콜 도수를 가진 살균 흑맥주를 말하는데 영국인이 즐겨 마신다.

Straight 〈飮〉〔스트라이트〕

아무것도 혼합하지 않은 순수한 주류.

Straight-line Method 〈會〉〔定額法〕

정액법은 直線法, 均等償却法이라고도 하며 고정자산의 내용연수 동안 매기 동일한 금액을 감가상각비로 비용화하는 방법이다. 가장 간편하고 이해하기 쉽기 때문에 널리 이용되는 방법이다. 매년의 減價償却費는 減價償却 기준액을 내용연수로 나누어서 계산하거나, 감가상각 기준액에 감가상각비율(정액상각률)을 곱하여 계산한다.

※ 每年의 減價償却費 = 取得原價 - 殘存價値 / 耐用年數 = 減價償却基準額 / 耐用年數.

※ 每年의 減價償却費 = 減價償却基準額 × 減價償却比率.

※ 減價償却比率 = 1 / 耐用年數.

Strainer 〈飮〉〔여과기(濾過器)〕

믹싱 글라스에 맞는 칵테일을 글라스에 따를 때 속에 들어 있는 얼음이 글라스 밖으로 흘러 나오는 것을 방지할 때 사용한다.

Stras Bourgeeoise 〈食〉〔스트라스 보우그 : Strasbourg Type〕

스트라그 보우그식으로 거위간을 갈아서 파테(Pate : 파이)형으로 만든 것이다.

Straw 〈飮〉〔스트류〕

칵테일이나 음료를 빨아 마실 때 사용하는 것으로 청결한 것을 선택한다.

Studio 〈客〉〔스튜디오〕

침대로 전환할 수 있는 한 두개의 긴 의자를 가진 침대가 없는 호텔이나 모텔의 객실을 말한다.

Studio Bed 〈客〉[스튜디오 베드 : Statler Bed]

호텔에서 사용하는 베드 중 낮에는 벽에 밀어붙이고 베개를 빼면 베드 커버를 걸어 놓은 채 소파로서 이용할 수 있는 것도 있는데 이것을 스튜디오 베드라고 한다.

Studio Single 〈客〉[스튜디오 싱글]

호텔 객실의 종류로 1인용 쇼파(Sofa), 베드(Bed)뿐인 객실을 말한다.

Studio Twin 〈客〉[스튜디오 트윈]

2인용의 베드(Bed)와 쇼파(Sofa)가 있는 호텔 객실의 일종으로 낮에는 넓게 객실을 사용할 수 있다.

Stuffing 〈食〉[스터핑]

달걀, 家禽類, 생선 등의 내부에 다른 부재료를 채워 넣어 조리하는 것.

Sub-Total 〈會〉[小 計]

호텔 레스토랑의 계산서에 고객이 注文한 식음료 및 기타 요금의 합계를 말한다. 즉, 소계에는 奉仕料(Service Charge)와 稅金(VAT)이 부과되기 전의 단가(@)의 합계를 말한다.

Suburban Hotel 〈宿〉[서버반 호텔]

이것은 도시를 벗어나 한산한 교외에 건립된 호텔이다.

Suite Room 〈客〉[스위트 룸]

Suite란 영한사전에서 단어를 찾아보면 '호텔의 연속된 방'이라는 번역이 나와 있으며, 어원은 Suit인데 한벌로 되어 있는 양장을 가리킨다. 따라서 '1조로 갖춘 양복'으로부터 '1조로 짜여진 객실'로 쓰여지게 된 것으로 추측된다. 스위트란 2실 이상의 연속객실이라는 뜻을 담고 있는데 적어도 욕실딸린 침실 한개와 거실겸 응접실 한개 모두 2실로 짜여져 있다. 때로는 침실이 두개 이상 있기도 하고 거실과 응접실이 따로따로 분리되어 있기도 하다. 우리나라에서는 26m²이상으로 규정하고 있으며, 특별한 이름을 붙여서 표현하기도 한다. 예를 들면, 호텔 롯데의 「로얄스위트 A실」은 139 평으로 1박에 520만원이고, 그랜드하얏트호텔의 「프레지던셜 스위트」는 100평으로 1박에 384만원, 힐튼호텔의 「남대문스위트」는 120 평으로 1박에 338만원이다. 이와 같이 호텔 스위트의 객실요금은 상한선이 없을 정도이다.

Suggestion Card 〈宿〉〔提案書. 顧客設問書 : Guest Questionnaire〕

호텔은 고객으로 하여금 호텔을 이용하는 기간 동안에 느꼈던 불편한 점이라든지 개선사항, 서비스의 문제점, 시설의 문제점 등을 지면을 통해서 고객으로부터 받은 사항을 월 단위로 취합하여 실사후 조치한다. 고객의 제안서는 객실내, 레스토랑, 기타 부대시설내에 비치하기도 하고 고객의 눈에 잘 띄게 프론트나 당직 데스크에 비치해 놓는다. 보통 그 내용을 보면 다음과 같다.

① 客室豫約狀況. ② 客室狀態. ③ 接客서비스 狀態.
④ 施設狀態. ⑤ 施設補完準備.

Suggestive Selling 〈宿〉〔提議 販賣〕

호텔의 판매촉진과 이익률을 높이기 위한 경영전략으로 종사원이 고객에게 고가품 메뉴 등을 암시하는 정보를 제공함으로써 판매증진에 노력하는 방법이다.

Suki Yaki 〈食〉〔스키 야키〕

일본 요리로 고기, 야채, 소금, 후추 등을 넣고 끓인 다음 설탕을 약간 친 요리를 말한다.

Sundae 〈食〉〔선 데〕

시럽(Syrup), 과일 등을 얹어 만든 아이스크림 종류이다.

Sundry 〈會〉〔雜收入〕

① 장부에 두드러진 명목의 계정이 없는 잡수입.
② 정상적인 수입 외에 생기는 딴 수입.

Sunny Side Up 〈食〉〔선니사이드 업〕

팬 프라이드한 계란요리의 일종으로 뒤집지 않고 한쪽 면만 살짝 익힌 모양. 해가 뜨는 모양 같아서 붙여진 이름이다.

Super Dry Beer 〈飮〉〔서퍼 드라이 비어〕

보통 맥주보다 1°가 높은 5°로 단맛이 거의 없는 담백한 맥주이다.

Supper 〈食〉〔서 퍼〕

Supper란 처음에는 Formal Dinner, 즉 격식높은 정식만찬을 의미하였으나 근래에 와서는 그 양상이 변하여 저녁 늦게 먹는 밤참으로 제공되는 것을 말한다.

Supplemental Accommodation 〈宿〉〔補助的 宿泊施設 : Supplementary Means of Accommodation〕

Supplementary Correction 〈會〉〔서플리멘타리 코렉션〕

미드나이트 차아지(Midnight Charge), 取消料金(Cancellation Charge), 超過料金(Over Charge), 分割料金(Part Day Use) 등이 발생할 경우 고객원장 및 관련보고서에 새로 발생된 금액을 추가하여 수정하는 업무를 말한다. 예를 들면, 호텔의 회계업무가 마감된 자정 이후에 도착한 손님이 있어 미드나이트 차아지가 발생하였다면 익일에는 추가된 전일분의 발생금액을 계산서와 레포트에 추가로 기록하여 전체 매출액을 조정시키는 작업을 서플리멘타리 코렉션이라고 한다.

Supplies 〈客〉〔消耗品〕

소모품이란 한번 사용하면 닳아 없어지거나 못 쓰게 되는 사무용품, 청소용품, 포장용지 등의 물품을 말한다.

Swedish Punch 〈飲〉〔스위드시 펀치〕

약한 럼주 향을 풍기는 연노랑색의 스칸디나비아의 리큐르이다. 이 술은 바 타비아 에럭 럼(Batavia Arak Rum), Tea, 레몬 그리고 기타 香料들로 만든 것으로 一名 Arak Punch 혹은 칼로리 펀치(Caloric Punch)라고도 한다.

Sweet 〈飲〉〔스위트〕

술의 단맛을 표현할 때 쓰는 데 칵테일을 만들 때는 Sweet Vermouth나 Syrup(시럽)을 사용한다.

Sweet Bread 〈食〉〔스위트 브레드〕

송아지 목에 있는 일종의 목젖으로 성우가 되면 없어진다. 또는 송아지 목젖으로 만든 얇고 부드러운 요리

Sweet Jelly 〈食〉〔스위트 젤리〕

젤라틴으로 만든 투명한 젤리로 과즙이나 향을 넣은 것인데 굳지 않고 액체상태이지만 저어서 거품을 내주면 그대로 굳는다.

Sweet Roll 〈食〉〔스위트 롤〕

미국의 단과자 빵류로서 여러 종류의 충전물과 모양에 따라서 제품이 다양하게 만들어지며 제품의 모양에 따라서 그 이름 또한 달리 불린다. 반죽방법은 일반빵 반죽방법과 동일한 경우가 대부분이지만

설탕과 유지가 많이 사용되므로 크림법을 사용하기도 한다.

Swing Shift 〈宿〉〔오후교대〕

① 제2교대를 말하며, 보통 15 : 00 ~ 23 : 00까지 근무하는 교대이다.

② 주간 근무자와 야간 근무자간의 근무교대로 주로 오후 3시 ~ 4시 사이에 이루어진다.

Switch Board 〈客〉〔스위치 보드 : 전화교환대〕

최근 우리사회는 놀라운 통신의 발전을 가져와 장거리 직통전화 (DDD : Direct Distance Dialing), 국제자동전화(ISD : International Subscriber Dialing, HCD : Home Country Direct) 등의 등장으로 교환실의 업무가 매우 간소화되었다. 객실에서도 교환을 거치지 않고 직접 장거리전화(Long Distance Call)나 국제전화(Overseas Call)를 걸 수 있게 되었다.

Swizzle 〈飮〉〔스위즐〕

셰이커를 사용하지 않고 Stir(휘젓기)로 저어서 만든 칵테일을 말한다.

Syphon ☞ Coffee

Syrup 〈食〉〔시 럽〕

프랑스어로 시롭(Sirop), 영어로 시럽(Syrup)이라고 하며 사탕과 물을 넣어 끓여 당밀이나 여기에 여러 가지 과즙을 넣어 맛을 내게 한 것이다.

① Plain Syrup 〔Simple Syrup, Can Sugar Syrup〕
  백설탕을 물에 넣어 끓인 것이다.

② Gum Syrup
  Plain Syrup에 아라비아의 Gum 분말을 가해서 "접착기"가 있도록 한 것이다.

③ Grenadine Syrup
  당밀에 풍미를 가한 적색의 시럽을 말하며 석류(Pomegranate)향을 넣은 시럽으로 칵테일에 가장 많이 사용한다.

④ Raspberry Syrup
  당밀에 나무딸기(검은 열매가 열림)의 풍미를 가한 시럽을 말한다.

⑤ Blackberry Syrup
  당밀에 나무딸기의 풍미를 가한 시럽이다.

⑥ Maple Syrup

미국, 캐나다 등지에서 재배되고 있는 "사탕 단풍나무의 수액"을 넣어 만든 것이다. 그러나 칵테일에는 사용하지 않는다.

T-Bone Steak 〈食〉〔티 본 스테이크〕

소의 안심과 등심 사이에 T자형의 뼈부분에 있는 것이라 붙여진 이름이다. 350g정도의 크기로 요리되어 안심과 등심을 한꺼번에 맛볼 수 있는 부위이다.

T-Shape 〈宴〉〔T形 配列〕

이 형태는 많은 사람이 헤드 테이블(Head Table)에 앉을 때 유용하다. 헤드 테이블을 중심으로 T형을 길게 배열할 수 있으며 상황에 따라서 테이블의 폭을 2배로 늘릴 수 있다. T형은 가장 흔히 사용되는 테이블 배열형이다. 다만, 60명 이상의 모임에는 부적합하다.

T/T Buying Rate 〈會〉〔對顧客 電信換買入率 : Telegraphic Transfer〕

외국으로부터 전신으로 취결되어온 타발 송금환을 지급하는 경우에 적용되는 환율이다.

T/T Selling Rate 〈會〉〔對顧客 電信換賣渡率 : Telegraphic Transfer〕

송금은행이 송금 의뢰인에게 외환을 매도할 때 적용되는 환율이다.

Tabasco Sauce 〈食〉〔타바스코 소스 : Chilie Sauce〕

① 핫 소스(Hot Sauce)와 비슷하나 더욱 더 매운 맛을 내는 것으로 치킨 요리와 멕시코 요리에 사용하는 소스이다. 또한 이 소스는 음식을 따뜻하게 만드는 역할을 한다.

② 고추를 주재료로 맵고 시게 만든 소스(Sauce)로 인도네시아인, 멕시코인, 네팔인 등이 잘 이용한다. 스테이크(Steak)나 수프(Soup) 등 여러 음식에 곁들여 먹는다.

Table Calling Machine 〈電〉〔테이블 콜링 머신〕

전자동 무선호출 시스템으로 고객이 웨이터를 호출하는 과정에서 발생하는 불편 요소를 제거한 장비이다. 상호간의 무선호출원리를 채택하여 신속하고 정확하게 호출하고자 하는 이의 요구를 전달해 주는 새로운 전자장비이다.

Table Cloth 〈食〉〔테이블 클로스〕

테이블 클로스는 반드시 백색 린넨을 사용하는 것이 원칙이지만, 근래에는 여러 가지 유형으로 무늬가 다양한 린넨 종류를 사용하는 경향이 많아졌으며, 때로는 유색 린넨과 유색 화학 섬유도 많이 사용한다.

Table d'hote 〈食〉〔定食차림표〕

요리의 종류와 순서가 미리 결정되어 있는 차림표를 가리켜 정식
(Table d'hote)이라고 말하며, Appetizer(前菜), Soup, Fish, Entree,
Salad, Dessert, Beverage 순으로 서비스된다.

요즈음에는 Table d'hote에 비례하는 코스를 서비스하는데, 일반적
으로 고객의 기호에 맞지 않는 것은 제외되어 구성된 Semi Table
d'hote는 대개 5~6코스 또는 4~5코스로 짜여져서 정식 ABC 등으
로 구분하고 고객의 편의를 도모하며 제공된다.

① Appetizer(前菜 : Hors d'oeurvre)

② Soup(수프 : Potage)

③ Fish(生鮮 : Poisson)

④ Main Dish (主料理 : Entree)

⑤ Salad(샐러드 : Salade(生野菜)

⑥ Dessert(디저트 : 後食)

⑦ Beverage(飮料 : Boisson. Coffee or Tea)

Table Game Drop 〈카〉〔테이블 게임 드롭〕

Drop Box에서 Collect한 통화 Coin의 총액. Marker Check 고객 예
치금 인출 등 위의 행위 결과를 대장에 기록된 금액의 총계.

Table Game Win or Loss 〈카〉〔테이블 게임 윈/로스〕

게임에서 고객에게 Win하여 얻은 Cash Plague, Gaming Chips 등
의 총액에서 고객에게 Lose한 Gaming Chips Plague, Cash의 총액
을 제한 것 Table Game의 이득, 손실은 현금의 총액과 Closer에 기
록된 액수, 그리고 Drop Box에 수거한 Credit Marker Check 예치
금 인출(CPW : Customer Deposit Withdrawal)에 기록된 액수의
총합을 더하고, Opener에 기록된 액수와 Drop Box에서 수거한 Fill
에 기록된 액수의 총합을 빼서 결정한다.

Table Inventory Slip 〈카〉〔테이블 인벤토리 슬립〕

Gaming Table에서 Game Chip Coin, Plague 등의 재고를 기록하는
데 사용하는 양식.

Table Manner 〈食〉〔테이블 매너〕

식사시에 자기 이외의 다른 사람들에게 불쾌한 감정이나 느낌을 주
지 않기 위하여 식사시에 지켜야 될 예의와 범절로서 공식적인 연

회는 물론 그밖의 격식을 갖춘 식사시에 타인들에게 실례가 되지 않도록 하여 즐거운 식사를 하는데 목적이 있다.

Table Service 〈食〉〔食卓 서비스〕

테이블 서비스는 가장 전형적이고 오래전부터 유래되어온 서비스 형태로 이것은 웨이터나 웨이트레스로부터 서비스를 제공 받는 것이다. 테이블 서비스는 대개의 경우 손님의 오른쪽에서 식사를 서브하고, 손님의 오른쪽으로부터 빈 그릇을 철거하는 것이 상식이다. 음식도 주방으로부터 접시에 담겨져 나오거나, 쟁반(Tray)이나 왜곤(Wagon)에 의해서 운반된다.

Table Skirt 〈食〉〔테이블 스커트〕

Hor d'oeuvre(오르되브르) 테이블이나 뷔페 테이블 옆부분에 보이지 않도록 혹은 장식으로 둘러치는 식탁용 치마로 색깔이 아름다운 주름치마를 많이 사용한다.

Table Turn Over Rate 〈食〉〔客席 回轉率〕

한 개의 좌석당 하루 몇명의 고객이 앉는가를 의미하며 미국이나 유럽의 호텔 레스토랑에서는 좌석당 고객수를 산출할 뿐 아니라 좌석당 매상고를 분석한다. 좌석당 매상고를 산출할 때에는 자본의 수익성을 고려해 당연히 좌석당 투자액을 계산한다. 좌석 회전율의 계산방법은

※ 客席回轉率 = 1日 總顧客數 / 座席數

이는 매상고를 분석할 때 아주 중요하다.

※ 賣上高 = 顧客單價×客席數×客席回轉率

고객단가와 좌석회전율의 대소에 의해 매상고가 정해진다. 일반적으로 고객단가가 높은 상품판매일수록 좌석회전율이 낮다. 좌석 회전율은 영업시간 전체를 고려하기 보다는 혼잡한 시간대, 혹은 고객수가 많은 요일별로 검토하는 편이 경영에 많은 도움이 된다. 왜냐하면 고객수가 아주 많은 시간대에 노력을 결집하는 편이 성과가 더욱 오르기 때문이다. 혼잡한 시간대는 좌석의 회전율에 주목하고 고객수가 적은 시간대에는 고객단가의 상승을 기대한다.

Table Wine 〈飮〉〔테이블 와인〕

주로 식사중에 마시는 와인을 말한다.

① Red Table Wine(고기나 로스트 요리) : 버간디(Burgundy), 클라

렛(Claret), 로제(Rose).

② White Table Wine(生鮮) : 라인(Rhine), 모젤(Mosel).

Taco 〈食〉〔타 코〕

고기, 치즈, 양상치 등을 넣고 튀긴 옥수수 빵으로 멕시코 요리이다.

Tacos Carne 〈食〉〔타코스 카르네〕

단단한 봉투 모양의 옥수수 빵에 고기를 넣고 찢은 상치, 토마토, 치즈를 곁들인다.

Tai-Sai 〈카〉〔타이-세이〕

Tai-Sai는 주사위 3개를 이용하여 고대부터 유명한 중국의 게임으로서 유리용기에 있는 3개의 주사위를 딜러는 3회 또는 4회를 진동시킨 후 뚜껑을 벗겨 3개의 주사위가 표시한 각각의 숫자 또는 구성되어 있는 여러 종류의 거는 장소에 Chips를 올려 놓고 맞히는 게임이다. 딜러는 용기의 뚜껑을 벗기고 3개의 주사위 숫자를 부르고 나온 숫자의 스위치를 누르면 Layout 위에 나온 숫자 또는 구성되어 있는 여러 종류의 맞는 장소에 전기가 켜지기 때문에 손님은 건 장소의 이기고 진 것을 쉽게 알 수 있다.

다이 사이는 카지노에 따라 Bets하는 것도 여러 가지 방법이 있고 또는 맞았을 때의 배당율도 각각 다르다.

Take-Out Menu 〈食〉〔테이크-아웃 메뉴 : Carry-Out Menu〕

고객이 레스토랑(Restaurant)에서 음식을 주문하여 레스토랑 외부로 음식을 가지고 나가는 메뉴 종류이다.

Tally Sheet   ☞ Density Board

Tanch 〈食〉〔탄 치〕

잉어과에 속하고 잉어와 비슷하나 비늘이 조그맣다. 수컷이 암컷보다 크다.

Tangerine 〈食〉〔탠저린〕

오렌지와 비슷하나 크기는 좀 작고 껍질이 유연하다. 일명 감귤이라 한다.

Tangible Product 〈食〉〔物的인 商品, 有形의 서비스〕

호텔에서 제공하는 서비스는 호텔 객실 및 그외 부대시설 그리고 건물 자체를 포함하는 상품, 즉 눈에 보이는 만질 수 있는 상품을 제공하는 물적인 상품의 서비스를 말한다.

Tapioca 〈食〉〔타피오카〕

식용전분으로 열대 지방에 나는 커사아바(Cassava)의 뿌리를 가늘게 잘라 액즙을 빼내고 갈아서 만든다. 브라질에서 많이 생산되는데 소화가 잘되어 포도당, 죽, 수프(Soup) 등의 원료로 쓰인다.

Tariff 〈客〉〔태리프 : 公表料金〕

공표요금이란 호텔기업이 객실요금을 설정하여 이를 담당행정기관에 공식적인 신고절차를 마치고 호텔에서 공시하는 기본요금을 말한다. 공표요금은 Full Charge 혹은 Full Rate으로서 할인되지 않은 정상적인 요금인 정찰가격을 말한다. 객실요금이 명시된 호텔의 브로우셔(Brochure)를 태리프 혹은 룸 태리프(Tariff or Room Tariff)라 부르는데 이 태리프는 원래 미국에서 수입품에 부과시키는 관세율표로 사용되었던 것이 현재는 철도의 운임표, 호텔의 요금표로도 사용되고 있다.

Tarragon 〈植〉〔타라곤 : 사철쑥류〕

유럽의 원산지이며 러시아와 몽고에서 재배되는 정원초의 일종으로 프랑스에서 식용으로 최초로 재배된다. 다년생 초본으로 잎이 길고 얇으며 올리브색이고 꽃은 작고 단추같다. 4~7월중에 재배한 것을 식초에 담궈 제조한다. 아니스와 같은 향미를 가진 향료. 소스, 샐러드, 닭, 달걀, 토마토 등에 쓰이며 토스트 치킨에는 최적의 향료이다.

Tart 〈食〉〔타 트〕

페스트리 케이스(Pastry Case)에 과일 잼, 커스타드, 마카롱 등을 채워서 구운 것으로 영국에서는 과일 파이, 미국에서는 속이 보이는 작은 파이.

Tartar Sauce 〈食〉〔타르타르 소스〕

① 이 소스는 생선요리에 가장 많이 이용되는 소스이다.
② 마요네즈(Mayonnaise)에다 옥파, 차이브(Chives : 산파), 피클(Pickles) 등을 다져 혼합하여 만든 생선요리에 소스를 내는 것을 말한다.

Tax-Invoice 〈會〉〔稅金計算書〕

부가가치세 과세업자가 부가가치세를 징수하고 그 징수를 하였다는 사실을 증명하기 위하여 법 16조에 따라 교부하는 계산서이다.

◆ 稅金計算書 記載事項 ◆

① 供給하는 事業者의 登錄番號와 姓名 또는 名稱.
② 供給받는 者의 登錄番號.　③ 供給價額과 附加價値稅.
④ 作成年月日.　⑤ 供給하는 者의 住所.　⑥ 供給 品目.
⑦ 單位와 數量.　⑧ 去來의 種類.

Tea 〈植〉〔티〕

차는 카멜리아(Camellia)과에 속하는 식물의 둥근 잎들에게 붙여진 이름이다. 차의 종류에는 홍차(Black Tea), 녹차(Green Tea), 우롱차(Oolong), 인삼차, 구기자차, 하부차, 생강차 등이 있다. 차 보관법은 항상 서늘하고 건조한 것이 좋다.

Tea Spoon 〈飮〉〔티 스푼〕

재료의 분량을 잴 때 쓰는 용어로서 1tsp는 약 1/8 oz 가량이다. 1 테이블스푼은 3/8 oz의 분량이 된다.

Tea Table 〈食〉〔티 테이블〕

객실내에 있는 가구로서 의자 중간에 놓는 간단한 테이블이다.

Tele-Tourist Service 〈宿〉〔텔레 투어리스트 서비스〕

관광객용 전화안내 서비스로 Automatic Service라고도 한다.

Telemarketing 〈宿〉〔텔레마케팅 : Teleshopping〕

호텔기업이 고객을 직접 만나지 않고도 전화나 컴퓨터 등 정보통신 수단을 이용해 매출액을 늘리고 고객 만족을 실현하려는 종합적인 마케팅활동이다. 전화, 팩시밀리가 대표적인 텔레마케팅수단이다. 그러나 전화교환기 워크 스테이션 등 하드웨어 제조, 프로그램 개발, 교육, 컨설팅업 등도 넓은 의미의 텔레마케팅 산업에 포함된다. 따라서 고객에게 전화를 걸어 판촉활동을 하는 단순 통신판매보다 포괄적인 개념이다.

Telephone Call Sheet 〈客〉〔텔레폰 콜 시트〕

모닝콜(Morning Call)을 원하는 고객의 객실번호, 고객성명, 시간을 기록하는 양식이다.

Telephone Switchboard 〈客〉〔텔레폰 스위치보드〕

PABX(Private Autoatic Branch Exchange : 自動式 構內電話交換)라고도 하며, 고객의 전화요금이나 전화 연결을 하는데 사용되는 기

계를 말한다.

Telephone Traffic Sheet 〈客〉〔電話通話量記錄表〕

통화수와 장거리 요금을 기록한 통화량 기록명세서.

Tender 〈食〉〔텐 더〕

부드럽고 연하거나 바삭바삭한 음식을 묘사하는 말로 Tenderlion이
라 하면, 소나 돼지 허리의 연한 고기를 말한다.

Tender Void 〈會〉〔完全取消〕

빌(Bill)상 Add Check Pick-up 이후 지급방법까지 등록된 상태의
빌에서 품목의 변경사유가 발생시 빌 전체를 취소시키는 업무를 말
한다. 레스토랑에서 완전취소를 해야될 경우는 아래와 같다.
① Add Check Pick-up 이후 메뉴 항목의 변경사유가 발생할 때.
② 할인을 적용해야 될 경우.
③ Bill No. Pick-up이 잘못되었을 경우.
④ Table No. 착오로 계산이 잘못되었을 때이다.

Tenderloin 〈食〉〔안 심〕

쇠고기 부위중 가장 인기가 높으며 안심은 소 한마리에 2개씩 있고
평균 4~5kg정도이다. 안심구분은 5가지와 6가지로 분류한다.
① Head, Beef Teck : 맨 앞 부위를 말한다.
② Chateaubriand(샤또브리앙) : 소의 등뼈 양쪽에 붙어 있는 가장
   연한 안심의 머리부분.
③ Filet(휠렛) : 안심 스테이크로 쓰이는 부분.
④ Tournedos(트루느도스) : Filet의 앞쪽 끝부분을 잘라 베이컨을
   말아 구워낸다.
⑤ Filet Mignon (휠렛 미뇽) : Filet의 뒷쪽 끝부분을 잘라 베이컨
   을 말아 구워낸다.
⑥ Filet Goulash (Filet Tip) : 안심의 맨 끝쪽 조각 부분.

Tequila 〈飮〉〔테킬라〕

① 멕시코의 토속주(민속주)이다.
② 데킬라의 원료는 선인장의 일종인 "龍舌蘭"(Mescal Plant:
   Agave의 즙)이다.
③ 용설란의 수액을 발효시킨 것을 "Pulque(풀케)"라고 하며, 이
   Pulque를 다시 증류해서 Tequila를 만든다.

④ 현지의 풍습으로는 순전히 Straight로 마시고, "Lemon이나 Lime 을 두개로 잘라서 왼손 손가락 사이에 끼우고, 손가락 밑부분을 적셔서 (왕)소금을 발라둔 후 Lemon이나 Lime을 핥고 소금을 핥으면서 마시는" 전통적인 방법을 하고 있다. 별명은 "Mescal" 이라 한다.

⑤ 데킬라는 기주(Base)로 하여 만드는 "Margarita"라는 칵테일은 식전주(Aperitif)로서도 인기가 높다.

⑥ 1년 묵은 것은 "Anejo", 2~4년 묵은 것은 "Muy Anejo"라고 표 시 구분하고, 일반적인 알코올 함유량은 40~52%이다.

Terminal 〈電〉〔터미널〕

정보가 통신망에 들어가고 나가고 할 수 있는 지점. 수행될 작업과 관련된 작업에서 자료를 받아들이도록 설계되어 있는 입출력장치로 서 입력을 전송할 수도 있고, 출력을 받을 수도 있다.

Terminal Hotel 〈宿〉〔터미날 호텔〕

터미날, 종착역에 위치한 호텔로 이른바 철도 스테이션 호텔을 말 한다.

Terrine 〈食〉〔테린 : 단지에 담은 食品〕

① 냉육 보존용 단지, 항아리에 넣어서 보존한 고기를 말한다.

② 식재료 외에 여러 가지 육류와 양념 등을 첨가하여 각종 장식과 함께 단지 또는 항아리에 담아 식탁에 제공하는 것을 말하나, 현 대에 와서는 각종 형 또는 케이스에 넣어 찐 후 적당한 크기로 잘라 각종 Party에 제공하는 경우가 많다.

The Duplicate System 〈會〉〔對照시스템〕

식당 판매관리의 한 방법으로서 금전등록기(Cash Register Machine) 나 식당 체킹머신(Checking Machine)의 원본 등록사항과 카본 (Carbon)지의 금액을 대조 확인하는 방법이다.

The Engineering Department 〈宿〉〔施設部〕

호텔 건물과 시설의 보수 및 유지를 위한 기술적 업무를 수행하는 부문을 호텔에서 시설부라고 부른다. 일부 호텔은 영선부라고도 부 르고 있으나, 그 의미는 동일하다. 이 부서는 전기실, 기관실, 목공 실 등으로 편성되어 있으며 호텔의 방화관리, 안전관리도 담당한다.

The Gault Milleau Guide 〈食〉〔더 갈 밀러 가이드〕

미셸링(Michelin) 안내는 레스토랑의 이름, 주소와 등급만을 지적한 반면에 칼 밀러는 보다 자세한 안내, 즉 레스토랑의 서비스 및 주위 환경 등을 소개하고 있다. 프랑스의 칼 밀러 가이드 협회에서는 1985년에는 8명의 요리장과 4,700여개의 레스토랑을 분류하였으며 최고 점수는 19.5점이었다.

The Guide Michelin 〈食〉〔더 가이드 미셸링〕

미셸링타이어 회사가 맛있는 요리를 즐기는 美食家(Gourmet)들에게 자동차로 여행하는 사람들이 찾을 수 있는 유명 레스토랑을 소개하는 데서 시작된 것으로 현재는 레스토랑의 등급을 표시하여 음식 주문을 분류하고 있다. 등급표시는 별(Star)로 표시하며 1개의 별은 수준급의 음식제공을 뜻하며, 2개의 별은 자동차를 우회하여 가볼만 한 가치가 있는 훌륭한 요리가 제공되는 레스토랑이며, 3개의 별은 최고의 요리가 제공되는 곳이며 이 요리를 위해서 특별한 여행을 할만한 가치가 있는 레스토랑을 뜻한다.

The New Letter 〈宿〉〔뉴스 레터〕

호텔과 관광업체가 월간, 계간 등으로 발간하는 그 회사 사업홍보와 사내 뉴스를 내용으로 하는 기관지이다.

Theater Style 〈宴〉〔劇場式 配置〕

연회 테이블 및 의자 배치가 극장식으로 배열될 경우 의자와 의자 사이를 공간이라 부르며, 의자의 앞줄과 뒷줄 사이를 간격이라 한 다. 연설자의 테이블 위치가 정해지면 의자의 첫번째 줄은 앞에서 2m 정도의 간격을 유지하고, 400名 이상의 홀 좌석배치는 통로 복 도가 1.5m 넓이의 간격을 유지하도록 하며, 소연회일 경우는 복도의 폭이 1.5m가 되도록 한다. 의자의 배치를 똑바로 하기 위해서는 긴 줄을 이용하여 가로, 세로를 잘 맞춘다.

Thick Soup 〈食〉〔틱 수프〕

Liaison(濃味料)을 사용하여 탁하고 농도가 진하게 만든 수프이다.

Third Person Rate 〈客〉〔서어드 퍼슨 레이트 : Extra Bed Charge〕

호텔의 객실은 일반적으로 싱글 룸을 제외한 대부분의 객실이 2인을 기준으로 설비되어 있다. 그러므로 2인 이상이 한 객실에 숙박을 원할 경우 적용되는 요금을 말한다.

Third Sheet 〈客〉〔서드 시트 : Bed Spread〕

담요 보호용으로 이용되는 야간 이불 덮개이다.

Thousand Island Dressing ☞ Dressing

Three Main Elements of Cost 〈會〉〔原價의 3要素〕

① 재료비

② 노무비

③ 경비(감가상각비, 이자비, 혼합비 등의 일체)

Thyme 〈植〉〔다임 : 꿀풀과의 百里香속 植物의 一種〕

지중해가 원산지인 다임은 유고, 체코, 영국, 스페인, 미국 등에서 재배되며 둥글게 말린 잎과 불그스름한 라일락색을 띤 입술 모양의 꽃이 핀다. 백리 향의 어린싹이나 잎을 말려서 가루로 만든 것으로 육류요리, 닭이나 패류요리에 사용하면 좋으며 특히 조개로 만든 차우다우식 요리에 주로 쓰인다.

Tia Maria 〈飮〉〔티아 마리아〕

럼주를 基酒(Base)로 한 커피 리큐르.

Tidy-Up 〈客〉〔타이디 업 : Make-Up〕

고객이 퇴숙(Check-Out)한 후 객실을 정비하고 청소하는 일을 맡는다.

Tiedy 〈飮〉〔타이디〕

캐나디안 위스키를 基酒(Base)로 한 리큐르.

Tiffin 〈食〉〔티 핀〕

영국에서 간단한 점심식사(Lunch, Luncheon).

Tilsit 〈食〉〔틸지트〕

독일, 스위스, 스칸디나비아 등에서 생산되는 경질치즈로 압착하여 만든다. 중형의 원반형이나 각형이고 부드럽고 탄력성이 있다. 모양이 불규칙한 구멍이 뚫려 있는 수도 있다. 가벼운 신맛이 있는 자극적인 맛이다.

Timbales 〈食〉〔팀바르〕

카스타의 형체 안에 마카로니(Macaroni)를 채워 넣고 가운데에 갖가지 저민 고기를 넣어서 찐 요리이다. 모양이 악기의 탬버린(Tambourine) 같이 생겼다 해서 이러한 이름이 붙었다고 한다.

Time Card 〈宿〉〔타임 카드〕

호텔 종사원의 근무시간 관리를 위해 작성되며 이 카드는 종사원 개인의 호텔 출근시간과 퇴근시간이 기록된다. 이 카드는 회계부서의 급여담당 직원에게 보내져서 종사원 급료계산의 자료가 되며 종사원의 근무상황을 파악할 수 있는 카드이다.

Time Stamp 〈客〉〔日附印機〕

작동할 때 날짜와 시간이 인쇄되는 시계장치이며, 주로 고객의 입·출숙시간 및 인쇄물의 배달시간을 정확하게 증명하기 위하여 사용된다. 즉 일반적으로 출숙(Check-In)시는 등록카드 앞면에 시간을 인쇄하고, 퇴숙(Check-Out)시는 등록카드 뒷면에 시간을 인쇄한다.

Time-Share Hotel ☞ Condominium

Tip 〈宿〉〔팁, 謝禮金, 迅速한 서비스〕

「To Insure Promptness」(신속을 보증하기 위하여)의 약어

Tip-Ons 〈食〉〔挿入카드 : Clip-ons〕

이것은 메뉴카드에 덧붙이거나 삽입하는 조그마한 카드로서 가끔 남는 재료로 만든 특별 품목을 선전 판매하기 위하여 짧은 시간 사용되나, 그 품목이 다 팔리면 즉시 제거되어야 할 것이며 때로는 매진된 품목을 가리는데 사용되기도 한다.

Toast 〈食〉〔토스트〕

① 식빵을 1cm 정도의 두께로 잘라 살짝 구운 것. 버터나 잼 같은 것을 발라먹는다
② 축배를 받는 사람.

Toasting 〈食〉〔토스팅〕

음식 표면이 갈색으로 변할 때까지 열을 가함.

Today's Reservation 〈客〉〔當日豫約 : Daily Pick-up Reservation〕

당일에 예약을 통하여 호텔에 투숙을 원하는 고객은 일반적으로 예약부서에서 통제하는 것이 아니라 프론트(Front)에서 가능한 객실에 한하여 예약을 받는 것을 말한다.

Today's Special 〈食〉〔오늘의 料理〕

오늘의 특별요리, 즉 그날의 별식의 의미로서 각 호텔 레스토랑이나 음식점에서 손님을 끌기위해 특별한 요리를 그날 그날 지정해서 판

매하는 경우에 쓰는 용어이다.

Toddy 〈飮〉〔토 디〕

동남아지방의 특산으로 야자수 즙액을 醱酵시켜 만드는 양조주이다. 사탕야자의 씨가 덜 익었을 때 과경을 자르면 감미의 즙이 나오는데 이것을 대나무통에 받는다. 대나무 통에는 전에 발효할 때의 酵母가 남아 있어 다음날에는 자연 발효가 시작되면서 흰거품이 일어난다. 이것을 모아 용기에 넣고 발효를 계속 시킨다. 알콜분은 5° 정도이며 이것을 증류하면 아락 (Arrack)이라는 술이 된다.

Toilet 〈客〉〔토일렛〕

화장실 또는 세면실.

Toilet Tissue 〈客〉〔토일렛 티슈〕

욕실이나 공중화장실에 고객의 편리를 위해 비치시켜 놓는 화장지로 얼굴 화장지와 구별된다.

Toll-free Telephone Lines 〈宿〉〔無料電話使用〕

호텔에서는 여행사나 호텔의 단골 고객을 대상으로 무료전화를 사용하게 하고 있다.

Tom Collins 〈飮〉〔톰 콜린스〕

진(Gin)에 레몬즙, 설탕, 탄산수를 섞은 음료.

Tom Collins Glass 〈飮〉〔톰 콜린스 글라스〕

보통 물잔과 비슷한 큰 원통 모양 잔으로 용량은 12온스 정도이다.

Tomato Catchup 〈食〉〔토마토 캐첩〕

토마토, 식초, 소금, 양파, 파우다, 향초 등을 재료로 하여 만들어진다.

Tomato Sauce 〈食〉〔토마토 소스〕

이탈리아 요리에 주로 사용하며 토마토 소스는 적색 소스로서 주로 밀가루 음식에 많이 쓰이는데 White Stock에다 Tomato Paste와 토스트한 야채와 베이컨 등을 Brown Roux(Roux Brun)와 함께 넣고 끓이면서 스파이스를 넣은 후 2시간쯤 끓인 다음 설탕을 첨가한다.

Tongue 〈食〉〔텅〕

혓바닥 고기로 훈제 또는 소금에 절인 소, 양 따위의 혓바닥 요리.

Tonic Water 〈飮〉〔토닉워터〕

영국에서 처음 개발한 무색 투명한 음료로서 레몬, 오렌지, 라임, 키니네(규 군피의 엑기스)의 껍질 등의 엑기스에다 당분을 배합하여 만든 것이다. 시고도 산뜻한 風味를 가지고 있으며, 무색 투명한 색깔을 하고 있으며, 주로 칵테일용으로 주로 쓰인다.

Torchon 〈飮〉[도오션]

글라스(Glass)를 닦는 천으로서 특히 와인(Wine) 마개를 따는 법에서 코르크(Cork)를 뽑기전이나 뽑은 후 병 언저리를 깨끗이 닦는 천이다.

Toristeni 〈食〉[토리스테니]

유럽의 대표적인 과자빵으로서 유지와 과실류를 많이 넣는다. 이 빵은 부드러운 가당중종법으로 만든다.

Tour Desk 〈客〉[투어 데스크]

호텔의 로비에 있는 데스크로서 이것은 특별히 관광, 특히 단체고객 팩키지(Package) 상품 등의 상담과 판매를 하는 곳이다.

Tourist Hotel 〈宿〉[觀光호텔]

관광객의 숙박에 적합한 구조 및 설비를 갖추어 이를 이용하게 하고 음식을 제공하는 자동차 여행자 호텔, 청소년 호텔, 해상관광 호텔, 휴양콘도미니엄 등의 숙박시설 등이 있다.

Tourist House   ☞ Guest House

Tourist Menu 〈食〉[투어리스트 메뉴]

어느 관광지를 찾아오는 고객을 위하여 그 지방, 지역의 톡특한 요리를 맛볼 수 있게 하기 위한 메뉴 또는 관광객용으로 비교적 싼 요금으로 만들어진 메뉴이다.

Tourner 〈食〉[뚜르네]

돌리면서 모양을 내는 것.

Tournedos 〈食〉[뚜르느도스]

작고 둥글게 저민 살코기 스테이크로 필레(Filet)의 끝을 잘라서 버터를 바르고 베이컨(Bacon)을 감아서 조리한다.

Towel Type 〈客〉[타올 種類]

① Wash Cloth (Hands Towel) : 면도할 때, 또는 욕조에서 비누로 몸을 씻을 때 사용한다. 타올의 규격은 30cm×30cm이고, 무게는 40g이다.

② Face Towel : 얼굴이나 손등을 닦을 때 사용한다. 타올의 규격은 80cm×36cm이고, 무게는 120~140g이다.

③ Bath Towel : 목욕후 몸을 닦고 감싸는데 사용한다. 타올의 규격은 120cm×65cm이고, 무게는 350~450g이다.

④ Foot Towel : 발을 닦는데 사용한다. 타올의 규격은 80cm×50cm이고, 무게는 140~180g이다.

Towel Hanger 〈客〉〔수건걸이〕

약 80~100cm의 길이로 스텐레스로 되어 있다. 욕조 가까운 곳부터 Bath Towel, Face Towel, Wash Cloth 순으로 타올을 걸을 수 있는 넓이이어야 한다.

Tranche 〈食〉〔트란세〕

크기, 모양, 길이 등이 똑같이 한조각으로 자르는 방법.

Transcript 〈會〉〔集計表로 夜間監査者가 使用하는 樣式〕

1911년 미국의 Errol Kerr가 처음으로 야간 트랜스크립트를 소개한 것인데, 이것은 계정대조시산표로 각 부문별 발생한 수익계정으로 고객원장에 전기된 금액을 다시 체크하고, 각부문의 수익 합계와 고객원장에 전기된 금액의 총합계를 일치시키기 위한 대조시산표이다.

Transeint Guest 〈客〉〔短期 滯留客 : Short-Term Guest〕

일반적으로 1~2박의 단기숙박고객을 말한다.

Transfer 〈會〉〔트랜스퍼〕

보통 폴리오(Folios) 사용에 있어서 한 방식에서 다른 방식으로 옮기는 양식이다.

Transfer Credit 〈會〉〔貸邊對替〕

고객계정간의 잔액을 이체할 때 사용되며, 이체계정간에 상호 상대계정번호가 각각의 고객원장에 기록됨으로써 상호추적을 가능하게 한다.

Transfer Debit 〈會〉〔借邊對替〕

고객계정 중 City Ledger 또는 신용카드(Credit Card)로 계산이 이루어질 경우가 여기에 해당된다. 또한 외상매출금계정에서 고객으로부터 미리받은 선수금계정을 처리할 때도 이 계정을 이용한다.

Transfer Folio 〈會〉〔元帳移越〕

고객의 체류기간이 1주일을 경과하여 원래 개설한 고객원장에는 더

이상 누적 계산을 할 수가 없을 때 새 원장으로 옮기는 것을 말한
다. 새 원장에는 원장번호가 따로 주어지지 않는다.

Transfer From 〈會〉[트랜스퍼 폼]

계산서 또는 원장간의 借邊 移越分을 말함.

Transfer Journal 〈會〉[對替分介帳]

대체분개장으로 다른 계산서 또는 다른 원장 사이로 옮기는 코드를
사용할 때 쓰는 프론트 오피스(Front Office) 양식이다.

Transfer Ledger 〈會〉[트랜스퍼 라져]

단기 체재고객에 대해 인명으로 된 원장이다.

Transfer To 〈會〉[트랜스퍼 투]

계산서 또는 원장간의 貸邊 移越分을 말함.

Transfer Sheet 〈會〉[讓渡傳票]

부서와 부서간에 상품 또는 재료가 이관되는 경우 재료비의 계정변
경상 소요되는 전표를 양도전표라 한다.

Transfer Transactions 〈會〉[代替去來]

대체거래는 현금의 수입이나 지출이 전혀 수반되지 않거나 부분적
으로 현금의 수입이나 지출을 수반하는 거래이다.

Transient Hotel 〈宿〉[트랜지언트 호텔 : Destination Hotel]

다른 목적지를 가기 위하여 잠시 머무는 단기 고객 유치를 위한 호
텔이다.

Transmittal Form 〈會〉[트랜스미탈 폼]

호텔 고객으로부터 축적되어 있는 신용카드 후불을 우송하거나 기
록하기 위하여 신용카드 회사로부터 제공받는 양식이다.

Traveler's Check 〈會〉[旅行者 수표 : T/C]

여행자수표는 여행자가 가지고 다니면서 쓰는 자기앞수표와 같은
것이다. 여행자가 직접 현금을 지참하여 심적 위협을 느끼지 않도록
현금과 같이 사용할 수 있도록 했으며, 이것은 하나의 수표로서 현
금을 주고 매입할 때 서명을 해서 쓰기 때문에 제삼자는 사용이나
위조를 할 수가 없게 되어 있다. 따라서 두번 서명하지 않는 것은
분실이나 도난시에 타인이 사용할 수가 없다. 즉, 여행자수표는 회
사 및 은행에 의하여 발행되며 보험에 가입한 특수수표이다.

Tray 〈食〉〔트레이〕

음식을 담은 접시 종류나 빈 접시 종류, 기타 서비스에 필요한 물건
들을 안전하게 운반하기 위하여 사용되는 것을 말한다.

Tray Service 〈食〉〔트레이 서비스〕

플레이트에 담은 요리를 트레이에 실어서 운반하고, 테이블 옆에 있
는 서비스 테이블 위로 옮겨 놓는다. 그리고 요리를 담은 접시를 손
님의 왼쪽에서 서비스한다. 이 트레이에 의한 서비스는 다른 서비스
방식에 비하여 간단하기 때문에 합리성을 중시하는 미국에서는 널
리 이 방법을 채택하고 있다.

Trial and Error Pricing Method 〈宿〉〔試驗的 價格決定方法〕

이 방법은 일정한 시험기간(Testing Period)을 정해 놓고 그 기간에
시험적 판매활동을 하는 것이다. 적정가격을 도출해 내기 위하여 계
속적인 시험적 판매활동을 하면서 가격을 올리거나 내리는 조정작
업을 하게 된다. 그러나 적정한 수준의 가격이 형성되는 기간은 단
기에 이루어져야 하며, 이런 가격형성이 정착되면 고객의 반응은 일
정한 기간 동안 계속된다는 이론이다.

Trial Balance 〈會〉〔試算表 : T/B〕

시산표란 총계정원장상의 계정별 借邊 및 貸邊의 합계액 또는 잔액
을 모아 놓은 표를 말하며 계정집계표라고 할 수 있다. 즉, 결산일
에 각 계정별로 借邊에 기입된 금액의 합계와 貸邊에 기입된 금액
의 합계를 산출하여 모아 놓거나 차변과 대변의 합계액의 차액(잔
액)을 계산하여 모아 놓은 일람표가 시산표이다. 시산표는 거래를
정확하게 분개 및 전기를 행하였는가를 검증하기 위한 수단으로 작
성된다.

Triple Sec 〈飮〉〔트리플 세크〕

세번 증류를 거듭하여 제조하였다는 뜻으로 정성들여 만든 큐라소
(Curacao: 오렌지로 만든 리큐르)의 대표적인 제품, 감미가 있고 오
렌지 향을 가진 무색 투명한 리큐르이다. 칵테일 부재료로 많이 쓰
인다.

Trolley 〈食〉〔트롤리〕

레스토랑에서 음식을 운반할 때 쓰는 바퀴 달린 Wagon.

Tropical Coffee 〈飮〉〔트로피칼 커피〕

남국의 정열적인 무드가 살아 있는 커피로서 설탕과 함께 커피를
컵에 따른 후, 위에다 레몬을 띄우고 화이트 럼을 서서히 따른다.
살며시 불을 붙이면서 파랑색의 불꽃과 노란 레몬의 운치가 커피의
맛을 돋군다.

Truffle 〈植〉〔트러플〕

① 松露의 일종(버섯, 조미용)
② 球形의 초코릿 과자의 일종.

Trunk Room 〈客〉〔트렁크 룸〕

큰 가방이나 짐을 넣는 장기체류자의 수하물을 보관하는 방이다.

Trunk System 〈會〉〔트렁크 시스템〕

서비스 요금을 Waiter's Pay와 같이 예치계정에 분개하여 월말에
전종업원에게 환불하는 제도이다.

Trust Management   ☞ Chain Hotel

Tub Bucket   ☞ Bucket

Tumbler 〈食〉〔텀블러 : Highball Glass〕

손잡이가 달리지 않은 글라스.

Tumbler Cover 〈客〉〔컵싸개〕

손잡이가 달리지 않은 컵싸개로 객실내에 침실용과 욕실용 두가지
가 있다.

Tuna 〈食〉〔참 치〕

고등어과의 육식성 물고기. 최대 무게 500kg으로 불그스레한 색의
살은 맛이 뛰어남. 송아지고기나 어린 소의 조리방식으로 조리한다.

Turbot 〈食〉〔토보트〕

광어, 넙치과에 속하며, 해수어 중에서 가장 선호되는 종류의 어종
이다. 육질이 희고 단단하여 저장이 용이하고 4~9월 사이의 육질이
제일 좋다.

Tureen 〈食〉〔튜 린〕

수프 따위를 담는 뚜껑이 달린 움푹한 그릇.

Turkish Coffee 〈飮〉〔터키쉬 커피〕

상등액을 마시게 되는 터키풍의 커피로 알메니안 커피라고도 한다. 터키에서는 컵밑에 가라 앉은 찌꺼기를 컵채로 테이블에 엎어 놓은 후, 엎질러진 찌꺼기의 형상을 보고 그날의 운세를 점치기도 했다는 풍습이 있다. 용기에 물과 커피, 설탕을 넣고 불에 올려 놓는다. 끓으면 불을 끄고 난후 다시 올려 놓기를 세번 반복한다. 우러난 액이 가라앉으면 데미따스컵에 천천히 따른다.

Turmeric 〈植〉〔터메릭 : 심황〕

인도가 원산지인 터메릭은 동아시아, 아프리카, 호주 등에 재배되며, 생강과에 속하는 식물로 강한 향과 뿌리의 노란색은 착색제로 사용하며 건위제이기도 하다. Curry Poser, Mustard를 만들 때 사용하며 단무지의 착색제로 사용한다.

Turn Away 〈客〉〔턴어웨이〕

호텔 객실이 만실이 되어 예약을 하지 않고 들어오는 고객(Walk-In Guest)을 사절하는 것을 말한다. 최근에는 예약을 하고 들어오는 고객에게 객실을 제공하지 못한 경우에 다른 호텔로 고객을 예약한 후 안내 및 제반 서비스로도 사용되고 있다.

Turn Down Service 〈客〉〔턴다운 서비스〕

고객이 이미 투숙한 객실에 대하여 고객의 취침 직전에 제공하는 서비스로써 간단한 객실의 청소·정리·정돈과 잠자리를 돌보아 주는 작업을 말한다.

Turn-In 〈會〉〔턴-인〕

각 업장 교대시간에 업장 Cashier로부터 General Cashier에게 입금되는 입금총액이다.

Turnde Over 〈食〉〔턴드 오버〕

Fried Egg의 요리방법 중의 하나로 턴드 오버는 오버 이지(Over Easy), 오버 미디움(Over Midium), 오버 하드(Over Hard) 등이 있다.

Turnip 〈食〉〔순 무〕

겨자과에 속하는 2년생 풀로 무의 하나로 뿌리는 퉁퉁하고 둥글거나 길고 물이 많다. 잎과 뿌리는 중요한 채소가 되는데, 특히 비타민을 많이 포함하고 있다. 맛은 약간 쓴 것이 있지만 싱싱하고 견고하며, 맛이 순한 페르시안형 무가 요리에는 특별히 좋다.

Tuxedo 〈宿〉〔턱시도 : Dinner Jacket〕
　① 남자용 약식 夜會服(Evening Dress).
　② 연미복(Swallow-Tailed Coat)의 대용으로 입음.

Twin Double　　　　　　☞　Quad

Twin Studio 〈客〉〔트윈 스튜디오〕
　주간에는 소파로 되며 스튜디오 베드로도 사용되는 트윈 룸.

Twist 〈飮〉〔트위스트〕
　과일의 안쪽부분을 제거하고 껍데기만 꼬아 놓은 상태로 주로 Lemon(레몬), 오렌지(Orange) 등을 많이 사용한다.

U

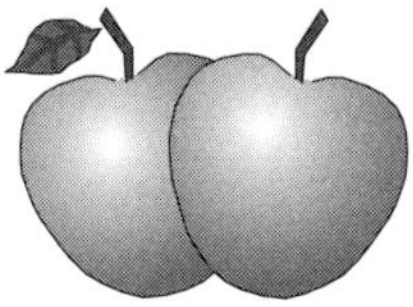

U-Shape 〈宴〉〔U形 配列〕

U형에서는 일반적으로 60″×30″의 직사각형 테이블을 사용하는데 테이블 전체 길이는 연회행사 인원수에 따라 다르며, 일반적으로 의자와 의자 사이에는 50~60cm의 공간을 유지하며 식사의 성격에 따라서 더 넓은 공간을 필요로 할 경우도 있다. 테이블 크로스는 양쪽이 균형있게 내려와야 하며, 헤드 테이블 앞쪽에는 드랩스(Drape's)를 쳐서 다리가 보이지 않게 하여야 한다.

U.B.R 〈客〉〔一體式 單位 浴室 : Unit Bath Room〕

보온 및 단열성이 뛰어나며 부식이 되지 않아 반영구적이다.

UHT 〈食〉〔超高溫 處理된 : Ultra Heat Tested〕

고온 살균법으로 135℃에서 2초간 살균한다.

Ullage 〈飮〉〔올에이지〕

자연 발생적으로 음료(Beverages)가 손상되는 것을 말한다.

Uncollected Bill 〈會〉〔언콜랙티드 빌〕

식음료 계산서 처리시 Posting은 되었으나 여러 가지 사유로 해서 회수불능한 계산서로써 다른 말로 Open Check이라고도 한다.

Under Cloth 〈食〉〔언더 클로스〕

언더 클로스는 보통 펠트(Felt : 털로 다져서 만든 천) 플란넬(Flannel : 면) 또는 얇은 스폰지로 만들어지며 그릇 놓는 소리를 막기 위하여 간다 하여 사일런스 클로스(Silence Cloth) 또는 테이블 패드(Table pad)라고도 부른다.

Under Heat 〈食〉〔언더 히트〕

팬이나 트레이(Tray)에 스테이크나 Chops를 담아서 굽거나 버섯요리, 토마토, 베이컨류를 조리하는 법을 말한다.

Under Stay 〈客〉〔早期 退宿 : Unexpected Departure〕

퇴숙 예정일보다 고객의 업무상 또는 개인적인 사정으로 갑작스럽게 퇴숙 예정일보다 앞당겨 출발하는 경우를 말한다.

※ 早期退宿率 = 早期 退宿者의 數 / 全體 豫想退宿 人員數×100

Underliner ☞ Saucer

Undesirable Guest 〈客〉〔바람직하지 못한 顧客, 不良客 : U.G, Ugly Guest〕

호텔의 품위에 상처를 주고 손해를 입히는 고객, 즉 호텔 사이에서
서로 통보해 주는 U.G정보, 계산이 흐린 고객, 호텔을 잘 이용하고
있으나 무리한 주문이 많다든가 늘 불량한 방문객이 있는 고객.

Unexpected Arrival 〈客〉〔不時 到着顧客〕

고객이 예약 날짜 이전에 호텔에 도착하는 것을 말한다.

Uniform Service 〈客〉〔유니폼 서비스〕

유니폼 서비스는 호텔을 이용하는 고객에게 제복인 유니폼을 입고
서비스를 제공하는 것으로서 여기에 포함되는 직원들은 주차 종사
원, 도어맨(Door Man), Poter, Limousine Driver, Bell Man 등이다.

Uniform System of Account for Hotel 〈會〉〔호텔標準會計形式 : USAH〕

호텔업무의 전문성 때문에 회계상의 전문용어와 이용방법을 획일화
하여 보증하기 위한 수익 비용을 주로 다룬 회계용어의 편람이다.
미국의 호텔회계는 1926년 3월에 마련된 USAH로부터 시작된다.
USAH는 호텔기업의 특성에 맞는 회계기준 마련의 필요성에 따라
뉴욕시 호텔협회에서 제정한 것으로 1985년 12월 8차 개정후 1986
년부터 시행되어 오늘에 이르고 있다.

◆ USAH 제도의 특징 ◆

첫째 : 업장의 다원화로 발생장소와 시점이 다른 거래를 고객별로
회계처리 한다.
둘째 : 판매가 완료된 수익의 기록을 부문별로 회계처리하며, 이것
을 손익계산서에 집합시킨 것이다.
셋째 : 호텔의 수익은 서비스의 제공과 공간의 확보, 시간제 사용권
의 임대로서 발생하며, 모든 거래의 기록은 프론트오피스에
전기되어 고객원장에 기록된다.
넷째 : 고객이 입숙하여 퇴숙할 때까지 판매한 외상거래는 호텔회계
기에 의하여 일관성있게 장부에 기록하여 누락을 방지한다는
점이다.
한편, USAH가 제공하는 영업부문의 구분에 의해서 열거하면, ①
客室(Rooms), ② 食飮料(Food and Beverage), ③ 카지노(Casino),
④ 電話(Telephone), ⑤ 車庫 및 駐車場(Garage-Parking Lot), ⑥
골프 코스(Golf Course), ⑦ 골프 프로 숍(Golf Pro Shop), ⑧ 顧客

用 洗濯(Guest Laundry), ⑨ 水泳場 카바나 浴室(Swimming Pool-Cabanasbaths), ⑩ 庭球 (Tennis), ⑪ 其他 營業部門(Other Operated Departments), ⑫ 賃貸料收入 및 其他 收益(Rentals and Other Income) 등으로 나뉘어진다.

Uniformed Service 〈客〉〔유니폼 서비스〕

호텔 현관 로비에서 주로 유니폼을 입고 근무하는 종사원으로서 벨맨(Bell Man), 도어 맨(Door Man), 페이지 보이(Page Boy), 엘리베이터 오퍼레이터(Elevator Operator), 포터(Porter) 등이 있다.

Unit 〈宿〉〔유니트 : 單位〕

자유롭게 설립된 개인사무장소, 특히, 한 사업장소 이상을 갖고 있는 기업의 부분(대단위 기업, 개인적 숙박시설)으로 호텔객실, 콘도미니엄, 별장을 일컫는다.

Unit Rate System 〈宿〉〔單一料金制度〕

우리나라에서 실시되고 있는 호텔의 객실요금 정책으로서 객실당 투숙객수에 따라 가격이 결정되는 게 아니고 객실 1실에 투숙객이 1인이든 2인이든 관계없이 동일요금을 고객으로부터 지불하게 하는 제도. 즉, 일률적으로 객실당 가격이 적용되어 운영되는 것이다.

Up Grade 〈客〉〔업 그레이딩 : Up-Grading. Up-G.〕

호텔측의 사정에 의해 고객에게 예약한 객실을 제공하지 못할 경우에 고객이 예약한 객실보다 가격이 비싼 객실에 투숙시키고 요금은 고객이 예약한 객실요금으로 처리한다. 또한, 호텔이 고객을 대접하기 위한 수단으로 예약된 객실보다 값비싼 고급객실을 제공하고 요금은 예약되었던 객실요금을 징수하는 경우도 있는데 이것 역시 업 그레이딩이라고 한다.

Up-Grade Sale   ☞ Selling Up

UPS 〈電〉〔無停電 電源供給裝置 : Uninterruptible Power Supply〕

① 정전이나 소음이 없는 깨끗한 전기를 공급하여 주는 장비로 "정전압 정주파수 전원장치(Constant Voltage Constant Frequency : CVCF)라고 불리어지기도 한다.

② 컴퓨터의 전원이 끊어지거나 교란(Disturb)되는 것을 막아줌으로서 컴퓨터의 Error나 불량을 막아 주는 필수 보호기기이다.

Urgent Telegram 〈客〉〔支給 電報〕

특별히 다루는 전보의 하나. 통상전보 요금보다 우선적으로 송신, 수속이되며 요금은 2배임.

Utensil 〈食, 飮〉〔유텐실〕

주방 및 바(Bar)에서 사용되는 기물의 총칭이다.

Utility Man 〈客〉〔유티리티 맨 : 公共區域의 淸掃員〕

유티리티 맨이란 말의 원래의 뜻은 엑스트라 배우, 단역 배우 등의 뜻이지만, 호텔 용어로는 공공구역의 청소원을 의미한다. 특별한 기술이 필요하지 않은 호텔의 로비나 화장실, 호텔주변, 주차장 등의 청소를 담당하는 단순직이라는 의미에서 유티리티 맨이란 호텔 용어가 탄생한 것으로 생각된다.

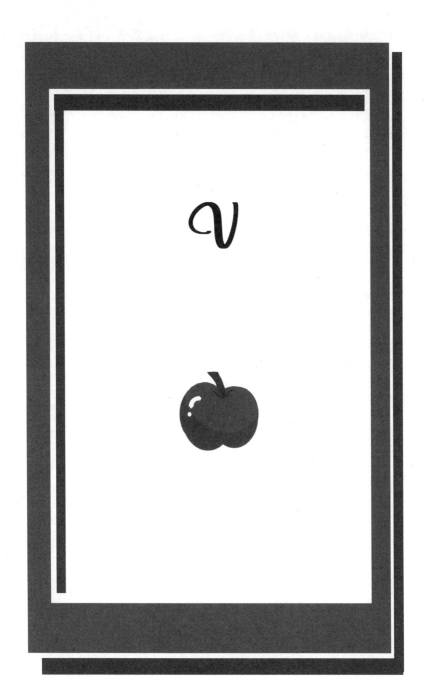

Vacancy 〈客〉〔베이컨시 : 空室〕

객실이 만실(Full House)이 아닌 상태로 판매 가능객실이 아직 남아 있음을 의미한다.

Vacant and Ready 〈客〉〔베이컨트 앤 레이디〕

고객이 퇴숙을 하고 다음 고객을 위해서 객실의 청소가 완료된 경우.

Vacation · Holiday Village 〈宿〉〔休暇村〕

정부가 국립공원, 온천지, 해변 또는 호수 주변에 건설하여 일반대중을 대상으로 한 이용 경비가 저렴한 간이휴양 숙박시설이 모여 있는 곳으로서 필요한 모든 것을 그 시설내에서 구입할 수 있다.

Vacation Home 〈宿〉〔休暇別莊〕

특별한 계절 동안에 비교적 단기간 사용되는 2차적인 주거지.

Vaccum Cleaner 〈客〉〔眞空 청소기〕

수동 진공 청소기에는 두가지 기본형이 있는데, 직립형과 탱크형이다. 진공 청소기의 강한 흡인력으로 카페트 바닥에 떨어져 있는 각종 이물질과 Sofa Set나 의자 등의 먼지를 제거하게 된다.

Vacuum Cooking 〈食〉〔眞空包裝料理〕

① 양 목표에 의하여 모든 양념과 식재료에 간을 맞추어 요리별로 진공포장하여 손님이 원하는 시간에 Poaching하거나 Microwave에 넣었다가 서브하는 방법.

② 요리를 완성해서 진공포장하여 손님이 원할 때 Warming해 주는 방법.

Valentine Day 〈宿〉〔성 발렌타인 축일 : St. Valentine's Day〕

성 발렌타인(서기 3세기 로마의 크리스트교 순교자) 순교기념 축제일(2월 14일). 애인에게 선물이나 편지를 보내는 날, 애인이 선택되는 날.

※ 유례

① 3세기말경 결혼금지령이 내려진 로마의 젊은 군인을 위하여 결혼을 집행해준 죄로 순교(Martyrdom)한 성 발렌타인 사제를 추모하는 날.

② 젊은이들이 사랑을 확인하는 날, 이 날만은 여성이 남성에게 사랑을 고백해도 좋은 날이다.

Valet Parking ☞ Jockey Service

Valet Service 〈客〉〔발렛 서비스〕

① 호텔의 세탁소나 주차장(Parking Lot)에서 고객을 위하여 서비스하는 것을 말한다.

② 손님의 옷을 세탁, 드라이 크리닝하거나 수선하여 주는 서비스.

Vanderhum 〈飮〉

남미에서 생산되는 여러 가지 향료를 가미한 귤향(Tangerine Flavored)의 리큐르.

Vanilla 〈植〉〔바닐라〕

난초과에 속하는 식품의 열매로 그냥 사용하지 않고 에센스로 만들어서 소량씩 첨가하게 되어 있다. 초콜릿, 아이스크림, 고급과자류에 향긋하게 풍겨서 식미를 돋구어 준다. 빵집을 지날 때 풍겨주는 향내는 바닐라에센스의 향미이다.

Vat 〈飮〉〔베 트〕

위스키 등을 숙성시킬 때 사용되는 커다란 오크통을 말한다.

VAT 〈會〉〔附加價値稅 : Value Added Tax〕

부가가치세란 물품이나 용역이 생산 제공 유통되는 모든 단계에서 매출금액 전액에 대하여 과세하지 않고 기업이 부가하는 가치, 즉 Margin에 대하여만 과세하는 세금.

V.D.Q.S 〈飮〉〔優良指定 포도주 : Vin Delimites De Qualite Superiere〕

와인의 원산지 명칭 통제를 뜻하는 말로 우수한 품질의 와인이라는 의미이다. 1949년 정부령으로 품질 분류상 A.O.C와인의 다음 급에 속하며 규정항목으로는 포도생산지역, 포도품종, 재배법, 양조법, 최저알코올 도수 등을 규제하고 있다.

Veal 〈食〉〔송아지 고기 : Veau〕

송아지는 생후 12주를 넘기지 않는 것으로 어미소의 젖으로만 기른 적은 지방층(脂肪層)과 많은 양의 수분을 갖고 있어 연한 맛이 있다. 송아지 고기 요리에는 Scaloppine, Veal Cutlet이 있다.

Veal Cutlet 〈食〉〔송아지 커틀렛〕

뼈를 제거한 송아지 고기를 얇게 저민후 소금, 후추를 뿌리고 밀가루를 칠한 후 계란, 빵가루를 입힌 다음 버터에 소테(Saute)하여

Veal Sauce와 함께 제공한다.

Vecchio 〈食〉〔베치오〕

2년간 숙성시킨 Parmesan Cheese(파르마 치즈)를 말한다.

Vegetable Salad ☞ Rum

Vegetable Stock 〈食〉〔베지터블 스톡 : Fond de Legumes〕

수프나 소스를 만들기 위한 것으로 양파와 대파를 먼저 기름으로 볶은 후 양파, 셀러리, 토마토, 마늘, 월계수잎, 소금, 향료 등을 혼합하여 다시 볶아서 찬물을 붓고 1시간 정도 끓여서 천으로 걸러낸 국물.

Veloute Sauce 〈食〉〔베루떼 소스〕

야채를 버터에 볶은 후 White Roux(Roux Blanc)를 넣고 White Stock를 부어 1~1시간 30분 정도 끓인다. 생선 스톡을 넣고 끓이면 Fish Veloute가 되고, 치킨 스톡을 넣고 끓이면 Chicken Veloute가 된다.

Vendemmia 〈飮〉〔벤뎀미마〕

이탈리아어로 빈테이지 와인을 뜻한다.

Vending Machine 〈飮〉〔벤딩 머신〕

간단한 식료나 음료 또는 담배 따위를 판매원의 도움없이 판매하는 자동판매기를 말한다.

Venison 〈食〉〔벤 즌〕

사슴고기 또는 사냥에서 잡은 새, 짐승의 고기를 말한다.

Ventilator 〈客〉〔通風機, 환기통〕

실내의 나쁜 공기를 빨아내는 장치, 욕실의 통풍관.

Veranda ☞ Lanai

Verification 〈客〉〔再確認〕

객실예약, 신용카드 사용 여부를 증명하는 과정을 말한다.

Verjus 〈飮〉〔베르쥬〕

익지 않은 포도의 즙으로서 신맛이 강하며 많이 사용치는 않는다.

Vermicelli 〈食〉〔버미셀리〕

이탈리아 음식 중 파스타의 일종으로 대단히 가늘고 둥근 모양의

파스트
Vermouth 〈飮〉〔베르뭇〕

베르뭇은 와인의 한 종류가 아니고 와인을 基酒로 하여(Sine Based) 약재를 가미한 혼성주의 일종이다. 베르뭇의 명칭은 독일어의 베르무트(Wermut) 혹은 앵글로 색슨어의 Wermod에서 유래되었으며, 그 뜻은 향쑥(Worm Wood)을 의미한다. 베르뭇의 가장 중요한 요소는 기주로 사용되는 백포도주이며, 다음은 여러 가지 약초들과 향료이다. 이 향료들은 맛이 쓴 향쑥, 우슬초(Hyssop), 키니네(Quinine), 고수나물(Coriander), 두송(Juniper), 클로바(Clover), 건위홍분제인 카모밀 국화(Camomile), 오렌지 껍질(peel), 심지어는 장미꽃잎 등 40여 종의 향료를 가미한다고 하나, 그 정확한 처방은 각 제조회사마다 비법으로 되어 공개되지 않고 있다. 베르뭇은 높은 향료를 가지고 있고 알코올 함유량이 17~20%이기 때문에 식전주(Aperitif)나 칵테일 부재료로 사용된다.

Vermouth Dry 〈飮〉〔베르뭇 드라이〕

감미가 없는 방향성 아페리티프 와인으로 주로 칵테일 조주시에 사용된다. 일명 프렌치(French) 베르뭇이라고도 한다.

Vermouth Sweet 〈飮〉〔베르뭇 스위트〕

甘味가 있고 방향성이 높은 적색 아페리티프 와인으로서 주로 칵테일 조주시에 사용된다. 일명 이탈리안(Italian) 베르뭇이라고도 한다.

Vertical Travel 〈宿〉〔昇降機〕

엘리베이터 또는 리프트나 운반, 편의시설의 개념에서는 모든 고층 건물이나 건조물 내부에 설치하여 각각 다른 용도로 다양하게 사용할 수 있는 수직 이동 시설물을 말한다.

Very Hard Cheese 〈食〉〔베리 하드 치즈〕

경질 치즈로 수분 함량이 낮고 딱딱하기 때문에 분말로 식용할 수가 있다.

Vichy 〈食〉〔비 시〕

프랑스의 지방명이며 봄철에 나는 야채를 물에 삶아서 버터로 조린 다음 당근과 같이 내는 요리의 이름이다.

Vichy Water 〈飮〉〔비시수〕

프랑스 중부의 엘리에주에 있는 비시시에서 용출되는 광천수이며 로마시대부터 이용되어 왔다. 15C경 승려가 이곳의 수질이 좋다고 세계에 널리 유포하면서 유명해졌는데 중탄산소이다, 중탄산 석회, 이온 등이 함유되어 있다.

Vichyssoise 〈食〉〔비시스와즈〕

찬 감자 수프(Soup), 차이브(산파)를 쳐서 차게하여 서브한다.

Vienna Breakfast 〈食〉〔비엔나식 朝食〕

계란 요리와 롤(Rolls) 정도로 커피와 같이 먹는 식사를 말한다. 이때 커피 ½에 밀크를 ½정도 타서 먹는데 이것을 Melange라 한다.

Vienna Coffee 〈飮〉〔비엔나 커피〕

컵에 커피를 따르고 여기에다 비엔나에서 스카라고멜이라고 불리는 휘핑크림(Whipping Cream)을 듬뿍 넣고 스푼으로 젓지 않고 마시는 커피.

Villa 〈宿〉〔빌 라〕

부호나 유한계급의 별장에서 유래된 피서, 피한, 휴양, 야외 레크리에이션 활동 등을 위한 휴양지의 숙박시설로 개인소유자가 대부분이다.

Vin 〈飮〉〔빈 : Vini〕

프랑스어 포도를 뜻한다.

Vin Blanc 〈飮〉〔백포도주〕

프랑스어로서 흰색 와인(White Wine)을 뜻한다.

Vin de Liqueur 〈飮〉〔빈 드 리큐어〕

이 프랑스어 용어는 두 가지 뜻을 가지고 있다.
① 높은 甘味를 가진 와인(A Very Sweet Wine)
② 브랜디의 첨가로 알코올도수가 약 18°의 높은 와인.

Vin de pay 〈飮〉〔뱅 드 빼이〕

우리말로 지주(地酒)와인이라 하며 프랑스 남부의 지중해 지역에서 생산되는 와인으로 각 지방 특유의 특성을 갖고 있으며, 1973년 정부령에 의하여 프랑스 와인 품질상 3급으로 분류하였다. 라벨에는 산지명과 지주보증마크가 기재되며 산지명을 와인으로 하여 판매된다.

Vin doux Natural 〈飮〉〔빈 드레 내츄럴〕

프랑스산 보강 감미주(Fortified Sweet Wine)이다. 이 와인 종류의 대부분이 스페인 국경 근처의 지중해 연안 Grand Roussillon 지역에서 생산되며, 브랜디를 첨가하여 발효를 정지시키므로 높은 알코올 도수(약 17°)와 미발효된 당분이 함유되어 있으므로 감미를 느끼게 한다.

Vin Mousseux 〈飮〉〔빈 무스〕

프랑스 샹파뉴(Champagne)지방 이외에서 생산되는 포말성 와인 (Sparkling Wine)을 뜻한다.

Vin Rose 〈飮〉〔빈 로즈〕

프랑스어로서 로제 와인(Pink Wine)을 뜻한다. 차게 냉각하여 마신다.

Vin Rouge 〈飮〉〔빈 루즈〕

프랑스어로 레드 와인(Red Wine)을 뜻한다.

Vinaigrette Dressing 〈食〉〔비네그레트 드레싱〕

오일과 식초에 삶은 계란과 케이퍼(Caper)향, 양파, 파슬리(Parsley) 등을 넣어서 만든 드레싱(Dressing)이다. 영어의 비니거 드레싱 (Vinegar Dressing)과 같다.

Vineger 〈食〉〔비네거 : 食醋〕

조미료의 일종으로 4%가량의 초산이 들어있는, 시고 약간 단맛을 가진 액체로 양조초와 합성초가 있는데 양조초가 맛이 좋음.

Vino 〈飮〉〔비노〕

이탈리아어로 와인을 의미한다.

Vino tinto 〈飮〉〔비노 틴토〕

스페인어로서 붉은 와인을 뜻한다.

Vintage Chart 〈飮〉〔빈티지 챠트〕

포도주의 생산연도를 알기 쉽게 표시해 놓은 표이다. 특히 포도가 잘 된 해에 포도주를 수확한 연도를 표시한 것이다.

Vintage wine 〈飮〉〔빈티지 와인〕

빈티지란 프랑스의 벵당즈(Vendange)와 동일한 뜻으로 포도의 수확 혹은 포도의 수확기를 말한다. 특별히 잘된 해의 포도로 만든 와인은 그 연호를 상표(on the Label)에 표시하며 이것을 빈티지 와인이라 한다. 샴페인이나 포트 와인에 빈티지라고 쓰여 있을 때는 "A Very Good Year"라는 문자외의 뜻을 내포하고 있다. 대개 와인 생

산업자들은 포도주의 질을 10등급 혹은 5등급으로 구분하여 차트를
만들고 소비자에게 제공하고 있으나, 일반적으로 상표에 빈티지를
표시할 때는 "The Great Years" 이상의 것에만 표시하는 것이 상례
이다.

VIP 〈宿〉〔貴賓, 저명인사 : Very Important Person〕

국빈, 귀빈 등의 중요한 고객 또는 지명도가 높은 사람, 특별한 주
의 및 관심을 요하는 고객 또는 그 예약을 뜻한다.

Vodka 〈飮〉〔보드카〕

감자를 주원료로 하여 만든 무색 투명하고 거의 무미에 가까운 증류
주로 슬라브민족의 국민주이다. 그 어원은 러시아 Voda(우오다)로서
영어의 Water와 같은 뜻으로서 위스키나 브랜디가 생명의 물이라고
불리는 것 같은 비슷한 어원을 가지고 있다. 무색, 무미, 무취의 특
성을 이용하여 각국에서는 칵테일의 기주로 많이 사용하고 있다.

Void Bill 〈會〉〔보이드 빌〕

식음료 계산서 처리시 영업중 고객이나 종업원에 의하여 정정 혹은
수정되거나 기타 훼손 등으로 해서 불가피하게 무효화된 계산서를
말한다.

Voiture 〈食〉〔브와튀르〕

고객을 위해 오드 볼이나 케이크 따위를 진열하거나 나르는 마차
(Wagon Trolley)를 말한다.

Vol-Au-Vent 〈食〉〔볼 오 방〕

닭고기 혹은 생선 따위를 넣어 만든 일종의 고기파이(Meat Pie)를
말한다.

Voucher 〈會〉〔바우처 : Coupon〕

호텔고객이 호텔에서 요금 대신 지급하는 보증서 및 증명서 개념으
로 여행사와 항공사에서 발행하는 것이다. 즉, 이것은 그룹투어, 식
사, 관광, 객실 등의 비용을 미리 지급하여 호텔계산서를 발행하는
데 있어서의 유통되는 양식이다. 이 바우처는 가격할인형태의 구매
이고, 호텔의 판매촉진 방법 중에 하나이다.

Wafer Paper 〈食〉〔와퍼 페이퍼〕

먹는 종이.

Wagon   ☞ Gueridon

Waffle 〈食〉〔와 플〕

덴마크 음식의 일종으로 밀가루와 버터, 설탕, 계란, 이스트(Yeast), 우유, 소금, 바닐라향 등을 반죽하여 틀에 넣어 구워내는 케이크종 류로 꿀이나 시럽, 버터를 발라먹는다.

Wagon Service 〈食〉〔왜곤서비스 : Cart Service〕

이는 웨곤을 사용하여 손님 앞에서 요리를 서비스하는 고급스러운 테 이블 서비스인데, 손님이 보는 앞에서 플래밍(Flaming: 불을 피운다는 뜻)을 한다든가 커빙(Carving: 고기 등을 자른다는 뜻)을 하든가 한다.

Wake-Up Call 〈客〉〔Morning Call〕

고객으로부터 아침 일찍 몇시에 깨워 달라는 부탁을 받고 교환원이 전화에 의해 해당 고객의 객실로 전화벨을 신호로 잠을 깨워 일어 날 시간을 알리는 것을 말한다.

Waiter / Waitress 〈食〉〔웨이터/웨이트레스 : Commis de Rang〕

이들의 업무는 호텔에 따라 좌우되나 일반적인 업무는 고객에 대한 서브(Serve) 및 정리 정돈, 영업준비, 고객접근 방법의 습득, 식음료 주문 받기 위한 사전지식 숙지 등을 수행한다.

Waiter Knife 〈食〉〔웨이터 나이프〕

종업원들이 식당 서비스를 할 때 휴대하는 기물로서 주로 와인 (Wine)의 뚜껑을 오픈(Open)할 때 코르크(Cork)와 병목을 싼 납종 이를 오려 내는데 사용하는 칼이다.

Waiting-Line Theory   ☞ Queuing Theory

Waiting List 〈客〉〔待機顧客名單〕

이미 예약이 만원이 되어 호텔 객실의 취소를 기다리고 있는 고객 의 명부이다.

Waldorf Salad 〈食〉〔월도프 샐러드〕

사과, 셀러리, 호두 등 과일을 주로 사용하여 만드는 샐러드를 말한다.

Walk a Guest 〈客〉〔워크 어 게스트〕

예약을 한 어떤 고객 중 그 호텔에 투숙이 불가능하여 무료로 타

호텔에 투숙이 주선되어지는 고객을 말한다.

Walk in Guest ⟨客⟩ 〔워크 인 게스트 : Walk Ins. No Reservation〕
사전에 예약을 하지 않고 당일에 직접 호텔에 와서 투숙하는 고객을 말한다. 이 경우 일반적으로 고객에게 선수금을 받고 있다.
※ Walk-Ins % = Walk-ins의 수 / 전체 도착자 수×100

Walk-Through ⟨宿⟩ 〔워크 드로우〕
호텔 간부 임원이나, 프랜차이즈 조사자 등에 의해서 이루어지는 호텔 자산에 대한 총심사과정을 말한다.

Walk Out ⟨客⟩ 〔워크 아웃〕
공식적인 체크 아웃(Check-Out) 없이 호텔을 떠나는 고객을 말한다. 환언하면, 고객이 정해진 기간 객실에 체재하고서 프론트를 거치지 않고 떠나는 경우이다. 즉 고객이 돌아올 것인지 알 수 없다. 그날 늦게까지 그 객실은 결국 팔지 못하는 경우가 있다.

Walkie-Talkie (Walky-Talky)Two Way ⟨客⟩ 〔携帶用無線電話機〕
Message를 받을 수 있고 응답할 수 있는 Communication System.

Walnut ⟨植⟩ 〔월넛 : 호도나무의 열매〕
호도나무과에 속하는 낙엽 교목. 흑해와 지중해 연안지역에서 대량 재배. 껍질이 얇은 호도는 디저트로 가장 좋고, 부패성이 있어 쉽게 썩거나 벌레가 침입하기 쉽다.

Warm Plate ⟨食⟩ 〔웜 플레이트 : Warming Stand, Rechaud〕
프렌치 레스토랑(French Restaurant)과 같은 고급식당에서 음식이 담긴 요리접시 따위를 식지 않도록 밑에 받쳐 놓은 뜨거운 철판을 말한다.

Wash ⟨食⟩ 〔워쉬〕
제품을 굽기 전에 계란, 우유, 물을 바르거나 구운 후 그레이즈한다는 뜻.

Wash Base ⟨客⟩ 〔洗面臺 : Basin〕
더운물과 찬물이 나오는 수도꼭지가 있다.

Wash Cloth　☞ Towel

Wastage ⟨食⟩ 〔所要量〕
호텔 레스토랑(Hotel Restaurant)사업에 있어서 식음료 저장에서의

소모량(Wastage In Stores)과 조리 준비과정(Wastage In Prepara-
tion) 또한 요리과정(Wastage During Cooking)에서 생기는 불가피
한 일정한 식음료의 소모량을 말한다.

Watch Work 〈客〉〔當番勤務〕

Room Maid가 오후 4시경(16 : 00)부터 밤중(24 : 00)까지 작업하는
것을 말한다.

Watercress 〈植〉〔워터 클래스〕

양갓냉이로 샐러드용으로 쓰인다.

Water Jug 〈飮〉〔워터 저그〕

조주에 쓰이는 술을 담아 놓고 쓰는 손잡이가 달린 물병.

Watering Hole 〈飮〉〔워터링 홀〕

칵테일 라운지(Cocktail Lounge), 바(Bar) 또는 술집의 속어이다.

Weekly Bills 〈會〉〔週間 請求書〕

주별로 고객의 모든 거래 내용을 계산 집계하며, 청구서의 잔액은
새로운 회계 Code에 전기 이월한다.

Weekly Rate 〈客〉〔위클리 레이트〕

호텔에서 1주일 체재하는 고객에 대하여 실시하는 특별요금을 말한다.

Wehayeux 〈飮〉〔위하여〕

매우 드라이한 레드, 로제, 화이트 와인을 생산하고 있으며 특히 레
드와인은 좋은 품질로 인정받고 있는 동양제과 그룹의 수석농산 제
품이다.

Welcome Envelop 〈客〉

단체 숙박 절차(Group Check-In)시, 객실 열쇠와 등록 카드(Regist-
ration Card) 등이 넣어져 있는 봉투.

Well-Done 〈食〉〔웰 던〕

스테이크를 구울 때 쓰는 용어로 속까지 완전히 익히는 것.

Well or Bucket 〈客〉〔元帳保管函〕

고객원장이 프론트 캐쉬어(Front Cashier)에 의해 객실번호(Room
No.) 순으로 정리 보관된 것.

Wet Mop 〈客〉〔웨트 맙〕

젖은 대걸레.

Wet Vacuum 〈客〉〔웨트 버큠〕

물 청소용 진공청소기.

Wheat Cake 〈食〉〔밀가루로 만든 아침케이크〕

양조식에는 아침에 주방에서 즉석으로 굽는 케이크 종류가 많이 있다. Wheet Cake류를 서비스할 때에는 Butter와 Honey(꿀) 또는 Maple Syrup(단풍시럽)을 곁들여 제공한다.

Whey Cheese 〈食〉〔훼이 치즈〕

치즈 제조의 부산물이며 Lactose를 주성분으로 하는 유장(乳漿)을 이용하여 만든 것.

Whey 〈食〉〔훼이 : 유장(乳漿)〕

젖의 성분에서 단백질과 지방을 빼어 내고 남은 성분.

Whey Off 〈食〉〔훼이 오프〕

Curd(엉겨 굳어진 것, 凝乳)를 가온할 때 교반을 동시에 실시하여 유장(乳漿 : Whey)을 배출시키는 것. Curd는 ½로 수축된다.

Whipping 〈食〉〔휘핑 : 거품일구기〕

공기를 넣음으로써 빠른 동작으로 Beating(두들기는 것)하여 부풀게 하는 것을 말한다.

Whipping Cream 〈食〉〔휘핑크림〕

평균 36%의 유(乳)지방이 든, 거품 일구기 좋은 크림.

Whisky 〈飮〉〔위스키〕

위스키의 어원은 라틴어의 아쿠아 비테(Aqua Vitae : 생명의 물)가 게르만어 우스게 베이하(Uisgebeathe)로 변하고, 다시 Uisgebaugh → Vsky → Whisky로 된 것으로 북유럽의 Aquavt, 프랑스의 Eau-de-vie, 우리나라의 술을 약주라고 칭한 것도 모두 생명수라는 같은 뜻을 내포하고 있다. 위스키는 보리(Barley), 호밀(Rye), 밀(Wheat), 옥수수(Corn), 귀리(Oats) 등 곡물을 원료로 하여 발효 양조하고 이것을 증류하여 알코올을 만들어 낸다. 즉, 곡주를 발효하여 190 Proof 이상(Rye, Bourbon Whisky는 160Proof 이하)으로 증류하여 만든 酒酊을 나무통에 저장하였다가 80 Proof 정도로 희석하여 시판하는 증류주이다. 일반적으로 위스키는 스카치, 아이리쉬, 아메리칸, 캐나디안으로 나뉘어져 있다. 스카치는 스코틀랜드에서 위스키를 리큐르에 가까운 맛을 내기 위해, 사탕을 넣어서 그록(물로 연하게 함)으로 하든지, 소다수로 타서 마시는 방법이 일반적이었다. 그록은 그로기(Groggy)의 어원으로도 알 수 있듯이 쉽게 취하는 음료 방법이다. 아메리카에서는 위스키(버본)를 바로 마시는 음주법이 본격적이며 원관형의 글라스에 부은 실온의 버본을 마시며, 바로 직후 다른 컵으로 한잔의 냉수(혹은 소다)를 마시는 방법을 아메리칸 스타일이라 한다. 또한 위스키중에 가장 마일드한 맛의 카나디안은 1920년대 아메리카의 금주법시대에 급신장하였으며 아메리카인이 술을 구하러 캐나다에 가서 그 기초를 만들었다.

♦ Whisky 製造過程 ♦

『훈연된 麥芽 貯藏』→『除根 粉碎』→『糖花 冷却』→『醱酵』→『1次 蒸溜』→『夙 成』→『蒸溜液 分類』→『2次 蒸溜』

White Cabbage 〈植〉〔화이트 캐비지〕

엷은 초록색이 가미된 회색으로 흔히 얘기하는 양배추이다. Cole Slaw Salad, Sauerkraut에 사용한다.

White Coffee   ☞ Cafe au Lait

White Day 〈宿〉〔화이트 데이〕

3월 14일로 이날은 남성이 여성에게 사랑을 고백할 수 있는 날이다.

White Fish 〈食〉〔화이트 피시〕

연어과에 속하며 호수에 서식한다. 작고 두꺼운 지느러미와 꼬리의 끝을 가지고 식별할 수 있다. 육질은 건조시킨 것이 살이 희고 맛이 있다.

White Meat 〈食〉〔화이트 미트〕

소스의 사용을 구별하기 위하여 미트를 구분한 것으로 송아지, 새끼 양, 새끼염소, 새끼돼지, 토끼고기, 계란 등과 흰생선, 가금류의 복부 고기가 화이트 미트에 속한다. 대개 연한 고기로서 노년층이나 어린이들에게 인기가 있다.

White Rum   ☞ Rum

White Sauce 〈食〉〔화이트 소스〕

흰색육수 소스로 대표적인 것으로는 Sauce Bechamel이 있다.

White Stock 〈食〉〔화이트 스톡 : Fond Blanc〕

소뼈(기름기가 없는 무릎뼈)나 송아지뼈(기름기가 없는 무릎뼈나 정강이뼈)에 야채(Mirepoix), 즉 파슬리줄기, 양파, 셀러리, 당근, 부추 등에 월계수잎, 약미초다발, 향초 등의 향기를 넣고 소금과 통후추를 가미하여 찬물에 넣어 서서히 3~4시간 정도를 끓여 위로 뜬 찌꺼기를 걷어내고 걸러낸다.

White Truffle 〈植〉〔화이트 트러플〕

주로 이탈리아 Piedmond 지방 등 중부 유럽에서 자생하며, 7~9월까지가 성수기이다. 표피는 단단하고 혹이 없으며 보통 오리알만한 크기도 있다. 초기에는 회백색이고 쪼개진 금이 있으며 나중에는 황갈색으로 변한다.

Whiting 〈食〉〔명 태〕

대구과의 일종으로 지방이 적으며 살집은 부드럽고 조각살로 구성되어 부스러지기 쉽다.

Who 〈客〉〔후〕

프론트 객실이 비어 있는 상태를 나타내고 있지만 객실에는 미확인 고객이 투숙하고 있는 것을 말한다.

Watering Hole 〈飮〉〔워터링 홀〕

칵테일 라운지, 바(Bar) 또는 술집의 속어이다.

Wild Bear 〈食〉〔멧돼지〕

어린 멧돼지의 등과 다리고기는 식도락가들에게 대단히 인기가 높으며, 나머지 부분은 Ragout 요리로 사용된다. 일반적인 조리방법은 사슴과 같다.

Wild Duck 〈食〉〔들오리〕

여러 지역에 서식하는 들새로서, 어린 고기는 맛이 좋으나 늙은 오리는 느끼한 맛을 가지고 있다.

Will Call for Service 〈客〉〔윌 콜 포 서비스 : By Hand〕

호텔의 체크 룸 서비스의 일종으로 숙박하고 있는 고객 또는 출발할 고객이 외부의 사람에게 물품을 전달할 경우에 보관후 외부 손님에게 전달하는 서비스이다.

Windex 〈客〉〔윈덱스〕

창문이나 거울을 닦는 세제로 분무기를 넣어 사용하며, 깨끗한 마른 걸레로 닦는다.

Wine 〈飮〉〔포도주〕

포도주란 양조주의 대표적인 술로서 포도를 원료로 하여 만들어지는데, 빵과 함께 오랫동안 주식이 되어온 포도주의 역사는 지금으로부터 약 5,000년 전으로 거슬러 올라간다.

◆ 포도주의 분류 ◆

(1) 성질상의 分類

① Natural Still Wine(14° Alc. or less) : 시럽이나 꿀 같은 당분을 첨가하지 않고 순수한 자연 그대로의 포도만을 가지고 양조한 비포말성 와인.

② Sparkling wine(14° Alc. or less) : 위의 Still Wine에 대응하는 말로서 발포성 와인을 뜻하며 그 대표적인 것은 샴페인이다.

③ Fortified Wine(16° Alc~23° Alc.) : 중성주정이나 브랜디 등 기타재료를 가미하여 알코올도수를 보강한 와인.

④ Aromatized Wine(15° Alc.~20° Alc.) : Natural Wine을 보강시킴과 아울러 여러 가지 향료를 착향시킨 술로서 대표적인 것은 베르뭇(Vermouth)이다.

(2) 색깔에 의한 分類

① White Wine, ② Red Wine, ③ Rose Wine, ④ Yellow Wine

(3) 맛에 의한 分類

① Dry Wine : 감미가 없는 와인으로 식욕촉진(Appetizing)에 적합함.

② Table Wine : 식사를 하면서 식료(Food)와 함께 제공되는 와인.

③ Sweet Wine : 단맛을 가지고 있는 와인으로 주로 消化促進을 돕는데 적합한 와인.

(4) 用途別 分類

① Appetizer Wine(식사전 와인) : 식욕촉진을 위하여 오르되브르(Hors d'oeuvre)와 함께 마시거나 식전에 위를 자극, 위액을 분비시켜 입맛을 돋구기 위하여 마시는 와인(Dry Sherry, Vermouth)

② Dessert Wine(식사후 와인) : 주식후에 케이크와 같은 달콤한 디저트와 함께 제공되는 와인(Port Wine Cream Sherry, Sauternes, Tokay)

③ Sparkling Wine(식사중 와인): 식사중 어떠한 코스에도 잘 소화가 되는 와인(Champagne). 와인 코스 메뉴에서는 메인 디쉬가 주로 육류이기 때문에 통상 Red Wine, 생선류일 경우는 White Wine이 된다.

Wine Butler   ☞ Sommelier

Wine Cradle 〈飮〉〔와인 크레이들 : Wine Basket, Pannier〕

레드 와인을 서브할 때 사용하는 것으로 와인을 뉘어 놓은 손잡이가 달린 바구니 혹은 와인바스켓을 말한다.

Wine Celler 〈飮〉〔와인 貯藏室〕

와인 저장실은 실내온도가 50℉～55℉(섭씨 10～12도) 정도가 적당하며, 습도는 75%가 적당하며, 빛이 너무 많으면 안되고, 저장실은 오직 와인과 술종류만 보관하여야 한다. 그 이유는 와인은 외부의 냄새, 즉 페인트, 가스, 기름, 식초, 야채 등의 냄새를 접하면 손상을 입으며, 저장실은 중앙난방에서 분리되어야 한다.

Wine Decanting 〈飮〉〔와인 디켄팅〕

와인 디켄팅이란 Sediment(침전물)가 있는 Red Wine을 그냥 서비스하면 와인 침전물이 글라스에 섞여 들어갈 염려가 있으므로 와인병을 1～2시간 똑바로 세워둔 후에 촛불 또는 전등을 와인병 목부분에 비춰놓고 Decanter(크리스탈로 만든 마개가 있는 와인병)로 옮겨 붓다가 침전물이 지나가면 정지하여 순수한 와인과 침전물을 분리시키는 작업을 말한다.

Wine Lable 〈飮〉〔와인 라벨〕

상표와 생산자의 이름, 생산지, 포도품질 등급, 포도를 수확한 연도가 상세히 기재되는데, 특히 맛이 뛰어나고 질이 좋은 와인일수록 철저히 지켜지고 있다.

Wine List Number 〈飮〉〔와인 리스트 넘버〕

샴페인이나 와인은 종류가 많으므로 각각 종류별로 번호를 붙여 주문하기 편리하도록 한 것이다.

Wine Taste 〈飮〉〔와인 試飮〕

와인은 술의 온도가 맛과 풍미를 좌우한다. White Wine과 샴페인은 반드시 섭씨 10도 아래로 차갑게 해서 마셔야 되고 Red Wine은 18도의 상온에서 술이 지닌 복잡 미묘한 풍미가 충분히 일어나도록 하여 마신다. 어떤 종류의 와인이든지 반드시 투명한 글라스에 부어 마시고 와인은 맛뿐만 아니라 빛깔도 함께 즐기기 때문이다. 와인은 술잔을 입에 기울일 때 먼저 은은히 퍼져나오는 향기를 깊이 들이 마시며 그리고 마실 때는 술을 한 입 가득히 마셔서 입안의 모든 부분으로 술을 테스팅한다.

Wine Waiter　　　☞　Sommelier

Worcestershire Sauce 〈食〉〔우오세스타 셔 소스〕

한국의 간장과 비슷한 서양의 조미료.

Work Station 〈食〉〔워크 스테이션〕

호텔 종사원이 일하는 영업장소 개념과 음식을 생산하는 장소를 말한다.

Working Sheet 〈會〉〔精算表 : W/S〕

일정기간의 경영성적(營業成績)과 결산일 현재의 재무상태를 하나의 표에 표시하기 위하여 작성되는 표를 정산표라 한다. 정산표의 종류로는 6위식, 8위식, 10위식 등의 정산표가 있으나, 가장 일반적인 것은 8위식(시산표, 정리기입, 손익계산서, 대차대조표)정산표이다.

Working Schedule 〈宿〉〔워킹 스케줄〕

근무계획표.

World Tourism Organization 〈宿〉〔世界觀光機構 : WTO〕

제2차세계대전후 국제관광사업의 급진적인 발전에 따라 1947년 영국여행휴가협회의 제창에 의해 파리회의에서 정식으로 발족된 국제관광기구이며 이것은 세계 최초의 국제관광기구이다.

Writing Desk 〈客〉〔事務用 冊床〕

간단한 사무를 볼 수 있는 책상으로 호텔 객실내에 비치되는 가구이다.

Yachtel 〈宿〉〔요 텔〕

요트를 타고 여행하는 관광객들을 대상으로 하는 숙박시설로서 비교적 규모가 작으며, 단기체류객을 대상으로 주로 잠자리만을 제공하는 일종의 간이호텔이다.

Yeast 〈食〉〔이스트 : 酵母〕

맥주의 원료로 맥아즙 속의 당분을 분쇄하고 알코올과 탄산가스를 만드는 작용을 하는 미생물이다.

Yield 〈會〉〔標準算出量〕

원상태의 식품재료에서 메뉴량을 말한다. 원재료를 조리하는 동안 자르거나 조리로 인하여 발생한 정상적인 감소나 파손품에 의하여 산출량 가격은 변경되는데 원래 무게의 단위 비용보다 사용 가능한 무게의 단위 비용이 높다. 예를 들면, 10kg의 고기가 1kg당 100원이라면 合計는 1,000원이다. 만약 요리를 준비하거나 만든 후일 때는 그것은 3kg정도가 감소한다. 그러므로 kg당 가격이 여전히 100원이라 말할 수가 없다. 실제적으로 700원 정도의 차이가 생겨 (1,000~300) 이는 1人分의 가격속에 포함이 되어야 한다.

Yield Management 〈會〉〔收益管理〕

1988년 항공산업에서 호텔산업에 도입된 것으로 중앙컴퓨터 시스템(Central Computer System)을 통하여 하루에 8만번까지 가격이 변동되는 자동식 가격변동방식이다. 이 시스템하에서 할인율은 수요의 변동 및 예약상황에 따라 다르게 적용된다. 즉, 호텔고객들은 그들의 예약시점에 따라 같은 객실에 대하여 다른 객실요금을 지급한다. 가격은 매일 시간단위로 변하여 예정객실 투숙일의 주요 상황이 모든 가격조정을 조절하는 것이다. 따라서 이 시스템의 수요예측 기능까지 구비하고 있는데 일반적인 근거자료는 과거의 수요 상황에 대한 자료이며 위에서 언급되었던 수요상황 이외에도 세분 시장에 따라 예약 우선순위 및 가격이 다르게 책정된다. 판매수익의 증대, 이익의 극대화, 세분시장 효율성 향상, 제품 포트폴리오 전략의 강화, 수요의 안정화 등 무수한 장점을 가지고 있으나, 같은 객실을 구입하면서도 높은 가격을 지급하는 고객을 격리시킬 수 있는 단점을 가지고 있다.

Yield Test 〈會〉〔算出量 實驗〕

식품의 원재료가 구매되어서 일정 수량이나 식료 원재료를 가지고 조리하여 판매할 수 있는 완제품의 상태로 만들었을 때의 수량이나 무게, 양을 실험하는 것이다. 예를 들어, 10kg의 고기란 몇 개의 스테이크를 만들었는가, 또는 위스키 한병으로 몇 잔의 칵테일을 산출할 수 있는가를 재어 보는 것을 말한다. 산출량 실험을 하기 위해서는 구매한 무게, 먹을 수 있는 무게, 요리시 발생하는 낭비율, 손실률 등을 고려하여야 한다.

Young Pigeon 〈食〉〔새끼 비둘기〕

검은색 고기로 분류되나 비둘기 새끼는 육질이 희고 연하다. 성숙한 비둘기의 육질이 붉다.

Young Turkey 〈食〉〔새끼 칠면조〕

Plularde보다 육질이 건조하다.

Young Wine 〈飮〉〔영 와인〕

포도주를 만들어서 오랜 기간 숙성하지 않고 1~2년 저장하여 5년 이내에 마시는 포도주를 말한다.

Youth Hostel 〈宿〉〔유스호스텔〕

유스호스텔은 글자가 의미하는 대로 젊은이, 즉 청소년들의 수용을 위한 숙박시설이다. 이는 일반 호텔처럼 기업적인 차원에서의 영리 추구에 그 주된 목적이 있는 것이 아니고 일종의 공익성을 추구하는, 다시 말해서 청소년들에게 싼 비용으로 편리하게 숙박하도록 해주는 일종의 사회복지시설에 속한다고 볼 수 있다. 역사적으로 볼 때 1923년에 네덜란드의 수도인 '암스테르담'에서 국제유스호스텔연맹, 즉 IYHF (International Youth Hostel Federation)이 창설되고 그 이후 가입회원은 연맹에 가맹된 어느 국가의 유스호스텔이든지 이용할 수 있게 되었으며, 우리나라에서도 1967년에 한국 유스호스텔연맹이 생겨났다.

1991년 12월 31일 개정·공포된 관광진흥법 시행령 제2조는 관광숙박업의 종류중 종전의 유스호스텔업을 폐지하고, 단체관광객의 수용에 적합한 시설을 갖춘 국민호텔업을 신설하였다. 이에 따라 1993년 1월 1일부터 청소년기본법의 적용을 받게 되었다. 그러므로 각 유스호스텔들은 국제 유스호스텔연맹의 상표권을 사용하면서 국제적인 숙박장소로 인정받게 되었다.

Zakuska 〈食〉〔자쿠스카〕

러시아어로 에피타이저(Appetizer)란 뜻으로 풍미있고 짭짜름한 소량의 식욕촉진제, 혹은 술안주를 말한다.

Zedoary 〈植〉〔제도어리〕

인도, 스리랑카산 생강과의 약초로 뿌리를 건조시켜 약용, 향료로 쓰인다.

Zero Defects 〈宿〉〔ZD 運動〕

무결점 운동으로 종업원 개개인이 자발적으로 추진자가 되어 일의 결함을 제거해 나가려는 관리기법이다.

Zero Out 〈會〉〔지로 아웃〕

고객이 체크 아웃(Check-Out)과 정리시 회계균형을 맞추는 것이다.

Zest 〈食〉〔제스트 : 風味, 맛〕

오렌지나 레몬의 껍질.

Zinn   ☞ Gin

Ziger 〈食〉〔지 거〕

이탈리아가 원산지인 Whey Cheese로 우유나 탈지유를 10% 첨가하기도 하는데 이것이 Ricotta Cheese이다. 이를 독일에서는 Ziger라 한다.

Zip Code 〈客〉〔집 코드 : 郵便番號〕

우체국의 담당 배달 각 지역에 매긴 번호.

Zombie 〈飮〉〔좀 비〕

칵테일 이름으로 남태평양제도에서 Don이라는 백인에 의해 만들어 졌으며 그 뜻은 마법으로 죽은 사람을 되살아나게 한다는 초자연의 힘이나 그렇게 되살아난 사람을 의미한다.

Zubrovka 〈飮〉〔지브로카〕

유럽 지역에서 자라는 "Buffalo(물소)"풀을 보드카에 담아 연한 황색과 약간의 향을 가미한 술로서 그 용도는 대개 보드카와 동일하게 사용된다.

Zuppa 〈食〉〔쥬 빠〕

이탈리아 요리에서의 수프를 말한다.

Zuppa di Crema 〈食〉〔쥬빠 디 파나〕

크림 수프.

Zuppa di Pesce 〈食〉〔쥬빠 디 페스쎄〕

생선 수프.

Zuppa di Verdura 〈食〉〔쥬빠 디 베르두라〕

야채 수프.

Zuppa Inglese 〈食〉〔쥬빠 인글라제〕

이탈리아음식의 후식으로 3색으로 된 Custard Cream과 Grand Marnier로 Reduce하여 만든 바닐라 소스를 곁들여 서브한다.

참고 문헌

- 김근종・정종훈, 호텔실무개론, 기문사, 1994.
- 김일채・한진수, 호텔용어사전, 형설출판사, 1994.
- 문수현, Hotel 서비스 메뉴얼 및 용어해설, 1994.
- 이재섭, 호텔용어, 기문사, 1996.
- 안종윤, 관광용어사전, 법문사, 1985.
- 오수철, 카지노산업 기획론, 백산출판사, 1994.
- 오승일, 식음료사업경영, 백산출판사, 1991.
- 송성인, 칵테일의 미학, 전원문화사, 1994.
- 정인승 외 다수, 국어대사전, 삼성문화사, 1986.
- 허용덕, 호텔회계, 백산출판사, 1995.
- 롯데호텔, 식음료 직무교재.
- 경주호텔학교동문회, Food & Beverage Service Manual.
- 신라호텔, 서비스 메뉴얼.
- 韓國觀光公社, 觀光用語事典(Dictionary of Travel Industry), 1984.
- Charles J. Metelka, The Dictionary of Hospitality, Travel, and Tourism, 1990.
- 觀光産業經營硏究會, 觀光用語がわかる事典, 昭和 59年.
- 日本交通公社, 現代觀光用語事典, 昭和 58年.

호텔용어사전

1998년 3월 20일 초 판 발 행
1999년 2월 10일 수정판발행
2002년 2월 20일 4 판 발 행
2008년 2월 20일 5 판 발 행

著　者   레저산업진흥연구회
            회 장 전 영 상

發行人   (寅製)秦　旭　相

發行處   白山出版社
서울시 성북구 정릉3동 653-40
 등 록 : 1974. 1. 9. 제1-72호
 전 화 : 914-1621, 917-6240
 FAX : 912-4438
 http://www.baek-san.com
 edit@baek-san.com

값 15,000원
ISBN 89-7739-212-8